굴원 상(屈原 像)

惠園東洋古典 14

楚 辭

柳晟俊 譯解

혜원출판사

□ 머 리 말

　중국 문학의 양대지주는「시경(詩經)」과「초사(楚辭)」이다. 시경은 유가(儒家)의 제1경(經)이요 문화사상의 근간(根幹)인 동시에 문학의 기원과도 같은 존재이다. 이에 비하여 시기적으로는 전국시대 말엽에 형성되었지만 초사의 출현은 시경이 갖는 풍아송(風雅頌)의 규격(規格)과 상이한 양상(樣相)을 제시해 주었다.
　초사는 도가적인 신선사상(神仙思想)과 신화전설(神話傳說)을 배경으로 하여 무한한 상상력이 창조해 낸 천상지계(天上地界)의 혼일화(混一化)된 의식세계를 자유자재로 왕래할 수 있으며, 생사의 동일관이 또한 발상될 수 있게 하였다.
　초사의 전작품이 이소(離騷)부터 구사(九思)까지 총 17권으로 구성되어 있는데, 그 중에 굴원(屈原)의 작이라 명기되어 있는 것이 8권(그 중 대초전(大招傳)은 경차(景差)의 작이라고 병기(併記)되어 있음)이며, 그의 제자인 송옥(宋玉)과 경차(景差)·가의(賈誼)·엄기(嚴忌)를 위시하여 왕일(王逸)의 구사까지(이상의 구성은 왕일초사(王逸楚辭)의 장구주(章句注)에 의거함) 그 담겨진 작품의 내용과 그 형식면에서 굴원의 충간(忠諫)과 우국(憂國), 그리고 방축(放逐)의 비애와 종말적인 운명을 소재로 하는 범주(範疇)에서 크게 벗어나지 않고 있음은 음미(吟味)해 볼 필요가 있다.
　이것은 광대한 지역과 다양한 제재를 포괄(包括)하고 있는 시경에 비하여 초사는 묘사상(描寫上)의 공교(工巧)와 내용의 심도를 훨씬 더할 수 있는 특장(特長)을 지녔다는 의미이며, 또 실지로 그 난해성과 벽자다용(僻字多用)의 극복(克服)해야 할 문제점도 인정하지만 전체적으로 보아서 낭만적이며, 환상적인 서술과 순수문학적 성격으로는 한단계 위에 있는 것이다. 기실, 문학면에서 후세에의 가치비중은 시·문·소설(허구성 면에서의 고찰), 특히 민간의 속문학(俗文學)의 제상(諸相)에 심대한 영향을 주었다. 그러나 전통적인 유가(儒家) 관념하의 통치이념과 각종의 과거제도에서 숭유의식(崇儒意識)은 초사의 입지를 극도로 축소(縮少)시켜 놓은 상태로 유전(流傳)되어 왔음을 왕일 이후에 송대 홍흥조(洪興祖)의「초사보주(楚辭補註)」가 첫 주석본이었다는 데에서 명지(明知)할 수 있다.

그러나 초사는 중국의 문화 내에서 문사철(文史哲)의 제분야에 절대적인 상관성을 지니고 있음을 부인(否認)할 수 없다. 문학의 연구에는 필수적인 선결 자료인 동시에 이의 해독상의 선결이 아니고서는 기초학문 연구의 단계(段階)를 넘어갈 수도 없다. 그럼에도 불구하고 근래에 국내외적으로 중요한 만큼의 그에 상응하는 적절한 해독상의 주석자료(注釋資料)가 한소(罕少)한 형편에 놓여 있었다. 기설(旣說)한 바이지만 초사의 출현 후 2천여 년간 주본(注本)이 10수종에 불과한 것만 보아도 그 진상을 확인할 수 있다. 근래에 중국 대륙이나 대만, 일본, 구미 등지에서 필요로 하는 자료가 나오고 있어서 구미에서는 영어로 역주된 아서 웨일리(Arthur Waley)의 책은 고전과도 같으며, 대만에서 나온 부석임(傅錫任)의 「신역초사독본(新譯楚辭讀本)」(삼민서국)은 상당한 노고를 가한 백화문의 필독 주역본이라 할 수 있다. 국내에서 그간에 몇 종류의 주역본들이 출간되기도 하였지만 완전한 주역본이라 하기에는 다소간 아쉬운 점이 있었다. 이 때문에 본서를 출판함에 즈음하여 비재(非才)하나마 나름대로의 소회를 금할 수 없는 것이다.

본서를 펴내는 데는 초사에 관한 여러 자료들을 참고하였는데, 특히 왕일(王逸)의 「초사장구주본(楚辭章句注本)」과 부석임의 「신역초사독본」에 의거한 바 컸음을 밝혀 두고자 한다. 작자의 이설(異說)과 작품의 자구고증(字句考證), 그리고 주석의 정통성에는 전자를 따랐으며, 작품의 내용상의 분단(〈이소〉를 11분단한 예)이나 주석의 각설에 대한 집약(集約), 어역(語譯)과 석평(析評)의 독득점(獨得點) 등에서는 후자를 참고 수용하였다.

한편 참고자료의 한계와 시간상의 촉박(促迫), 능력의 부족 등으로 인해 오기, 오역, 탈자 등 수정(修正)되어야 할 부분이 적지 않으리라 보면서 추후에 보완하고자 한다. 책을 냄에 있어서 정성을 기울여 돌봐 준 혜원출판사의 전채호 사장님과 편집진의 후의에 심사(深謝)하며, 아울러 수고한 유성준(兪聖濬) 군의 면학을 격려(激勵)하는 바이다.

역자 柳晟俊 씀

□ 일러두기

· 본서는 초사 전편(全篇)을 번역 수록한 것이다.
· 본서는 왕일(王逸)의 「초사장구주본(楚辭章句注本)」과 부석임(傅錫壬)의 「신역초사독본(新譯楚辭讀本)」에 의거하였으며, 그 외에 국내외의 서적을 참조하였다.
· 본서는 한글 역(譯), 원문(原文), 주(註), 평석(評析)의 순으로 배열하였다.
· 원문에는 독음(讀音)과 토를 달아 이해를 도왔다.
· 주는 상세하고 알기 쉽게 하는 데 주력하였으며 번호를 달아 알아보기 쉽도록 하였다.
· 직역은 거의 원문을 놓고 한 자 한 자 손으로 짚어가며 읽을 수 있도록 하는 데 주력했다.

초 사   차 례

- 머리말
- 일러두기
- 초사해제　　　　　　　　　　　　12

◆ 이　소(離騷)　　　　　　　　　　25
◆ 구　가(九歌)　　　　　　　　　　53
　・동황태일(東皇太一)　　　　　　55
　・운중군(雲中君)　　　　　　　　56
　・상　군(湘君)　　　　　　　　　57
　・상부인(湘夫人)　　　　　　　　59
　・대사명(大司命)　　　　　　　　62
　・소사명(少司命)　　　　　　　　64
　・동　군(東君)　　　　　　　　　65
　・하　백(河伯)　　　　　　　　　67
　・산　귀(山鬼)　　　　　　　　　68
　・국　상(國殤)　　　　　　　　　70
　・예　혼(禮魂)　　　　　　　　　72

◆ 천　문(天問)　　　　　　　　　　73
◆ 구　장(九章)　　　　　　　　　　91
　・석　송(惜誦)　　　　　　　　　93
　・섭　강(涉江)　　　　　　　　　97
　・애　영(哀郢)　　　　　　　　　100
　・추　사(抽思)　　　　　　　　　104

초 사   차 례

- 회　사(懷沙)　　　　　　　108
- 사미인(思美人)　　　　　　112
- 석왕일(惜往日)　　　　　　115
- 귤　송(橘頌)　　　　　　　119
- 비회풍(悲回風)　　　　　　121

◆ 원　유(遠遊)　　　　　　　　127

◆ 복　거(卜居)　　　　　　　　137

◆ 어　부(漁父)　　　　　　　　141

◆ 구　변(九辯)　　　　　　　　145

◆ 초　혼(招魂)　　　　　　　　163

◆ 대　초(大招)　　　　　　　　177

◆ 석　서(惜誓)　　　　　　　　189

◆ 초은사(招隱士)　　　　　　　195

◆ 칠　간(七諫)　　　　　　　　199
- 초　방(初放)　　　　　　　200
- 침　강(沈江)　　　　　　　202
- 원　세(怨世)　　　　　　　205
- 원　사(怨思)　　　　　　　208
- 자　비(自悲)　　　　　　　209
- 애　명(哀命)　　　　　　　212
- 유　간(謬諫)　　　　　　　214

초　사　　　　　　　　　　　차　례

◆ 애시명(哀時命)　　　　　　　　　219
◆ 구　회(九懷)　　　　　　　　　　229
　· 광　기(匡機)　　　　　　　　　230
　· 통　로(通路)　　　　　　　　　231
　· 위　준(危俊)　　　　　　　　　233
　· 소　세(昭世)　　　　　　　　　234
　· 존　가(尊嘉)　　　　　　　　　236
　· 축　영(蓄英)　　　　　　　　　238
　· 사　충(思忠)　　　　　　　　　239
　· 도　옹(陶壅)　　　　　　　　　240
　· 주　소(株昭)　　　　　　　　　242
◆ 구　탄(九歎)　　　　　　　　　　245
　· 봉　분(逢紛)　　　　　　　　　246
　· 영　회(靈懷)　　　　　　　　　249
　· 이　세(離世)　　　　　　　　　253
　· 원　사(怨思)　　　　　　　　　256
　· 원　서(遠逝)　　　　　　　　　259
　· 석　현(惜賢)　　　　　　　　　263
　· 우　고(憂苦)　　　　　　　　　266
　· 민　명(愍命)　　　　　　　　　269
　· 사　고(思古)　　　　　　　　　272
◆ 구　사(九思)　　　　　　　　　　277
　· 봉　우(逢尤)　　　　　　　　　278

초 사   차 례

- 원 상(怨上)   280
- 질 세(疾世)   282
- 민 상(憫上)   284
- 조 액(遭厄)   286
- 도 란(悼亂)   288
- 상 시(傷時)   290
- 애 세(哀歲)   292
- 수 지(守志)   294

초사 해제(楚辭解題)

유 성 준

1. '초사'의 의미

「초사」는 「시경(詩經)」과 함께 중국문학의 양대 기둥이다. 「시경」이 무명씨(無名氏)에 의해 이루어진 것이며, 당시 사회의 여러 제재(題材)를 다루고 있는 반면에, 「초사」는 특정한 개인의 이름으로 지어진 일관성 있는 세련된 창작인 것이며, 담긴 내용이 굴원(屈原)이라는 한 사람의 사상과 감정을 굴원 자신이 쓰고 그 후계자들에 의해서도 추도의 작품으로 모아진 일종의 모음 작품집이라 할 수 있다.

「초사」는 초나라 사람이 초나라의 방언(方言)으로 초나라의 풍속과 의식을 바탕으로 하여서, 초나라의 정치와 사회, 그리고 민속을 굴원이라는 한 애국충신이 자신의 처지와 마음을 노래하고, 그 후에는 그의 추종자들이 그를 추도하여서 하나된 아픈 마음으로 써놓은 고도의 낭만주의 문학작품집이다. 동방삭(東方朔)이나 왕포(王褒)는 초나라 사람이 아니지만 초나라의 말과 의식에 의해 썼으니 위의 말은 성립이 된다.

「초사」가 '초사'라는 명칭으로 등장한 시기는 대개 한문제(漢文帝 ; 기원전 179—157) 때로 보며, 무제(武帝 ; 기원전 140—74)나 선제(宣帝 ; 기원전 73—49) 때에는 이미 초사의 문학적 가치가 중시되게 되었다. 이것은 초사'라는 명칭으로 왕일(王逸)이 후한(後漢) 시기에 「초사장구(楚辭章句)」에 자신의 〈구사(九思)〉를 넣어 17권으로 재편집할 때까지 읽혀지던 유향(劉向 ; 기원전 77—6)이 편찬한 책, 바로 그 초사가 유행하였음을 긍정적으로 동감하게 한다. 왕일의 책은 곧 유향의 「초사」에 근거하여 작품이 첨

가되어 주석이 붙여졌던 것이다. 따라서 「초사」에 대한 이해는 시대와 지역의 제한성을 갖는다고 편견을 가져서는 안 되며 강과 바다의 원천이 산간의 옹달샘이듯이 중국문화(문학의 범주만이 아님)의 옹달샘이 바로 이 「초사」라는 중요한 사실을 인식하면서 초사의 세계로 다가가야 할 것이다.

2. 초사의 내용과 형식

초사의 자세한 각 작품 내용은 이 책의 본문에서 비교적 상세한 설명이 되겠기에 여기서는 총론적 입장에서 간개(簡介)하는 형식으로 기술하고자 한다.

(1) 이소(離騷) : 굴원의 최고 걸작으로 초사 가운데 대표작이다. 참소와 추방을 당하여 우러나는 울분과 비애를, 영혼의 추구와 환상으로 낭만적인 수법을 통하여 묘사하였으니, 읽는 자마다 동화된 심정으로 몰입하게 한다. 충성과 우국(憂國), 그리고 초탈적인 의식의 흐름을 풍부한 지식을 바탕으로 서술해 나가고 있는 것이다.

(2) 구가(九歌) : 모두 11수의 단시(短詩)를 꿰어서 이루어진 무가(巫歌) 형식의 작품이다. 〈동황태일(東皇太一)〉·〈운중군(雲中君)〉·〈상군(湘君)〉·〈상부인(湘夫人)〉·〈동군(東君)〉·〈대사명(大司命)〉·〈소사명(少司命)〉·〈하백(河伯)〉·〈산귀(山鬼)〉·〈국상(國殤)〉·〈예혼(禮魂)〉 등으로 모두 한가닥의 귀신에 제사드리는 의식(儀式)을 노래하였다. 문자의 미려함이나 음조의 조화, 색채의 신비성, 상상의 풍부 등이 낭만적인 남방문학의 특성을 대표하고 있다.

(3) 천문(天問) : 형식이 독특하여 문답체의 구성법을 쓰고 있다. 전문이 172개의 문(問)항을 구성하여 천문(天問)과 인사(人事), 지리(地理)를 내용으로 자연계의 모든 문제들을 거론하였다. 문체는 민간 체재에서 나온 것 같으며, 문답형식은 남방의 〈개천벽지가(開天闢地歌)〉와 유사하다.

(4) 구장(九章) : 9편의 장(章)으로 된 데서 붙인 이름이다. 곧 〈석송

(惜誦)〉·〈섭강(涉江)〉·〈애영(哀郢)〉·〈추사(抽思)〉·〈회사(懷沙)〉·〈사미인(思美人)〉·〈석왕일(惜往日)〉·〈귤송(橘頌)〉·〈비회풍(悲回風)〉 등이다. 이 작품은 굴원이 제2차로 방축(放逐)되어 가는 여정을 연구하는 데 중요한 자료가 된다.

⑸ 원유(遠遊) : 왕일(王逸)은 굴원의 작품이라 하였지만 근래의 학자들은(胡適·遊國恩 등) 타인의 작품이라는 견해를 보이고 있다. 이 작품은 도가(道家)의 탈속적인 신선사상(神仙思想)으로 가득 차 있다.

⑹ 복거(卜居) : 역시 굴원의 작이라고 하기에 회의가 가는 부분이(屈原旣放) 있다. 산문부(散文賦)에 가깝다.

⑺ 어부(漁父) : 역시 굴원의 작이라 하기에는 모순점이 있다. 이 글은 장자(莊子)의 우언(寓言)을 담고 있다.

⑻ 구변(九辯) : 송옥(宋玉)의 작품(왕일)이라 하지만, 역시 굴원이니 아니니 이설(異說)이 있다. 전체가 비애에 차 있으며 한 인간이 폐쇄된 세계에 추방당했을 때의 심경과 번민을 형식에 구애 없이 산문식으로 서술해 나갔다.

⑼ 초혼(招魂) : 초혼이란 본래 초 땅의 민간 풍속의 하나이다. 호남북 일대는 지금도 농촌에 초혼의 습속이 전해지고 있다. 작가에 대해서 송옥이라 하나 역시 굴원이니 경차(景差)니 의견이 분분하다. 흩어진 영혼을 고향으로 불러서(굴원을) 안위한다. 한편 생동하는 표현법으로 초나라의 화려한 궁정생활을 묘사하기도 했다.

⑽ 대초(大招) : 굴원이니 경차니, 작자에 대한 설이 많다. 왕일도 이 두 작가를 '혹(或)'이란 글자로 병기(並記)하고 있다. 결구가 〈초혼〉과 비슷하지만 문장의 기상이 전혀 다르다. 곧 기상이 포용적이며 장면이 광대한 것이 〈초혼〉과 다른 점이다.

⑾ 석서(惜誓) : 회왕이 굴원과 신의를 지키지 않은 것을 애석히 여긴다는 뜻이다. 원망과 비애, 그리고 자기 체념이 깃들어 있다.

⑿ 초은사(招隱士) : 회남소산(淮南小山)의 작인데, 은거자가 거처하고 있는 곳의 정경(情景)을 묘사하고 있다. 묘사의 변화무쌍한 기법과 산천

에 나오는 각종 생물에 대한 섬세한 관찰력이 뛰어나고, 시어가 음악성을 띠고 있다.

⒀ 칠간(七諫) : 동방삭(東方朔)의 작으로 결구가 정돈되어 있다. 전고가 많다든가, 뜻의 중복 등이 단점이긴 하여도 굴원을 애도하며 쓴 의분의 글이다.

⒁ 애시명(哀時命) : 엄기(嚴忌)의 글이다. 굴원이 충직한 성격 때문에 당하는 불우(不遇)함을 비탄하고 있다. 예술성이나 문장상의 특성은 결여되어 있다.

⒂ 구회(九懷) : 왕포(王褒)의 작으로 굴원이 추방되어 임금을 그리는 우국의 심정을 그린 작품이다〔왕일의 서(序)〕.

⒃ 구탄(九歎) : 유향(劉向)의 글이다. 역시 굴원을 가슴 아프게 생각하며 쓴 작품이다. 9개의 장(章)으로 구성되었으니, 〈봉분(逢紛)〉・〈영회(永懷)〉・〈이세(離世)〉・〈원사(怨思)〉・〈석현(惜賢)〉・〈우고(憂苦)〉・〈민명(愍命)〉・〈원서(遠逝)〉・〈사고(思古)〉 등이다.

⒄ 구사(九思) : 왕일 자신의 글이다. 굴원의 뜻을 애도하며 〈구회〉를 본떠서 구성하였다. 9개의 장은 〈봉우(逢尤)〉・〈원상(怨上)〉・〈질세(疾世)〉・〈민상(憫上)〉・〈조액(遭厄)〉・〈도란(悼亂)〉・〈상시(傷時)〉・〈애세(哀歲)〉・〈수지(守志)〉 등이다.

초사의 구법(句法)은 다음 네 가지로 구분한다〔김학주(金學主)「중국문학개론(中國文學槪論)」참조〕.

⑴ Ⓐ □□□兮□□ : 君欣欣兮樂康. (九歌 東皇太一)
　　Ⓑ □□□兮□□□ : 樂莫樂兮新相知. (九歌 少司命)

⑵ □□□○□□兮 : 長太息以掩涕兮
　　□□□○□□ : 哀民生之多艱. (離騷)

⑶ □□□□ □□□□ : 東西南北, 其脩孰多. (天問)

⑷ □□□□ □□□些 : 天地四方, 多賊姦些. (招魂)

아울러 장법(章法)은 1장(章)에 4구(句)가 정식이며, 6구도 간혹 있다.

압운(押韻)은 1장의 우수구(偶數句)에 하는 것이 원칙이나, 첫구나 전체의 구에도 하는 것이 있다.

초사는 중국문학의 샘터이며 뿌리인 만큼 시경과 더불어 중국의 '문화'를 이해하는데 필수적인 책이다. 초사의 가치는 시·소설·희곡은 물론 산문과 사부의 발달에 큰 바탕이 되었으며, 문학의 형식과 수사상의 기법에 있어 시경보다 더 큰 역할을 하였다는 점에서 시경이나 그 어느 자료보다 위대하다고 단언할 수 있다.

3. 초사의 작가들

「초사」에 실린 작품들 가운데에서 굴원(屈原)이 지은 부분이 주류를 이루지만, 그 외에도 굴원의 제자인 송옥(宋玉)과 경차(景差)를 비롯하여 가의(賈誼) 등 초사에 등장하는 작가는 모두 10인(人)이나 된다. 이들의 생애에 대해 살펴보고자 한다.

(1) 굴원(屈原 ; 기원전 343—277 ?)

굴원의 이름은 평(平), 자(字)는 원(原)으로서, 초선왕(楚宣王) 27년(기원전 343)에 출생하여 사망한 시기는 불명확하지만, 대략 경양왕(頃襄王) 22년 전후(기원전 277년)로 추정하고 있다. 그의 작품인 〈이소(離騷)〉를 보면 굴원의 이름을 '정칙(正則)'이라 하고, 자는 '영균(靈均)'이며, 부친은 '백용(伯庸)', 누나는 '여수(女嬃)'라고 기술하였으나, 확인할 수는 없다. 다만 초나라의 삼성(三姓—屈·景·昭) 귀족의 하나로서 정치에 깊이 간여하여 굴원의 나이 26세에 회왕(懷王)의 신임을 얻어 헌령(憲令)이라는 상관대부(上官大夫)가 된다. 굴원은 문장력이 뛰어나고 외교술이 능란하여서 중요한 국사(國事)를 담당하게 되자, 주위의 시기와 비방이 빗발쳤다. 그들은 굴원의 방자함을 헐뜯어서 굴원의 나이 29세에 제1차의 귀양살이를 가게 된다. 그 후에 나라는 혼란하여지고 당시의 전략가인 장의(張儀)의 말에 따라 강대국인 진(秦)을 정벌갔다가 대패하고 영토를 할

애하는 강화조약을 맺게 된다. 회왕은 굴원의 외교능력을 필요로 하게 되고 후회하여서, 굴원을 다시 등용하여 진과 제(齊)와 국교 관계를 개선하는 일을 맡기니, 이때 굴원의 나이 32세였다.

이때부터 일관성 없는 외교정책으로 나라는 안팎으로 곤경에 처하고, 회왕 24년(기원전 304)에는 진의 여인을 며느리로 맞는 굴욕을 당하자 굴원은 극구 반대하다가 한북(漢北)으로 제 2차 귀양을 떠나게 된다. 굴원의 나이 39세로서 이때의 심정을 〈구장(九章)〉의 '추사(抽思)'편에서 '有鳥自南兮, 來集漢北(새가 남쪽에서 날아와, 한북에 모이네)'라고 하여 왕을 흠모하고 고향을 그리워하는 마음을 토로하였다.

회왕 29년(기원전 299)에 진나라가 다시 초나라를 쳐오자, 회왕은 태자를 볼모로 강화를 추진하고 이듬해에는 왕이 직접 진나라에 가려 하자 굴원은 호랑이 같은 진나라를 믿을 수 없으니 가선 안 된다는 주장을 하지만(史記本傳), 왕은 아들인 자란(子蘭)의 말만 듣고 진나라에 입국하였다가 풀려나지 못하고 이국에서 불귀의 객이 되었다(기원전 298년).

회왕이 진나라에서 죽고 태자인 경양왕이 즉위하여 자란을 영윤(令尹)으로 삼았더니, 백성들이 회왕의 사망 원인을 자란에게 돌리고 굴원의 총명함을 찬미하는 여론이 팽배하게 되자, 자란은 굴원을 참소하니 경양왕에 의해 굴원은 제 3차 귀양지인 강남(江南)으로 떠나게 된다. 그의 〈구장(九章)〉의 '애영(哀郢)'편에 보면 '民離散而相失兮, 方仲春而東遷(흩어져서 잃어버리고, 때마침 좋은 봄날에 동쪽으로 옮겨가네)'라 하여 그 떠난 시기를 묘사하고 있다. 이때의 여정은 영도(郢都)에서 강을 따라 동쪽으로 하포(夏浦)를 거쳐 장사(長沙)에까지 이른 것을 알 수 있다(애영과 섭강(涉江)편에 의거함). 굴원은 장사에서 절명작(絕命作)인 〈회사(懷沙)〉를 남기고 음력 5월 5일 멱라수(汨羅水)에 몸을 던져 자결하였다. 〈회사〉 속에 '滔滔孟夏兮草木莽莽(뜨겁게 달아오르는 초여름에 초목이 무성하네)'라고 하여 투신할 때의 계절을 풀이해 준다.

굴원은 〈이소(離騷)〉를 비롯하여 〈구가(九歌)〉·〈천문(天問)〉·〈구장(九章)〉·〈원유(遠遊)〉·〈복거(卜居)〉·〈어부(漁父)〉·〈대초(大招)〉 등을

지었다. 그의 모든 작품에 흐르는 중심 사상은, 우국 애국심과 청백한 성정 (性情)을 바탕으로 한 울분과 비탄의 묘사로 일관되어 있으며, 수사상의 묘사는 신화와 전설의 인물과 사건, 그리고 동식물을 통한 인간 비유를 구사하고 있다. 또한 신선사상과 초나라의 무속(巫俗), 방언을 작품 속에 적절히 도입시켰다.

(2) 송옥(宋玉 ; 기원전 290?—223?)

송옥은 대략 초의 경양왕 9년(기원전 290)에 나서 진(秦)의 부추(負芻)왕 5년(기원전 222)에 사망한 것으로 보이며, 자는 자연(子淵)으로 굴원의 제자라고 한다. 그가 지은 부(賦)가 16편이라 하지만(漢書藝文志), 그 중에 〈구변(九辯)〉과 〈초혼(招魂)〉만이 수록되어 있으며, 문선(文選)에 〈풍부(風賦)〉·〈고당부(高唐賦)〉·〈신녀부(神女賦)〉·〈등도자호색부(登徒子好色賦)〉·〈대초왕문(對楚王問)〉 등이 들어 있고, 고문원(古文苑)에는 〈적부(笛賦)〉·〈대언부(大言賦)〉·〈조부(釣賦)〉·〈무부(舞賦)〉·〈풍부(諷賦)〉 등이 실려 있다. 그의 문학은 굴원의 영향하에 굴원의 원한을 대신 토로하고, 그의 영혼을 위로하는 흐름을 지니고 있으면서 문구의 구사 능력이 굴원에 뒤지지 않고 오히려 간결 담백한 면을 보여 주어, 한부(漢賦)의 길잡이 역할을 하였다.

(3) 가의(賈誼 ; 기원전 200—168)

한(漢)의 고조(高祖) 7년에 나서 문제(文帝) 12년에 죽었다. 하남(河南)의 낙양(洛陽) 사람으로, 어려서부터 총명하여 20여세인 효문제(孝文帝) 때에 이미 박사가 되고, 대중대부(大中大夫)를 거쳐 공경(公卿)을 제수하려 하자 주발(周勃) 등이 젊은 나이에 전권을 휘둘러 나랏일이 어수선하다고 비방을 하여서, 장사왕태부(長沙王太傅)로 멀리 밀려나게 된다. 태부로 지낸 3년간에 굴원을 애도하며 사숙하고, 그 후에 양회왕(梁懷王)의 태부가 되나, 회왕이 낙마하여 죽고 나서 깊은 슬픔 속에 33세라는 젊은 나이에 요절하였다. 그의 부는 「한서예문지」에 의하면 7편이라 하나, 현재는 「초사」에 〈석서(惜誓)〉, 「사기」와 「한서」에 〈조굴원부(弔屈原賦)〉·〈복조부(鵩鳥賦)〉, 그리고 「고문원」에는 〈한운부(旱雲賦)〉 등이 수록되어 있으며,

그 외에 부분적이나마 〈우부(虞賦)〉가 전해진다. 그 밖에 정론서(政論書)로는 「신서(新書)」 10권이 있다. 그의 문사로 보아 굴원이나 송옥에 뒤지지 않으며, 묘사의 세련미와 산문 형식의 구사 등으로 보아 한부(漢賦)로 넘어가는 과도기적인 초사체의 형식을 보여 준다.

⑷ 회남소산(淮南小山)

이는 누구인지 확실치 않다. 후세로 내려오면서 여러 설이 있다. 회남왕 유안(劉安)이 문물을 좋아하여 준재를 불러 인의를 논하고 재능을 발휘하게 하여 많은 문장을 지으니, 이들의 작품에 따라 소산(小山)과 대산(大山)으로 불렀다든가(王逸), 소위 팔공〔八公 ; 소비(蘇飛)·이상(李尙)·좌오(左吳)·전유(田由)·뇌피(雷被)·모피(毛披)·오피(伍被)·진창(晋昌)〕과 소산과 대산 같은 유가들이 도덕을 논하여 회남자(淮南子)를 지었다든가(高誘序) 등의 기록에 의하면, '소산(小山)'이 문장유별의 명칭 같기도 하고 인명(人名) 같기도 하다. 결국은 인명에 가까운 형식을 취한 것으로 봄이 옳겠다.

⑸ 동방삭(東方朔 ; 기원전 161—100 전후)

자는 만청(曼倩)이며 평원염차〔平原厭次 ; 지금의 산동혜민현(山東惠民縣)〕인이다. 독서를 좋아하고 구변이 있으며 해학과 골계를 잘 구사하였다. 한무제 초에 재능이 뛰어나서 상시랑(常侍郎)이 되고 건원(建元) 3년(기원전 138)에는 대중대부(大中大夫)가 되어 직간(直諫)을 아끼지 않아서 왕의 미움도 샀다. 그의 생졸년대는 불분명하지만 무제에게 상서(上書)한 시기를 스스로 기록한 바로는 '年二十二'라 하니, 문제 3년(기원전 161)에 태어난 것으로 추정되며, 졸년은 흉노 혼사왕(混邪王)이 투항한 시기가 한무제 원수(元狩) 2년(기원전 121)인데, 이때 동방삭의 나이 41세였으며 「골계전」에 늙어 죽었다는 기록으로 보아 60세 이상은 생존했다고 본다. 초사에는 〈칠간(七諫)〉의 작자로 기록되어 있다.

⑹ 엄기(嚴忌)

동한 시기에 명제(明帝)의 이름을 피하여 '장(莊)'씨를 '엄'씨로 바꾸었다 한다. 회계오(會稽吳 ; 지금의 강소성 오현)인으로 추양(鄒陽)과 매승

(枚乘) 등과 오나라를 섬기며 문명을 떨쳤다(한서추양전). 「한서예문지」에는 장부자부(莊夫子賦) 24편이 있다 하나 지금은 초사의 〈애시명(哀時命)〉 한 편만이 보일 뿐이다.

⑺ 왕포(王褒 ; 기원전 ?—61)

자는 자연(子淵)이며 촉군(蜀郡) 자중(資中 ; 지금의 사천)인이다. 생년은 불명하다. 뛰어난 재능을 가져서 왕 앞에서 항상 노래를 지어 총애를 받아 간의대부(諫議大夫)에 이르렀다. 현존하는 작품은 문선에 〈성주득현신송(聖主得賢臣頌)〉과 〈사자강덕론(四子講德論)〉, 그리고 〈통소부(洞簫賦)〉 등이 실려 있으며 초사에 〈구회(九懷)〉가 있을 뿐이다.

⑻ 유향(劉向 ; 기원전 77—6)

본명은 갱생(更生), 자는 자정(子政)이다. 왕일(王逸)의 장구주가 나오기 전에 초사의 집본을 처음 정리한 사람이며, 사람됨이 소박하고 위엄을 부리지 않으며 청렴하여 세속과 어울리지 않았다. 저작은 특히 많아서 「신서(新序)」, 「설원(說苑)」 50편, 「열녀전(列女傳)」 등은 후세 소설의 남상이 되었다. 부(賦)는 33편을 썼다 하나(한서예문지), 현존하는 것은 〈구탄(九歎)〉(초사), 〈청우화산부(請雨華山賦)〉(고문원) 등 11편이다.

⑼ 왕일(王逸)

자는 숙사(叔師)이며 남군의성인(南郡宜城人)이다. 후한 순제(順帝) 때에 시중(侍中)을 지냈으며, 「초사장구주(楚辭章句注)」를 펴내어 〈구사(九思)〉를 첨부하여 놓았다. 아울러 서론잡문(書論雜文) 등 21편과 한시 123수를 남겨서 당대의 대가로 일컬어졌다. 후한서 문원상(文苑上) 열전(列傳)에 전기가 실려 있다.

4. 초사의 주석본(注釋本)

초사에 대한 연구는 유가경전의 위세에 눌려 정통 대열에서 제외되어 왔다. 기원전에 이룩된 책이지만 기원후 이천 년간에 보존되어 온 연구본[注

本]이 적으며, 그나마도 목록만 있을 뿐 일실된 책이 상당수에 이른 것을 알 수 있다. 사실상의 최고주본(最古注本)이라 할「왕일초사장구 17권(王逸楚辭章句十七卷)」이전에도 6종의 주본이 있었는데, 지금은 서명(書名)만 전할 따름이다. 그것들을 보면, 유안(劉安)의「이소전(離騷傳)」, 유향(劉向)의「천문해(天問解)」, 양웅(揚雄)의「천문해(天問解)」, 가규(賈逵)의「이소장구(離騷章句)」, 반고(班固)의「이소장구(離騷章句)」, 마융(馬融)의「이소주(離騷注)」등을 들 수 있다. 그러면 왕일주본 이후의 몇 종의 중요한 주본을 간략히 살펴 보고자 한다(유국은의「초사개론」과 부석임의「신역초사독본」을 주로 참고).

(1) 왕일의「초사장구 17권(楚辭章句十七卷)」

왕일은 동한(東漢)의 경학가로서 경서 주본에 주력하였으나 초사에의 주석을 가하고 재편성한 것은 최대의 공로라 하겠다. 주본으로는 최고본(最古本)이며 주석의 수준이 공평하고 훈고(訓詁) 위주이다.

(2) 홍흥조(洪興祖)의 「초사보주십칠권고이일권(楚辭補注十七卷考異一卷)」

홍흥조의 자는 경선(慶善)이며 송대의 단양인(丹陽人)이다. 한대의 주본의 고증 부족을 애석히 여겨서 썼다고 한다. 왕일의 주를 하나씩 고증하고 거기에 주석과 전고의 출처를 가필하였다. 특히 '고이편'은 송 이전의 판본과 이문(異文)을 고찰하고 있다.

(3) 주희(朱熹)의「초사집주팔권부변증이권후어육권(楚辭集注八卷附辯證二卷後語六卷)」

이 책은 앞의 두 주본(注本)보다 훈고 방면에 장점이 많지 않다. 뜻의 이해에 주력하였지만 초사 원래의 정신을 덜어 놓은 감이 있다.

(4) 오인걸(吳仁傑)의「이소초목소사권(離騷草木疏四卷)」

오인걸은 송(宋)나라 사람이며 자는 두남(斗南), 곤산인(崑山人)이다. 이소 중의 초목에 대해 상세한 고증을 가하였는데 산해경(山海經)에만 근거하였기에 본래의 오류가 다소 있다.

(5) 진제(陳第)의「굴송고음의삼권(屈宋古音義三卷)」

진제는 명대의 학자로서 자는 계립(季立)이며 호는 일재(一齋)이다. 굴원의 전작품과 〈구변〉·〈초혼〉, 그리고 〈고당부(高塘賦)〉·〈신녀부(神女賦)〉·풍부(風賦) 등 14편의 용운(用韻)을 주(注)와 함께 음운(音韻)을 고찰하였다. 고운(古韻) 연구에 참고가 된다.

(6) 왕부지(王夫之)의 「초사통석십사권(楚辭通釋十四卷)」

청대의 왕부지는 형양인(衡陽人)으로 자는 이농(而農), 호는 강재(薑齋)이다. 이 책은 왕일주본의 칠간 이하의 5편을 삭제하고 강엄(江淹)과 자신의 작품 등 44편을 추가시켜서 의외의 책을 꾸며 놓았다. 독특한 해석이 가미되어 구가의 〈예혼(禮魂)〉편을 송신곡(送神曲)으로 보았다.

(7) 임운명(林雲銘)의 「초사등사권(楚辭燈四卷)」

청대의 임운명은 자가 서중(西仲)이며 복건후관인(福建侯官人)이다. 굴원의 작으로 초혼과 대초편을 보태고 구마다 주석을 한 후 각편에 총론을 부연해 놓았다. 특히 구장의 순서를 〈섭강(涉江)〉이하 모두 구본(舊本)과 같지 않고 「사기(史記)」본전에 맞추어 나갔으나, 황문환(黃文煥)에게서 그 착안을 해온 것이어서 독창적인 것은 아니다.

(8) 장기(蔣驥)의 「산대각주초사육권부권수일권여론이권(山帶閣注楚辭六卷附卷首一卷餘論二卷)」

장기는 청대의 무진(武進)인으로서 이 책을 쓰는데 참고한 서적이 640여종에 달하여 크게 참고할 만하다. 굴원의 생존과 작품의 시기 등의 규명이 실증적이고 고찰이 정박(精博)하여 노고가 깃든 주본(注本)이다.

(9) 대진(戴震)의 「굴원부주칠권통석이권음의삼권(屈原賦注七卷通釋二卷音義三卷)」

대진의 자는 동원(東原)이며 청대의 휴녕인(休寧人)이다. 굴원의 작품 중에서 〈이소〉부터 〈어부〉까지만 수록하였다. 상권은 산천지명을, 하권은 어충(魚蟲)과 초목을 고증하여 대학자다운 해석이 적지 않다. 〈이소〉의 '강오(康娛)' 구문의 풀이는 특히 뛰어나다고 하겠다.

(10) 강유고(江有誥)의 「초사운독부송부운독일권(楚辭韻讀附宋賦韻讀一卷)」

강유고는 청대 흡현인(歙縣人)으로 자는 진삼(晋三)이다. 강유고는 성운 학자로서 고운 연구에 업적이 큰 만큼, 이 책도 합운(合韻)·차운(借韻)·통운(通韻)으로써 풀이해 나갔으나 세밀한 편은 아니다. 초사의 협운(協韻) 현상을 이해하려면 필히 참고해야 한다.

이상은 청대까지의 자료인데 민국에 들어서는 더욱 많아져서, 유국은(游國恩)의 「초사개론」·「독소논미초집(讀騷論微初集)」, 유영제(劉永濟)의 「굴부통전(屈賦通箋)」, 대정농(臺靜農)의 「초사천문신전(楚辭天問新箋)」, 소설림(蘇雪林)의 「굴원여구가(屈原與九歌)」·「천문정간(天問正簡)」, 그리고 목천화(繆天華)의 「이소천석(離騷淺釋)」·「구장구가천석(九章九歌淺釋)」 등이 있으며, 최근의 완벽하리만큼 정밀하게 주역을 가한 부석임의 「신역초사독본」은 필자의 책을 엮어내는 데 중요한 참고서가 되었다. 독자 제현(諸賢)에게 이 책이 지닌 무한한 가치를 이해하는 데 다소나마 도움이 될 수 있기를 바라마지 않는다.

이 소(離騷)

이소(離騷)는 모두 2490자로 된 굴원의 대표적인 서사시이다. 그의 충정과 비탄, 애국과 원망, 참회와 절망, 나중에는 절명(絶命)의 심정을 묘사하고 있다. 왕일은「초사장구서」에서 '그 문사는 온유우아하고 그 뜻은 밝고 환하다. 뭇 군자들은 그 청고(淸高)함을 흠모하고 그 문체를 기렸으며, 그의 불우함을 애도하고 그 뜻을 가엾이 여겼다.'라고 했듯이, 굴원 자신에 대한 절실한 표현으로 점철되어 있다. 제목의 뜻에는 '이(離)는 별(別), 소(騷)는 수(愁)'라는 설(왕일)과 '근심을 만나다'라는 반고(班固)의 설이 있다. 전문을 11단으로 분류하면 다음과 같다.

제 1 단 : 굴원의 족보와 자신의 성품.
제 2 단 : 자신의 충정이 용납 안 되는 초나라의 현실.
제 3 단 : 현인이 피폐되나 굳은 자신의 절개는 불변.
제 4 단 : 비탄의 심정과 죽음으로 뜻을 밝히겠다는 의사.
제 5 단 : 물러나 보전하며 사방 세계를 유력.
제 6 단 : 중화(重華 ; 순임금)에게 고하여 중정(中正)의 도를 구함.
제 7 단 : 천상에 올라가 천제에게 호소하지만 문전박대에 실망.
제 8 단 : 현녀(賢女)를 구하지만 매파가 없어 여의치 않음.
제 9 단 : 복점을 쳐보지만 고국을 멀리 떠날 것을 권유.
제10단 : 무함(巫咸)으로 신을 찾는데 원유(遠遊)할 것을 권유.
제11단 : 곤륜(崑崙)·유사(流沙)·적수(赤水)를 유력하면서 고국 떠난 비애를 토로하고 죽을 것을 결심.

이소의 용운(用韻)은 186개를 쓰고 81차의 환운(換韻)을 하고 있다.
그러면 〈이소〉의 예술적인 가치를 몇 가지 면으로 개관하고자 한다.
(1) 이소는 새로운 체계를 형성하고 있다. 이소의 창작으로 인하여 장편의 시가 (특히 서사시) 나와서, 〈공작동남비(孔雀東南飛)〉를 위시하여 한유(韓愈)의 〈원화성덕시(元和聖德詩)〉라든가 백거이(白居易)의 〈장한가(長恨歌)〉, 위장(韋莊)의 〈진부음(秦婦吟)〉같은 장시가 나오는 근원이 되었으며, 이소 자체만으로도 70여개의 환운을 쓰는 매우 정화된 서정시인 것이다. 아울러 대화 체재를 운용하여 한대(漢代)의 부체(賦體)에 선례를 남겨 준 것이다.
(2) 이소는 신화의 소재를 활용하고 있다. 희화(羲和)·망서(望舒)·비렴(飛廉)·

풍백(風伯)・서황(西皇) 등 수다한 신화, 고사를 작품 속에 용해시켜서 현실과 이상의 부합된 모순점과 자신의 심적 갈등을 풍유하고 있는 것이다.

　(3) 비(比)와 흥(興)의 기교를 쓰고 있다. 왕일이 이소의 서에서 '이소의 글은 시에 의해서 흥취를 가져다가 비유하는 것이다.'라고 하였듯이 굴원은 이소에서 비와 흥의 기법으로 표현의 구체미와 생동감을 한껏 드러내고 있다.

　(4) 이소는 연면사(聯綿詞)를 적절히 사용하고 있다. 이소에는 수십개의 첩운(疊韻)・쌍성(雙聲), 그리고 중언(重言)을 사용하여 음조를 부드럽고도 애련하게 끌고 간다. 이것은 작품의 애수(哀愁)를 더욱 간절하게 하며 절명시로서의 풍격을 극대화하는 것이다. 이소의 창작 시기는 초의 회왕 시기와 경양왕 시기 등 두 가지 설이 있지만, 그 어느 설도 정설이 못 된다. 근년에 후자의 설을 강조하는 학자가 비교적 많을 뿐이다(유국은이나 부석임).

1

고양 임금의 후손으로서 나의 훌륭하신 선친의 자(字)는 백용이라 하셨네. 마침 인년(寅年)의 인월(寅月), 즉 정월달 인일(寅日)에 나는 태어났네. 선친께서 나의 출생시를 따져 보시고 비로소 나에게 좋은 이름을 내려 주셨으니, 나의 이름은 정칙이며 자는 영균이라 하네. 나는 이미 이러한 타고난 아름다운 바탕을 지닌데다 또 뛰어난 재능을 더불어 갖추었네. 몸에는 궁궁이와 구리떼뿌리 같은 향초를 걸치고 추란을 꿰어서 의대에 장식하였네. 세월이 빨라 나는 따르지 못하리니, 세월이 나를 기다리지 아니하네. 아침에 언덕의 목란을 따고 저녁에는 물섬의 숙망풀을 캐는도다. 해와 달이 빨라 오래 머물지 않으니, 봄과 가을이 차례대로 바뀌누나. 초목이 시들어 떨어지려니 젊은 날이 가는 게 두렵구나.

젊고 좋은 것을 지켜서 더러운 간악함을 버리려니, 어이 이 바르지 않은 태도를 바꾸지 아니하시나? 준마를 타고 내어 달리리니, 오라! 내가 앞길을 인도하리라!

原文 帝高陽之苗裔兮[1]여, 朕皇考曰伯庸[2]이라. 攝提貞于孟陬兮[3]여, 惟庚寅吾以降[4]이라. 皇覽揆余于初度兮[5]여, 肇錫余以嘉名[6]하여 名余曰正則兮[7]여, 字余曰靈均[8]이라. 紛吾旣有此內美兮[9]여, 又重之以脩能[10]이로다. 扈江離與辟芷兮[11]여, 紉秋蘭以爲佩[12]로다. 汨余若將不及兮[13]여, 恐年歲之不吾與[14]로다. 朝搴阰之木蘭兮[15]여, 夕攬洲之宿莽[16]이라. 日月忽其不淹兮[17]여, 春與秋其代序[18]로다. 惟草木之零落兮[19]여, 恐美人之遲暮[20]로다. 不撫壯而棄穢兮[21]여, 何不改乎此度[22]리요? 乘騏驥以馳騁兮[23]여,

내 오 도 부 선 로
來吾道夫先路[24]인저 !

註 1) 고양(高陽) : 고양은 전욱(顓頊)을 지칭하는 것으로 전욱이 등황씨(騰隍氏)의 딸에 장가들어 노동(老僮)을 낳으니, 이가 초나라의 조상이다. 그 후 초무왕의 아들 하(瑕)가 굴성을 받아 객경을 지냈으니, 이가 굴씨의 조상이 되므로 굴원이 자신을 고양의 후손이라고 서두에 밝힌 것이다. 묘예는 후대, 후손, 혜(兮)는 초의 방언으로, 구중이나 구말에서 음절을 길게 끌어주는 부호의 역할을 한다. 2) 짐(朕) : 아(我)의 뜻으로 옛날에 존비공용(尊卑共用)했다. '황고'에서 황은 미(美), 고는 돌아가신 부(父)를 지칭한다. 백용(伯庸) : 굴원 부친의 자. 3) 섭제(攝提) : 원래 별 이름으로 태세재인(太歲在寅)이니, 즉 인년(寅年)이다. 정(貞) : 정(正), 당(當). 맹(孟) : 시(始). 추(陬) : 모퉁이의 뜻이지만, 맹추는 정월[하력(夏曆)으로는 인월(寅月)이 됨]의 뜻이 된다. 4) 경인(庚寅) : 인일(寅日)로서 고증컨대 초선왕(楚宣王) 27년 1월 7일(기원전 343)이 인년·인월·인일에 해당하니, 이날에 굴원이 태어났다고 자술한 것이다. 5) 황(皇) : 황고. 남규(覽揆) : 굴원의 출생시의 길도(吉度)를 살펴 헤아린다의 뜻. 6) 조(肇) : 시(始). 사(錫) : 사(賜). 비로소 ……를 내리다(지어주다). 가명(嘉名) : 좋은 이름. 7) 정칙(正則) : 도지개가 평형을 이루듯이 바르다(正)의 의미를 지님. 8) 영균(靈均) : 선하고(善) 고르다(平)의 의미를 지님. 9) 분(紛) : 성(盛). 내미(內美) : 내재미(內在美), 충정을 가리킨다. 타고난 미질. 10) 중(重) : 증익(增益). '수능'은 장재(長才), 즉 뛰어난 재능. 능을 태(態)라고도 풀이하니 아름다운 자태. 지(之) : 앞구의 내미를 지칭. 11) 호(扈) : 피(被 ; 입다)로 초나라의 방언. 강리(江離) : 궁궁이라는 향초. '벽지'도 '백지' 또는 '구리뗌뿌리'라는 향초. 약초로서 혈액순환제, 감기약 등에 쓰임. 이 작품의 비유는 이러한 향초로 작자의 충정과 결백을 표시하고 있으며, 이하의 작품도 미인·선인(仙人)·성왕 등과 함께 같은 비유법을 쓰고 있다. 12) 인(紉) : 꿰다, 잇다. 패(佩) : 의대의 장식물. 13) 율(汨) : 물이 빨리 흐르는 모양. 세월이 빠름을 비유한 것임. 이 구는 '세월이 너무 빨라서 나는 따르지 못할 듯하다'로 풀이. 14) '세월이 나를 기다려 주지 않을까 두렵다(不吾與는 不待吾). 15) 건(搴) : 가지다. 비(阰) : 왕일은 산명이라 하고 대진(戴震)은 큰 언덕이란 뜻의 남방초라 하였는데, 후자의 설이 믿을 만함. 16) 남(攬) : 채집, 따다. 주(洲) : 물섬. 숙망(宿莽) : 겨울에도 죽지 않는다는 초지방의 풀. 17) 불엄(不淹) : 오래 머물지 않다. 기(其) : 일월을 지칭. 이하 같음. 18) 차례대로 바뀌다. 대(代) : 갱(更). 서(序) : 차(次). 19) 유(惟) : 사(思). (……를 생각해 보다) 20) 미인은 초나라의 회왕을 비유한다거나(왕일), 자신을(朱冀의 설), 현사(賢士)를(朱駿聲, 馬其昶), 또는 젊은 시절을 비유한다는(대진) 등의 설들이 많은데, 여기서는 '젊은 날'이라 함. 지모(遲暮) : '늦저녁'이 직역이지만, 여기서는 '청춘이 간다, 인생 황혼'의 뜻이다. 21) 「문선」에는 '불'자가 없으니 해석을 아니함이 좋음. '젊은 시절을 잘 간수하여 더러운 것을(참소와 간악) 버린다.' 아서 웨일리(Arthur Waley)는 'Gather the flower of the youth and Cast out the impure!'라 영역. 22) 도(度) : 태도, 기도(器度)(회왕의 바르지 않은 정치 태도를 비유). 23) 기기(騏驥) : 준마로서 현인을 비유. 치빙(馳騁) : 말을 내어 달리다. 24) 오라, 내가 앞길을 인도하리라. 도(道) : 인도하다.

2

　옛날 세 분의 선왕께서 덕이 아름답고 언행이 올바르니 진실로 여러 어진 분들이 다 지니고 있는 것이로다. 후추와 계피를 잘 섞었으니 어찌 혜초와 백지풀만으로 꿰겠는가? 저 요임금과 순임금께서 덕이 널리 빛나시니 이미 바른길을 따라서 치국의 길을 얻었도다. 어찌 걸임금과 주임금은 나라를 어지럽히어 사악한 지름길로 갈 길을 재촉하는가! 소인배들이 구차하게 안락함을 쫓아서 길이 어둡고 험난하도다. 어찌 내 몸의 재앙을 두려워하리요마는 임금의 수레가 뒤집어질까 두렵도다. 서둘러 앞서거니뒤서거니 내달려서 선대의 왕들의 발자취를 따르리라. 향풀 같은 임금은 나의 속마음을 살피지 못하고서 오히려 참소를 믿어서 몹시 화를 내도다. 나는 진실로 바른말이 우환이 될 줄을 알지만 차마 떨칠 수는 없으니, 저 하늘을 가리켜서 정도로 삼으리니, 오직 바른 임금을 위해서다. 해질녘에 만나기로 기약하였더니, 아! 도중에 길을 바꿨도다. 처음에 나와 언약을 하였건만 나중에 마음을 바꾸어 다른 뜻을 지녔도다. 내 이미 이별을 어려워하지 않지만 임금의 변심을 애타하도다.

原文 昔三后之純粹兮[1]여, 固衆芳之所在[2]러니, 雜申椒與菌桂兮[3]여, 豈雜紉夫蕙茝[4]리요? 彼堯舜之耿介兮[5]여, 既遵道而得路[6]러니. 何桀紂之猖披兮[7]여, 夫唯捷徑以窘步[8]리요! 惟夫黨人之偸樂兮[9]여, 路幽昧以險隘[10]러니. 豈余身之憚殃兮[11]여, 恐皇輿之敗績[12]인저. 忽奔走以先後兮[13]여, 及前王之踵武[13]러니. 荃不察余之中情兮[14]여, 反信讒而齌怒[15]로다. 余固知謇謇之爲患兮[16]여, 忍而不能舍也러니. 指九天以爲正兮여, 夫唯靈脩之故也[17]인저!

왈 황 혼 이 위 기 혜　　　　강 중 도 이 개 로　　　　초 기 여 여 성 언 혜
曰黃昏以爲期兮여, 羌中道而改路[18]로다. 初旣與余成言兮[19]여,
후 회 둔 이 유 타　　　　　여 기 불 난 부 리 별 혜　　　부 령 수 지 삭 화
後悔遁而有他[20]러니. 余旣不難夫離別兮여, 傷靈脩之數化[21]로다.

註 1) 삼후(三后) : 삼왕〔우(禹)·탕(湯)·문왕(文王)〕지미왈순(至美曰純), 제동왈수(齊同曰粹 ; 덕의 아름답고 언행의 공평함). 2) '여러 향기로운 꽃'이란 여러 현인을 지칭. 이 구는 진실로 여러 현인들이 다 지니고 있는 바이다. 3) 신초·균계(申椒·菌桂) : 모두 향초 이름. 지금의 후추와 계피. 현인을 비유. 4) 어찌 단지 혜초풀과 백지만으로 꿰겠는가? 여기서 향초는 모두 역시 현인을 비유. 부는 대저의 뜻이지만 어기사로 봄. 일설에는 신을 신산(申山)이란 산명으로 보기도 함. 5) 경개(耿介) : 광대(光大). 광명정대(光明正大). 덕이 널리 빛나 위대함. 6) 이미 삼후의 길을 따라서 치국의 바른길을 얻었네. 7) 하(夏)와 은(殷)의 마지막 임금인 걸왕과 주왕. '창피'는 '옷을 걸치고 허리띠를 매지 않는다'라는 뜻이니, 어지럽히다, 방자하다가 된다. 8) 부(夫) : 발어사. '사악한 지름길을 가면서 고생스런 걸음을 재촉하는가!' 군보(窘步) : 급한 걸음. 9) 당인(黨人) : 소인배, 간신들. 투락(偸樂) : 안락함을 구차히 찾다. 10) 유매(幽昧) : 유암불명(幽暗不明). 험애(險隘) : 위험하고 막혀 있다. 11) 탄앙(憚怏) : 재앙을 두려워하다. 12) 황여(皇輿) : 임금의 수레. 국가를 비유. 패적(敗績) : 공을 뒤엎다. 나라가 패망하다. 13) 종무(踵武) : 발자취. 위의 두 구는 나라를 위하여 돕는 신하가 되려 하였다는 것을 비유. 14) 전(荃) : 향품. 석창포. 임금을 비유하는 향초. 중정(中情) : 본심, 속마음. 15) 제노(齎怒) : 몹시 노하다. 진노. 16) 건건(謇謇) : 충정, 직언. 17) 영수(靈脩) : 선치(善治). 군덕(君德). 임금을 비유. 18) 강(羌) : 초나라의 방언으로 발어사. 개로(改路) : 언약한 길을 바꾸다. '왈황혼(曰黃昏)' 이하의 두 구는 후인이 삽입한 것으로 봄. 19) 성언(成言) : 언약하다. 20) 회둔(悔遁) : 마음을 바꾸다. 유타(有他) : 다른 마음을 가지다. 21) 삭화(數化) : 자꾸 바꾸다. 변화무상(變化無常).

3

　　내 이미 구원이나 되는 넓은 밭에 난초를 심었고, 또 백묘의 밭에 혜초를 심었도다. 유이나 게거 같은 향초를 밭이랑에 심고 두형이나 백지 같은 향초를 섞어서 심었도다. 잎과 가지가 무성하기를 바라며, 때가 되면 거두어들이리니, 설사 시들어 버린들 어찌 상심하리요마는 다른 향초들이 더럽혀질까 애타는도다. 뭇 소인들이 다투어서 탐욕을 내니 온통 군자의 단점을 찾기에 싫증도 안 나는지! 아! 속으로는 자신은 용서하면서 남은 따지려 하니 서로 마음에 질투뿐이로다. 문득 말을 달리어 쫓

아가지만 내 마음은 조급하지 않도다. 점점 늙어가면서 아름다운 이름을 세우지 못할까 두렵구나. 아침에 목란에 서린 이슬을 마시고 저녁엔 가을 국화의 지는 꽃을 먹으니, 참으로 내 마음이 진실되고 아름다우며 정성스러우매, 오래 굶주린들 또 어찌 마음 아파하리요! 나무 뿌리를 가져다가 구리떼뿌리 향초를 묶으며 당귀의 떨어지는 꽃떨기를 꿰어 매고, 계수를 들어서 혜초를 엮으며 큰 밧줄을 길게 늘어뜨리는도다. 아! 나는 전대의 현인들을 본받아서 속세에 굴하지 않으리니, 오늘의 사람들에 맞지 않더라도 팽함의 남기신 바른 도리에 기대고 싶구나.

原文 余旣滋蘭之九畹兮[1]여, 又樹蕙之百畝[2]로다. 畦留夷與揭車兮[3]여, 雜杜衡與芳芷[4]로다. 冀枝葉之峻茂兮[5]여. 願竢時乎吾將刈[6]러니. 雖萎絶其亦何傷兮여, 哀衆芳之蕪穢[7]러라! 衆皆競進以貪婪兮[8]여, 憑不猒乎求索[9]이러니. 羌內恕己以量人兮[10]여, 各興心而嫉妒로다. 忽馳騖以追逐兮[11]여, 非余心之所急[12]이러니. 老冉冉其將至兮[13]여, 恐脩名之不立이라. 朝飮木蘭之墜露兮여, 夕餐秋菊之落英하니, 苟余情其信姱以練要兮[14]여, 長頷頷[15]亦何傷이리요! 寧木根以結茝兮[16]여, 貫薜荔之落蕊[17]하고, 矯菌桂以紉蕙兮[18]여, 索胡繩之纚纚[19]로다. 謇吾法夫前脩兮[20]여, 非世俗之所服이러니, 雖不周[21]於今之人兮여, 願依彭咸之遺則[22]인저!

註 1) 자(滋): 재배하다, 기르다. 구원(九畹): 원은 밭의 넓이 단위로서 설에 따라 20무(1무는 약 300평)·12무, 30무라 함. 여기서는 구원의 밭에 난초를 심는다. 2) 수(樹): 종(種). 심는다. 백무의 밭에 혜초를 심는다. 3) 휴(畦): 밭 선 이랑. 여기서는 동사로서 밭이랑에 심는다. 유이는 작약 같은 향초. 게거는 향초명. 4) 두형(杜衡): 해바라기와 비슷한 향초. 마제향. 5) 준무(峻茂): 줄기가 크고 잎이 많음. 기(冀) : 희망. 6) 사(俟) : 기다리다. 예(刈) : 베다, 자르다, 거두어들이다. 7) 무예(蕪穢) : 황폐하고 더러워지다. 이 구는 도중에 죽는다 해도 고결함만 지킬 수 있으면 더러워진 소인배가 되기보다 낫다는 의미. 8) 탐람(貪婪) : 끊임없이 탐내다. 중(衆) : 초나라의 소인. 경진(競進) : 다투어 나아가다. 9) 빙(憑) : 두 가지 뜻이 있으니, 하나는 부사로 '온통(滿)', 또 하나는 '믿다, 의지하다(恃)'(王夫之). 염(猒) : 염(厭). 구색(求索) : 군자의 단점을 찾는다. 10) 강(羌) : 초의 방언으로 발어사. 아! '아! 속으로는 자신을 용서하면서도 남은 따지려 하다.' 11) 치무(馳騖) : 말을 내어 달리다. 이 구는 소인배가 권세를 쫓는 것을 비유. 12) 소급(所急) : 서둘러 바라는 바. 소인은 이(利)에 급급하지만, 나(굴원) 자신만은 의(義)를 쫓는다. 13) 염염(冉冉) : 점(漸). 점점, 차차. 그 이하 조음구는 자신은 항상 결백하다는 것을 이슬과 꽃을 마시고 먹는것으로 비유. 14) 구(苟) : 성(誠)·진(眞). 진실로, 참으로. 신과(信姱) : 진실하고 아름다움. 연요(練要) : 일에 익숙함(王夫之), 정성이 지극함, 정성전일(精誠專一). 15) 함함(頷頷) : 굶주려 메마름. 16) 남목근(攬木根) : 나무 뿌리를 가져다 매다. '남'은 지(持). 결채(結茝) : 구리떼뿌리 향초를 묶다. 이 구는 군자가 소인배에 수난당함을 비유(목근은 惡木之根). 17) 벽려(薛荔) : 당귀. 향초. 낙예(落蕊) : 떨어지는 꽃열매. 이 구도 앞의 구처럼 군자의 수난을 비유. 18) 교(矯) : 거(擧). 들다. 가지다. 인혜(紉蕙) : 혜초를 엮다. 19) '호승초(향초)의 잎을 길게 늘여 밧줄을 만들다.' 또는 '큰 밧줄로 묶어 길게 늘어뜨리다'(王夫之). 호승(胡繩) : 호승초, 또는 큰 밧줄(王夫之). 사사(纚纚) : 가늘고 길게 이어진 모양. 20) 건(謇) : 어기사. 아! 전수(前脩) : 전대의 훌륭한 현인. 법(法) : 본받다. 21) 부주(不周) : 맞지 않다. 어울리지 못하다. 22) 팽함(彭咸) : 전하기를 은(殷)대의 현대부(賢大夫)로서 임금에게 간하여 듣지 않으니 물에 투신하여 죽은 충신. 유칙(遺則) : 남겨 놓은 올바른 도리.

4

 길게 탄식하면서 눈물을 닦으며 백성의 많은 고난을 슬퍼하노라. 내 오직 착하고 선한데도 얽매여 있으니 아! 아침에 바른말하다가 저녁에 쫓겨났도다. 혜초 주머니를 버리고 벽지풀을 가져다 채우도다. 내 마음의 선한 것을 아홉 번 죽어도 후회하지 않도다. 임금의 무분별을 원망하나니, 끝내 이 내 백성의 마음을 살피지 못하네. 뭇 여인들 나의 미모를 질투하여 헐뜯고 비방하여 음탕하다고 떠드누나. 진실로 세속이 비뚤어져 있으니 법도를 어기고 나쁘게 바꾸었네. 법도를 어기고 나쁜 길을 따르며 구차하게 영합하는 것을 도리로 여기도다. 근심하고 고민하여 실의에 차 있으니 나 홀로 이때에 고난을 겪는구나.

차라리 홀연히 죽어 떠날지언정 내 차마 이 짓만은 못하리라. 독수리는 떼짓지 않으니, 예부터 진실로 그러하였다네. 어찌 각이 원과 어울릴 수 있으리요? 뉘 길을 어긋나서 편안할 수 있으리요? 마음을 굽히고 뜻을 억누르며 잘못을 참고 욕됨을 견디면서 청백한 마음을 지켜서 죽더라도 충직하리니, 이는 진실로 선현들이 중히 여긴 바로다.

原文 長太息以掩涕兮[1]여, 哀民生之多艱[2]하니, 余雖好脩姱以鞿羈兮[3]여, 謇朝誶而夕替[4]로다. 旣替余以蕙纕兮[5]여, 又申之以攬茝[6]하고, 亦余心之所善兮여, 雖九死其猶未悔인저! 怨靈脩之浩蕩兮[7]여, 終不察夫民心하고, 衆女嫉余之蛾眉兮[8]여, 謠諑謂余以善淫[9]이라. 固時俗之工巧兮[10]여, 偭規矩而改錯[11]하고, 背繩墨以追曲兮[12]여, 競周容以爲度[13]로다. 忳鬱邑余侘傺兮[14]여, 吾獨窮困乎此時也러니. 寧溘死以流亡兮[15]여, 余不忍爲此態也인저! 鷙鳥之不羣兮[16]여, 自前世而固然[17]이니, 何方圜之能周兮[18]여, 夫孰異道而相安이리요? 屈心而抑志兮여, 忍尤而攘詬[19]하고, 伏淸白以死直兮[20]여, 固前聖之所厚[21]로다.

註 1) 길게 탄식하며 눈물을 닦다. 엄체(掩涕): 눈물을 닦다. 2) '인생살이 고생 많음을 슬퍼한다' 또는 '소인배들이 하는 일 험난함을 슬퍼한다'(王夫之). 3) 수과(脩姱): 착하고 아름다움. 수(雖): 유(唯), 오직, 단지. 기기(鞿羈): 말재갈을 물리다. 얽매다. 여기서 굴원은 말 자신에 비유. 4) 건(謇): 어사사. 아! 수(誶): 간언하다. 체(替): 쫓겨나다. 참소당하다(廢). 5) 기(旣)는 어조사. 체(替), 기(棄). 혜낭(蕙纕): 혜초 주머니(佩帶). 6) 신(申): 중(重), 가(加). 이(以): 이(以)의 고자. 남채(攬茝): 벽지풀을 가지다. 지(之)는 앞구의 혜낭을 지칭. 이 두 구는 소인배의 위선을 비유. 7) 호탕(浩蕩): 방종, 방탕, 무사려(無思慮). 8) 아미(蛾眉): 나방이같이 예쁜 눈썹이란 뜻으로 미인을 이름. 여기서는 굴원 자신의 현재(賢才)를 비유. 중녀(衆女)는 간신 소인배. 9) 요착(謠諑): 헐뜯고 참소함. 선음, 호음(好淫). 10) 진실로 현세의 풍속이 바르지 않고 비뚤어져 있다. 11) **면**(偭): 배(背).

어기다. 규구(規矩) : 둥근 자와 네모 자. 올바른 법도. 개착(改錯) : 나쁜 길로 고쳐 놓다. 12) 승묵(繩墨) : 먹줄자. 규칙, 법도, 도리. 추곡(追曲) : 굽은 길을 따르다(사로를 가다). 13) 주용(周容) : 구차하게 영합하다. 14) 둔(忳) : 근심하는 모양. 울읍(鬱邑) : 고민, 번뇌. 차체(侘傺) : 실의에 찬 모양. 넋을 잃는다. 15) 합(溘) : 홀연히, 갑자기. 유망(流亡) : 떠돌다가 죽다. '차라리 홀연히 죽어 떠날지언정, 내 차마 이짓은(간신배의 소행) 못하리라.' 16) 지조(鷙鳥) : 독수리. 현인을 비유. 17) 전세부터 진실로 그러하였네. 18) 어찌 각이 원과 어울릴 수 있으리요? 방(方)은 군자의 충직, 환(圓)은 소인의 간사를 각각 비유. 19) 잘못을 참으며 욕됨을 감추다. 양구(攘詬) : 욕을 머금다. 20) 복(伏) : 지키다. 청백을 지켜서 죽음으로 충직하다. 21) 소후(所厚) : 중시, 중히 여기는 바.

5

갈 길을 잘못 고른 것을 후회하면서 머뭇거리며 나는 돌아가리라. 나의 수레를 돌려 오던 길로 돌아가리니, 길이 어긋난 것이 멀지는 않구나. 난초가 있는 연못가로 나의 말을 몰아서 향초가 있는 언덕으로 말을 달려 거기에서 쉬겠노라. 들어가서 뽑히지 못하고 고난만을 당하니, 물러나서 나의 처음 지녔던 뜻을 다듬겠노라. 마름과 연꽃을 다듬어서 저고리를 만들고 연꽃을 모아서 치마를 만들리니, 나의 마음 알아주지 않아도 그만일 뿐, 오직 나의 마음 진실하고 꽃답기만 하면 되네. 높다랗게 나의 머릿관을 높이 쓰고 부드럽고 빛나는 나의 패물을 길게 늘어뜨리리니, 향기와 윤기로 어울려 놓으니 이 결백한 바탕은 결코 덜어지지 않으리. 문득 돌아보아 두루 살피고 사방으로 다니며 구경하리라. 패물이 화려하고 잘 꾸며져 있으며, 향내가 멀리 가고 더욱 밝도다. 소인, 그네들 서로 좋아하는 바가 있으나 나 홀로 선으로써 법도를 삼으리라. 몸이 이그러져도 나의 뜻 불변하니, 어찌 내 마음을 바꿀 수 있으리요? 여수는 애타게 잡으며 거듭 나를 나무라서 이르기를, '요임금의 신하인 곤은 강직하여 일신의 안위를 잊어서 끝내 우산의 들에서 죽었도다. 그대는 어째서 충직하며 착하기만 하여 홀로 이러한 아름다운 절개만을 지키는가? 녹두와 창이를 쌓아 방에 채우니, 골라내어 버려서 쓸데가 없네. 뭇사람네 외지게 말하지 말게나, 뉘 우리 속마음을 안다고 말할 수 있으리? 세상 모두 무리짓기 좋아하는데 어찌하여 홀로 외로이 내 말을 듣지 않는가?'

原文 悔相道之不察兮[1]여, 延佇乎吾將反[2]하며, 回朕車以復路兮[3]여, 及行迷之未遠[4]이라. 步余馬於蘭皐兮[5]여, 馳椒丘且焉止息[6]이니, 進不入以離尤兮[7]여, 退將復脩吾初服[8]이라. 製芰荷以爲衣兮[9]여, 集芙蓉以爲裳[10]하니, 不吾知其亦已兮니, 苟余情其信芳[11]인저! 高余冠之岌岌兮[12]여, 長余佩之陸離[13]하고, 芳與澤其雜糅兮[14]여, 唯昭質其猶未虧[15]로다. 忽反顧以遊目兮[16]여, 將往觀乎四荒[17]하며, 佩繽紛其繁飾兮[18]여, 芳菲菲其彌章[19]이라. 民生各有所樂兮여, 余獨好脩以爲常[20]하니, 雖體解吾猶未變兮여, 豈余心之可懲[21]이리요. 女嬃之嬋媛兮[22]여, 申申其詈予[23]하여, 曰 '鮌婞直以亡身兮[24]여, 終然殀乎羽之野[25]로다. 如何博謇而好脩兮[26]여, 紛獨有此姱節[27]이리요? 薋菉葹以盈室兮[28]여, 判獨離而不服[29]이라. 衆不可戶說兮[30]여, 孰云察余之中情이리요? 世並舉而好朋兮[31]여, 夫何煢獨而不予聽[32]인가?'

註 1) 상도(相道): 길을 고르다. 상(相): 시(視), 택(擇). 2) 연저(延佇): 머뭇거리다. 3) 나의(짐) 수레를 돌려 오던 길로 돌아가다. 4) 길이 어긋남이 멀지 않도다. 5) 보(步): 서행. 난고(蘭皐): 난초가 있는 연못가. 6) 초구(椒丘): 향초 초가 있는 언덕. 산마루(王夫之). 언(焉): 이곳에. 지식(止息): 휴식. 7) 이우(離尤): 허물을 만나다. 들어가 등용되지 못하고 허물을 만나다. 8) 물러나 나의 처음 옷을(初衣) 다듬으리라. 초복(初服): 처음의 깨끗한 옷. 숙지(宿志). 9) 기하(芰荷): 마름과 연꽃. 제(製): 자르다. 다듬다. 10) 집(集): 집(集)의 고자. 부용(芙蓉): 연꽃. '나를 알아주지 않아도 그만이다.' 11) 신방(信芳): 진실하고 꽃답다. 12) 급급(岌岌): 높은 모양. 높다란 나의 관을 높이 쓰다. 13) 육리(陸離): 흐트러진 모양. 아름다운 모양. 빛나는 모양. 부드럽고 빛나는 나의 장식물을 길게 늘어뜨리다. 14) 잡유(雜

糅) : 얼룩지게 섞다. 향기와 윤기로 섞어 놓다. 15) 소질(昭質) : 결백한 바탕. 미휴(未虧) : 덜어지지 않다. 16) 유목(遊目) : 두루 보다. 구경하다. '문득 돌아보아 두루 바라보다.' 17) 사황(四荒) : 사방. 18) 빈분(繽紛) : 성한 모양. 번(繁) : 많다. '패물이 화려하고 또 잘 꾸며져 있다.' 19) 비비(菲菲) : 향내나는 모양. 미(彌) : 익(益). 장(章) : 명(明). '향내가 멀리 가고 더욱 밝구나.' 20) 호수(好修) : 선(善)을 좋아하다. 상(常) : 법도, 도리. 21) 징(懲) : 바꾸다. '몸이 처형받으나 내 아직 마음 불변이니, 어찌 내 마음을 바꿀 수 있으리요.' 22) 여수(女嬃) : ① 굴원의 누이(王逸·王夫之). ② 천첩(文選 李善注). 선원(嬋媛) : 애타게 끌어당기다. 호흡이 가쁘다. 23) 신신(申申) : 거듭 말하다. 이(詈) : 나무라다, 꾸짖다. 24) 곤(鯀) : 요임금의 신하. 우임금의 부친. 행직(婞直) : 강직하다. 망신(亡身) : 몸의 안위를 잊다. 25) 요(殀) : 사(死). 우(羽) : 산동성 봉래현 동남에 있는 산이름. 26) 박건(博謇) : 마음이 넓고 충직하다. 27) 과절(姱節) : 아름다운 절개. 분(紛) : 성한 모양. 어지러이. 28) 자(薋) : 적(積). 또는 질경이(王夫之). 녹시(菉葹) : 녹두와 창이. 이들은 모두 악초로서 소인배를 비유. 29) 판(判) : 골라내다. 이(離) : 버리다. 복(服) : 쓰다. 30) 호설(戶說) : 외지게 말하다. 31) 붕(朋) : 붕당. 무리짓기 좋아하다. 편당하다. 32) 경독(煢獨) : 고독. 외로운 모양.

6

선대의 성인에 의지하여 절제와 중화를 지키리니 탄식하고 분개하면서 여기에 왔도다. 원수와 상수를 건너서 남쪽으로 가서 순임금 중화씨를 찾아서 말씀을 다음과 같이 드리리라. 하계가 구변과 구가를 얻어서 하의 태강은 즐거이 멋대로 방종하며, 후환을 돌보지 않고 후손을 두었고, 그의 어린 아들 오관은 그로 인해 집안 싸움에 빠졌도다. 후예는 너무 놀고 사냥을 좋아하며 또 큰 여우 사냥을 좋아하도다. 진실로 난잡한 무리는 끝을 잘 맺지 못하니, 한착도 후예의 처실을 탐하였도다. 요의 몸은 힘이 세고 방종하여 참지 못하여 날마다 즐기면서 자신을 망각하였다가 그의 머리는 그로 인해 땅에 떨어졌도다. 하의 걸왕은 항상 천도를 어겨서 마침내 재앙을 당하였고, 후신은 현인을 죽여 소금에 절인고로, 은의 종사가 그로 인해 길지 못하였도다. 탕왕과 우왕은 위엄이 있고 경건하였으며, 주왕은 도리를 따져서 어긋나지 않았도다. 현인을 천거하고 재능있는 사람을 가려서 법도를 따르면서 치우치지 않았네. 하늘은 사사로이 치우치지 않고 백성의 덕을 살펴서 돌보아 주시도다. 성현께서는 언행이 훌륭하여 이 땅을 다스리길 바라도다. 앞을 보고 뒤를 살펴서 백성의 마음을 잘 아는도다. 의가 아닌데 어찌 나갈 수 있으며, 선이 아닌데 어찌 따를 수 있겠는가? 내 몸이 위태로 워 죽게 되더라도 나의 처음의 뜻을 지니고 후회하지 않으리라. 구멍을 보지 않고 도끼자루를 넣어서 진실로 전대의 현인이 소금에 절여져 죽었도다. 더욱 통곡하고 근심하나니, 나의 때가 마땅치 않아서 슬퍼하노라. 부드러운 혜초를 따다가 눈물을 닦으니 흐르는 눈물이 내 옷깃을 적시는도다.

原文 依前聖以節中兮[1]여, 喟憑心而歷茲[2]러니, 濟沅湘以南征兮[3]여, 就重華而陳詞[4]하고, 啓九辯與九歌兮[5]여, 夏康娛以自縱[6]이니, 不顧難以圖後兮[7]여, 五子用失乎家巷[8]이라. 羿淫遊以佚畋兮[9]여, 又好射夫封狐[10]하여, 固亂流其鮮終兮[11]여, 浞又貪夫厥家[12]로다. 澆身彼服强圉兮[13]여, 縱欲而不忍[14]하며, 日康娛而自忘兮[15]여, 厥首用夫顚隕[16]이라. 夏桀之常違兮[17]여, 乃遂焉而逢殃[18]하고, 后辛之菹醢兮[19]여, 殷宗用而不長[20]이라. 湯禹儼而祗敬兮[21]여, 周論道而莫差[22]하며, 擧賢而授能兮여, 循繩墨而不頗[23]로다. 皇天無私阿兮[24]여, 覽民德焉錯輔[25]하고, 夫維聖哲以茂行兮[26]여, 苟得用此下土[27]로다. 瞻前而顧後兮여, 相觀民之計極[28]하니, 夫孰非義而可用兮여, 孰非善而可服이리요? 阽余身而危死兮[29]여, 覽余初其猶未悔하고, 不量鑿而正枘兮[30]여, 固前脩以菹醢로다. 曾歔欷余鬱邑兮[31]여, 哀朕時之不當[32]하며, 攬茹蕙以掩涕兮[33]여, 霑余襟之浪浪[34]이라.

註 1) 절중(節中) : 절제와 중화. 위(喟) : 탄식의 소리. 2) 빙심(憑心) : 임의. 분개에 찬 마음. '한탄하여 분개하면서 여기에 오다.' 3) 원상(沅湘) : 호남성 동정호로 흘러드는 강들. 4) 중화(重華) : 순임금의 이름. 진(陳) : 아뢰다. 5) 구변·구가(九辯·九歌) : 모두 천제의 음악. 계(啓) : 하계(夏啓). 우의 아들. '하계가 구변과 구가를 얻다.' 6) 하강(夏康) : 왕일은 계의 아들 태강(太康)이라 하지만, 하나라는 평강하다고도 풀이함(戴東原). 따라서 '하의 태강은 즐기며 절로 방종하다.' 또는 '하대는 안락하며 방종하다.' 7) 후환을 돌아보지 않고 후손을 두다. 8) 오자(五子) : 일설에 태강의 오형제. 또 오관(五觀), 또는 무관(武觀)이라 하여 계의 어린 아들. '그의 어린 아들 오관이 그로 인해 집안 싸움에 빠지다.' 용(用) : 인(因). 9) 예(羿) : 후(后)예. 하대의 제후. '후예는 지나치게 놀고 사냥을 좋아하다.' 일전(佚畋) : 사냥을 좋아하다. 10) 봉호(封狐) : 큰 여우. 11) 진실로 음란의 무리들은 끝을 잘 맺지 못하다. 12) 착(浞) : 한착. 예의 재상. 궐(厥) : 기(其). 가(家) : 후예의 처실. 전하기를 한착이 후예의 처를 연모하여 가신에게 후예를 쏘아 죽이게 하고, 그 처를 소유했다 함. 13) 요(澆) : 한착의 아들. 강어(強圉) : 힘이 세고 많음. 14) 방종하여 참지 못하네. 15) 날마다 즐기면서 스스로를 망각하네. 16) 용(用) : 그로 인하여. 전운(顛隕) : 땅에 떨어지다. '그 머리'는 요를 지칭. 17) 하의 걸왕은 항상 천도를 어겨서. 18) 수(遂) : 드디어. 혹은 지명(朱駿聲). 19) 후신(后辛) : 은의 주(紂)왕. 저해(菹醢) : 동사로서 주왕이 충신 비간, 매백 등을 죽여 소금에 절인 고사를 말함. '은의 주왕은 현인을 죽여 소금에 절여서.' 20) 은의 종사가 이로 인해 길지 못하였네. 21) 탕왕과 우왕은 위엄이 있으면서 경건하다. 22) 주의 문무왕은 도리를 따져서 어긋남이 없었네. 23) 법도를 따르면서 치우치지 않았네. 24) 하늘은 사사로이 치우치지 않다. 25) 언(焉) : 이에. 조보(錯輔) : 돌보아 주다. 26) 무행(茂行) : 매우 아름다운 행위. 언행이 훌륭하다. 27) 구(苟) : 상(尙), 바라다. 용(用) : 향용(享用). 하토(下土) : 천하. '이 천하를 잘 다스리길 바라노라.' 28) 계극(計極) : 생각. 심사. 생각하는 표준. 29) 염(阽) : 위태. '내 몸을 위태로이 하여 거의 죽게 되더라도.' 30) 조(鑿) : 구멍. '구멍을 헤아리지 않고 도끼 자루를 넣으려 하다.' 정(正) : 주입하다. 31) 증(曾) : 증(增). 허희(歔欷) : 슬퍼 우는 소리. 여(余) : 이(而). '더욱 통곡하고 근심하다.' 32) 나의 때가 마땅히 않음을 슬퍼하네. 33) 여(茹) : 부드럽다. 엄체(掩涕) : 눈물을 닦다. 34) 점(霑) : 적시다. 낭랑(浪浪) : 눈물 흘리는 모양. '흐르는 눈물이 내 옷깃을 적시네.'

7

엎드려 옷깃을 여미어 말씀을 드리니 밝히 나는 이미 이 중정의 도리를 얻었도다. 네 필의 옥재갈을 한 용마를 세우고 봉황을 올라타고서 문득 먼지 바람 날리며 위로 올라가도다. 아침에 창오에서 출발하여 저녁에 현포에 다다르도다. 잠시 이 영쇄 궁문에 머물려니 해가 어느덧 저물려 하네. 나는 희화에게 걸음을 멈추게 하고 엄자산을 바라보며 가까이하지 못하네. 길이 아득히 멀어서 나는 아래위로 다니며 찾는도다. 내 말에게 함지에서 물 먹이고 부상에서 고삐를 매는도다. 약목을 꺾어서 해를 가리고 잠시 거닐며 방황하는도다. 앞에는 망서로 앞서 달리게 하고, 뒤에는 비렴에게 뒤따르게 하는도다. 봉황이 내 대신 먼저 알리니 뇌신이 떠날 행장 아직 못 갖췄다 하는도다. 봉황으로 날아오르게 하고 밤낮으로 이어 달리니, 회오리바람이 모였다가 흩어지고 구름과 암무지개가 나와서 맞이하는도다. 어지러이 무리지어 흩어졌다가 합하기도 하면서 어지러이 위아래로 흩어지네. 내 수문장에게 자물목을 열라 하니 천문에 기대어 나를 바라보네. 때가 어두워 몸이 지치니, 난초를 엮으며 머뭇거리도다. 세상이 혼탁하여 희미하니 아름다움을 가리고 질투를 일삼는도다.

原文 跪敷衽以陳辭兮[1]여, 耿吾既得此中正[2]하니, 駟玉虬以桀鷖兮[3]여, 溘埃風余上征[4]이라. 朝發軔於蒼梧兮[5]여, 夕余至乎縣圃[6]하니, 欲少留此靈瑣兮[7]여. 日忽忽其將暮로다. 吾令羲和弭節兮[8]여, 望崦嵫而勿迫[9]하고, 路曼曼其脩遠兮[10]여, 吾將上下而求索이라. 飮余馬於咸池兮[11]여, 總余轡乎扶桑[12]하고, 折若木以拂日兮[13]여, 聊逍遙以相羊[14]이라. 前望舒使先驅兮[15]여, 後飛廉使奔屬[16]하며, 鸞皇爲余先戒兮[17]여, 雷師告余以未具[18]로다. 吾令鳳鳥飛騰兮[19]여, 繼之以日夜하고, 飄風屯其相離兮[20]여, 帥雲霓而來御[21]로다. 紛總總其離合兮[22]여, 斑陸離其上下[23]하여, 吾令帝閽開關兮[24]여, 倚閶闔而望予[25]로다. 時曖曖其將罷兮[26]여, 結幽蘭而延佇[27]하니, 世溷濁而不分兮[28]여, 好蔽美而嫉妒로다.

註 1) 궤부임(跪敷袵) : 엎드려 옷깃을 여미다. 2) 경(耿) : 광명. 중정(中正) : 올바른 길. 밝히 나는 이미 이 중정의 올바른 도리를 얻었노라. 3) 사옥규(駟玉虯) : 네 필의 옥재갈을 한 용마를 타다. 승예(桀鷖) : 승(乘). 봉황을 타다. 4) 합(溘) : 홀연. 문득. 먼지 바람 날리며 나는 위로 오르다. 5) 발인(發軔) : 앞수레바퀴 가로목을 풀다. 출발하다. 창오(蒼梧) : 지명. 구의산. 순임금을 이곳에 묻다. 6) 현포(縣圃) : 신화 속의 지명. 곤륜산에 있다 함. 또는 서극선산(西極仙山)(王夫之). 7) 영쇄(靈瑣) : 신령이 거하는 궁문. 8) 희화(羲和) : 신화 속의 인물. 태양의 모친. 또는 태양을 대신하여 수레를 타는 신(왕일). 미절(弭節) : 걸음을 멈추다. 9) 엄자(崦嵫) : 해가 진다는 신화 속의 산. 박(迫) : 근(近). 10) 만만(曼曼) : 긴 모양. 수(脩) : 장(長). 11) 함지(咸池) : 해가 지는 곳. 신화 속의 강. 12) 총여비(總余轡) : 나의 고삐를 매다. 부상(扶桑) : 해뜨는 곳. 신화 속의 강이름. 13) 약목(若木) : 두 설이 있는데, 하나는 신화 속의 나무 이름. 곤륜산 서쪽에 있는데 푸른 잎과 붉은 꽃이 있다 함. 다른 하나는 부상의 변문(段玉裁). 14) 요(聊) : 차(且). 소요(逍遙) : 배회하다. 이리저리 거닐다. 상양(相羊) : 배회하다. 15) 망서(望舒) : 월신을 모시는 자. 16) 비렴(飛廉) : 풍신. 분속(奔屬) : 뒤따라 달리다. 17) 난황(鸞皇) : 봉황. 선계(先戒) : 먼저 경계하여 말하다. 위(爲) : 체(替). 18) 뇌사(雷師) : 번개의 신. 풍륭. 미구(未具) : 행장 미비. 19) 비등(飛騰) : 날아오르다. 20) 표풍(飄風) : 회오리바람. 둔(屯) : 모이다. 회오리바람이 모였다가 흩어지다. 21) 운예(雲霓) : 구름과 암무지개. 간신을 비유. 어(御) : 맞이하다. 22) 총총(總總) : 무리를 짓다. 어지러이 무리를 지어 흩어졌다 합하였다 하다. 23) 반(斑) : 어지럽다. 육리(陸離) : 흩어지는 모양. 상하(上下) : 올라갔다 내려갔다 함. 24) 제혼(帝閽) : 천제의 수문장. 개관(開關) : 자물목을 열다. 25) 창합(閶闔) : 천문. 西北乾位爲天門(王夫之). 26) 애애(曖曖) : 불명(不明). 파(罷) : 피(疲). 극야(極也). 27) 연저(延佇) : 머뭇거리다. 인경구립(引頸久立). 28) 혼탁(溷濁) : 어지럽고 더럽다. 분(分) : 분명.

8

아침에 나는 백수를 건너서 현포에 올라 말을 매고서 문득 돌아보니 눈물이 흐르고, 고구산에 신녀가 없는 것을 슬퍼하도다. 잠시 나는 춘궁에서 놀면서 옥가지를 꺾어서 옥패를 잇는도다. 꽃이 지기 전에 시녀를 만나서 드리겠노라. 나는 풍륭에게 구름을 타고 복비가 계신 곳을 찾도록 하여, 허리띠를 풀어서 맹세하고 건수에게 중매서라고 하였더니, 어지러이 모였다 흩어졌다 하면서 그 일이 사리에 어긋나니 전하기가 어렵다네. 저녁에 궁석에서 머물고 아침에 유반에서 머리를 감으니, 그 미모를 뽐내며 교만하고 날마다 안락하며 지나치게 놀도다. 실로 아름다우나 예의가 없으니 그녀를 그만두고서 다시 찾겠노라. 사방의 먼곳을 두루 바라보며 하늘을 돌아다니다가 (현인을 찾아) 내려가겠노라. 높고 먼 옥으로 쌓은 누대를 바라보니 유융국의 미녀가 보이도다. 나는 짐새를 매파로 삼으려 하니 짐새 나를 나쁘다고 하네. 수비둘기가 울면서 날아가니 나는 그의 경박함이 미워지네. 마음이 주저대고 의심스러우니 가고 싶어도 할 수 없다네. 봉황이 예물을 받았으나 고신씨가 나보다 먼저 할까 두려우네. 멀리 가고 싶어도 머물 곳이 없으니 잠시 덧없이 노닐며 다니겠노라. 소강이 장가가기 전에 유우국의 두 딸에게 마음을 두었도다. 중매가 신통치 않고 매파가 아둔하여서 중매하는 말이 미덥지 못할까 염려되는도다. 세상이 혼탁하여 현인을 질투하니 아름다움을 가리고 악을 내놓기를 좋아하는도다. 규방은 깊고 멀으니 현철한 왕께서 깨달아 알지 못하도다. 나의 품은 사랑을 펴지 못하니 내 어찌 차마 여기서 오래 살 수 있을까?

原文 朝吾將濟於白水兮[1]여, 登閬風而緤馬[2]러니, 忽反顧以流涕兮[3]여, 哀高丘之無女[4]로다. 溘吾遊此春宮兮여, 折瓊枝以繼佩[5]하고, 及榮華之未落兮여, 相下女之可詒[6]로다. 吾令豊隆椉雲兮여, 求宓妃之所在[7]하고, 解佩纕以結言兮[8]여, 吾令蹇脩以爲理[9]로다. 紛總總其離合兮여, 忽緯繣其難遷[10]이라. 夕歸次於窮石兮[11]여, 朝濯髮乎洧盤[12]이라. 保厥美以驕傲[13]兮여, 日康娛以淫遊[14]하니, 雖信美而無禮兮여, 來違棄而改求[15]로다. 覽相觀於四極兮[16]여, 周流乎天余乃下[17]하고, 望瑤臺之偃蹇兮[18]여, 見有娀之佚女[19]로다. 吾令鴆爲媒兮[20]여, 鴆告余以不好하고, 雄鳩之鳴逝兮[21]여, 余猶惡其佻巧[22]로다. 心猶豫而狐疑兮[23]여, 欲自適而不可[24]하니, 鳳皇旣受詒兮[25]여, 恐高辛之先我[26]로다. 欲遠集而無所止兮[27]여,

聊浮遊以逍遙²⁸⁾하며, 及少康之未家兮²⁹⁾여, 留有虞之二姚³⁰⁾로다.
理弱而媒拙兮³¹⁾여, 恐導言之不固³²⁾하니, 世溷濁而嫉賢兮여, 好
蔽美而稱惡이로다. 閨中旣以邃遠兮³³⁾여, 哲王又不寤³⁴⁾하니, 懷
朕情而不發兮여, 余焉能忍與此終古³⁵⁾로다.

註 1) 백수(白水): 강이름. 곤륜산에서 발원하는데, 마시면 불사(不死)한다 함. '백수를 건너다.' 2) 낭풍(閬風): 현포. 설마(緤馬): 말을 매다. 3) 홀연히 돌아보며 눈물 흘리다. 4) 높은 산에 미녀가 없음을 슬퍼하네. 고구(高丘): 구설에 초지의 산명. 여(女): 구설에 신녀. 현신을 비유. 5) 춘궁(春宮): 동방의 청제(靑帝)가 거한 곳. 경지(瓊枝): 옥가지. 계패(繼佩): 옥패에 이어 매다. 6) 상(相): 찾다, 만나다. 하녀(下女): 신녀의 시녀. 이(詒): 증정하다. 바치다. '꽃이 지기 전에 하녀를 만나서 바치겠네.' 7) 복비(宓妃): 복희씨의 딸. 낙수에 빠져 죽어서 낙신(洛神)이 되었다 함. 8) 허리띠를 풀어서 맹세하다. 9) 건수(蹇脩): 복희의 신하. 이(理): 매파. 10) 위해(違繣): 사리에 어긋나다. 난천(難遷): 전하기 어렵다. 11) 차(次): 머물다. 궁석(窮石): 산이름. 후예가 거하던 곳이라 함. 12) 유반(洧盤): 강이름. 엄자산에서 발원한다 함. 13) 그 미모를 지니고 교만함을 부리다. 그 미모의 그는 복비를 지칭. 14) 날마다 안락하며 지나치게 노닐다. 15) 그녀를 버리고 다시 구하리라(현인을 다시 찾겠다는 뜻). 16) 남·상·관(覽·相·觀): 모두 동의어. 바라보다. 사극(四極): 사방의 먼 곳. 17) 주류(周流): 두루 노닐다. '나는 곧 내려오다'는 현인을 찾아서 내려온다를 비유. 18) 요대(瑤臺): 옥으로 쌓은 누대. 언건(偃蹇): 높고 먼 모양. '높고 먼 요대를 바라보다.' 19) 유융(有娀): 국명. 유는 접두사. 일녀(佚女): 미녀. 제곡의 비. 설(契)의 모. 간적(簡狄). 정현(貞賢)을 비유. 20) 짐(鴆): 짐새. 독이 있는 새. 깃을 술에 담가 먹으면 죽는다 함. 21) 수비둘기가 울며 가다. 22) 조교(佻巧): 경박하고 사리에 밝음. 23) 유예(猶豫): 머뭇거리다. 호의(狐疑): 의심스럽다. 24) 자적(自適): 스스로 가다. 25) 수이(受詒): 예물을 받다. 26) 고신(高辛): 제곡씨. 선아(先我): 나보다 먼저 하다. 27) 집(集): 근(近). 멀리 가려 해도 머물 곳이 없도다. 28) 잠시 떠돌며 거닐겠노라. 29) 소강(少康): 하후상(夏后相)의 아들. 하후상의 아들이 아직 장가를 안 가다. 30) 유우(有虞): 나라 이름. 순임금의 후예. 성은 요(姚)씨. 좌전에 '한착이 요로 하여금 하후상을 죽이게 하니, 그 아들 소강이 유우국으로 도망가매, 유우의 왕이 그 두 딸을 그에게 시집보내다.' 이 구는 유우국의 두 딸에 뜻을 두다. 31) 중매가 졸렬하고 매파가 우둔하다. 32) 중매의 말이 미덥지 못할까 두렵네. 33) 수원(邃遠): 깊고 멀다. 34) 현철한 왕이(초왕을 비유) 깨달아 알지 못하네. 35) 나의 마음(사랑)을 품고서 펴지 못하니, 내 어찌 능히 참고 이 속에서 오래 살 수 있으리요? 차(此): 당시의 환경.

9

옥떠풀과 작은 대가지를 구하여 영분에게 점을 쳐달라고 하였다네. 점을 치고 하는 말이, '두 미인이 필히 잘 어울리려니, 누구든 신실함을 부러워하리라. 구주의 넓음을 생각하면 어찌 이 여인만이 있을 건가?' 또 말하기를, '권하노니 멀리 가서 의심하지 말지니 누구라서 미인을 찾는데 그대를 몰라라 하리요? 어디간들 방초가 없겠는가? 그대는 어찌하여 고향땅만 못잊어 하는가? 세상이 어둡고 어지러우니 누가 우리의 선악을 가릴 수 있겠는가? 그들의 좋아하고 미워하는 것이 각기 다르나 이 무리들만은 유독히 별다르네. 집집마다 쑥을 걸치고, 허리에 차고서는 난초란 찰 만하지 못한 것이라 빈정대네. 초목을 살펴서 분별하지 못하거늘 어찌 미옥의 가치를 알 수 있겠는가? 석은 흙을 가져다가 향주머니에 채우고서는 신초풀이 향기롭지 않다고 빈정대는도다.

原文 索藑茅以筵篿兮[1]여, 命靈氛爲余占之[2]로다. 曰 '兩美其必合兮여, 孰信脩而慕之[3]리요? 思九州之博大兮[4]여, 豈唯是其有女[5]리요?' 曰 '勉遠逝而無狐疑兮[6]여, 孰求美而釋女[7]리요? 何所獨無芳草兮[8]여, 爾何懷乎故宇[9]인가? 世幽昧以眩曜兮[10]여, 孰云察余之善惡이리요? 民好惡其不同兮여, 惟此黨人其獨異[11]하여, 戶服艾以盈要兮[12]여, 謂幽蘭其不可佩[13]로다. 覽察草木其猶未得兮[14]여, 豈珵美之能當[15]이리요? 蘇糞壤以充幃兮[16]여, 謂申椒其不芳인저!'

註 1) 경모(藑茅): 신령한 풀로서, 직역하면 '옥띠풀'. 점치는 데 쓰임. 이(以): 여(與). 색(索): 취(取). 정전(筵篿): 작은 대나무 쪽지로 점치는 것. 전은 점대. 2) 영분(靈氛): 옛날 길흉을 점치는 사람. 점쟁이. '경모라는 풀과 세죽을 가져다가 영분에게 명하여 나를 위해 점을 치게 하네.' 3) '왈' 이하는 영분이 점을 치고 하는 말. '두 미인은 반드시 잘 어울릴 것이니, 누구든 진실하고 선함을 부러워할 것이라.' 양미(兩美): 군신이 잘 어울림을 비유. 4) 사(思): 사(思). 구주(九州):

천하. 5) 시(是) : 이것. 여(女) : 미녀. 현군을 비유. 기(其) : 초(楚)를 지칭. '어찌 여기 초땅만이 현군이 있으리요?' 6) 왈(曰) : 또 말하기를. '권하노니 멀리가서 의심하지 말지라.' 7) 석(釋) : 버리다. 여(女) : 너. 그대. 여기서 미는 현신을 비유. 8) 어디든 방초가 없으리요? 하소(何所) : 하처(何處). 방초는 현군을 비유. 9) 그대는 어찌 고국을 그리워하는가? 회(懷) : 그리워하다. 고우(故宇) : 고국. 10) 왕일은 이 구부터가 굴원이 영분에게 답하는 대목으로 풀이함. 유매(幽昧) : 어둡다. 이(以) : 여(與). 현요(眩曜) : 본래 빛이 강렬하다의 뜻인데, 여기서는 어지럽다의 의미로 풀이. 11) 당인(黨人) : 소인배. 초국. 12) 호(戶) : 가가호호. 집집마다. 애(艾) : 쑥. 악초명. 영(盈) : 가득차다. '집집마다 쑥을 걸치고 허리에 차다.' 요(要) : 허리. 13) 향초 유란을 장식할 만하지 못하다고 말하네. 14) 초목을 살펴서도 분별하지 못하다. 15) 정(珵) : 아름다운 옥. 당(當) : '값을 알다. 어찌 미옥의 가치를 알 수 있으리요?' 16) 소(蘇) : 취(取). 위(幃) : 향주머니. 썩은 흙을 가져다가 향주머니에 채우다.

10

영분의 길한 점괘를 따르고 싶지만, 마음이 주저되고 의심되네. 무함이 저녁에 내리시니 후추와 정미를 지니고서 그를 맞는도다. 온갖 신들이 하늘을 덮고서 모두 내려오니, 구의산에서 성대하게 맞이하는도다. 하늘이 빛나면서 신령을 드러내어 나에게 길한 일을 말하도다. 말하기를 '힘써서 위아래로 오르내리면서 법도를 같이하는 사람을 구하도다. 탕과 우임금이 경건하게 짝을 구하니 이윤과 고요가 화합할 수 있도다. 진실로 속마음이 아름다우니 또 어찌 중매를 설 필요가 있겠는가? 부열은 부암에서 판축을 잡았는데, 무정께서는 부열을 등용하여 의심하지 않았도다. 여망 강태공이 칼을 휘둘렀는데 주의 문왕을 만나서 등용되었도다. 영척이 쇠뿔을 두드리며 노래부르니 제의 환공이 듣고서 보좌토록 하였도다. 세월이 늦지 않았고 때가 또한 다하지 않았으니, 두견새가 먼저 울어서 온갖 풀들이 그로 인해 향내나지 않을까 두렵도다.' 어찌하여 화려한 옥패물을 뭇사람들이 가려서 덮었던가? 오직 이들이 진실되지 않으니 질투하여서 꺾어 버릴까 두렵도다. 세월이 어지러워 변화무상하니 또 어떻게 오래 머물 수 있으리요? 난초와 백지는 변하여서 향기를 잃었고, 전초와 혜초 같은 향초는 변하여서 띠풀이 되었도다. 어찌하여 지난날의 향기로운 풀이 오늘에 쑥풀 따위로 되었단 말인가? 어찌 다른 까닭이 있으리요? 바른 도리를 좋아하지 아니하는 때문일세. 나는 난초를 믿을 만하다고 여겼더니, 아! 열매는 안 열리고 겉모습만 자랐구나? 저 아름다움을(美德) 버리고 속된 것을 따르면서, 구차하게 뭇 방초에 끼어들려 하는도다. 자초 같은 간신들이 간교를 부려 거만하고, 산봉숭아 같은 소인들이 패물 주머니를 채우려 하여 벌써 임금에게 가까이하려 하여 등용되었건만, 어찌 향기로운 덕을 떨칠 수 있으리요? 진실로 세속의 풍토가 잘못 흐르고 있으니 또 누구도 바꿔 놓을 수 없도다. 신초와 난초 같은 귀한 현인들이 이와 같거늘, 게거나 강리 같은 사대부들이야 말할 나위 없도다. 그러나 나의 이 패물은 실로 귀중한데도 그들이 그 아름다움을 버리고 이 위험한 지경에 이르렀도다. 향기가 풍겨 나서 덜기 어려우나니, 그 향기는 지금에 와서 더욱 바래지지 않도다. 마음을 가다듬어 법도를 따르며 즐겨하면서 잠시 가벼이 노닐며 미녀를 찾겠노라. 나의 이 패물이 화려하나니 이리저리 다니면서 위아래를 살펴보노라.

原文 欲從靈氛之吉占兮여, 心猶豫而狐疑[1]하니, 巫咸將夕降兮[2]여, 懷椒糈而要之[3]로다. 百神翳其備降兮[4]여, 九疑繽其並迎[5]하며, 皇剡剡其揚靈兮[6]여, 告余以吉故[7]로다. 曰 '勉陞降以上下兮[8]여, 求榘矱之所同[9]하며, 湯禹嚴而求合兮[10]여, 摯咎繇而能調[11]로다. 苟中情其好脩兮여, 又何必用夫行媒[12]리요. 說操築於傅巖兮[13]여, 武丁用而不疑[14]로다. 呂望之鼓刀兮[15]여, 遭周文而得擧[16]하고, 甯戚之謳歌兮[17]여, 齊桓聞以該輔[18]로다. 及年歲之未晏兮[19]여, 時亦猶其未央[20]하니, 恐鵜鴂之先鳴兮[21]여, 使夫百

草爲之不芳²²⁾인저!' 何瓊佩之偃蹇兮²³⁾여, 衆薆然而蔽之²⁴⁾인가,
惟此黨人之不諒兮²⁵⁾여, 恐嫉妬而折之²⁶⁾로다. 時繽紛其變易兮
²⁷⁾여, 又何可以淹留²⁸⁾리요? 蘭芷變而不芳兮²⁹⁾여, 荃蕙化而爲
茅³⁰⁾로다. 何昔日之芳草兮여, 今直爲此蕭艾也³¹⁾리요? 豈其有
他故兮여, 莫好脩之害也³²⁾인저! 余以蘭爲可恃兮³³⁾여, 羌無實而
容長이러니, 委厥美以從俗兮³⁴⁾여, 苟得列乎衆芳³⁵⁾이라. 椒專佞
以慢慆兮³⁶⁾여, 樧又欲充夫佩幃³⁷⁾하여, 旣干進以務入兮³⁸⁾여, 又
何芳之能祗³⁹⁾인가! 固時俗之流從兮여, 又孰能無變化⁴⁰⁾리요?
覽椒蘭其若茲兮⁴¹⁾여, 又況揭車與江離⁴²⁾인가? 惟茲佩之可貴兮
⁴³⁾여, 委厥美而歷茲⁴⁴⁾하니, 芳菲菲而難虧兮⁴⁵⁾여, 芬至今猶未沬
⁴⁶⁾로다. 和調度以自娛兮⁴⁷⁾여, 聊浮游而求女⁴⁸⁾러니, 及余飾之方
壯兮⁴⁹⁾여, 周流觀乎上下로다.

註 1) 마음이 주저되고 의심되네. 2) 무함(巫咸): 은나라 신종 때의 신무(神巫)라 함. 3) 초서(椒糈): 후추와 쌀. 향물. 요(要): 맞이하다. 지(之): 무함. 4) 예(翳): 덮다, 가리다. 비(備): 모두. '온갖 신이 하늘을 덮고서 모두 내려오다.' 5) 구의(九疑): 구의산. 빈(繽): 어지러이. 성대하게. 6) 황(皇): 황천. 염염(剡剡): 빛나는 모양. 양령(揚靈): 신령을 드러내다. 신령을 발하다. 7) 길고(吉故): 길한 일. 8) 면(勉): 힘써서. 승강(陞降): 오르내리다. 9) 구확(榘彠): 정방형의 자. 길이를 재는 자. 법도. 소동(所同): 올바른 뜻을 같이하는 동지. 10) 탕과 우임금이 경건히 짝을 구하다. 합(合): 배필, 짝. 탕의 신하 이윤과 우의 신하 고요를 지칭. 11) 지고(摯咎): 이윤과 고요. 조(調): 화(和)(上下和同). 12) 또 어찌 반드시 중매를 설 필요가 있으리요. 행매(行媒): 중매를 서다. 13) 열(說): 부열(傳說). 축(築): 판축(담을 쌓는 도구). 부암(傳巖): 지명. 산서성에 있음. 조(操): 잡다, 가지다. 14) 무정(武丁): 은나라의 고종. 고종이 꿈에 성인을 만나고서 그와 같은 것을 찾다가 노예인 부열을 보고 형상이 같거늘 등용하여 은 왕실이 흥성했다 함. '무정이 등용하여 의심하지 않다.' 15) 여망(呂望): 여상. 강태공. 고도(鼓刀): 칼을 휘두르다. 칼을 울리다. 도살질하다. 16) 주의 문왕을 만나서 등용되다. 17) 영척(甯戚): 춘추시대의 위(魏)나라 사람. 쇠뿔을 두드리며 노래하던 상인인데 제의 환공이 현인인 줄 알고 등용했다 함. 18) 제환공이 듣고서 보좌케 했네. 19) 미안(未晏): 늦지 않다. 안(晏): 늦다. 20) 미앙(未央): 미진. 다하지 않다. 21) 제결(鵜鴂): 두견이라 함. 22) 온갖 풀이 그로 인해 향기나지 않을까 하노라. 참소로 인해 충직

한 선비가 죄를 입을까 함을 비유. 23) 경패(瓊佩) : 옥패물. 미덕을 비유. 언건(偃蹇) : 성대한 모양. '어찌하여 화려한 옥패물을….' 24) 뭇사람이(小人) 가리고 그것을 덮었는가? 애연(薆然) : 가리다. 은폐하다. 25) 양(諒) : 신(信). '오직 이들 무리가 진실하지 않다.' 26) 절(折) : 패(敗). 상(傷). '질투하여 꺾을까 두렵네.' 27) 시세가 어지러이 쉬 변하다. 28) 엄류(淹留) : 오래 머물다. 29) 난초와 백지는 변하여 향기롭지 않다. 30) 전초와 혜초는 변하여 띠풀이 되었네. 31) 직(直) : 오직. 소애(蕭艾) : 쑥풀(賤草 ; 小人). 32) 바른 도리(善)를 좋아하지 않는 재앙 때문이라. 33) 난(蘭) : 초나라 회왕의 소제(小弟)인 사마자란(司馬子蘭)이라 함(왕일). 또는 회왕의 소자(少子) 경양왕의 동생이라 함(홍흥조). 그러나 주회와 왕부지는 이것을 부정하고 단지 '난초'(진선의 덕 비유)라 함. 가시(可恃) : 가히 믿을 만하다. 그 아랫구를 보면 '아아! 열매없이 모양만 자랐네.'는 더러운 물에 들어 참됨이 가리워져 쓸모없이 된 것을 비탄하는 표현. 34) 위(委) : 버리다. 종속(從俗) : 속된 것을 쫓다. 35) 구차하게 뭇 방초에 끼이려 하네. 36) 초(椒) : 자(子)초. 수유(소인을 비유). 전녕(專佞) : 권세를 쥐고 간교함. 만도(慢慆) : 거만하다. 기쁠, 거만할 도. 37) 살(榝) : 산봉숭아(소인 비유). 패위(佩幃) : 패물 주머니. 38) 간(干) : 구하다, 찾다. '이미 들어가기를 원하여(임금에게) 힘써 들어갔지만…' 39) 또 어찌 향기를(미덕) 펼 수 있으리요. 지(祗) : 떨치다. 40) 진실로 시속이 유행하니, 또 누구도 바르게 바꿀 수 없도다. 41) 초란(椒蘭) : 귀인을 비유. 약자(若茲) : 이와 같다. 42) 황(況) : 더구나. 게거ㆍ강리(揭車ㆍ江離) : 향초 이름. 사대부를 비유. 43) 오직 나의 이 패물만은 귀하나니(美德). 44) 그들이 그 미덕을 버리고 이 위험한 지경에 이르렀네. 역(歷) : 지(至). 45) 향기가 풍겨나서 덜기 어려우니…. 46) 향기가 지금도 그치지 않네. 매(沫) : 그치다. 47) 화조도(和調度) : 마을을 조화시켜 법도를 따르다. 자오(自娛) : 스스로 즐거워하다. 48) 여(女) : 미녀. 동지. 복비ㆍ이녀(二女) 등. 49) 나의 패물이(진실) 마침 화려하니…. 장(壯) : 화려하다.

11

영분이 이미 나에게 길한 점괘를 일러 주었으니 길한 날을 택하여 나는 떠나갈 것이라. 옥가지를 꺾어서 곡식을 삼고, 붉은 옥싸라기를 잘게 빻아서 양식을 삼겠노라. 나는 날아가는 비룡을 타고 옥과 상아를 어울려 섞어서 수레를 만들겠노라. 어찌 벌어진 두 마음이 같아질 수 있겠는가? 나는 멀리 떠나가서 떨어져 있겠노라. 내 갈 길을 곤륜산으로 바꿔 가나니, 길이 너무 멀어서 두루 다녀야 하는도다. 구름과 무지개 깃발을 높이 들어서 하늘을 가리고, 옥봉황 모양의 말방울을 짤랑짤랑 울리는도다. 아침에 천진에서 출발하여 저녁에 나는 서극 하늘에 도달하려 하니, 봉황새가 경건히 깃발을 받쳐들고서 높이 날아

올라 날개를 가지런히 펴는도다. 홀연히 나는 이 유사사막으로 가서 적수를 따라 가며 느긋이 놀겠노라. 뿔 없는 용을 지휘하여 다리를 건너게 하고 서천의 신을 불러서 나를 건너 주게 하리니, 길이 너무 멀고 험난하여 여러 수레에 알려서 지름길에서 기다리게 하리라. 갈 길이 부주산을 지나 왼쪽으로 돌아드니 서해를 가리키며 만날 날을 기약하리라. 나의 수레를 싼 천승을 모아서 옥수레바퀴를 가지런히 하고 다 함께 달려가리라. 꿈틀대는 여덟 필의 신룡을 몰아 타고 펄럭이는 구름 깃발을 싣고서 깃발을 숙이고 천천히 떠나가니, 아득히 높이 올라 달려갈 일을 생각하는도다. 구가를 연주하며 구소의 춤을 추면서 잠시 틈을 내어 즐거이 노닐러라. 빛나는 하늘에 올라가서 문득 옛고향을 곁눈질해 보니, 마부는 슬피 울고 내 말조차 근심에 차서 움츠리며 고갯짓하면서 떠나질 않는구나.

노래하노니! 아! 아서라. 나라에 어진 사람일랑 하나도 없어서 나를 알아줄 이 없으니 내 고향일랑 생각해 무엇하리요? 아름다운 정치일랑 다 하기 틀렸나니 나는 팽함이 계신 곳을 따라가겠노라.

原文 靈氛旣告余以吉占兮여, 歷吉日乎吾將行[1]이라. 折瓊枝以爲羞兮[2]여, 精瓊靡以爲粮[3]이라. 爲余駕飛龍兮[4]여, 雜瑤象以爲車[5]하니, 何離心之可同兮[6]여, 吾將遠逝以自疏[7]인저! 邅吾道夫崑崙兮[8]여, 路脩遠以周流하고, 揚雲霓之晻藹兮[9]여, 鳴玉鸞之啾啾[10]로다. 朝發軔於天津兮[11]여, 夕余至乎西極[12]하고, 鳳皇翼其承旂兮[13]여, 高翺翔之翼翼[14]이라. 忽吾行此流沙兮[15]여, 遵赤水而容與[16]하고, 麾蛟龍使津梁兮[17]여, 詔西皇使涉予[18]로다. 路脩遠以多艱兮[19]여, 騰衆車使徑待[19]하여, 路不周以左轉兮[20]여, 指西海以爲期[21]로다. 屯余車其千乘兮[22]여, 齊玉軑而並馳[23]하고, 駕

八龍之婉婉兮[24]여, 載雲旗之委蛇[25]로다. 抑志而弭節兮[26]여, 神
高馳之邈邈[27]하여, 奏九歌而舞韶兮[28]여, 聊假日以媮樂[29]이라.
陟陞皇之赫戲兮[30]여, 忽臨睨夫舊鄕[31]하니, 僕夫悲余馬懷兮[32]여,
蜷局顧而不行[33]이라.
　　亂曰[34] 已矣哉[35]인저! 國無人莫我知兮여, 又何懷乎故都리
요? 旣莫足與爲美政兮여, 吾將從彭咸之所居로다.

註 1) 역(歷): 고르다. 2) 옥가지를 꺾어서 양식을 삼다. 수(羞): 음식물. 3) 정(精): 잘게 빻다. 경미(瓊靡): 붉은 옥싸라기. 창(粻): 양식. 엿. 4) 위(爲): 어기사. 나는 날아가는 비룡을 타다. 5) 요상(瑤象): 옥과 상아. 6) 어찌 다른 마음(두 마음)이 같아질 수 있겠는가? 7) 자소(自疏): 스스로 멀리 가다. 8) 전(遭): 바꾸다. '나의 길을 바꾸어서 곤륜산으로 가다.' 9) 엄애(晻藹): 깃발이 해를 가린 모양. '구름과 무지개 깃발을 높이 들어 하늘을 가렸는데….' 10) 옥봉황 방울이 (말의) 울리니 쟁쟁하도다. 추추(啾啾): 방울 소리. 11) 천진(天津): 은하수. 하늘 동쪽 끝에 있음. 12) 서극(西極): 서쪽 하늘 끝. 13) 익(翼): 경건히. 승기(承旂): 깃발을 받쳐들다. 14) 고상(翶翔): 날아가다. 익익(翼翼): 가지런히 나는 모양. 15) 유사(流沙): 서극의 강이름(신화). 사막. 16) 적수(赤水): 곤륜산에서 발원함. 용여(容與): 느긋이 노닐다. 준(邅): 따르다. 17) 휘(麾): 지휘하다. 교룡(蛟龍): 뿔 없는 용. 진(津): 나루터. 건너다. 양(梁): 다리. 교량. 18) 조(詔): 명령. 서황(西皇): 서방의 신. 제소호를 지칭(소호). 섭(涉): 건너다. 19) 등(騰): 알리다. '여러 수레에 알려서 지름길에서 기다리게 하다.' 20) 부주(不周): 부주산. 서북해 밖에 있다는 신화의 산. '길이 부주산을 거쳐서 왼쪽으로 돌아서….' 21) 기(期): 만나다. 기약. 목적기. 22) 둔(屯): 모으다. 23) 옥대(玉軑): 옥수레바퀴. 24) 팔룡(八龍): 여덟 필의 신룡. 완완(婉婉): 용이 꿈틀거리며 날아가는 모양. 25) 위이(委蛇): 깃발이 펄럭이며 날리는 모양. 26) 지(志): 깃발. 미절(弭節): 서행. '깃발을 숙이고 천천히 가다.' 27) 신(神): 생각하다. 막막(邈邈): 멀다. '아득히 멀리 날 것을 생각한다.' 28) 구가(九歌): 순임금의 음악. 소(韶): 구소. 순임금의 음악. 29) 한가로이 즐거워하다. 가(假): 빌리다. 투(媮): 즐기다. 구차히. 30) 척승(陟陞): 오르다. 황(皇): 천(天). 혁희(赫戲): 빛나는 모양. 31) 예(睨): 엿보다. 구향(舊鄕): 고향. 32) 회(懷): 상심. 사(思). 33) 권국(蜷局): 옴츠려 나가지 못하는 모양. 옴츠릴 권. 34) 난(亂): 결구, 발문. 사부의 끝에 쓰여서 그 작품의 종결을 맺어 주는 음악의 미성과 같은 것이다. 35) 이(已): 지(止). 절망의 표현.

評析 〈이소〉의 초탈의식(超脫意識): 굴원의 작품수는 25편이라 전하지만, 실지로 고증된 바로는 11편 정도로 본다. 그 모두가 쫓겨나서 씌어진만

큼, 내용이 현실도피·탈속의식·자살추향 등 비창(悲愴)한 심사(心思)를 주제로 하고 있다. 그 중에서 대표작인 〈이소〉는 그의 절명시라 할 자서 전적인 서사 작품으로, 제목이 갖는 의미가 조우(遭憂)〔반고(班固)는 이소 찬서(離騷贊序)에서 이(離)는 조(遭)요, 소(騷)는 우(憂)라 풀음〕라는 것으로 보아서, 청백을 지키고 고결한 자태를 선인에 비유하며 향초와 선조(善鳥)를 현신에 비의(比擬)하면서 우국과 생의 자진(自盡)을 강렬히 표출한 작품이다. 후한의 왕일(王逸)은 서(序)에서 '其子襄王復用讒言, 遷屈原於江南, 而屈原放在山野…… 不忍以淸白久居濁也, 遂赴汨淵自沈而死'(그 아들 양왕이 참소를 다 듣고 굴원을 강남에 천거시켜 굴원은 산야에 추방되었다. 청백한 마음으로 탁한 세상에 오래 참아 내지 못하고 마침내 멱 연못에 나가 스스로 빠져 죽었다)라 하고, 또 '其詞溫而雅, 其義皖而朗, 凡百君子莫不慕其淸高, 嘉其文采, 衷其不遇而閔其志焉'(離騷經章句序)(그 작품의 글이 온화하고 뜻이 밝으매, 뭇 군자가 모두 그 청고함을 사모하고 문채를 찬미하며, 그의 불우를 슬퍼하고 그의 뜻을 그리는 바이다)라 하여 〈이소〉의 정신을 명백히 밝히고 있다. 이제 그 내용을 보면, 먼저 왕이 참소만을 믿고 자신의 진심을 알지 못하는 안타까운 심정을 그리기를, '무릇 간신이 안락만 구하여서 길이 어둡고 험하네. 어찌 내 몸의 재앙을 두려워하리요. 임금의 수레 뒤집힐까 두렵네. 홀연히 앞뒤를 분주히 다니며 옛임금의 발자취를 따르리니. 임은 나의 속마음을 살피지 않고 오히려 참소를 믿고 진노하네. 내 진실로 직언이 우환인 줄 알지만 차마 내어버릴 수 없네.'라고 하며 직언을 버릴 수 없다는 충정한 마음을 토로하고 나아가서 팽함(彭咸)의 길을 따를 것을 굳게 다지며, '아! 나는 옛 현인을 본받아 세속에 굴복치 않겠네. 비록 오늘의 사람에 맞지 않아도 팽함의 유훈을 따르리라.'라 하고, 작품 끝에 가서 생을 초월하여 사(死)의 지경에 이르는 천상에서의 동작을 노래하면서도 못내 그리운 고향을 조명시켜 우국의 정을 떨치지 않고 있다.

  '나의 천 필 수레를 모아서 바퀴를 나란히 달리네. 구불대는 팔룡(八龍)을 타고 휘날리는 구름깃발을 세우네. 뜻을 누르고 서서히 가도 마음은 아득히 높이 달리네. 구가(九歌)를 연주하고 소악(韶樂)을 추며 잠시 한가로이 즐기며 빛나는 하늘에 올라 옛 고향 엿보네. 종이 슬퍼하고 내 말이 상심하여 우물쭈물 나가지 못하네.'

  〈이소〉를 비롯한 굴원의 모든 작품은 죽음이라는 최후의 배수진을 가지고 비흥(比興)과 박식으로 내심을 토로하였으며, 문학사상에 사부(辭賦),

오언시(五言詩), 변문(騈文)이란 장르를 직접 탄생시켰고, 미의식을 추구하면서도 향토색 있는 속문학(俗文學)의 길을 제시하였다. 더욱이 풍부한 신화와 신비한 정조, 그리고 낭만적인 색채는 유가적 도덕성을 탈피하여 순수문학으로의 대맥(大脈)을 터주었다는 데서 굴원의 죽음을 위한 서사시는 실로 무한한 가치를 지닌 중국문학의 핵이라 하겠다. 그의 죽음은 풍습상으로도 음력 5월 5일을 기일(忌日)로 하여 단오절(端午節)을 만들어, 그의 애국우국의 염(念)을 기리고 민족혼으로 승화시키고 있다.

구　　가(九歌)

　굴원이 민간에서 귀신에게 제사지낼 때 불리던 악곡을 가지고 쓴 작품으로 구가는 고악곡명(古樂曲名)이다. 구(九)자는 실수(實數)가 아니며, 〈구가〉는 11편으로 되어 있는데, 그들의 내용을 보면 다음과 같다.
　① 동황태일(東皇太一) : 태일(太一)은 별이름으로 하늘의 존신(尊神)이다. 제궁(祭宮)이 초의 동쪽에 있어서 동황이라 한다. 천자(天子)가 춘추(春秋)로 태일(太一)에 제사지냈다 한다. 정숙한 감정으로 태일의 향흠을 행하는데 제사의 물품과 무인(巫人)의 복식, 음악을 서술하고 있다.
　② 운중군(雲中君) : 운신(雲神) 풍륭(豊隆)이다. 일설에는 월신(月神)·우신(雨神)이라고도 한다. 이글은 제무(祭巫)가 독창(獨唱)하는 형식을 취하여 제무의 경건과 신이 강림하는 광경, 그리고 신이 떠나자 슬퍼하는 제무의 심정을 묘사하였다.
　③ 상군(湘君) : 상부인(湘夫人)과 함께 상수의 신이다. 왕일은 상군은 수신(水神)이며 상부인은 순임금의 두 비인 아황(娥皇)과 여영(女英)이라고도 했다. 상군은 남신(男神)이므로 여무(女巫)가 주제하여 독창독무(獨唱獨舞)한다. 이 글은 강림을 기원하는 무녀의 기원과 비탄을 묘사하였다.
　④ 상부인(湘夫人) : 남무(男巫)가 창(唱)한다. 상부인의 강림을 기원하는데 오지 않는데서 오는 심정, 애탄을 간절하게 묘사하였다.
　⑤ 대사명(大司命) : 별이름으로 길흉(吉凶)과 생사(生死)를 주관하는 운명의 신이다. 이 글은 남신(男神)과 여무(女巫)가 합창합무(合唱合舞)하는데, 전편이 정숙장엄하여 기원과 안명(安命)을 토로하는 고대인(古代人)의 제신(祭神) 의식을 묘사해 준다.
　⑥ 소사명(少司命) : 아이들의 운명을 주관하는 신이다. 이 글은 제신(祭神)하는 곳의 분위기와 신의 홀연히 떠남, 그리고 자신과 만민의 기복을 묘사하였다.
　⑦ 동군(東君) : 태양의 신. 전편이 일신(日神)을 영접하는 예식을 엄숙하고 장엄하게 음악을 곁들여서 기술하였다.
　⑧ 하백(河伯) : 황하의 신. 이 글은 제무(祭巫)의 독창독무(獨唱獨舞)이다. 제무가 하신(河神)과 수거(水車)를 타고 곤륜산에 올라 바라보는 것으로 시작하여 제사진열과 송신(送神)하는 광경을 묘사하였다.
　⑨ 산귀(山鬼) : 산신(山神) 또는 죽은 사람이나 사물의 신을 말한다고도 한다. 이 글은 환상 중에 귀신이 출현하는 데서부터 귀신이 오지 않는 실질적인 원망을 감동적으로 묘사하였다.

⑩ 국상(國殤) : 나라를 위해 전사한 영혼. 상(殤)은 외지(外地)에서 싸우다 죽은 귀신. 임자 없는 귀신을 말한다. 전쟁터의 참상과 군인의 용감성을 묘사하였다.
⑪ 예혼(禮魂) : 예는 제사. 일반 귀신을 제사지낸다는 뜻이다. 제사의 의식을 묘사하고 있다.

동황태일(東皇太一)

　길한 날 좋은 때에 경건하게 상황(동황태일)을 즐겁게 하리라. 긴 칼을 잡으니 옥고리로 장식하였고 짤랑짤랑 울리는 임랑옥으로 꾸며 놓았도다. 옥자리와 옥압진을 갖추고서 아울러 옥방초를 곁들였네. 혜초의 안주를 바치고 난초 깔개를 아래에 펴놓았으며, 정결한 계수나무 술과 후초 술을 차려 놓았도다. 북채를 들고서 북을 치면서, (다음 구는 결구임) 느린 박자로 연주하며 조용히 노래하니, 생황과 가야금으로 성대히 어울리는도다. 신령께서 너울 춤추며 아름답게 차림을 하시니 향기가 그윽하여 사당에 가득 차는도다. 오음이 요란하게 소리가 조화를 이루니 신령께서 기뻐하시고 즐거워하시도다.

原文　吉日兮辰良¹⁾에, 穆將愉兮上皇²⁾이라. 撫長劍兮玉珥³⁾하여, 璆鏘鳴兮琳琅⁴⁾이라. 瑤席兮玉瑱⁵⁾에, 盍將把兮瓊芳⁶⁾이라. 蕙肴蒸兮蘭藉⁷⁾하고, 奠桂酒兮椒漿⁸⁾이라. 揚枹兮拊鼓⁹⁾하여, ○○○兮○○하고, 疏緩節兮安歌¹⁰⁾하여, 陳竽瑟兮浩倡¹¹⁾이라. 靈偃蹇兮姣服¹²⁾하고, 芳菲菲兮滿堂하며, 五音紛兮繁會¹³⁾하니, 君欣欣兮樂康¹⁴⁾이라.

註 1) 진량(辰良): 좋은 시절. '길한 날 좋은 때' 2) 목(穆): 공손하고 정숙한 모양. 경건하다. 유(愉): 낙(樂). 상황(上皇): 동황태일. 초나라의 전신(傳神). 3) 옥고리 장식한 긴 칼을 잡다. 4) 규장(璆鏘): 짤랑짤랑하는 옥의 소리. 임랑(琳琅): 옥이름. 무가의 무용에 하는 장식. '짤랑짤랑 울리는 임랑옥패를 장식했네.' 5) 요석(瑤席): 옥으로 장식한 자리. 옥진(玉瑱): 옥으로 만든 압진. 귀막이옥진. '옥자리와 옥압진을 갖추고….' 6) 합(盍): 하부(何不)(왕일). 그러나 발어사 혹은 합(合)의 뜻. '아울러 옥방초를 함께 하다.' 7) 혜초 안주를 드리고 아래는 난초

깔개를 갖추다. 증(蒸) : 바치다. 올리다. 8) 전(奠) : 차려 놓다. 계수나무로 만든 술과 후초로 만든 술. 이들은 모두 정결한 의미를 지님. 9) 부(枹) : 북채. 부고(枹鼓) : 북을 치다. 10) 느린 절주를 연주하고 조용히 노래하니…. 소(疏) : 희(希). 11) 생황과 가야금을 늘어놓고 성대히 노래하네. 호창(浩倡) : 소리가 성대한 모양. 우(竽) : 큰 생황. 12) 영(靈) : 동황태일. 언건(偃蹇) : 춤추는 모양. 교복(姣服) : 미복(美服). '신령이 높이 춤추며 아름다운 옷차림을 하니, 향기 그윽하여 사당에 차네.' 13) 오음(五音) : 궁(宮)·상(商)·각(角)·치(徵)·우(羽). 번회(繁會) : 소리가 어울리다. 14) 흔흔(欣欣) : 기뻐하다. 낙강(樂康) : 평안하다.

評析 제무(祭巫) 일인(一人)이 독창하며 혼자 춤춘다. 이 노래는 간결하면서도 엄정하여서 경숙(敬肅)한 분위기를 조성한다. 전편(全篇)이 8운(韻)이며 양(陽)으로 일운도저(一韻到底)하고 있다.

운중군(雲中君)

난초를 탄 탕물에 몸을 씻고 향기로 머리를 감으니 아름답게 빛나는 옷자락이 꽃과 같도다. 신령께서 꿈틀거리며 이미 내려오셨나니, 찬란한 빛이 끝이 없도다. 아! 수궁에 안식하시려니 해와 달처럼 빛이 나는도다. 용의 수레를 타시고 천제의 옷을 입으시고 이리저리 노니시며 두루 다니시네. 신령께서 찬란하게 내려오셨다가 홀연히 멀리 구름 속으로 드셨도다. 기주를 보시며 다른 곳을 생각하시니 사해를 가로질러서 어디에 머무실까? 신령을 생각하며 큰 탄식하노라니 애타는 마음이 그지없어서 근심만 하노라네.

原文 浴蘭湯兮沐芳[1]하고, 華采衣兮若英[2]이라, 靈連蜷兮旣留[3]하니, 爛昭昭兮未央[4]이라. 蹇將憺兮壽宮[5]하고, 與日月兮齊光인저! 龍駕兮帝服[6]으로, 聊翶遊兮周章[7]하고, 靈皇皇兮旣降[8]하

니, 猋遠擧兮雲中⁹⁾이라. 覽冀州兮有餘¹⁰⁾하니, 橫四海兮焉窮¹¹⁾
이리요? 思夫君兮太息하니, 極勞心兮忡忡¹²⁾인저!

註 1) 난초탕에 몸 씻고 향기로 머리 감다. 2) 아름다운 채색옷이 꽃과 같도다. 3) 영(靈): 운중군. 뇌신(雷神). 운신(雲神)이니 월신(月神)이니 하는 설도 있음. 연권(連蜷): 장곡(長曲; 길게 굽어진)의 모양. 구불구불. 기류(旣留): 이미 내려오다. 4) 찬란한 광명(빛)이 그치지 않네. 소소(昭昭): 광명. 5) 건(蹇): 어기사. (초나라 방언) 아! 담(憺): 편안하다(安). 수궁(壽宮): 신을 모시는 곳(홍홍조). '아! 수궁에 안식하려니….' 6) 용수레 타고 천제의 옷을 입고서. 7) 고유(翱遊): 이리저리 노닐다. 주장(周章): 두루 다니다. 8) 황황(皇皇): 빛나다. 찬란하다. 9) 표원(猋遠): 홀연히 멀리 가다. 10) 기주(冀州): 중토의 땅. 황하와 양자강의 사이. 중국. '중토를 보면서 다른 곳을 생각하니….' 11) 사해(四海): 구주의 밖. 언(焉): 어디. '사해를 가로질러서 어디에 머물 건가?' 12) 애타는 마음 지극하여 근심에 차네. 충충(忡忡): 근심하는 모양.

評析 이 노래는 운신(雲神) 풍륭(豊隆)을 노래하고 있다. 풍륭은 우뢰의 소리를 묘사한 의성어에서 유래된 것으로 보며, 제무(祭巫)가 독창(獨唱)한다. 왕부지(王夫之)는 '前序其未見之切望, 後言其饗後之永懷(앞에는 보이지 않는 간절한 소망을 기술하고, 뒤에는 향흠 후의 마음을 말하고 있다.)'라고 하였다.

상 군(湘君)

임께서 가지 않으시고 머뭇거리시니 아! 물섬에서 누구를 기다리시는가? 아름다운 모습 잘 꾸미고서 서둘러서 나는 계수나무 쪽배를 타리니 원수와 상수로 파도 일지 않게 하고 강물이 잔잔히 흐르게 하리라. 임을 기다리나 오지 않으시니, 퉁소를 불면서 뉘를 그리워함이런가? 비룡을 타고 북쪽으로 가서 나의 길을 동정호로 바꿀 것이라. 폐려 향초로 선창의 벽을 만들고 혜초로 장막을 치며, 손요 향초로 노를 만들고 난초로 깃발을 삼았도다. 잠양의 먼 포구를 바라보며 큰 강을 가로건너 정성을 다하지만, 정성을 다하여도 완전치 못하나니 시녀가 끌어

당기며 긴 탄식하는도다. 눈물이 마구 흘러내려 하염없이 흐르나니 애타게 임을 그리워하여 남몰래 근심하는도다. 계수나무의 노와 난초 돛대로 얼음을 파내니 눈이 쌓여 있도다. 폐려를 물 속에서 캐고 연꽃을 나무 끝에서 따나니, 마음이 같지 않으니 매파가 수고만 하고 사랑이 깊지 않아서 가벼이 끊으려 하네. 돌 여울이 빠르게 흘러가고 비룡이 가벼이 나니, 교분이 두텁지 않으니 원망이 길어지고, 약속을 믿지 못하니 틈이 없다고 말하도다. 아침에 강가로 말을 달리고 저녁에 북쪽 물가로 천천히 가는도다. 새는 지붕에 깃들고 물은 사당 아래에 감돌도다. 나의 옥패를 강속에 버리고 나의 패물을 예포 강에 버리도다. 방초 무성한 물섬에서 두약초를 캐어서 시녀에게 보내려 하네. 가는 세월 다시 얻을 수 없으니, 거닐면서 마음을 느긋이 하겠노라.

原文 君不行兮夷猶[1]하니, 蹇誰留兮中洲[2]리요? 美要眇兮宜修하니, 沛吾乘兮桂舟[3]로다. 令沅湘兮無波[4]하고, 使江水兮安流로다. 望夫君兮未來하니, 吹參差兮誰思[5]리요? 駕飛龍兮北征[6]하여, 邅吾道兮洞庭[7]하고, 薜荔柏兮蕙綢[8]로, 蓀橈兮蘭旌[9]이라. 望涔陽兮極浦[10]하고, 橫大江兮揚靈[11]하니, 揚靈兮未極하매, 女嬋媛兮爲余太息[12]이라. 橫流涕兮潺湲[13]하니, 隱思君兮陫側[14]이라. 桂櫂兮蘭枻[15]로, 斲冰兮積雪[16]이라. 采薜荔兮水中하고, 搴芙蓉兮木末하니, 心不同兮媒勞[17]하고, 恩不甚兮輕絶[18]인저! 石瀨兮淺淺[19]하고, 飛龍兮翩翩[20]하며, 交不忠兮怨長[21]하니, 期不信兮告余以不閒[22]인저! 鼂騁騖兮江皐[23]하고, 夕弭節兮北渚[24]하며, 鳥次兮屋上[25]하고, 水周兮堂下[26]로다. 捐余玦兮江中[27]하고, 遺余佩兮醴浦[28]하니, 采芳洲兮杜若[29]하여, 將以遺兮下女[30]

로다. 時不可兮再得³¹⁾하니, 聊逍遙兮容與³²⁾로다.
                시 불 가 혜 재 득   요 소 요 혜 용 여

註 1) 이유(夷猶): 머뭇거리다. 2) 아! 물섬에서 누구를 기다리는가? 3) 요묘(要眇): 모습이 아름답다. 의수(宜修): 잘 꾸미다. 패(沛): 배가 빨리 가는 모양. 4) 원상(沅湘): 강이름. '이소편' 기출. 5) 참치(參差): 퉁소·피리의 모양이 봉의 날개같이 가지런하지 않다 하여 참치라 부름. 6) 북정(北征): 북쪽으로 가다. 7) 나의 길을 바꾸어 동정으로 가다. 8) 폐려(薜荔): 향초. 나무에 붙어서 산다고 함. 백(柏): 선창의 벽. 혜주(蕙綢): 혜초로 만든 장막. 9) 손요(蓀橈): 향초로 만든 노. 난정(蘭旌): 난초로 만든 깃발. 10) 잠양(涔陽): 지명. 잠수 북쪽에 있음. 극(極): 원(遠). 포(浦): 물가. 포구. '잠양의 먼 포구를 바라보다' 11) 양령(揚靈): 정성을 다하다. '정성을 다하지만 완전치 못하다.' 12) 선원(嬋媛): 끌어당기다. 여(余): 상군의 시녀. 13) 횡류체(橫流涕): 눈물이 마구 흘러내리다. 잔원(潺湲): 물이나 눈물이 흐르는 모양. 14) 은(隱): 애타다. 비측(俳側): 남몰래 근심하다. 15) 계수의 노와 난초 돛대(난예). 16) 착빙(斲冰): 얼음을 파다. 17) 건(搴): 따다. 뜯다. 매로(媒勞): 매파가 수고롭다. 18) 사랑이 깊지 않으니 가벼이 끊도다. 19) 석뢰(石瀨): 돌 여울. 천천(淺淺): 물이 빨리 흐르는 모양. 20) 편편(翩翩): 가벼이 나는 모양. 21) 교분이 두텁지 않으니 원망이 길다. 충(忠): 후(厚). 22) 기약이 미덥지 않으니 나에게 틈이 없다고 말하네. 23) 조(鼉): 조(朝). 아침. 빙무(騁鶩): (말이) 내달리다. 강고(江皐): 강가. 24) 미절(弭節): 천천히 가다. 북저(北渚): 북쪽 물가. 25) 차(次): 머물다. 26) 주(周): 감돌다. 당하(堂下): 사당 아래. 27) 결(玦): 옥패. 옥패 결 '옥패를 버리다.' 28) 예포(醴浦): 강이름. 하남 상식(桑植)에 있음. '나의 패물을 버리다.' 29) 방초 무성한 물섬에서 두약(생강 같은 향초)을 캐다. 30) 하녀(下女): 세상의 여인. 인간. 구설에는 상군의 시녀. 유(遺): 주다. 보내다. 31) 가는 세월 다시 얻을 수 없다. 32) 용여(容與): 한가로운 모양.

評析 상군(湘君)은 남신(男神)이므로 여무(女巫)가 제주가 된다. 제주는 독창독무(獨唱獨舞)한다. 전체가 신에 대한 희구의 심정과 실의에서 오는 내심의 모순을 생동감 있게 묘사했다. '나무 끝에서 연꽃을 딴다' 등의 구는 예술수법이 순수하다.

상부인(湘夫人)

상부인께서 북쪽 물가에 내리시니 눈이 아찔하며 근심에 차는도다. 한들한들 가을바람이 이니 동정호의 물결이 일고 나뭇잎이 지는도다. 흰 떼에 올라가 사방을 바라보며 아름다운 기

약을 저녁에 펴겠노라. 새는 어찌하여 마름풀 속에 모이며, 그 물은 어찌하여 나무 위에 걸려 있나요? 원수에는 향초가 있고 예수에는 난초가 있는데 상부인을 그리워하면서 감히 말을 못하도다. 아득히 멀리 보며 흐르는 물을 내려다보니 졸졸 흘러가네. 큰 사슴은 뜰에서 무엇을 먹으며, 교룡은 물가에서 무엇을 하나요? 아침에 나의 말을 강가로 내달리고 저녁에는 서쪽 개펄을 건너도다. 미인이 나를 부르는 소리를 듣고 올라타고서 함께 떠나가리라. 물 속에 집을 짓고 거기에 연꽃덮개로 잇는도다. 향초의 벽을 짓고 자개단을 갖추고서 향기로운 후추를 사당 가득히 뿌리도다. 계수나무 기둥과 난초 서까래를 갖추고 신이풀로 처마를 하고 구리떼잎으로 방을 꾸미네. 폐려초를 짜서 장막을 삼고 혜초로 장막고리를 다 갖추며 백옥으로 압진을 만들고 석난초를 흩뜨려서 향내를 내는도다. 백지로 지붕을 잇고 연꽃으로 집을 짓고 두형풀로 그것을 묶는도다. 온갖 풀을 모아서 뜰에 채우고 문간방에 향수를 뿌리도다. 구의산의 신들이 성대하게 맞이하니 신령이 오시는 게 구름과 같도다. 나의 옷소매를 강 속에 버리고 나의 홑옷을 예수의 물가에 버리고서 평평한 물섬의 두약을 가져다가 멀리 계신 분께 보내겠도다. 가는 세월 다시 얻을 수 없으니 거닐면서 느긋이 살겠노라.

原文 帝子降兮北渚[1]하니, 目眇眇兮愁予[2]로다. 嫋嫋兮秋風[3]에, 洞庭波兮木葉下[4]로다. 登白薠兮騁望[5]하며, 與佳期兮夕張[6]하고, 鳥何萃兮蘋中[7]하며, 罾何爲兮木上[8]인가! 沅有茝兮醴有蘭[9]하니, 思公子兮未敢言[10]이라. 荒忽兮遠望[11]하며, 觀流水兮潺湲[12]이라. 麋何食兮庭中[12]이리요? 蛟何爲兮水裔[13]리요? 朝馳余馬兮江皐하고, 夕濟兮西滋[14]로다. 聞佳人兮召予하여, 將騰駕兮偕逝[15]로다. 築室兮水中하여, 葺之兮荷蓋[16]로다. 蓀壁兮紫壇[17]으

로, 罔芳椒兮成堂¹⁸⁾하고, 桂棟兮蘭橑¹⁹⁾로, 辛夷楣兮葯房²⁰⁾이라. 罔薜荔兮爲帷²¹⁾하여, 擗蕙櫋兮旣張²²⁾하며, 白玉兮爲鎭²³⁾하여, 疏石蘭兮爲芳²⁴⁾이라. 芷葺兮荷屋²⁵⁾으로, 繚之兮杜衡²⁶⁾하고, 合百草兮實庭²⁷⁾하며, 建芳馨兮廡門²⁸⁾이라. 九嶷繽兮並迎²⁹⁾하니, 靈之來兮如雲이라. 捐余袂兮江中³⁰⁾하고, 遺余褋兮醴浦³¹⁾하며, 搴汀洲兮杜若³²⁾하여, 將以遺兮遠者³³⁾로다. 時不可兮驟得³⁴⁾하니, 聊逍遙兮容與로다.

註 1) 제자(帝子): 상부인(湘夫人). 요임금의 딸. 고대에는 '자'가 남녀 통용. 2) 묘묘(眇眇): 아득하여 잘 보이지 않음. 수여(愁予): 나로 하여금 수심에 차게 하다. 3) 요요(嫋嫋): 가을 바람에 나무가 흔들리는 모양. 4) 하(下): 낙엽. 떨어지다. 5) 백번(白蘋): 흰 메. 풀이름. 빙망(騁望): 사방을 바라보다. 6) 미인(상부인)과의 약속을 저녁에 갖는도다. 7) 췌(萃): 모으다. 빈(蘋): 마름풀. 8) 증(罾): 그물. 9) 원수에는 향초가 있고 예수에는 난초가 있다. 10) 공자(公子): 상부인. 11) 황홀(荒忽): 정신이 아득한 모양. 아득하다. 12) 미(麋): 큰 사슴(鹿). 13) 교(蛟): 뿔 없는 용. 수예(水裔): 물가. 14) 서서(西澨): 서쪽 개펄. 15) 등(騰): 말을 타다. '장차 올라타고 함께 떠나가리라.' 16) 즙(葺): 지붕을 잇다. 지(之): 앞 구의 방을 말함. '연꽃지붕(덮개)을 잇는다.' 17) 향초 벽과 자개단을 갖추다. 18) 파(罔): 모으다. 뿌리다. 성당(成堂): 집을 채우다. 19) 계수로 기둥 삼고 난초로 서까래하다. 20) 신이풀로 인중방(처마)하고 구리메잎으로 방을 꾸미네. 미(楣): 인중방. 처마. 약(葯): 구리메잎. 21) 폐려초를 짜서 장막을 하다. 22) 혜초를 꺾어 장막고리를 만들어 이미 갖추다. 벽(擗): 자르다. 꺾다. 면(櫋): 장막의 머리부분. 지붕을 이어주는 부분. 23) 백옥으로 압진을 만들다. 24) 소(疏): 흩드리다. 석란(石蘭): 향초. 산란(山蘭). 25) 백지로 지붕을 삼고 연꽃으로 집을 삼다. 지즙(芷葺): 백지를 이은 지붕. 26) 요(繚): 묶다. '두형으로 그것을 묶다.' 두형(杜衡): 향초. 산골짜기나 습지에 남. 잎이 해바라기 같고, 모양이 말발굽 같아서 '마제향'이라고도 함. 27) 실정(實庭): 뜰을 채우다. 28) 무문(廡門): 문간방 문. '향수를 문간방 문에 뿌리네.' 29) 구의산의 신들이 어지러이 모두 맞이하니…. 30) 연(捐): 버리다. 몌(袂): 소매. 31) 접(褋): 홑옷. '내 홑옷을 예수의 물가에 버리네' 32) 건(搴): 취하다. 정(汀): 평평한. '평평한 물섬의 두약을 가져다가….' 33) 먼데 있는 자(은둔한 현인)에게 보내겠네. 34) 취득(驟得): 다시 얻다. '가는 세월 다시 얻을 수 없으니…'

[評析] 상부인은 상군의 짝이 되는 신이다. 이 작품은 처음에 상부인의 강림을 그리워하면서 막상 오지 않는데서 오는 심정을 우수적으로 묘사하였다.

구 가 61

상상 속에서 쓰여진 노래로서 신정(神情)이 흘러 넘친다. 대동원(戴東原)은 '寫水波, 寫木葉, 所以寫秋風, 皆所以寫神不來, 冷韻淒然.(물결을 묘사하고, 나뭇잎도 묘사하여, 그래서 가을바람까지 묘사하였는데, 끝내 신을 묘사하여 오시지 않으시니, 차고 쓸쓸하다.)'이라 하였다.

대사명(大司命)

넓게 천문을 열고서 어지러이 나는 검은 구름을 타고 회오리바람으로 앞서 달리게 하고 차가운 폭우로 먼지를 씻게 하노라. 임이 돌아서 날아 내려오시니, 공상산을 넘어서 그대를 쫓아가노라. 어지러이 천하의 많은 인간들은 목숨의 길고 짧음이 참으로 나에게 달렸노라. 높이 날고 편안히 날아가서 맑은 기운을 타고서 죽고 사는 음과 양을 다루도다. 나는 임과 함께 나란히 달려서 천제를 모시고 하늘에 오르리라. 신령한 옷이 길게 늘어져 있고 옥패물이 얼룩덜룩하는도다. 한번 죽고 사는 일, 뭇 생령들은 내가 하는 일을 알지 못하노라. 신마의 옥 같은 꽃을 꺾어서 멀리 있는 분에게 보내노라. 노년이 점점 다해가나니, 살 날이 가까워지지 않고 멀어가네. 용을 타고 수레 소리 우렁차게 높이 내달리어 하늘에 솟아올라서 계수나무 가지를 엮으며 머뭇거리니, 아! 생각할수록 근심에 차는도다. 어찌하여 근심에 차는 건가? 지금처럼 마음이 상하지 않기를 바라노라. 진실로 인명은 정하여진 수가 있으니, 뉘라서 만나고 헤어지는 일을 마음대로 바꿀 수 있으리요?

原文 廣開兮天門[1]하여, 紛吾乘兮玄雲兮[2]이라. 飄風兮先驅[3]하여, 使凍雨兮灑塵[4]이라. 君迴翔兮目下[5]하여, 踰空桑兮從女[6]하고, 紛總總兮九州[7]하니, 何壽夭兮在予[8]리요? 高飛兮安翔[9]하

여, 乘淸氣兮御陰陽¹⁰⁾하고, 吾與君兮齋速¹¹⁾하여, 導帝之兮九坑¹²⁾이라. 靈衣兮被被¹³⁾하고, 玉佩兮陸離¹⁴⁾로다. 壹陰兮壹陽¹⁵⁾을, 衆莫知兮余所爲¹⁶⁾로다. 折疏麻兮瑤華¹⁷⁾하여, 將以遺兮離居¹⁸⁾로다. 老冉冉兮旣極¹⁹⁾하니, 不寖近兮愈疏²⁰⁾로다. 乘龍兮轔轔²¹⁾하여, 高駝兮沖天²²⁾하고, 結桂枝兮延竚²³⁾하니, 羌愈思兮愁人²⁴⁾이라. 愁人兮奈何오? 願若今兮無虧²⁵⁾이라. 固人命兮有當²⁶⁾하니, 孰離合兮可爲²⁷⁾리요?

註 1) 천문(天門) : 상제가 사는 자미궁문. 2) 분(紛) : 어지럽게. 현운(玄雲) : 검은 구름. 3) 회오리바람으로 앞서 달리게 하다. 4) 차가운 폭우로 먼지를 씻게 하네. 5) 회상(迴翔) : 돌아서 날다. 6) 공상(空桑) : 산명. 여(女) : 너. 대사명. '공상산을 넘어서 그대를 쫓노라.' 7) 총총(總總) : 많은 모양. 구주(九州) : 천하. '어지러이 천하의 많은 인간들은….' 8) 참으로 목숨의 길고 짧음이 나에게 있도다. 여(予) : 대사명을 지칭함. 9) 높이 날고 편안히 날아가니…. 10) 맑은 기운을 타고 음양을 다루네. 음은 죽이는 것을 관장하고, 양은 살리는 것을 관장한다. 11) 재속(齋速) : 나란히 달리다. 12) 제(帝) : 천제. 지(之) : 가다. 구갱(九坑) : 구천. 하늘. 13) 피피(被被) : 길게 늘어진 모양. 14) 육리(陸離) : 화려한 모양. 얼룩덜룩. 15) **일음일양(壹陰壹陽)** : 죽고 사는 것. 일생일사. 16) 뭇 생령들이 내가 하는 것을 알지 못하네. 17) 소마(疏麻) : 신마(神麻). 요화(瑤華) : 신마의 옥 같은 꽃. 18) 이거(離居) : 멀리 있는 자. 은둔자. 유(遺) : 보내다. 19) 노년이 점점 이미 다해가니…. 20) 침(寖) : 점차. 다시. '다시 가까워지지 않고 더욱 멀어지네.' 21) 인린(轔轔) : 수레의 소리. '용을 타고 수레 소리 요란하게….' 22) 고타(高駝) : 높이 내달리다. 충천(沖天) : 하늘 위로 솟아오르다. 23) 연저(延竚) : 머뭇거리다. 24) 아! 생각할수록 근심에 들게 하네. 수인(愁人) : 근심에 차게 하다. 25) 휴(虧) : 덜다. '지금처럼 마음 상하지 않기 바라네.' 26) 고(固) : 진실로. 당(當) : 정해지다. 정수(定數). '진실로 인명은 정하여진 수가 있으니….' 27) 누가 이별과 결합을 바꿀 수 있을까?

評折 전편이 신무(神巫;男神)와 제무(祭巫;女巫)의 합창과 합무(合舞)로 이루어진다. 첫 4구는 신무가 창(唱)을 하고 요란하게 신이 등장한다. 5·6구에서는 제무가 창하면서 소망을 노래하며, 7·8구에서는 신의 권위를 표현하고, 중간에 가서는 신무가 창하면서 신의 위엄을 재강조한다. 끝에 가서는 제무의 애통한 심정을 노래하며 끝낸다. 전편에서 신무의 창이 엄숙 장엄하다.

소사명(少司命)

　가을 난초와 백지풀이 사당 아래에 나란히 자라나네. 푸른 잎과 흰 가지에 향기가 물씬하게 나에게 풍겨 오누나. 사람마다 스스로 아름다운 자손이 있는데 당신께서는 어찌하여 근심 걱정을 하시는가요? 가을 난초는 푸릇푸릇하고 푸른잎과 보랏빛 줄기가 무성한데, 사당에는 미인이 의젓이 계신데 문득 홀로 나와 눈이 맞는구나. 들어와서 말 아니하고 나가면서 하직 인사하지 않으며 회오리바람 타고 구름 깃발을 세웠도다. 슬픈 일 가운데 생이별보다 더 슬픈 일 없으며, 즐거운 일 가운데 새 사람 아는 것보다 더 즐거운 일이 없도다. 연꽃 저고리와 혜초 허리띠를 두르고 홀연히 왔다가 떠나가도다. 저녁에는 하늘가에서 머물면서 그대는 구름가에서 누구를 기다리는가? 그대와 구강에서 노는데 폭풍이 불어와 물결이 이는도다. 그대와 함지에서 머리를 감고서 태양의 모퉁이에서 그대의 머리를 말리노라. 미인을 기다리나 오지 아니하니 바람을 맞으며 실망하여 큰 소리로 노래부르도다. 공작새 깃털덮개를 하고 비취새 깃털 깃발을 세우고서 하늘에 올라가서 혜성을 더듬으시어 긴 칼을 잡고 어린 아이들을 품으시고, 당신만은 백성의 주재자가 되셔야 하는도다.

[原文] 秋蘭兮麋蕪[1]가 羅生兮堂下[2]하고, 綠葉兮素枝[3]가 芳菲菲兮襲予[4]로다. 夫人自有兮美子[5]하니, 蓀何目兮愁苦[6]리요? 秋蘭兮靑靑하고, 綠葉兮紫莖이 滿堂兮美人[7]하여, 忽獨與余兮目成[8]인저! 入不言兮出不辭[9]하니, 乘回風兮載雲旗[10]로다. 悲莫悲兮

生別離[11]하고, 樂莫樂兮新相知[12]로다. 荷衣兮蕙帶[13]로, 儵而來兮忽而逝[14]하니, 夕宿兮帝郊[15]하니, 君誰須兮雲之際[16]리요? 與女遊兮九河[17]하니, 衝風至兮水揚波[18]로다. 與女沐兮咸池[19]하고, 晞女髮兮陽之阿[20]로다. 望美人兮未來하니, 臨風怳兮浩歌[21]로다. 孔蓋兮翠旄[22]이 登九天兮撫彗星[23]하고, 竦長劍兮擁幼艾[24]하니, 蓀獨宜兮爲民正[25]이로다.

註 1) 미무(蘼蕪): 향초 이름. 백지(白芷)라고도 함. 2) 나생(羅生): 나란히 자라다. 3) 소지(素枝): 흰 나뭇가지. 4) 비비(菲菲): 향기가 풍기는 모양. 습여(襲予): 나에게 풍겨 오다. 여(余)는 제무(祭巫)를 지칭. 5) 미자(美子): 아름다운 자손. 6) 손(蓀): 소사명을 지칭. 7) 사당에 미인이 가득하네. 미인은 제사에 참여한 여무를 지칭. 8) 목성(目成): 눈이 맞다. 9) 들어와서 말 아니하고 나가면서도 하직인사 아니하네. 10) 회풍(回風): 회오리바람. 11) 슬픔 중에 생이별보다 더 슬픈 게 없네. 12) 신상지(新相知): 새로이 알다. 13) 연꽃 저고리와 혜초 허리띠. 14) 숙(儵): 갑자기. 15) 제교(帝郊): 천제의 교외. 하늘가. 16) 군(君): 소사명. 수(須): 기다리다(等待). '그대는 구름가에서 누구를 기다리는가?' 17) 여(女): 너. 구하(九河): 도해·태사·마협·호소 등 9개의 강. 18) 충풍(衝風): 폭풍. '여녀'부터 이 두 구는 하백편에 나오므로 여기서는 생략해야 한다고 함(왕일도 주를 달지 않음). 19) 여(女): 그대, 당신. 소사명. 목(沐): 머리를 감다. 20) 희(晞): 말리다. 볕에 말리다. 양지아(陽之阿): 양은 구양. 태양. 아는 모퉁이, 구석. 21) 황(怳): 실의하다. 호가(浩歌): 큰 소리로 노래하다. 22) 공개(孔蓋): 공작새털 덮개. 취정(翠旄): 비취새 깃털. 23) 하늘에 올라가서 혜성을 만지네(흉악을 없앤다를 비유). 24) 소(竦): 잡다. 유애(幼艾): 아름답고 어린 소년 소녀(노소의 백성을 비유). 25) 의(宜): 의당히. 마땅히 …해야 한다. 민정(民正): 백성의 주재자.

評析 제주가 독창하는데 여무(女巫)가 제주가 된다. 처음은 제삿터의 분위기를 서술한다. 그리고 소사명이 홀연히 떠나가고 창망한 심정을 느끼며, 추모하는 끝맺음을 한다.

동 군(東君)

아침의 밝은 해가 동녘에 떠올라서 부상의 난간을 비추도다.

구 가 65

나의 말을 어루만지며 천천히 달리니 밤이 환하게 벌써 밝아오도다. 용수레를 몰고 번개를 타고서 구름깃발을 펄럭이는도다. 길게 탄식하며 오르려 하니 마음이 주저되어 되돌아갈 생각하도다. 아! 음악과 춤이 내 마음을 즐겁게 하니, 보는 이는 마음 편안하여 돌아갈 일을 잊는도다. 거문고를 타고 북을 치며, 피리 불고 종을 울리며 북틀을 흔들도다. 피리와 생황을 울리니, 영보가 현숙하고 아름답도다. 가볍고도 훌쩍 날듯이 춤을 추면서 노래부르고 어울려 춤추는도다. 율조에 어울리고 절주에 맞으니 신령이 오시는데 해를 가리도다. 푸른 구름의 저고리와 흰 무지개의 치마를 걸치고 긴 화살을 들고서 천랑을 쏘는도다. 나의 활을 잡고 돌아서 빠져들어가니, 북두자루를 끌어다가 계수술을 마시도다. 나의 고삐를 잡고서 높이 날아올라서 캄캄한 가운데 동쪽으로 가노라.

原文) 暾將出兮東方[1]하고, 照吾檻兮扶桑[2]이라. 撫余馬兮安驅[3]하니, 夜皎皎兮旣明[4]이라. 駕龍輈兮乘雷[5]하고, 載雲旗兮委蛇로다. 長太息兮將上하고, 心低佪兮顧懷[6]로다. 羌聲色兮娛人[7]하니, 觀者憺兮忘歸로다. 緪瑟兮交鼓[8]하고, 簫鍾兮瑤簴[9]로다. 鳴鶬兮吹竽[10]하여, 思靈保兮賢姱[11]로다. 翾飛兮翠曾[12]하여, 展詩兮會舞[13]하고, 應律兮合節[14]하니, 靈之來兮蔽日이라. 靑雲衣兮白霓裳[15]으로, 擧長矢兮射天狼[16]하고, 操余弧兮反淪降[17]하여, 援北斗兮酌桂漿[18]이라. 撰余轡兮高駝翔[19]하여, 杳冥冥兮以東行[20]이라.

註) 1) 돈(暾): 아침 해의 밝음. 2) 함(檻): 난간. '난간과 부상에 비추다.' 3) 여(余): 동군. 안구(安驅): 천천히 달리다. 4) 교교(皎皎): 밝은 모양. 5) 용주(龍輈): 용수레. 6) 저회(低佪): 머뭇거리다. 고회(顧懷): 되돌아 생각하다. 7) 아! 음악과 춤(聲色)이 내 마음 즐겁게 하다. 8) 긍슬(緪瑟): 줄을 팽팽히 맨 거문고.

교고(交鼓) : 서로 북을 두드리다. '거문고를 타고 북을 치다.' 9) 요(瑤) : 흔들다.
거(簴) : 북틀. '피리 불고 종 울리며 북틀을 흔드네.' 10) 치(鯱) : 피리. 우(竽) :
생황. 11) 영보(靈保) : 신으로 분장한 무인(巫人). 사(思) : 어조사. 현과(賢姱) :
현숙하고 아름답다. 12) 현비(翾飛) : 가벼이 날다. 취증(翠曾) : 갑자기 날다(춤추
는 자태를 묘사). 13) 전시(展詩) : 시를 읊다. 회무(會舞) : 합무. 어울려 춤추다.
14) 율조에 어울리고 절주에 맞다. 15) 푸른 구름의 저고리와 흰 무지개의 치마를
걸치다. 16) 천랑(天狼) : 별이름. '낭이란 별은 동정(東井) 남쪽에 있어 침략을 주
관한다.'「晉書天文志」. 17) 조(操) : 잡다. 호(弧) : 활. 반(反) : 돌아가다. 윤강
(淪降) : 빠져 내려가다. 해가 서쪽으로 들어감을 지칭. 18) 원(援) : 끌다. 북두(北
斗) : 북두칠성. 술그릇을 비유. 작(酌) : 술 마시다. 계장(桂漿) : 계수로 담근 술.
19) 찬(撰) : 잡다. 비(轡) : 고삐. 타상(駝翔) : 날아오르다. 20) 묘(杳) : 깊은. 명
명(冥冥) : 어두운 모양. '매우 어두운 가운데 나는 동쪽으로 가는도다.'

[評析] 동군이 등장하면서 신무와 제무는 합창한다. 첫 4구는 일출을 묘사
하고 6~18구까지는 일신(日神)이 오는 광경과 영신(迎神)의 성대한 춤을
그리고, 끝 6구는 신무가 일신의 위엄을 노래한다. 전편이 일신을 맞는
예식을 장엄하게 상징하고 있다.

하　백(河伯)

　당신과 구하에서 노는데 폭풍이 일어서 물결을 가로지른다.
물수레를 타고 연꽃덮개를 씌우고는 두 마리의 뿔 없는 용을 모
는도다. 곤륜산에 올라가 사방을 바라보니, 마음이 날아오르고
넓어지도다. 해가 지려 하는데 슬퍼하며 돌아갈 것을 잊고 있
노라니 먼 언덕을 그리며 깨어서 근심하도다. 고기 비늘로 지은
집과 용의 비늘로 꾸민 마루와 자색조개로 꾸민 문을 단 옥진
주 궁궐이여! 신령께서는 물 속에서 무엇을 하시는가? 흰
큰 자라를 타고 잉어를 좇으며 당신과 강가에서 노니는데 녹아
내리는 얼음이 흘러내리도다. 당신은 손잡고 하직인사하고 동
쪽으로 떠나니 미언을 남쪽 물가에서 전송하노라. 물결이 출렁
출렁 흘러내리고 물고기는 무리져서 나를 전송하노라.

原文　與女遊兮九河[1]하니, 衝風起兮橫波로다. 乘水車兮荷蓋[2]하고, 駕兩龍兮驂螭[3]하여, 登崑崙兮四望하니, 心飛揚兮浩蕩[4]이라. 日將暮兮悵忘歸[5]하니, 惟極浦兮寤懷[6]로다. 魚鱗屋兮龍堂[7]과 紫貝闕兮朱宮[8]이라. 靈何爲兮水中인가? 乘白黿兮逐文魚[9]하여, 與女遊兮河之渚하니, 流澌紛兮將來下[10]로다. 子交手兮東行[11]하여, 送美人兮南浦[12]로다. 波滔滔兮來迎[13]하고, 魚隣隣兮媵予[14]로다.

註 1) 여(女): 그대. 당신. 하백을 지칭. 충풍(衝風): 폭풍. 2) 하개(荷蓋): 연꽃으로 만든 덮개. 3) 참(驂): (말이나 용을)타다. 이(螭): 뿔 없는 용. 4) 마음(정신)이 날아오르고 넓어지다. 5) 창망귀(悵忘歸): 슬피 돌아갈 것을 잊는다. 여기서 '창'을 '담(憺)'으로 보기도 하므로 '편안' 또는 '취하여'의 뜻으로도 쓰인다. 6) 유(惟): 생각하다. 극포(極浦): 먼 언덕. 오회(寤懷): 깨어나 근심하다. 7) 고기 비늘로 지은 집과 용의 비늘로 꾸민 마루. 8) 자패궐(紫貝闕): 자색 조개로 꾸민 문. 주(朱): 구슬. 9) 백원(白黿): 흰 큰 자라. 문어(文魚): 잉어, 또는 날개가 있어 날 수 있는 물고기(홍홍조). 10) 유사(流澌): 녹아내리는 얼음. 11) 자(子): 하백. 교수(交手): 손잡고 이별 인사하다. 12) 미인(美人): 하백. 남포(南浦): 남쪽 물가. 13) 도도(滔滔): 물이 흘러내리는 모양. 14) 인린(隣隣): 무리가 많은 모양. 잉여(媵予): 나를 전송하다. 여는 제무.

評析　제주가 독창독무한다. 전편이 하신(河神)을 기다리는 간절하고도 애절한 심정을 묘사하였다. 유국은(游國恩)은 이 노래가 하백이 장가가는 일을 노래하였다고도 평하고 있다.

산　귀(山鬼)

마치 사람 같은 것이 산모퉁이에 있는데, 당귀옷을 걸치고 소나무 겨우살이를 둘렀도다. 연정을 품고 곁눈질하며 친절하게 웃으면서 그대는 나의 착하고 아름다운 자태를 사모하도다.

붉은 털에 검은 무늬의 표범을 타고 얼룩이리를 쫓으며, 신이 향초로 만든 수레에 계수의 깃발을 매고서 석란을 입고 두형을 허리에 차고 향기로운 꽃을 꺾어 그리운 사람에게 보내노라. '내 깊은 대숲에 있어서 끝내 하늘이 안 보이고 길이 험난하여 혼자 뒤에 오는도다.' 우뚝 홀로 산 위에 서니 구름이 뭉게뭉게 아래에 떠 있고, 아득하고 어두워 낮인데도 어둡더니 동풍이 건듯 불면서 신령께서 비를 내리도다. 신령을 머물게 하고 편안히 돌아갈 것을 잊으니 세월은 이미 기우는데 누가 나를 영화롭게 하리요? 산간에서 지초를 따는데 돌이 울퉁불퉁하고 칡이 우거졌도다. 임을 원망하며 슬피 돌아갈 것을 잊으니 그대 나를 생각하면서도 만날 틈이 없도다. 산 속의 사람이 두약과 같아서 돌샘물을 마시며 송백나무 그늘에 깃들도다. 그대는 나를 생각하는 것인가? 미더움과 못 미더움이 엇갈리는도다. 우뢰가 우당퉁탕 울리며 비가 세차게 내리니, 원숭이 찍찍거리며 한밤에 우는도다. 바람은 쉭쉭 불어 오고 나뭇잎은 쓸쓸히 지는데 임을 그리며 공연히 시름에 젖는도다.

原文 若有人兮山之阿[1]하니, 被薜荔兮帶女羅[2]로다. 旣含睇兮又宜笑[3]하니, 子慕予兮善窈窕[4]로다. 乘赤豹兮從文狸[5]하고, 辛夷車兮結桂旗[6]하니, 被石蘭兮帶杜衡하고, 折芳馨兮遺所思[7]하니, '余處幽篁兮終不見天[8]하고 路險難兮獨後來[9]로다.' 表獨立兮山之上[10]하니, 雲容容兮而在下[11]하고, 杳冥冥兮羌晝晦[12]하니, 東風飄兮神靈雨[13]로다. 留靈脩兮憺忘歸[14]하니, 歲旣晏兮孰華予[15]리요? 采三秀兮於山間[16]하니, 石磊磊兮葛蔓蔓[17]하고, 怨公子兮悵忘歸[18]하니 君思我兮不得閒[19]이라. 山中人兮芳杜若[20]하고 飮石泉兮蔭松柏[21]이라. 君思我兮然疑作[22]이라. 靁塡塡兮雨冥冥[23]하고, 猨啾啾兮又夜鳴[24]하며, 風颯颯兮木蕭蕭[25]하니, 思公子兮徒

리 우
離憂26)로다.

註 1) 마치 사람 같은 것이 산모퉁이에 있다. 2) 여라(女羅): 소나무 겨우살이. 3) 함제(含睇): 정을 품고 곁눈질하다. 의소(宜笑): 친하게 웃다. 4) 자(子): 산귀. 여(予): 제무(祭巫). 선(善): 아름답다. 요조(窈窕): 아름답다. '그대는 나의 착하고 아름다운 자태를 사모하다.' 5) 적표(赤豹): 붉은 털에 검은 무늬가 있는 표범. 문리(文狸): 황흑 반점 무늬가 섞인 이리. 얼룩이리. 6) 신이 향초로 만든 수레에 계수 가지의 깃발을 매다. 7) 방형(芳馨): 향기로운 꽃. 유(遺): 보내다. 주다. 소사(所思): 그리운 사람. 산귀가 그리는 사람. 8) 내 깊은 대숲에 있어서 끝내 하늘이 안 보이다. 9) 길이 험난하여 홀로 뒤에 오도다. 10) 표(表): 우뚝 선 모양. 11) 용용(容容): 구름이 뭉게뭉게 일어나는 모양. 12) 묘(杳): 깊다. 주회(晝晦): 낮에도 어둡다. 13) 동풍이 가벼이 불어 신령이 비내리네. 14) 유(留): 멈추다. 영수(靈脩): 산귀. 15) 안(晏): 늦다. '세월이 이미 기우나니, 누가 나를 영화롭게 하리요?' 16) 삼수(三秀): 지초의 별명. 지초는 일년에 세 번 꽃피고 열매맺으므로 삼수〔穗〕라 함. 어(於): …에서. 17) 뇌뢰(磊磊): 돌이 많은 모양. 갈(葛): 칡. 만만(蔓蔓): 풀이 무성한 모양. 18) 공자(公子): 산귀. 19) 군(君): 산귀. 한(閒): 한가하다. 틈나다. '그대 나를 생각하면서도 만날 틈이 없도다.' 20) 산중인(山中人): 산귀. 21) 음송백(蔭松柏): 송백 그늘에 깃들다. 22) 군(君): 산귀. 연(然): 믿다. 의(疑): 불신. 작(作): 생기다. 일어나다. '그대는 나를 생각하는 건가? 미더움과 못 미더움이 엇갈리는도다.' 23) 뇌(雷): 우뢰. 전전(塡塡): 우뢰치는 소리. 명명(冥冥): 비오는 모습. 24) 원(猨): 원숭이. 추추(啾啾): 원숭이 우는 소리. 25) 삽삽(颯颯): 바람이 부는 소리. 소소(蕭蕭): 바람이 나무를 스치며 나는 소리. 또는 낙엽지는 소리. 26) 공자(公子): 산귀. 도(徒): 공연히. 헛되이. 이(離): 만나다.

評析 제주가 독창독무한다. 산귀(山鬼)가 등장하지 않으니까 공연히 근심 어린 심정을 가지고 종결을 맺는다. 왕일(王逸)은 '備寫鬼趣, 悽緊動人 (귀신의 흥취를 잘 묘사하여 쓸쓸하면서도 심금을 울리는 것이다).'라 하였다.

국　상(國殤)

오나라의 창을 잡고 소가죽 갑옷을 입고서 수레의 축이 얽히면서 병기가 맞부딪치도다. 깃발이 해를 가리고 적이 구름같이 밀려와서 화살이 엇갈려 떨어지고 병사가 앞을 다투도다. 나의 진영을 침범하고 나의 행렬을 짓밟으니 왼쪽 말은 죽고 오른쪽 말은 칼에 다쳤도다. 두 바퀴를 묻고 네 마리 말을 묶고서 옥북채를 잡아 북을 쳐 울리도다. 하늘이 화내시고 신이 노하시어, 싸우다 죽으니 들판에 버리도다. 나갔다가 들리지 않고 갔다가 돌아오지 않으니, 들판이 아득하고 갈 길이 멀도다. 긴 칼을 차고 진나라의 칼을 끼고 서니 머리와 몸이 갈라져도 마음에 원한이 없도다. 진실로 이미 용기가 있고 또 무예도 있으니, 마침내 군세어서 감히 범할 수가 없도다. 몸은 이미 죽었으나 정신은 넋으로 남아 있으니, 그대의 넋은 신령 중에서 으뜸이로세.

原文 操吳戈兮被犀甲[1]하고, 車錯轂兮短兵接[2]이라. 旌蔽日兮敵若雲[3]하니, 矢交墜兮士爭先[4]이라. 凌余陣兮躐余行[5]하고, 左驂殪兮右刃傷[6]이라. 霾兩輪兮縶四馬[7]하고, 援玉枹兮擊鳴鼓[8]로다. 天時墜兮威靈怒[9]하니, 嚴殺盡兮棄原壄[10]로다. 出不入兮往不反하니, 平原忽兮路超遠[11]이라. 帶長劍兮挾秦弓[12]하니, 首身離兮心不懲[13]이라. 誠旣勇兮又以武[14]하여, 終剛强兮不可凌[15]이라. 身旣死兮神以靈[16]하니, 子魂魄兮爲鬼雄[17]이라.

註 1) 오나라 창을 잡고 소가죽 갑옷을 입으니…. 2) 착곡(錯轂): 수레의 축이 얽히는 것. 단병(短兵): 칼 등의 병기. 3) 깃발이 해를 가리고 적이 구름 같으니…. 4) 화살이 엇갈려 떨어지고 병사가 앞을 다투네. 5) 능(凌): 침범하다. '나의 진영을 침범하고 나의 행렬을 짓밟는도다.' 엽(躐): 천(踐). 밟다. 6) 참(驂): 전차의 말 네 필 중에서 가운데 두 필을 복(服)이라 하고 양 옆의 두 필의 말을 참이라 함. 에(殪): 죽다. '왼쪽 말은 죽고 오른쪽 말은 칼에 다쳤도다.' 7) 매(霾): 묻히다. 지(縶): 묶다. 8) 옥부(玉枹): 옥북채. '옥북채를 잡고 북을 쳐 울린다.' 9) 천시(天時): 천명. 추(墜): 화내다. 위령(威靈): 귀신. '하늘이 화내고 신이 노하다.' 10) 엄살(嚴殺): 싸우다 죽음. 원야(原壄): 들판. 11) 홀(忽): 아득하다. 초원(超遠): 아득히 멀다. 요원. 12) 협진궁(挾秦弓): 진나라에서 만든 활을 잡다. 13) 징(懲): 회한. '머리와 몸이 갈라져도 마음에 원한이 없다.' 14) 진실로 이미 용기가 있고 또 무예도 있으니…. 용(勇): 기(氣). 무(武): 예(藝). 15) 끝내 굳세어 가히 범할 수 없도다. 16) 몸은 이미 죽었으나 정신은 넋으로 있으리니…. 17) 그대의 넋은 신 중에 으뜸(영웅)일세.

[評析] 전편이 전선의 참상과 용사의 장렬하고 비장한 희생을 그렸다. 글자마다 칼 같고 어구마다 창 같다.

예 혼(禮魂)

성대한 의식 속에 일제히 급하게 북을 치니 무녀가 파초를 쥐고 춤추다가 다른 사람에게 넘겨주도다. (한 구는 결구임) 미녀가 노래하고 의젓하시니, 봄의 난초와 가을 국화를 갖추어 오래도록 끊이지 않고 두고두고 제례를 올리도다.

[原文] 成禮兮會鼓[1]하여, 傳芭兮代舞[2]하고, ○○兮○○하여, 姱女倡兮容與[3]로다. 春蘭兮秋菊으로, 長無絶兮終古[4]로다.

[註] 1) 성례(成禮):성대한 의식. 회고(會鼓):급히 일제히 북을 치다. 2) 파(芭):무녀가 쥐고 춤추는 향초. 파초. 전파(傳芭):무녀가 파초를 쥐고 춤추다가 다른 사람에게 넘겨주다. 3) 과녀(姱女):미녀. 창(倡):노래하다. 용여(容與):느긋해 하다. 4) 오래도록 끊이지 않고 영원히 제례를 올리다.

[評析] 예식의 절차를 5구에 묘사하였다. 일반 인귀(人鬼)에 대한 제사를 노래한다. 예는 제사의 의미를 지녔다.

천　　문(天問)

　굴원(屈原)이 모두 172개의 질문 형식으로 구성하여 천문·지리·인사(人事)를 골고루 다루고 있다. '천문'은 왕일에 의하면 '천존불가문(天尊不可問), 고왈천문(故曰天問)(하늘은 존귀하여 물을 수 없으니, 따라서 하늘이 물으신다로 한다)'이라 하니, 사실은 '問天(하늘에 묻는다)'의 뜻이다. 이 글은 기문(奇文)으로서 결자(缺字)와 해석이 안 되는 부분이 고증되지 않고 있다. 천문은 질문 대상이 19개가 되니 다음과 같다.
　① 우주창조와 모든 자연현상의 신화, ② 신화인물, ③ 구주(九州)와 곤륜산(崑崙山), ④ 영물, ⑤ 황제(黃帝)와 요순(堯舜), ⑥ 곤(鯀)과 우(禹), ⑦ 계(啓), ⑧ 예(羿), ⑨ 요(澆)·소강(少康), ⑩ 걸(桀)과 매희(妹嬉), ⑪ 설(契)과 탕(湯), 이윤(伊尹), ⑫ 은왕(殷王), 계(季)·해(該)·항(恒)·상신미(上申微), ⑬ 주(紂), ⑭ 백이(伯夷)·숙제(叔齊), ⑮ 직(稷), ⑯ 문왕(文王)·성왕(成王), ⑰ 소·목·유왕(昭·穆·幽王), ⑱ 춘추(春秋)시대, ⑲ 사실(史實)에 증거 없는 일.

♠

　태고의 처음 일을 누가 전해 주었을까? 천지가 이루어지기 전에 어디에서 천지가 나왔을까? 천지와 일월의 이치는 어두워 모르는데 누가 그 이치를 따져 알 수 있었을까? 천지가 형성되지 않았을 때를 상상할 뿐인데 어떻게 알게 되었을까? 음양의 명암, 이것이 어떻게 만들어졌을까? 음과 양, 그리고 천(天)이 셋이 합하여서 그 바탕은 어떠하고 그 변화는 어떠했는가? 천체는 곧 아홉 겹의 깊은 곳인데 누가 그것을 다스리는가? 이러한 엄청난 힘을 가졌는데 누가 처음 이것을 만드셨는가? 하늘이 도는 원리는 어디에 매여 있는가? 팔극의 천체는 어디에 덮여 있는가? 하늘의 여덟 개의 인산(人山)은 어디에 바탕을 두었는가? 동남쪽은 어째서 기울어졌는가? 온 하늘의 끝은 어디에 위치하고 어디에 속하는가? 하늘의 모퉁이는 많기도 한데, 누가 그 수를 아는가? 하늘은 어디에서 합하는가? 십이진(辰)은 어떻게 나누어지는가? 해와 달은 어디에 속하는가? 여러 별들은 어디에 줄지어 있는가? 태양은 탕곡에서 나와서 몽수의 물가에 머문다. 아침부터 저녁까지 몇 리나 가는 건가? 달빛은 어떻게 얻어지며 이지러졌다가 또 자라나는가? 그 달이 좋은 게 무엇이길래 돌아보면 토끼가 그 가운데에 있는 건가? 신녀 여기는 혼인하지 않고서 어떻게 아홉 아들을 얻었는가? 역질 백강은 어디에 있는 건가? 좋은 기운은 어디에 있는가? 무엇이 하늘을 닫아서 어둡게 하는 건가? 무엇이 하늘을 열어서 밝게 하는 건가? 동방성이 밝기 전에 해는 어디에 숨어 있는 건가? 요임금은 곤을 임명하여 치수하지 않았는데 사람들은 어찌하여 그를 받드는가? 사람들은 말하기를! '어찌 근심하는가? 왜 시험삼아 해보지 않는가?' 꿩이 나는 것으로 거리를 재고, 거북의 걷는 것으로 땅을 골랐으니, 곤이 얼마나 성명하신가? 백성의 뜻을 따라 성공했더라면 요임금이 어찌 그를 벌주었겠는가? 길이 우산에 죽으니 어찌하여 삼 년이나 썩지 않았는가? 우임금이 곤에서 났는데 어찌하여 변하여 성군이 되었는가? 우임금은 선왕의 공업을 이어 나가서 선친의 공업을 이루었도다. 어째서 선대의 업을 계승하여 일을 꾀함이 이렇게 달랐는가? 큰 샘이 매우 깊은데 어떻게 그것을 메꾸었는가? 영토를 구등분하여 구주로 되었는데 이것을 어떻게 나누었는가? 강과 바다의 응룡이 어떻게 금을 그었으며, 어떻게 지나갔는가? 곤은 무엇을 다스리고 우임금은 무엇을 이루었는가? 강회가 크게 노하니 땅이 무슨 까닭으로 동쪽으로 기울었는가? 구주는 어떻게 형성되었는가? 강과 골짜기는 어째서 깊은가? 동쪽으로 흘러가도 넘치지 않으니 누가 그 까닭을 아는가? 동서남북에서 어느 것이 더 긴 건가? 남북은 타원형인데 그 넓이는 얼마나 되는가? 곤륜과 현포는 그 위치가 어디인가? 아홉 겹의 큰 성은 그 높이가 몇 리나 되는가? 사방의 문을 누가 지키는가? 서북으로 문을 활짝 열면 어떤 기운이 통하는가? 해는 어찌 비추지 않는가? 촉룡은 무엇을 비추는가? 태양신 희화가 뜨지 않았는데 약목꽃이 어찌 빛을 내는가? 겨울이 따뜻한 것은 무엇 때문이며, 여름이 추운 것은 무엇 때문인가? 석림숲은 어디에 있으며 어느 짐승이 말할 수 있는가? 뿔 없는 규룡은 어디에 있으며 곰을 업고 노는가? 수이무기는 머리가 아홉인데, 그 빠른 동물은 어디에 있는가? 죽지 않는 곳은 어디인가? 거인들은 왜 지키는가? 무성한 부평초는 가지가 겹겹인데 도꼬마리꽃은 어디에 있는가? 신령한 뱀이 코끼리를 삼키는데 그 크기는 어떠한가? 흑수와 현지, 그리고 삼위는 어디에 있는가? 나이들어 죽지 않으면 수명은 어디에서 멈추는가? 능잉어는 어디에 사는가? 기작새는 어디에 있는가? 예는 왜 해를 쏘았는가? 까마귀는 왜 깃털을 벗는가? 우임금의 힘은 공을 쌓아서 사방 천하를 내리 살폈도다. 어찌 저 도산의 여인을 얻어서 대상에서 그녀와 정을 통하였는가? 짝할 후비가 없으므로 후사 잇는 것을 근심했기 때문이다. 어찌하여 입맛이 달라서 잠시 맛보는 걸로 만족해 했는가? 계는 익을 대신하여 임금이 되었는데, 갑자기 화를 당했도다. 어떻게 계가 근심하며 갇힌 가운데서 벗어날 수 있었는가? 활과 제기 등 병기를 내어주었으나 그 몸(계)을 해치지 않았음이라. 어떻게 후익은 운명이 바뀌어서 우임금이 후손을 이었는가? 계가 창을 잡고 춤추며 미녀가 천제에게 구변과 구가로 제사지냈음이라. 어찌 아들이 어미를 갈라 그 몸을 온 땅에 흩뜨렸는가? 천제가 이 예를 내려서 하의 백성에게 근심을 주심이라. 어찌하여 하백신을 쏘아서 저 낙수의 복비를 처로 삼았는가? 요활을 잡고 활깍지를 날세워서 큰도야지를 쏘았도다. 어찌하여 살찐 제삿고기를 바쳤는데 천제는 달가워하지 않았는가? 한착은 순호씨의 딸을 취하니 처에 빠져서 이에 예를 죽일 것을 모의했도다. 어찌하여 예는 활을 잘 쏘는데도 멸망하고 말았는가? 궁석을 향해 서쪽으로 가는데 우산의 험한 산을 어찌 넘었는가? 누런 곰이 되었는데, 무신이 어찌 살릴 수 있겠는가? 검은 수수를 뿌리고 삽보풀을 심었도다. 어찌하여 모두 버리고 곤은 급히 길게 늘렸는가? 항아는 흰 무지개 걸치고 머리에 장식하고서 어찌하여 마루에서 춤을 추었는가? 어찌하여 좋은 약을 얻고서도 잘 지키지 못했는가? 하늘의 형상이 엇갈리고 양기가 떠나 죽었음이라. 큰 새는 왜 우는가? 어디에서 그 몸을 잃었는가? 우사 병예가 외쳐 비가 이니, 어째서 일어나는 것인가? 풍신은 양 어깨가 합하여 있는데 사슴은 어떻게 이런 모습을 받았는가? 큰 거북은 산을 이고 손뼉을 치는데 어떻게 그걸 가라앉혔는가? 배를 풀어 산으로 가는데 어떻게 그걸 옮겼는가? 요가 집에 있는데 왜 형수를 찾았는가? 어떻게 소강이 개를 몰아서 그의 머리를 떨어뜨렸는가? 여기가 치마를 다듬는데 그 집에 함께 머물렀음이라. 어찌 그 머리를 잘못 잘라서 친히 액을 당하였는가? 탕임금이 나랏일을 도모할 때 무리가 적었는데 어떻게 많아졌는가? 요는 힘이 배를 엎어 짐심국을 멸할 수 있거늘 어떻게 소강이 그를 잡았는가? 걸왕이 몽산을 치는데 어떻게 얻었는가? 말희 어찌 방자한데 탕임금은 어떻게 그걸 죽였는가? 순임금은 장가 들었는데, 그 아비는 어째서 홀아비였는가? 요임금은 순의 부모에 알리지 않고 그 두 딸을 어째서 처로 주었는가? 그 백성이 처음에 어떻게 생각하였는가? 황대가 열 겹인데 누가 그걸 끝내었는가? 여와는 올라가서 임금이 되었는데 누가 그 일을 받들어 전하였는가? 여와는 창조의 몸인데 누가 그를 만들었는가? 순임금은 그 동생 상(象)을 등용하였다가 마침내 해를 입었도다. 개 같은 몸으로 방자하였으니, 어찌 그 몸이 위태롭지 않았으리요? 오나라는 옛 터를 얻어서 남악에 머물렀도다. 누가 여기를 떠나서 두 남자를 만날 줄 기대했겠는가? 말희는 옷 가장자리에 고니의 수식을 하고 머리관은 옥 수식을 하였는데, 후제와 같이 총애를 받았도다. 탕왕은 어떻게 하의 걸왕을 칠 것을 꾀하여 마침내 걸왕을 멸망시켰는가? 임금이 곧 내려다보시고 이윤을 만났도다. 어떻게 명조에서 걸에게 벌을 주어 백성들이 크게 기뻐하였는가? 간적이 누대에 있는데 제곡이 어떻게 제를 올리며 복을 기원했는가? 제비는 알을 주니 그녀는 왜 기뻐하였는가? 왕해 그 아비 왕계의 덕을 지니니 그 아비 왕계는 크게 기뻐하였도다. 어찌하여 끝내 유호국에서 고생하며 소와 양을 치었는가? 왕해의 간무춤으로 어떻게 여인의 마음을 움직일 수 있었는가? 고른 몸과 부드러운 피부로 어떻게 왕해와 짝하였는가? 유호국의 왕해는 어떻게 만날 수 있었는가? 침상을 치고 먼저 나가서 그 목숨을 어떻게 보전하였는가? 왕해의 아우 항은 아비 왕계의 덕을 지니고 어떻게 큰 소를 얻었는가? 어떻게 나가 몸을 보전하여 돌아오고 또 반록을 얻었는가? 사람이 어둡고 미미한 자취를 따르면 음행한 오랑캐의 행위를 하니 마음이 편치 않도다. 어찌하여 뭇새들이 가시를 모으고 그대의 방자한 마음을 드러내는가? 어지러운 아우가 음행을 하여 그 형을 해치려 하였도다. 어떻게 순임금이 아우 상을 바르게 고치어 좋은 일을 만들어 후사를 잇고 오래 제후가 되었는가? 탕왕이 동쪽으로 순행하다가 유신국에 이르렀도다. 어떻게 저 이윤을 구하였으며 좋은 배필을 얻었는가? 물가의 나무에서 저 소자를 얻었는데 어찌하여 미워하여 유신국의 여인에게 주었는가? 탕임금이 중천을 나왔는데 무슨 잘못이 있었는가? 그가 걸왕을 치기로 마음먹었는데 누가 걸왕에게 도발하게 하였는가? 아침조회에 제후가 동맹하였는데 어떻게 약속을 실천할 수 있었는가? 독수리가 떼지어 나는데 누가 그걸 보았는가? 주왕의 몸을 매어 놓았지만, 주공단이 좋아하지 않았도다. 어떻게 친히 난세를 뿌리뽑아 주나라의 명맥을 안정시켜서 백성의 찬미가 그지없는가? 하늘이 은에게 천하를 주었는데 그 위치가 어째서 주에게로 옮겨 갔는가? 은의 위치가 이루어졌는데 바뀌어 망하니 그 죄가 어떠한가? 주왕의 군사가 공격하는 병기를 다투어서 쓰니 어떻게 행하였는가? 양 옆으로 나란히 달리니 어떻게 거느렸는가? 소왕이 원정가서 남쪽 땅에 이르렀도다. 그가 바라는 이익이 무엇이길래, 저 흰 꿩을 만나려 했는가? 목왕이 말을 잘 몰았는데 어째서 천하를 두루 다녔는가? 천하를 두루 다스리는데 어째서 서쪽으로 유력하였는가? 요부는 가면서 물건을 팔았는데 시장에서 무엇을 팔았는가? 주나라 유왕은 누가 죽였으며 포사는 어떻게 얻었는가? 천명은 덧없이 무상하니 무엇이 죄이며 무엇이 복인가? 제나라 환공이 제후를 모두 모아 천하를 통일하였지만, 마침내 죽임을 당하였도다. 저 주왕의 몸은 누가 어지럽혔는가? 어째서 충신의 보필을 싫어하고 참소와 아첨을 받아들였는가? 비간은 무엇을 거슬렸기에 또한 억압당하였는가? 간신이 얼마나 아첨하고 순종하였기에 그에게 봉토를 내렸는가? 성인의 덕은 같은데 어찌하여 마침내 길을 달리하였는가? 매백은 소금에 절여져 죽었으며, 기자는 미친 짓을 하였도다. 후직은 장자인데 제곡이 어째서 그를 미워하였는가? 그를 얼음 위에 던졌는데 새가 어째서 그를 따뜻이 품어 주었는가? 어떻게 후직이 활을 잡고 화살을 끼워서 특별히 천제의 도움을 받을 수 있었는가? 제곡이 놀라서 내버렸는데 어떻게 후직을 돌보아 키웠는가? 주문왕은 은이 쇠미하니 채찍을 잡고 목자가 되었도다. 어째서 저 분기의 사직을 무너뜨리게 하여 은을 다스리게 하였는가? 문왕이 기를 떠났는데, 지금 어찌 의지할 수 있겠는가? 은나라에 요염한 부인이 있는데 직간한 게 무엇인가? 아들의 소금절인 국을 받아 마시고 서백은 하늘에 고하였도다. 어찌 친히 하늘에 고하여 은의 운명을 벌주어 구하지 않았는가? 강태공이 저자에 있었는데 문왕이 어떻게 알았는가? 칼을 두드리며 노래부르는데 문왕이 왜 기뻐하였는가? 무왕 발이 은을 멸하는데 무엇을 걱정하였는가? 문왕의 목주를 수레에 싣고 싸우는데 급한 것이 무엇이었나? 진태자 신생이 목을 매어 죽으니 그 무슨 까닭인가? 어째서 사후에 천지를 감동시켰으며, 생전에는 무엇을 두려워하였는가? 하늘이 이미 은의 운명을 거두시고 이윤으로 어째서 간언하여 삼가하게 하였는가? 주왕이 천하를 다스렸는데 또 이성으로 바꾸었도다. 처음 탕왕이 이윤을 신하로 맞아들여 후에 그의 보필을 받았도다. 어째서 탕왕의 재상이 되어 후손이 그 공업을 받들어 누리게 되었는가? 공적이 있는 합려는 수몽의 자손인데 어려서 난을 당하였도다. 어떻게 장엄하고 무용이 있어서 그 위엄을 전할 수 있었는가? 팽조는 꿩국을 잘 요리하여 요임금은 얼마나 즐겨 먹었는가? 받은 수명 길으니 어떻게 오래 살았을까? 중국을 함께 다스리는데 황제께서 왜 노하셨는가? 벌과 개미는 미물인데 힘이 어찌 굳센가? 여인이 백이·숙제가 고사리 캐는 것조차 경고하니 사슴이 어떻게 그들을 도왔는가? 북쪽으로 회수에 갔는데, 갑자기 왜 기뻐하였는가? 형 진백은 깨무는 개가 있는데 아우는 무엇을 탐내었는가? 개를 은 백량으로 바꾸려 하니 마침내 복록을 내리지 않았도다. 초저녁에 우뢰와 번개가 치니 돌아가리라. 무엇을 근심하리요? 그 위엄 받들 수 없으니, 하늘에 무엇을 구하리요? 굴 속에 숨어서 지내어도 이에 무엇을 근심하리요?

초나라의 군사 공을 세우니 어찌 오래 가겠는가? 잘못을 깨우쳐 고쳐 나가면 내 또한 무슨 말을 하리요? 오광이 나랏일을 다투지만 어찌 우리를 이길 수 있으리요? 어떻게 마을과 언덕을 왔다갔다하면서 자문을 낳았는가? 나는 현인 두오에게 초나라가 오래가지 못하리라고 하였나니, 어찌 나의 충정을 임금에게 아뢰어서 충성된 명성을 널리 밝힐 수 있겠는가?

原文 曰 遂古之初[1]에 誰傳道之[2]리요? 上下未形[3]한데, 何由考之[4]리요? 冥昭瞀闇[5]한데, 誰能極之[6]리요? 馮翼惟像[7]하니, 何以識之리요? 明明闇闇하니, 惟時何爲[8]오? 陰陽三合[9]하니, 何本何化[10]리요? 圓則九重[11]하니, 孰營度之[12]리요? 惟茲何功[13]하여, 孰初作之리요? 斡維焉繫[14]리요? 天極焉加[15]리요? 八桂何當[16]인가? 東南何虧[17]인가? 九天之際[18]에 安放安屬[19]인가? 隅隈多有[20]하니, 誰知其數[21]오? 天何所沓[22]인가? 十二焉分[23]인가? 日月安屬[24]인가? 列星安陳[25]인가? 出自湯谷[26]하여, 次于蒙汜[27]로다. 自明及晦[28]하니, 所行幾里인가? 夜光何德[29]하고, 死則又育[30]인가? 厥利維何[31]하여, 而顧菟在腹[32]인가? 女岐無合[33]하니, 夫焉取九子인가? 伯強何處[34]인가? 惠氣安在[35]인가? 何闔而晦[36]인가? 何開而明인가? 角宿未旦[37]하니, 曜靈安藏[38]인가? 不任汩鴻[39]하니, 師何目尙之[40]인가? 僉曰[41] '何憂오? 何不課而行[42]인가?' 鴟龜曳銜[43]하니, 鯀何聽焉[44]인가? 順欲成功하니, 帝何刑焉[45]인가? 永遏在羽山[46]하니, 夫何三年不施[47]인가? 伯禹愎鯀[48]하니, 夫何目變化[49]인가? 纂就前緒[50]하여, 遂成考功[51]이라. 何續初繼業[52]하여, 而厥謀不同[53]인가? 洪泉極深하여, 何以寘之[54]인가? 地方九則[55]하

니, 何以墳之⁵⁶⁾인가? 河海應龍⁵⁷⁾하여, 何盡何歷⁵⁸⁾인가? 鮌何所營인가? 禹何所成인가? 康回馮怒⁵⁹⁾하여, 墜何故以東南傾⁶⁰⁾인가? 九州安錯⁶¹⁾인가? 川谷何洿⁶²⁾인가? 東流不溢⁶³⁾하니, 孰知其故인가? 東西南北을, 其修孰多⁶⁴⁾인가? 南北順橢⁶⁵⁾하니, 其衍幾何⁶⁶⁾인가? 崑崙縣圃에, 其凥安在⁶⁷⁾인가? 增城九重⁶⁸⁾하니, 其高幾里인가? 四方之門⁶⁹⁾은, 其誰從焉인가? 西北辟啓⁷⁰⁾하니, 何氣通焉인가? 日安不到⁷¹⁾인가? 燭龍何照⁷²⁾인가? 羲和之未揚⁷³⁾하니, 若華何光⁷⁴⁾인가? 何所冬暖인가? 何所夏寒인가? 焉有石林⁷⁵⁾인가? 何獸能言인가? 焉有虯龍⁷⁶⁾하여, 負熊以遊⁷⁷⁾인가? 雄虺九首⁷⁸⁾하니, 儵忽焉在⁷⁹⁾인가? 何所不死⁸⁰⁾인가? 長人何守⁸¹⁾인가? 靡蓱九衢⁸²⁾하니, 枲華安居⁸³⁾인가? 一蛇吞象⁸⁴⁾하니, 厥大何如인가? 黑水玄趾⁸⁵⁾에, 三危安在⁸⁶⁾인가? 延年不死하니, 壽何所止인가? 鯪魚何所⁸⁷⁾인가? 鬿堆焉處⁸⁸⁾인가? 羿焉彃日⁸⁹⁾인가? 烏焉解羽⁹⁰⁾인가? 禹之力獻功하여, 降省下土四方⁹¹⁾이라. 焉得彼嵞山女⁹²⁾하여, 而通之於臺桑⁹³⁾인가? 閔妃匹合⁹⁴⁾하여, 厥身是繼⁹⁵⁾로다. 胡維嗜不同味⁹⁶⁾하여, 而快鼂飽⁹⁷⁾인가? 啓代益作后⁹⁸⁾하여, 卒然離蠥⁹⁹⁾이라, 何啓惟憂하여, 而能拘是達¹⁰⁰⁾인가? 皆歸䠶鞠¹⁰¹⁾하여, 而無害厥躬¹⁰²⁾이라. 何后益作革¹⁰³⁾하여, 而禹播降¹⁰⁴⁾인가? 啓棘賓商하여, 九辯九歌¹⁰⁵⁾로다. 何勤子屠母¹⁰⁶⁾하여, 而死分竟地¹⁰⁷⁾인가? 帝降夷羿¹⁰⁸⁾하여, 革孽夏民¹⁰⁹⁾이라. 胡䠶夫河伯¹¹⁰⁾하여, 而妻彼雒嬪¹¹¹⁾인가? 馮珧利決¹¹²⁾하여, 封狶是䠶¹¹³⁾로다. 何獻蒸肉之膏¹¹⁴⁾하여, 而后帝不若¹¹⁵⁾인가? 浞娶純狐¹¹⁶⁾하여, 眩妻爰謀¹¹⁷⁾로다. 何羿之䠶革¹¹⁸⁾하여, 而

교탄규지　　　　　　저궁서정　　　　　암하월언　　　　　　화위황웅
交吞揆之[119]인가? 阻窮西征하니, 巖何越焉인가? 化爲黃熊[120]
　　　　　무하활언　　　　　　함파거서　　　　　　　보구시영　　　　　하
하니, 巫何活焉[121]인가? 咸播秬黍[122]하여, 莆雚是營[123]이라. 何
　유병투　　　　이곤질수영　　　　　　　백예영불　　　　　호위차당
由幷投하여, 而鮌疾脩盈[124]인가? 白蜺嬰茀[125]하니, 胡爲此堂인
　　　안득부량약　　　　　　　불능고장　　　　　천식종횡　　　　　　양리
가? 安得夫良藥하여, 不能固臧[126]인가? 天式從橫[127]하니, 陽離
　원사　　　　대조하명　　　　　부언상궐체　　　　　　　병호기우
爰死[128]로다. 大鳥何鳴인가? 夫焉喪厥體[129]인가? 蓱號起雨[130]
　　　하이흥지　　　　찬체협협　　　　　녹하응지　　　　　　　오
하니, 何以興之인가? 撰體協脅[131]하니, 鹿何膺之[132]인가? 鼇
　대산변　　　　하이안지　　　　　석주릉행　　　　　하이천지
戴山抃[133]하니, 何以安之인가? 釋舟陵行[134]하니, 何以遷之인
　　　유요재호　　　　　하구우수　　　　　하소강축견　　　　　이전
가? 惟澆在戶[135]하니, 何求于嫂인가? 何少康逐犬[136]하여, 而顚
　운궐수　　　　　여기봉상　　　　　이관동원지　　　　　하전역궐
隕厥首[137]인가? 女歧縫裳하여, 而館同爰止[138]로다. 何顚易厥
　수　　　　이친이봉태　　　　　탕모이려　　　　　하이후지
首[139]하여, 而親以逢殆[140]인가? 湯謀易旅하니, 何以厚之[141]인
　　　복주짐심　　　　　　하도취지　　　　　걸벌몽산　　　　　　　하소
가? 覆舟斟尋[142]하니, 何道取之인가? 桀伐蒙山[143]하니, 何所
　득언　　　매희하사　　　　　탕하극언　　　　　순민재가
得焉인가? 妹嬉何肆[144]하고, 湯何殛焉[145]인가? 舜閔在家[146]하
　　　부하이환　　　　　요불요고　　　　　이녀하친　　　　　　궐
니, 父何以鱞[147]인가? 堯不姚告[148]하니, 二女何親[149]인가? 厥
　맹재초　　　　하소억언　　　　　황대십성　　　　　　수소극언
萌在初하니, 何所億焉[150]인가? 璜臺十成하니, 誰所極焉[151]인
　　　등립위제　　　　　숙도상지　　　　　여와유체　　　　　　숙제
가? 登立爲帝[152]하니, 孰道尙之인가? 女媧有體[153]하니, 孰制
　장지　　　　　순복궐제　　　　　종연위해　　　　　하사견체
匠之[154]인가? 舜服厥弟[155]하여, 終然爲害로다. 何肆犬體[156]하여,
　이궐신불위패　　　　　오획흘고　　　　　남악시지　　　　　숙
而厥身不危敗[157]인가? 吳獲迄古[158]하니, 南嶽是止[159]로다. 孰
　기거사　　　　　득량남자　　　　　녹곡식옥　　　　　후제시향
期去斯하여, 得兩男子[160]인가? 緣鵠飾玉[161]하니, 后帝是饗[162]이
　　　하승모하걸　　　　　종이멸상　　　　　제내강관　　　　　하봉이
라. 何承謀夏桀[163]하여, 終以滅喪[164]인가? 帝乃降觀하여, 下逢伊
　지　　　　하조방치벌　　　　　이려복대열　　　　　　간적재대
摯[165]로다. 何條放致罰[166]하여, 而黎服大說[167]인가? 簡狄在臺[168]
　　　곡하의　　　　현조치이　　　　　여하희　　　　　해병계
하니, 嚳何宜[169]인가? 玄鳥致貽[170]하니, 女何喜인가? 該秉季
　덕　　　　궐부시장　　　　　　호종폐우유호　　　　　목부우양
德[171]하니, 厥父是臧[172]이라. 胡終弊于有扈[173]하여, 牧夫牛羊[174]
　　　　간협시무　　　　　하이회지　　　　　평협만부　　　　　하이
인가? 干協時舞[175]하니, 何以懷之인가? 平脅曼膚하니, 何以

비지   유호목수   운하이봉   격상선출
肥之[176)]인가? 有扈牧豎[177)]하니, 云何而逢[178)]인가? 擊牀先出하
   기명하종   항병계덕   언득부박우
니, 其命何從[179)]인가? 恆秉季德[180)]하니, 焉得夫朴牛[181)]인가?
 하주영반록   부단환래   혼미준적   유적불녕
何往營班祿[182)]하니, 不但還來인가? 昏微遵迹하니, 有狄不寧[183)]
      하번조췌극   부자사정   현제병음
이라. 何繁鳥萃棘[184)]하니, 負子肆情[185)]인가? 眩弟竝淫[186)]하여,
  위해궐형   하변화이작사   후사이봉장   성탕
危害厥兄[187)]이라. 何變化以作詐하니, 後嗣而逢長[188)]인가? 成湯
 동순   유신원극   하걸피소신   이길비시득
東巡[189)]하니, 有莘爰極[190)]이라. 何乞彼小臣하여, 而吉妃是得[191)]
     수빈지목   득피소자   부하오지   잉유신지부
인가? 水濱之木에, 得彼小子로다. 夫何惡之하여, 媵有莘之婦[192)]
    탕출중천   부하죄우   불승심벌제   부
인가? 湯出重泉하니, 夫何辠尤[193)]인가? 不勝心伐帝[194)]하여, 夫
 수사도지   회조쟁맹   하천오기   창조군
誰使挑之인가? 會鼂爭盟[195)]하니, 何踐吾期[196)]인가? 蒼鳥羣
 비   숙사쇄지   도격주궁   숙단불가
飛[197)]하니, 孰使萃之[198)]인가? 到擊紂躬[199)]하니, 叔旦不嘉[200)]로
   하친규발   족주지명이자차   원은천하   기
다. 何親揆發[201)]하여, 足周之命以咨嗟[202)]인가? 授殷天下하니, 其
 위안이   반성내망   기죄이하   쟁견벌기
位安施[203)]인가? 反成乃亡하니, 其罪伊何[204)]인가? 爭遣伐器[205)]
    하이행지   병구격익   하이장지   소후성
하니, 何以行之인가? 竝驅擊翼하니, 何以將之[206)]인가? 昭后成
 유   남토원하   궐리유하   봉피백치   목
遊[207)]하니, 南土爰底[208)]로다. 厥利惟何에, 逢彼白雉[209)]인가? 穆
 왕교매   부하위주류   환리천하   부하색구
王巧梅[210)]하니, 夫何爲周流인가? 環理天下[211)]하니, 夫何索求인
     요부예현   하호우시   주유수주   언득부
가? 妖夫曳衒[212)]하니, 何號于市인가? 周幽誰誅인가? 焉得夫
 포사   천명반측   하벌하우   제환구회
褒姒[213)]인가? 天命反側하니, 何罰何佑[214)]인가? 齊桓九會[215)]하
    졸연신살   피왕주지궁   숙사란혹   하오보필
여, 卒然身殺이라. 彼王紂之躬[216)]은, 孰使亂惑인가? 何惡輔弼[217)]
    참첨시복   비간하역   이억침지   뇌개
하여, 讒諂是服[218)]인가? 比干何逆[219)]하여, 而抑沈之인가? 雷開
 아순   이사봉지   하성인지일덕   졸기이방
阿順하여, 而賜封之[220)]인가? 何聖人之一德하여, 卒其異方[221)]인
   매백수해   기자양광   직유원자   제하축
가? 梅伯受醢[222)]하고, 箕子詳狂[223)]이라. 稷維元子[224)]에, 帝何竺
 지   투지어빙상   조하오지   하빙궁협시
之[225)]인가? 投之於冰上하니, 鳥何燠之[226)]인가? 何馮弓挾矢[227)]
    수능장지   기경제절격   하봉장지
하니, 殊能將之[228)]인가? 旣驚帝切激[229)]하니, 何逢長之[230)]인가?

천 문 83

伯昌號衰²³¹⁾하여, 秉鞭作牧²³²⁾이라. 何令徹彼岐社²³³⁾하니, 命有
殷國인가? 遷藏就岐하니, 何能依²³⁴⁾인가? 殷有惑婦²³⁵⁾한데, 何
所譏²³⁶⁾인가? 受賜茲醢²³⁷⁾하니, 西伯上告²³⁸⁾로다. 何親就上帝²³⁹⁾
한데, 罰殷之命以不救²⁴⁰⁾인가? 師望在肆²⁴¹⁾하니, 昌何識²⁴²⁾인
가? 鼓刀揚聲하니, 后何喜²⁴³⁾인가? 武發殺殷²⁴⁴⁾하니, 何所悒²⁴⁵⁾
인가? 載尸集戰²⁴⁶⁾하니, 何所急인가? 伯林雉經²⁴⁷⁾하니, 維其
何故인가? 何感天抑墜하니, 夫誰畏懼인가? 皇天集命하니, 惟
何戒之²⁴⁸⁾인가? 受禮天下²⁴⁹⁾하여, 又使至代之로다. 初湯臣摯²⁵⁰⁾
하여, 後茲承輔²⁵¹⁾로다. 何卒官湯하니, 尊食宗緖²⁵²⁾인가? 勳闔
夢生²⁵³⁾하고, 少離散亡이라. 何壯武厲²⁵⁴⁾하여, 能流厥嚴²⁵⁵⁾인가?
彭鏗斟雉²⁵⁶⁾하니, 帝何饗²⁵⁷⁾인가? 受壽永多하니, 夫何久長인
가? 中央共牧²⁵⁸⁾하니, 后何怒²⁵⁹⁾인가? 蠢蛾微命²⁶⁰⁾하니, 力何
固인가? 驚女采薇²⁶¹⁾하니, 鹿何祐²⁶²⁾인가? 北至回水²⁶³⁾하니,
萃何喜²⁶⁴⁾인가? 兄有噬犬²⁶⁵⁾하니, 弟何欲²⁶⁶⁾인가? 易之以百
兩²⁶⁷⁾하여, 卒無祿이라. 薄暮雷電하니, 歸何憂²⁶⁸⁾인가? 厥嚴不
奉²⁶⁹⁾하니, 帝何求인가? 伏匿穴處²⁷⁰⁾하니, 爰何云인가? 荊勳
作師²⁷¹⁾하니, 夫何長인가? 悟過改更²⁷²⁾하니, 我又何言인가?
吳光爭國²⁷³⁾하니, 久余是勝²⁷⁴⁾이라. 何環穿自閭社, 丘陵²⁷⁵⁾하여,
爰出子文²⁷⁶⁾인가? 吾告堵敖以不長²⁷⁷⁾하니, 何試上自予²⁷⁸⁾하여,
忠名彌彰²⁷⁹⁾인가?

註 1) 왈(曰): 발어사. 수(遂): 가다. 멀다〈왕부지(王夫之)〉. 초(初): 비로소. 처음. 2) 지(之): 전에 있었던 일. 3) 상하(上下): 천지. 미형(未形): 형체가 없다. 4) 하유(何由): 어디에서. 고(考): 이루다. 지(之): 천지. 5) 명(冥): 어둡다. 소(昭): 밝다. 명소는 곧 천지·일월·주야·청탁 등의 도리. 맹암(瞢闇): 어두워

밝지 않다. 6) **극지(極之)** : 그 이치를 다 따져 알다. 7) **풍익(馮翼)** : 형체가 없는 모양. 즉 천지가 형성되지 않았을 때의 상황. 원기. 음양지동(陰陽之動). **상(像)** : 상상하다. 8) **명명암암(明明闇闇)** : 참된 음과 양. 음양의 명암. **시(時)** : 시(是). 이것. '이것이 어떻게 만들어졌는가?' 9) **음양삼합(陰陽三合)** : 음과 양, 그리고 천이 합하여져서 천지가 만들어졌다 함. 10) 그 바탕은 어떠하고 조화(변화)는 어떻게 이루어졌는가? 11) **환(圜)** : 원형. 천체. **즉(則)** : 곧. **구중(九重)** : 예부터 하늘에는 구중이 있다고 했음(회남자 천문편 한서). 12) **영탁(營度)** : 헤아려 다스리다. **지(之)** : 천체. 13) **유(惟)** : 어기사. **자(茲)** : 이러한. '이러한 엄청난 힘을 가졌는데 누가 처음 이것을 만드신가?' 14) **알(斡)** : 돌다. **유(維)** : 기강. 원리. '하늘이 도는 원리는 어디에 매여 있는가?' 15) **극(極)** : 팔극. 천체에는 팔극이 있다 함. '천극은 어디에 덮여 있는가?' **가(加)** : 덮다. 16) **팔주(八柱)** : 하늘에 인산이 있는데 그것을 주(柱)라 한다. **당(當)** : 두다. '팔주는 어디에 바탕을 두는가?' 17) 동남쪽은 모두 여울과 먼지 구덩이. '동남쪽은 어째서 기울어졌는가?' 18) **구천(九天)** : 하늘의 방향에 따라 붙이는 아홉 개의 하늘 명칭. 예컨대, 동남방은 양천(陽天), 남방은 적천(赤天), 서남방은 주천(朱天). **제(際)** : 끝가. 19) 어디에 위치하고 어디에 속하는가? 20) **우외(隅隈)** : 구석, 모퉁이. 하늘에는 9999개의 외우가 있다 함(회남자). '하늘의 모퉁이는 많다.' 21) 누가 그 수를 아는가? 22) **답(沓)** : 합하다. 하늘은 어디에서 합하는가? 23) 십이진은 어떻게 나누어지는가? 24) 해와 달은 어디에 속하는가? 25) 여러 별들은 어디에 줄지어 있는가? 26) 태양은 탕곡에서 나와서 몽수의 물가에 머문다. 27) **몽(蒙)** : 몽수. **사(氾)** : 물가. 끝. 28) 아침부터 저녁까지. 29) **야광(夜光)** : 달. **덕(德)** : 얻다. '달빛은 어떻게 얻어지나?' 30) **육(育)** : 살다. '죽었다가 또 살아나는가?' 31) **궐(厥)** : 그것. 달. '그 달의 좋은 게 무엇이길래….' 32) **고토(顧菟)** : 토끼. **재복(在腹)** : 그 달 가운데에 있다. 33) **여기(女岐)** : 신녀(神女)로서 지아비 없이 아홉 아들을 낳았다는 전설의 인물. **무합(無合)** : 혼인하지 않다. 34) **백강(伯強)** : 나쁜 기. 못된 역질의 귀신. 35) **혜기(惠氣)** : 좋은 기. 지기. 신인. 36) **합(闔)** : 닫다. '무엇이 하늘을 닫아서 어둡게 하는가?' 37) **각수(角宿)** : 동방성. **미단(未旦)** : 미명. 38) **요령(曜靈)** : 날. 해. 39) **율홍(汩鴻)** : 치수. '홍'은 홍(洪). '요임금은 곤을 임명하여 치수하지 않았는데….' 40) **사(師)** : 사람들. **상(尙)** : 받들다. 41) **첨(僉)** : 사람들. '사람들이 말하기를….' 42) **과(課)** : 시험하다. '어찌 시험삼아 해보지 않는가?' 43) **치구(鴟龜)** : 치(雉 ; 꿩)의 오자로 봄. **예(曳)** : 끌다. **함(銜)** : 재갈. 직역하면 '꿩과 거북이 재갈을 끌다'이지만, 곤이 꿩이 나는 것을 보고 거리를 재고, 거북이가 꼬리를 끄는 것을 가지고 땅을 분별했다는 전설을 말함. 44) **청(聽)** : 성명하다. 위의 두 구를 보면 '꿩의 나는 것으로 거리를 재고, 거북의 걷는 것으로 땅을 골랐으니, 곤이 얼마나 성명하신가?' 송대의 홍흥조는 '곤이 임금의 명을 어기고 듣지 않고는 어찌 꿩과 거북이의 재갈 끄는 소리만을 듣는가?'(초사보주)라 함. 45) **제(帝)** : 요임금. '백성의 뜻을 따라 성공했더라면, 요임금이 어찌 그를 벌주었겠는가?' 46) **영알(永遏)** : 끝내 죽다. 길이 갇히다. **우산(羽山)** : 산이름. 47) **시(施)** : 버리다. 갈라지다. 썩다. 전설에 의하면 곤의 시체가 썩지 않으므로 오지방의 칼로 가르니 황룡으로 화했다 함. 48) **백우(伯禹)** : 우임금. 곤의 아들. **벽(愎)** : 나다(生). 49) 변하여 성군이 되었는가의 뜻. 50) **찬(纂)** : 모으다. **취(就)** : 이루다. **서(緖)** : 공업. '우임금은 선왕의 공업을 모아 이루어 나가서 (계승)….' 51) **성고공(成考功)** : 선천의 업을 이루다. **고(考)** : 돌아가신 부친. 52) **속초계업(續初繼業)** : 선대의 업을 계승하다. 53) 그 일을 꾀함이(생각) 달랐는가? 54) 전(寊): 메꾸다. 곤이 왕명 없이 홍수를 메꾸므로 해서 왕(요) 축융으로 하여금 우산에서 그를 죽이게 했다 함. 55) 영토가 구주에 구등분(상·중·하)하여 있는데…. 56) 분(墳): 나누다. 57) 응룡(應龍): 날개가 있으나 뿔이 없다는 용. 응룡이 우임금을 위해 땅에 금을 그으며 바다로 들어가니, 우임금이 수맥을 다스렸다 함. 58) 어떻게 금을 그었으며 어떻게 지나갔는가? 59) 강회(康回): 공공(共工)의 이름. 요임금 때 치수를 맡은 관리. 빙노(馮怒): 크게 노하다. 60) 추(墜): 땅. 공공이 전욱과 임금자리를 다투다가 노하여 부주산에 부딪치니 하늘기둥이 꺾이고 땅이 끊어져서 하늘이 서북으로 기울고 땅이 동남에 차지 않으매 물길이 동남으로 기울어졌다는 전설. 땅이 무슨 까닭으로 동남으로 기울었는가? 61) 조(錯): 두다. 놓다. 어떻게 구성되었는가? 62) 오(浯): 깊다. 63) 불일(不溢): 가득 차지 않다. 64) 수(修): 길다. 숙다(孰多): 어느 것이 더한가? 65) 남북이 타원형이다. 66) 연(衍): 넓이. 67) 거(尻): 거(居). 위치. 68) 아홉 겹의 큰 성. 우임금이 곤륜산을 헐어 홍수를 막고서 그 헌산에 성을 쌓았다는 설. 69) 증성의 문이 44개나 있었다 함. 70) 벽계(辟啓): 문을 활짝 열다. 71) 해는 어찌 비추지 않는가? 72) 촉룡(燭龍): 해가 비추지 않는 곳에 산다는 신룡(神龍). 서북해에 장미산(章尾山)이 있는데, 그곳에 인면신사(人面身蛇)의 붉은 용이 있다 함. 73) 희화(羲和): 태양신. 미양(未揚): 떠오르지 않다. 74) 약화(若華): 약목의 꽃. 해가 지면 약목꽃이 붉게 피면서 빛을 낸다 함. 광(光): 빛을 내다. 75) 석림(石林): 석목의 숲. 이 속에 말하는 짐승이 있다 함. 76) 규룡(虯龍): 용의 새끼로서 붉고 뿔이 없음. 77) 곰을 지고 논다는 신화는 고증할 수 없으나 「사기」의 열선전(列仙傳)에 보임. 78) 웅훼(雄虺): 수이무기. 79) 숙홀(儵忽): 급히. 또는 매우 빠른 동물. 80) 죽지 않는 곳은 어디인가? (산해경에 나옴). 81) 거인들은 왜 지키는가? (산해경에 나옴). 82) 미병(靡蓱): 무성한 부평초. 구구(九衢): 겹겹이 난 가지들. 83) 시화(枲華): 수삼꽃. 도꼬마리꽃. 84) 신령한 뱀이 코끼리를 삼킨다. 일(一)은 영(靈)으로도 씀. 파사(巴蛇)가 코끼리를 먹고 삼 년 후에 그 뼈를 뱉어 냈다 함(산해경). 85) 흑수·현지(黑水·玄趾): 모두 신화 속의 산천 이름. 86) 삼위(三危): 신화 속의 산천 이름. 87) 능어(鯪魚): 능잉어. 사람 머리에 손발이 있으며 몸은 고기 모양이라 함(산해경 해내북경). 소(所): 거처. 88) 기퇴(蚑堆): 새이름. 퇴는 작(雀)이어야 함. 기작새는 닭과 비슷하여 목이 백색, 다리는 쥐와 비슷하고 발톱은 호랑이와 같다고 함. 89) 예(羿): 요임금시의 예. 필(彃): 쏘다. 요임금 때 10개의 해가 비추니, 벼가 타죽고 초목이 죽으매 백성이 먹을 것이 없는고로 예로 하여금 올라가 해들을 쏘도록 하였다 함(산해경 대황동경). 90) 해(解): 벗다. 91) 강(降): 내려가다. 성(省): 살피다. 하토사방(下土四方): 천하. 92) 도산(嵞山): 옛나라 이름. 지금의 선주당도현. 93) 통(通): 지나치다. 대상(臺桑): 지명. 우임금이 후사가 없으므로 한 일. 94) 민(閔): 근심. '짝하여 합할 후비가 없음을 근심하다.' 비(妃): 근(유월 초사수필). 95) 시(是): 어기사. 96) 호(胡): 어찌. 유(維): 어조사. 부동미(不同味): 먹을 것이 많아서 맛이 다른 것. 97) 조포(鼂飽): 잠시동안의 정의 만족. 순간의 만족. 하루 아침의 배부름. '조'는 미옥·사람 성씨·벌레·아침의 뜻이 있다. 여기서는 우임금이 후사를 위해 도산녀를 취하여 계(啓)를 낳고 버린 일을 지칭. 그러나 부석임은 '조'를 '고래'로 풀어서 '고래 고기를 배불리 먹다'라 함(신역초사독본). 98) 익(益): 우의 현신. 작(作): 하다. 후(后): 임금. 99) 졸연(卒然): 갑자기. 이(離): 만나다. 당하다. 얼(孼): 근심, 재화. 100) 구(拘): 가두다. 달(達): 통하다. '갇힌 가운데서 벗어날 수 있었는가?' 101) 귀(歸): 내어주다. 사(躲): 쏘다. 활과 화살. 국(箝): 제기. 공놀이. 여기서는 병기.

102) 궐궁(厥躬) : 그 몸. 계를 지칭. 103) 작(作) : 운수. 운명. 혁(革) : 바뀌다. 104) 파강(播降) : 후손을 잇다. 105) 계가 창을 잡고 춤추며 미녀가 천제에 제사지내다. 극(棘) : 창. 빈(賓) : 귀빈. 상(商) : 임금. 구변구가(九辯九歌) : 천제의 음악. 106) 근(勤) : 아끼다. 도(屠) : 찢다. 가르다. 모(母) : 도산녀. 107) 사(死) : 몸. 경지(竟地) : 온 땅에 흩뜨리다. 도산녀 죽어 화석이 되니 부셔서 땅에 뿌렸다(계의 탄생신화). 108) 제(帝) : 천제. 이예(夷羿) : 하대를 찬탈하였던 제후. 109) 하민의 근심을 낳았다. 110) 사(狱) : 쏘다. 하백(河伯) : 하신. 111) 처(妻) : 처로 삼다. 낙빈(雒嬪) : 낙수의 신 복비. 112) 빙(馮) : 잡다. 쥐다. 요(珧) : 궁명. 이(利) : 날카롭게 하다. 결(決) : 활깍지. 113) 봉희(封狶) : 큰 돼지. '큰 돼지를 쏘다.' 114) 증(蒸) : 제사. 고(膏) : 살찜. 기름짐. 기름진 제삿고기. 115) 후제(后帝) : 천제. 약(若) : 순(順). 예가 돼지를 잡아서 천제에게 제사지냈는데 천제가 예의 행위를 달가워하지 않았다 함. 116) 착(浞) : 예의 신하 한착. 순호(純狐) : 순호씨의 딸. 예의 처실. 117) 현(眩) : 미혹하다. 원(爰) : 이에. 한착이 순호에 빠져서 예를 죽일 것을 모의하다. 118) 사혁(狱革) : 활 쏘아 적중시키다. 활 잘 쏘다. 119) 탄·규(呑·揆) : 멸하다. 망하다. 지(之) : 예. 120) 저(阻) : 가다. 궁(窮) : 궁석(지명). 곤이 죽어 우산에서 누런 곰이 되었다 함. '궁석을 향해 서쪽으로 가는데 우산의 험한 산을 어찌 넘었는가?' 121) 무신(巫神)이 어찌 살릴 수 있겠는가? 122) 거서(秬黍) : 검은 수수. 123) 보구(菩藋) : 삽보풀. 영(營) : 심다. 124) 병투(幷投) : 모두 버리다. 수(脩) : 길다. 125) 백예(白蜺) : 흰 무지개. 영불(嬰茀) : 여인의 머리장식. 호위(胡爲) : 놀라는 표현. '어찌하여 항아는 무지개 걸치고 머리에 장식하고서 어찌하여 마루에서 춤을 추었나?' 126) 고장(固臧) : 잘 보관하다. 127) 천식(天式) : 하늘의 형상. 128) 양리(陽離) : 양기가 떠나면. 129) 어디에서 그 몸을 잃었는가? 최문자가 왕자교의 시신을 주워 헌 광주리를 덮어 놓으니 큰 새가 되어 울며 날아갔다는 신화에서 나온 구절(왕일). 130) 병(萍) : 병예. 우사명. 호(號) : 부르다. 131) 찬체(撰體) : 찬은 선(巽). 풍신. 사슴의 몸. 8개의 발과 두 머리. '풍신은 양 어깨가 합하여 있는데….' 132) 사슴의 몸으로 어찌 이런 모습을 받았는가? 응(膺) : 받다. 133) 오(鼇) : 큰 거북. 봉래산을 등에 지고 넓은 바다에서 논다 함(列子). 변(抃) : 손뼉을 치다. 134) 능행(陵行) : 산으로 가다. 135) 요(澆) : 옛날 장사. 요수(澆嫂) : 요의 형수 여기(女歧). 요가 여기와 간통한 고사. 136) 하후 소강이 어찌 개를 몰아서…. 137) 그의 머리를(요) 떨어뜨렸는가? 138) 여기가 치마를 만들어서 집에 같이 머물다. 139) 요를 죽인다는 것이 잘못하여 여기의 목을 잘랐는가? 140) 봉태(逢殆) : 액을 당하다. 141) 이려(易旅) : 사람이 적다. 또는 중지를 개혁하다(王夫之). '탕왕이 나랏일을 도모할 때 무리가 적었는데….' 후(厚) : 크게 하다. 많아지다. 142) 복(覆) : 뒤엎다. 짐심(斟尋) : 나라 이름. '요는 힘이 배를 엎어 짐심국을 멸할 수 있는데, 어떻게 소강이 그를 멸하였는가?' 143) 걸(桀) : 하의 마지막 왕. 몽산(蒙山) : 나라 이름. 144) 매희(妹嬉) : 말희. 유시국의 딸로서 걸왕의 비. 사(肆) : 방자하다. 걸왕이 몽산을 정벌하다가 완과 염 등 두 여인을 얻고 원비인 말희를 낙수에 버렸는데, 이윤(탕의 현신)과 교제하여 실지로 상의 건국에 공이 컸다 함. 145) 극(殛) : 죽이다. 146) 순(舜) : 순임금. 민(閔) : 근심. 순임금이 장가가서 근심하다. 147) 환(鰥) : 홀아비. '그 아비는 어찌하여 홀아비 신세였는가?' 148) 요임금이 순의 부모에 알리지 않고…. 순임금의 성이 요(姚). 149) 이녀(二女) : 요임금의 두 딸 아황과 여영. 친(親) : 친하다. 150) 궐맹(厥萌) : 그 백성. 억(億) : 생각하다. 헤아리다. 151) 황대(璜臺) : 은의 마지막 왕 주가 쓰던 술연못. 십성(十成) : 십중. 극(極) : 다하다. 152) 여

천 문 87

와가 올라서서 임금이 되었는데, 누가 그 일을 받들어 전하였는가? 여와시대에는 인류가 없었다 함. 153) 여와는 창조의 몸인데…. 154) 제장(制匠): 만들어 놓다. 155) 순임금이 그 동생 상(象)을 등용하다. 156) 상이 개 같은 짐승의 마음을 부리다. 157) 그 순임금의 몸을 해치지 못하다. 158) 오나라는 옛 터를 얻어서…. 159) 남악에 머물다. 남악은 회계(會稽)산. 160) 누가 여기를 떠나서 두 남자(태백과 중옹)를 만날 줄 바랐겠는가? 161) (말희) 옷 가장자리에 고니의 수식을 하고, 관은 옥 수식을 했는데…. 162) 후제와 같이 총애를 받았다. 163) 탕왕은 어떻게 하의 걸왕을 칠 것을 꾀하여…. 164) 마침내 걸왕을 멸망시켰는가? 165) 제(帝): 탕왕. 이지(伊摯): 이윤. 지는 이윤의 이름. 166) 조(條): 명조(鳴條). 탕이 걸을 친 곳. 지금의 산서안읍. 방치벌(放致罰): 걸에게 벌을 주다. 167) 여복(黎服): 백성. 열(說): 기쁘다. 168) 간적(簡狄): 제곡의 비. 은나라 설의 모. 대(臺): 유융국에 있던 누대. 169) 제곡이 어떻게 제를 올리며, 복을 기원했는가? 의(宜): 제드리며 복을 구하다. 간적이 대에서 나는 제비의 알을 삼키고 설을 낳았다 함. (사기 은본기). 170) 현조(玄鳥): 제비. 이(貽): 주다. 171) 해(該): 왕해. 은의 선인. 계(季): 왕해의 부친. 병(秉): 가지다. 잡다. 172) 장(臧): 기쁘다. '왕계(왕해의 부)는 크게 기뻐하다.' 173) 폐(弊): 곤고하다. 유호(有扈): 유역. 나라 이름. 174) 소와 양을 유역에서 치다. 175) 간(干): 구하다. 협(協): 조화. 무(舞): 힘쓰다. (왕실) 왕일의 주에 의하면, '하후상이 천하를 잃고 소강이 아직 어린데도, 나라의 일을 잘하며 백성의 마음을 돌아오게 했다.'라 풀이되지만, 부써는(이미 소개) '왕해의 간무(춤 이름)로 어떻게 유역의 여인의 마음을 움직일 수 있었는가?'라 풀이함. 176) 평협(平脅): 고른 갈비뼈, 즉 몸. 형체. 만부(曼膚): 부드러운 피부. '몸이 윤택하다.' 비(肥): 짝. 왕비. '어떻게 왕해와 짝하였나.' 177) 목수(牧豎): 왕해. 178) 어떻게 만날 수 있었는가? 179) 왕일은 계의 일로 부써는 왕해의 일로 풀이. '그 목숨을 어떻게 보전하는가?' 180) 항(恒): 해의 아우. 왕일은 항상, 늘로 풀이. 181) 박(朴): 크다. 182) 어찌하여 반록을 얻었으며…. 왕일은 '탕이 사냥 나가 돌아다니며 금수를 얻어 백성에게 녹을 나누다'로 풀이. 영(營): 얻다. 반(班): 나누다. 왕국유는 '왕항이 몸을 보전하여 돌아왔을 뿐 아니라 반록을 얻다.'로 풀이. 이설이 많음. 183) 두 설이 있다. 왕일은 '사람이 어둡고 미세한 자취를 따르면 음행한 오랑캐의 행위를 하니 마음이 편치 않다.' 왕국유는 혼미를 은의 현왕 상갑미(上甲微)라 하여 '상갑미가 선덕의 자취를 따라 유역을 치니(有狄), 유역이 편치 않다.'로 풀이. 184), 185) 이 두 구는 뜻이 불명하다. '어찌하여 뭇새들이 가시를 모으고 그대의 방자한 마음을 드러내는가?' 여기 앞구는 짐승을 사냥하며 노니는데 취한 것을 비유함. 186), 187) 현제(眩弟): 정신없이 어지러운 아우. 부써는 상갑미와 그 아우를 지칭하지만, 왕일은 순임금의 아우 상이 음행으로 형인 순을 해치려 한 일로 풀이. 188) 사(嗣): 좋은 일. '어떻게 순이 상을 개전시켜 좋은 일을 만들어 후사를 잇고 오래 제후가 되었는가?' 189) 탕왕이 동쪽으로 순행하다. 190) 유신(有莘): 나라 이름. 극(極): 이르다. '유신국에 이르러 유선씨와 혼인하다.' 191) 소신(小臣): 이윤. 걸(乞): 구하다. 길비(吉妃): 유신국에서의 배필. 192) 잉(媵): 주다. 193) 중천(重泉): 지명. 걸이 탕왕을 잡아둔 곳. 죄(辠): 죄(罪)의 고자. 194) 불(不): 어사. 뜻 없음. 승심(勝心): 임심(任心). 제(帝): 걸왕. '누가 걸왕에게 먼저 도발케 하였는가?' 195) 회조(會鼂): 아침조회. 쟁(爭): 청하다. 맹(盟): 맹서. '아침조회에 제후가 맹세를 하다.' 주무왕이 은의 주왕을 친 일. 196) 어떻게 우리의 약속을 실천했는가? 197) 창조(蒼鳥): 매. 독수리. 198) 췌(萃): 모이다. 199), 200) 도(到): 오히려. 독(督): 주공. 주왕의 몸을 때리지만 주공이 기쁘지 않다. 201) 규발(揆發): 난세를 뿌리뽑다. 없애다. 202) 족(足): 안정. 주나라의 명맥을 안정시켜서 백성의 찬미가 그지 없다. 203) '하늘이 은에게 천하를 주었었는데, 그 위치가 어째서 옮겨 갔는가?' 이(施): 옮기다. 204) 성(成): 무·술. 모두 병기. 왕일은 '은의 왕위가 이루었는데, 바뀌어 망하니 그 죄가 어떠한가?'라 했는데, 부씨는 '병기를 거꾸로 하고 망하니…'라 함. 205) 벌기(伐器): 공격하는 병기. 견(遣): 주다. 206) 익(翼): 양 옆. 장(將): 거느리다. 207) 소후(昭后): 소왕. 성유(成遊): 잘 놀다. 208) 저(底): 지(至). 소왕이 남쪽으로 원정가서 돌아오지 못함. 209) 백치(白雉): 흰 꿩. 소왕이 백치를 구하러 남으로 갔다 함. 그러나 구하지 못하고 초인에게 잡힘. 백치는 왕의 덕을 의미. 210) 교(巧): 이(利). '주의 목왕이 말을 잘 몰다.' 교매(巧梅): 말을 잘 몰다. 매(梅): 재갈. 211) 환리(環理): 두루 다스리다. 212) 예현(曳衒): 끌고가며 장사하는 것. 213) 주나라 유왕은 누가 죽였으며, 포사(주유왕후)를 어떻게 얻었는가? 214) 반측(反側): 덧없이 무상하다. '무엇이 죄이며 무엇이 복인가?' 215) 제나라 환공이 제후를 모두 모아 천하를 통일하다. 216) 저 주왕의 몸. '누가 어지러이 미혹시켰는가?' 주왕의 첩 달기(妲己) 217) 보필(輔弼): 충신의 보좌. 218) 참첨(讒諂): 참소와 아첨(간신). 복(服): 쓰이다. 219) 비간(比干): 주의 제후. 직간을 하다가 심장을 도려내져 죽임을 당함. '비간은 무슨 거역을 했기에 또한 억눌림을 당하였는가?' 220) 뇌개(雷開): 간신. 아순(阿順): 아첨과 순종. '그에게 봉토를 내리다.' 221) 어찌 성인의 덕은 같은데, 마침내 길을 달리 하였는가? 성인 매백과 기자. 졸(卒): 마침내. 기(其): 곧. 방(方): 도술. 222) 매백(梅伯): 주의 제후. 소금에 절여져 죽음. 수해(受醢): 소금에 절이다. 223) 기자(箕子): 은나라의 현인. 미친 짓을 하며 노예가 되다. 양광(詳狂): 미치광이짓을 하다. 224) 직(稷): 후직. 원자(元子): 장자. 225) 제(帝): 제곡. 축(竺): 미워하다. 226) 오(燠): 따뜻이 품어 주다. 227) 빙(馮): 쥐다, 잡다. 228) 장(將): 돕다. 229) 제(帝): 제곡. '제곡을 놀라게 하여 격분케 해버렸더니….' 230) 어떻게 아껴서 그를(직) 키웠는가? 231) 백창(伯昌): 주의 문왕. '주문왕은 은의 호령이 쇠미하니….' 232) 채찍을 잡고 목자가 되다. 233) 철(徹): 통하다, 또는 무너뜨리다. 기사(岐社): 분기의 사직. 234) 문왕이 기를 떠나서 풍으로 옮긴 일. '어찌 지금 의지할 수 있겠는가?' 235) 달기를 지칭. 236) 기(譏): 간하다 (주왕에게 직간을 한 게 무엇인가?) 237), 238) 자(茲): 자(子)의 차자(借字). '문왕은 아들의 소금절여진 국을 받아 마시고….' 문왕이 주에 잡혀 그의 아들 백읍고가 인질이 되니, 주가 그 아들을 삶아 국을 만들어 문왕에게 내린다. 성인은 안 마시는 것이거늘, 문왕은 그것을 마시고 하늘에 고하여 주의 악을 밝히려 했다 함. 239) 친히 하늘에 나아가 죄를 고하다. 240) 은의 운명을 건질 수가 없다. 241) 사망(師望): 여망. 강태공. 사(肆): 저자. 242) 창(昌): 문왕. 243) 후(后): 문왕. 244) 무발(武發): 무왕 발. 245) 읍(悒): 근심하다. 246) 시(尸): 주인. 집(集): 모이다. '문왕의 목주를 수레에 싣고 싸우다.' 247) 백림(伯林): 진태자(晋太子) 신생. 치경(雉經): 목을 매어 죽다. 248) 하늘이 이미 주왕의 운명을 거두나니 어찌 이윤이를 간언하여 삼가케 할 수 있으리요? 249) 수(受): 은의 주왕 이름. 예(禮): 다스리다. '주왕이 천하를 다스려 왔는데 또 이성(異姓)으로(周代) 그것을 바꾸도록 하였는가?' 250) 지(摯): 이윤의 이름. '처음 탕왕이 이윤을 신하로 맞아들이다.' 251) 후에 그의 보필을 받다. 252) 어찌 끝내 탕왕의 재상이 되어 후손이 그 공업을 대대로 받들어 잇게 되었는가? 253) 훈(勳): 공. 합(闔): 오왕 합려. 몽생(夢生): 합려의 조부 수몽의 손자. 254) 소(少): 연소. 장(壯): 크다. 엄

(嚴) : 위엄. '어찌 장대무용하여….' 255) 그 위엄을 전할 수 있었는가 ? 256) 팽갱(彭鏗) : 팽조(彭祖). 갱은 이름. 800세 수를 누렸다 함. 짐치(斟雉) : 꿩국을 잘 요리하다. 257) 제(帝) : 요. 향(饗) : 즐겨 먹다. 258) 중앙(中央) : 중토. 중국. 공목(共牧) : 함께 다스리다. 259) 후(后) : 황제. 260) 봉아(蠭蛾) : 벌과 개미. '벌과 개미는 미물인데 힘이 어찌 굳센가 ?' 261), 262) 경(驚) : 경고하다. '여인이 백이·숙제가 고사리 캐는 것조차 경고하니(주속(周粟)이라고 해서), 사슴이 어떻게 도왔는가 ?' 두 사람이 굶어 죽게 되자 흰 사슴이 젖을 먹였다 함(文選臣注). 263) 두 사람(백이·숙제)이 회수에 가서…. 264) 췌(萃) : 갑자기. (먹을 수 있는 고사리를 보고서) 기뻐하다. 265) 형(兄) : 진백. 서견(噬犬) : 깨무는 개. 266) 제(弟) : 진백의 동생 침(鍼). 267) 지(之) : 개. '그것을 은 백량으로 바꾸려 하니, 마침내 제의 복록을 빼앗았다.' 268) 무엇을 근심하는가 ? 269) 그 위엄(실추되어) 받들 수 없으니, 하늘에 무엇을 구하리요 ? 270) 굴 속에 숨어 지내도 이에 무엇을 근심하리요 ? 271) 형(荊) : 초의 도읍. '형조의 군사 공을 세우나….' 272) 잘못을 깨우쳐 고쳐 나가다. 273) 오광(吳光) : 오공자광. 오왕 합려. 쟁국(爭國) : 왕료와 나랏일을 다투다. 274) 구(久) : 어찌. '어찌 나를 크게 이길 수 있으리요 ?' 275) 환천(環穿) : 왔다갔다 하다. 여사(閭社) : 마을. 구릉(丘陵) : 산 언덕. 276) 이에 자문(子文)을 낳다. 자문은 초령윤(楚令尹). 그 어머니인 운공녀가 어수선히 다니며 음행하여 낳은 자가 자문이거늘 운몽중에 버렸더니, 호랑이가 젖을 먹여 키우거늘 신기히 여겨 주워다 키웠다 함(左傳宣公四年). 277) 도오(堵敖) : 두오. 초나라의 현인. 부장(不長) : 초나라가 오래가지 못하다. 278), 279) 자여(自予) : 나. 자신. '어찌 나의 충정을 임금에게 아뢰어서 충성된 명성을 가득히 밝힐 수 있을까 ?' 이들 구에는 이설이 있다. 홍흥조는 '吾告'의 오는 굴원 자신이라 하여 '어찌 시험삼아 나의 충정을 상고하여 충명을 상고하여 빛낼 수 있으리요 ?' 했고, 부석임은 '어찌 자문이 상을 죽여 대를 잇는다 해도 자문의 충명을 빛낼 수 있을까 ?'라 하고, 부석임은 시는 '시해하다' 도오는 성왕이라 풀이했다.

[評析] 중국의 문학작품 중 신화적 소재가 가장 많은 대작(大作)이다. 문체가 민간체재에서 근원하였으므로 일문일답식으로 되어 있는 서남방의 묘족(苗族)의 개천가(開天歌)와 유사하다. 본래 난해하고 순서가 고르지 못하던 것을 청대(淸代)의 정검경(丁儉卿)과 대사백(臺師伯)이 갑골문(甲骨文)의 자료를 통해 주해(注解)한 바 있다.

구 장(九章)

　굴원이 지은 9편의 작품으로 되어 있다. 왕일은 '장자, 저야, 명야(章者, 著也, 明也)'라 하니, 자신의 충심(忠心)을 밝힌다는 뜻이 되겠다. 이들 9편과 그 창작 시기를 차례대로 열거하면 다음과 같다(부석임 교수의 정리).
① 귤송(橘頌) : 조기작품(早期作品).
② 석송(惜誦) : 회왕(懷王) 16년.
③ 추사(抽思) : 한북(漢北)에 귀양가서 지은 것(회왕 24년).
④ 애영(哀郢) : 강남(江南)에 추방되었을 때(경양왕 21년).
⑤ 섭강(涉江) : 애영(哀郢) 후 곧.
⑥ 사미인(思美人) : 애영과 같은 때.
⑦ 비회풍(悲回風) : 절명 직전.
⑧ 석왕일(惜往日) : 절명 직전.
⑨ 회사(懷沙) : 절필(絶筆).
　이제 그 9편의 내용을 개관해 본다.
① 석송(惜誦) : 충심(忠心)으로 임금을 섬겼으나 참소당하여 멀리 떠나 있게 되었다. 그러나 충성심은 변할 수 없다. 버릴래야 버릴 수 없는 내심의 고통이 전편에 넘친다.
② 섭강(涉江) : 능양(陵陽)에 추방된 후 서남(西南)으로 유력하며 쓴 글이다. 악저·방림·동정·원수·왕저·진양·서포 등 강남(江南)으로 가는 길의 지명을 열거하면서, 고향 떠나는 비애를 강렬하게 묘사하였다.
③ 애영(哀郢) : 2차 추방시에 쓴 글이다. 따라서 영도·하수·동정·하포 등의 경물을 우울한 감정과 같이 그렸다.
④ 추사(抽思) : 회왕이 자기와의 약속을 어기고 참소만을 듣는 것을 반복하여 토로하면서, 우수의 심정을 노래하고 있다. '昔君與成言兮. 曰黃昏以爲期. 羌中道而回畔兮, 反旣有此他志(전에 그대와 약속하기를 저녁에 만나기를 기약했지만, 아! 도중에 배신하고 오히려 다른 마음 지녔네).'라고 임금에 대한 노골적인 불만과 배신감을 표현하고 있는 것이다.
⑤ 회사(懷沙) : 장사(長沙)를 그리워하다의 뜻이다. 이것은 멱라수에 5월 5일 투신하기 직전에 썼다는 것을 '舒憂娛哀兮, 限之以大故(근심을 떨치고 슬픔 중에 즐거하리니, 죽게 되면 모든 게 끝나기에).'이나 '知死不可讓, 願勿愛兮…(죽는 것

은 피할 수 없는 줄 아나니, 조금도 아까워하지도 않도다)'에서 확인할 수 있다.
　⑥ **사미인(思美人)** : 강남에서 군왕(君王)을 생각하며 억울하고 결백한 심정을 전할 수 없는 처지를 노래하고 초지(初志)를 지키고 닦아서 죽더라도 좋다는 결심이 그려져 있다.
　⑦ **석왕일(惜往日)** : 말구(末句)의 '하직인사 아니하고 연못에 들어간다.'라는 것으로 절필시로 본다. 구장(九章)에서 문자가 가장 평이(平易)하니, 이것은 작자의 평담(平淡)하면서 체념 어린 정적이 깃드는 감회를 준다.
　⑧ **귤송(橘頌)** : 일종의 영물부(詠物賦)로서 귤을 칭송하면서 자신의 정절을 비의했다. 사자구법(四字句法)으로 되어 있어서 굴원이 추방되기 전 젊은 시절의 작으로 본다.
　⑨ **비회풍(悲回風)** : 회풍(回風)은 세상일이 다변(多變)한 것을 비유한다. 단지 세상을 풍자할 뿐 절명의 결심까지는 하지 않은 시기의 글이다. 사물의 묘사가 기교로워서 예술미가 넘친다.

석   송(惜誦)

  임금을 슬퍼하여 시를 읊었다가 근심을 불러들였으니, 분함을 발설하여 이 내 마음 펼쳐보리라. 충정으로 말하는 것이니 푸른 하늘을 가리켜 증거로 삼노라. 다섯 방향의 신들이 치우치지 않으며, 육신에 말하여 함께 대질시키네. 산천으로 하여금 배석하게 하고 고요에게 명하여 말의 사실을 듣게 하도다. 충성을 다하여 임금을 섬겼더니 오히려 간신들에게 배척당하여 군더더기 같은 사람이 되었구나. 아첨하여 잘 보이려 않고 소인배를 등지고서 명철한 임금을 기다릴 줄을 아는도다. 말과 행동은 따를 만하고 마음과 모습은 변하지 않도다. 신하를 살피는 데는 임금만한 이가 없으니, 그것을 증거함은 어렵지 않도다. 나는 마땅히 임금을 먼저 모시고 내 몸은 뒤에 두었나니, 아! 뭇 소인배의 원망을 사는도다. 오로지 임금만 생각하고 다른 마음 없었더니, 또 많은 사람의 적이 되었구나. 마음을 한결같이 하여 주저하지 않으나, 아! 자신을 지킬 수가 없구나. 임금과 가까워지기를 힘쓰며 다른 마음이 없는데 도리어 이것이 화근이 되었구나. 임금을 그리워하는 마음은 나의 충성보다 더한 것이 없거늘, 문득 이 몸의 빈천함을 잊었구나. 임금을 섬기는 데 한결같으니 어리석어서 임금의 은총의 길을 모르도다. 충성하는데 무슨 죄 있다고 벌을 받는가, 나의 마음에 생각도 못한 일이로다. 행동이 뭇사람과 같지 않아서 거꾸로 떨어지니 뭇사람의 웃음거리가 되었도다. 욕을 당하고 비방을 받으니 아! 해명할 수 없구나. 마음이 억눌리어 표현할 수 없는데, 또 가리워져 밝힐 수가 없도다. 마음이 괴롭고 실의에 차 있으니 내 속마음을 살피지 못하는구나. 진실로 귀찮은 말을 엮어서 전해 줄 수 없으며 뜻을 아뢰고 싶어도 길이 없도다. 물러나 조용히 있으면 나의 충심을 알아주지 않고 나아가 큰소리로 외쳐도 나의 말을 듣지 않는도다. 거듭 실의에 차서 번민스럽고 의혹되니, 속마음이 근심에 차서 괴롭고 어쩔하도다. 지난날 내가 하늘에 오르는 꿈을 꾸었는데, 혼이 오르다가 도중에 올라가지 못하였네. 나는 여신에게 점을 치게 하였더니, 이르기를 '뜻과 목표는 있으되 돕는 자가 없도다. 마침내 위험과 고독 속에 남과 떨어져 있도다.'라 하고, 또 이르기를, '임금은 생각은 해도 믿을 수 없으매 뭇 간신의 입이 쇠를 녹이나니, 처음에 이리하여 수난을 겪었도다. 뜨거운 국을 조심하고 간 맞춘 나물을 불어 대니, 어째서 그대는 초지를 바꾸지 아니하는가?' 모든 걸 버리고 하늘로 오르고 싶지만 옛날의 충성된 모습을 여전히 지니고 있네. 무리들이 놀라고 급해져서 마음을 등지는데 또 어찌 이들과 짝하겠는가! 목적은 같아도 길이 다르니, 또 어찌 이들을 돕겠는가! 진나라의 신생은 효자인데 그 아비가 참소를 믿고 좋아하지 않았도다. 행실이 강직하고 주저하지 않으니 곤이 공을 들였으면서 이룬 것이 없었도다.' 나는 충성하고서도 미움을 산다는 말을 듣고서 그건 지나친 말이라고 했더니, 아홉 번 팔을 부러뜨리고서 좋은 의사가 되거늘 나는 이제야 그 진실됨을 깨달았도다. 화살과 주살을 마련하여 위에 놓고 새그물을 펴서 아래에 놓도다. 새그물과 도구를 마련하여 임을 기쁘게 하려니, 몸을 피하고 싶어도 갈 곳이 없도다. 머뭇거리며 머물 곳을 찾으려 해도 환난만 더하고 허물을 되쓸까 두렵구나. 높이 날아서 멀리 가고 싶으니 임은 '너 어디 가느냐?'고 묻지를 마오. 멋대로 달려 바른 길을 버리고 싶어도 굳은 의지로는 차마 할 수가 없도다. 등과 가슴이 갈라져서 아픔이 엇갈리고 마음이 답답하여 가슴에 맺히도다. 목란을 다지고 혜초를 섞으며 신초풀을 빻아서 양식을 삼노라. 강리풀 뿌리고 국화에 물 주어서 봄에 향기밥으로 삼았으면. 나의 속마음을 믿지 않을까 하여 거듭 말하여 스스로 밝히나니, 이 아름다운 덕을 지니고 홀로 살면서 거듭 생각하지만, 멀리 떠나 살게 되길 바라노라.

原文 惜誦以致愍兮[1]여, 發憤以抒情하고, 所作忠而言之兮[2]여, 指蒼天以爲正[3]이라. 令五帝以析中兮[4]하고, 戒六神與嚮服[5]하고, 俾山川以備御兮[6]여, 命咎繇使聽直[7]이라. 竭忠誠日事君兮여, 反離羣而贅肬[8]로다. 忘儇媚以背衆兮[9]여, 待明君其知之하며, 言與行其可迹兮여, 情與貌其不變이라. 故相臣莫若君兮여, 所以證之不遠[10]하고, 吾誼[11]先君而後身兮여, 羌衆人之所仇[12]로다. 專惟君而無他兮[13]여, 又衆兆之所讎[14]이며, 壹心而不豫兮[15]여, 羌不可保也로다. 疾[16]親君而無他兮여, 有招禍之道也로다. 思君其莫我忠兮여, 忽亡身之賤貧[17]이라. 事君而不貳兮[18]여, 迷不知寵之門[19]이라. 忠何罪以遇罰兮여, 亦非余心之所志[20]로다. 行不羣以巔越兮[21]여, 又衆兆之所咍[22]이며, 紛逢尤以離謗兮여, 謇不可釋[23]이라. 情沈抑而不達兮[24]여, 又蔽而莫之白[25]이라. 心鬱邑余侘傺兮[26]여, 又莫察余之中情[27]이라. 固煩言不可結詒兮[28]여, 願陳志而無路로다. 退靜默而莫余知兮[29]여, 進號呼又莫吾聞[30]이라. 申侘傺之煩惑兮[31]여, 中悶瞀之忳忳[32]이라. 昔余夢登天兮여, 魂中道而無杭[33]하여, 吾使厲神占之兮[34]여, 曰 '有志極而無旁[35]이라.' '終危獨以離異兮[36]여', 曰 '君可思而不可恃[37]하니, 故衆口其鑠金[38]여, 初若是而逢殆[39]로다. 懲於羹者而吹齏兮[40]여, 何不變此志也리요? 欲釋階而登天兮[41]여, 猶有曩之態也[42]인저! 衆駭遽以離心兮[43]여, 又何以爲此伴也인저! 同極而異路[44]여, 又何以爲此援也[45]인저! 晋申生之孝子兮[46]여, 父信讒而不好하고, 行婞直而不豫兮[47]여, 鯀功用而不就[48]로다.' 吾聞作忠以造怨兮[49]여, 忽謂之過言하니, 九折臂而成醫兮[50]여, 吾至今而知其

　　　　　신　연　　　　　증　익　　기　이　재　상　혜　　　울　라　장　이　재　하　　　　설　장　벽
信然⁵¹⁾인저! 矰弋⁵²⁾機而在上兮여, 罻羅張而在下⁵³⁾하고, 設張辟
이　오　군　혜　　　원　측　신　이　무　소　　　　　욕　천　회　이　간　제　혜　　　　　　공　중
以娛君兮⁵⁴⁾여, 願側身而無所⁵⁵⁾로다. 欲僭佪以干傺兮⁵⁶⁾여, 恐重
환　이　리　우　　　　욕　고　비　이　원　집　혜　　　　군　망　위　　　여　하　지
患而離尤⁵⁷⁾하고, 欲高飛而遠集兮여, 君罔謂 '汝何之⁵⁸⁾'리요?'
욕　횡　분　이　실　로　혜　　　　견　지　이　불　인　　　　　　배　응　반　이　교　통　혜　　　　심
欲橫奔而失路兮여, 堅志而不忍⁵⁹⁾이라. 背膺胖以交痛兮⁶⁰⁾여, 心
울　결　이　우　진　　　　　도　목　란　이　교　혜　혜　　　　　착　신　초　이　위　량
鬱結而紆軫⁶¹⁾이라. 擣木蘭以矯蕙兮⁶²⁾여, 鑿申椒以爲糧⁶³⁾이라.
파　강　리　여　자　국　혜　　　원　춘　왈　이　위　구　방　　　　　공　정　질　지　불　신　혜
播江離與滋菊兮⁶⁴⁾여, 願春日以爲糗芳⁶⁵⁾이라. 恐情質之不信兮⁶⁶⁾
　　　고　중　저　이　자　명　　　　교　자　미　이　사　처　혜　　　　　원　증　사　이　원　신
여, 故重著以自明하고, 矯茲媚以私處兮⁶⁷⁾여, 願曾思而遠身⁶⁸⁾이
라.

註 1) 석송(惜誦): 임금이 자기의 충정을 알아주기를 애태워한다. 또는 임금을 슬퍼하여 글로 읊는다. 치민(致愍): 근심을 불러들이다. 2) 소작충(所作忠): 홍홍조는 '소비충(所非忠)'. 소(所)는 '만약.' '만약 충정이 아닌데도 그것을 말하면….' 원래대로 한다면, '충정으로 그것을 말하는 바이니….') 3) 정(正): 증거. 4) 오제(五帝): 오방신. 즉 동서남북과 중앙의 신. 절중(枅中): 치우치지 않고 조절하다. 5) 계(戒): 고(告). 육신(六神): 일(日)·월(月)·성(星)·수한(水旱)·사시(四時)·한서(寒暑)의 신(주희의 설). 향복(嚮服): 일을 대질시키다. 6) 비(備): 사(使). …로 하여금. 비어(備御): 배심하다. 배석하다. 7) 고요(咎繇): 순임금 때의 현인. 사법의 시조. 청직(聽直): 말의 사실 여부를 듣다. 8) 갈(竭): 다하다. 췌우(贅肬): 군더더기. 쓸데없는 것. 무용한 사람을 지칭. '오히려 여러 간신에 배척당해 군더더기 같은 사람이 되다.' 9) 현미(儇媚): 아첨하여 잘 보임. 10) 상신(相臣): 신하를 살피다. '신하를 살피는 데는 임금만한 이 없으니, 그것을 증거함은 멀지 않다(어렵지 않다). 11) 의(誼): 마땅히. 12) 아! 뭇사람의 원망을 사다. 구(仇): 원망. 13) 오로지 임금만 생각하며 다른 이유가 없는데…. 14) 중조(衆兆): 많은 사람. 수(雛): 적. 15) 일심(壹心): 마음을 한결같이 하다. 불예(不豫): 주저하지 않다. 16) 질(疾): 힘쓰다. 그리워하다. 17) 임금을 그리워함은 나의 충성만한 것도 없는데, 문득 이 몸의 빈천함을 잊었노라. 18) 불이(不貳): 두 마음이 아니다. 19) 미련하여 은총의 길을 모르다. 20) 충성했는데 무슨 죄로 벌받으리요? 내 마음에 생각도 하지 못한 것이다. 지(志): 사(思). 21) 행동이 뭇사람과 같지 않아서 거꾸로 떨어지다. 22) 또 뭇사람의 웃음거리가 되다. 해(咍): 비웃다. 23) 아! 해명할 수 없다. 24) 침억(沈抑): 억눌리다. 부달(不達): 뜻을 전할 수 없다. 25) 또 가리워져 그것을 밝힐 수 없다. 백(白): 밝혀 알리다. 26) 차제(佗傺): 실의에 찬 모양. 여(余): 이(而). 27) 중정(中情): 속마음. 결백한 마음. 28) 번언(煩言): 귀찮은 말. 결이(結詒): 증거물로써 뜻을 전해 주다. 29) 물러나 조용히 있으면 나의 충심을 알아주지 않다. 30) 나아가 큰소리로 외쳐도 나의 말을 듣지 않다. 31) 신(申): 중(重). 번혹(煩惑): 번민스럽고 의혹됨. 32) 중(中): 속마음. 민무(悶瞀): 괴롭고 어찔거림. 돈돈(忳忳): 근심 어린 모양. 33) 항(杭): 건너다. 34) 여신(厲

神) : 대신. 또는 살벌(殺罰)을 주관하는 신. 35) 지극(志極) : 뜻과 목표. 무방(無旁) : 옆에서 돕는 자가 없다. 36) 마침내 위험과 고독 속에 남과 떨어져 있다. 이이(離異) : 따로 떨어져 있다. 37) 임금은 생각할 수 있어도 믿을 수는 없다. 38) 삭금(鑠金) : 쇠를 녹이다. 간신의 말에 속하는 것. 39) 처음에는 이렇게 해서 위기를 만나다. 40) 징어갱(懲於羹) : 뜨거운 국물을 조심하다. 징(懲) : 조심하다. 취제(吹齏) : 간 맞춘 나물을 불다. 41) 석(釋) : 버리다. 42) 옛날의 충성된 모습을 여전히 지니다. 43) 해거(駭遽) : 놀라고 급한 모양. 이심(離心) : 마음을 등지다. 44) 목적은 같아도 길이 다르다. 45) 원(援) : 인(引). 조(助). 도움. 46) 신생(申生) : 진나라 헌공(獻公) 태자. 부모에게 효성이 지극했으나, 헌공이 여희(驪姬)의 모함에 빠지자 자살했다 함(「예기」). 47) 행직(婞直) : 강직하다. 48) 곤(鯀) : 요임금의 신하. 우왕의 부. 취(就) : 성취. 49) 조원(造怨) : 원망을 사다. '나는 충성하면서 미움을 산다는 말을 듣다.' 50) 아홉 번 팔을 부러뜨려야 의사가 된다(후에 격언이 된 구절). 51) 나는 지금에 와서 그것이 믿을 만한 것임을 알았다. 52) 증익(矰弋) : 짧은 화살. 주살. 기(機) : 설치하다. 53) 울라(罻羅) : 새 잡는 그물. 54) 장벽(張辟) : 호장, 즉 새그물과 새 잡는 도구. 55) 몸을 피하려 해도 피할 곳이 없다. 56) 천회(儃佪) : 머뭇거리다. 간제(干儕) : 머물 것을 바라다. 57) 중환(重患) : 환난을 더하다. 이우(離尤) : 허물을 쓰다. 58) 원집(遠集) : 멀리 가서 머물다. 망(罔) : 무(無). 지(之) : 행(行). 59) 굳은 의지로는 차마 할 수 없다. 60) 배응(背膺) : 등과 가슴. 반(胖) : 갈라지다. 61) 우진(紆軫) : 아픔이 맺히다. 62) 도(擣) : 찧다. 교(矯) : 뒤섞다. 63) 착(鑿) : 쌀을 빻아서 정갈하게 하다. 64) 자국(滋菊) : 국화에 물을 주어 키우다. 65) 구방(糗芳) : 향기를 말린 밥부스러기. 66) 정질(情質) : 속마음. 67) 중저(重著) : 거듭 말하다. 자미(茲媚) : 이 아름다움. 미덕. 사처(私處) : 홀로 착하게 살다. 68) 증사(曾思) : 거듭 생각하다. 원신(遠身) : 몸을 세속에서 멀리하다.

[評析] 이 글 첫 두 자가 편제(篇題)가 된다. 장기(蔣驥)는 말하기를 '굴원이 회왕에게 추방당한 후 개진할 틈을 찾았으나 참소되어 곤궁을 당하매 발분하여 속마음을 그렸다.'고 이 글의 취지를 요약한다.

섭　강(涉江)

　나는 어려서부터 이 고운 옷(품행)을 좋아하였나니, 이미 늙었어도 덜하지 않도다. 긴 칼을 길게 차고 절운관을 높이 썼도다. 명월주를 달고 보로 옥을 장식하였도다. 세상이 어지러워서 나를 알아주지 않으니, 나는 높이 날아올라 돌아보지 않으리라. 푸른 이무기를 타고 흰 이무기를 끌고서 나는 중화와 함께 옥뜰에서 놀리라. 곤륜산에 올라가서 옥꽃을 먹으며 천지와 더불어 오래 살며, 해와 달과 함께 빛을 내리라. 남방의 오랑캐 (초나라)가 나를 알아주지 않으니, 아침에 나는 장강과 상수를 건너노라. 악저에 올라서 뒤돌아보며 추동의 찬바람을 애타하는도다. 산 연못가에 나의 말을 천천히 몰아서 큰 숲에서 나의 수레를 멈추노라. 창 있는 배를 타고 원수에 오르고 오 지방의 노를 저어서 물결을 가르노라. 배는 느릿느릿 나아가지 않고 회오리물에 멈추어 머물러 있네. 아침에 왕저를 떠나서 저녁에 진양에서 머무노라. 진실로 나의 마음이 바르고 곧으니, 비탈지고 멀어도 어찌 마음 아프리요! 서포에 들어가서 머뭇거리나니 아득하여 나는 어디로 가야 할런지! 깊은 숲은 아득하고 어두우니 원숭이가 사는 곳이라. 산은 험하고 높아서 해를 가리고 아래는 깊고 어두워 비가 많다네. 싸라기눈이 어지러이 끝없이 날리며 구름은 뭉게뭉게 처마에 닿아 있네. 내 삶의 무미함을 슬퍼하여 산속에서 숨어 홀로 지내리라. 나는 마음 바꾸어 속세를 따를 수 없으니 진실로 근심 속에 평생 고생하리라. 접여께서 머리를 깎았으며 상호께서 벌거벗고 걸으셨다네. 충신이 꼭 등용되지 않고 현인은 꼭 드러나지 않는구나. 오자서가 재앙을 당했고 비간이 소금에 절여졌도다. 전세대와 꼭 같으니 내 또한 지금 사람을 어이 원망하리요! 나는 바른길을 따라서 주저하지 않으리니 어려운 일 당한 가운데 생을 마치리라. 봉황새는 날로 멀어만 가고 제비·참새·까마귀가 고당과 뜰에 깃들며, 신초와 신이풀이 수풀 속에서 죽고, 비린내가 향내를 내지 못하네. 음양이 자리를 바꾸고 때가 온당치 않으니, 충정을 품고 실의에 차서 홀연히 나는 떠나가리라.

原文 余幼好此奇服兮[1]여, 年旣老而不衰하며, 帶長鋏之陸離兮[2]여, 冠切雲之崔嵬[3]로다. 被明月兮珮寶璐[4]러라. 世溷濁而莫余知

98

兮[5)]여, 吾方高馳而不顧로다. 駕靑虬兮驂白螭[6)]하며, 吾與重華遊
兮瑤之圃[7)]로다. 登崑崙兮食玉英[8)]하며, 與天地兮同壽[9)]하고, 與
日月兮同光이라. 哀南夷之莫吾知兮[10)]여, 且余濟乎江湘[11)]이라.
乘鄂渚而反顧兮[12)]여, 欸秋冬之緖風[13)]이라. 步余馬兮山皐[14)]하고,
邸余車兮方林[15)]이라. 乘舲船余上沅兮[16)]여, 齊吳榜以擊汰[17)]하고,
船容與而不進兮[18)]여, 淹回水而疑滯[19)]로다. 朝發枉陼兮[20)]여, 夕
宿辰陽[21)]하니, 苟余心其端直兮[22)]여, 雖僻遠之何傷[23)]이리요! 入
西浦余儃佪兮[24)]여, 迷不知吾所如[25)]로다. 深林杳以冥冥兮여, 猨
狖之所居[26)]로다. 山峻高目蔽日兮여, 下幽晦目多雨로다. 霰雪紛
其無垠兮[27)]여, 雲霏霏而承宇[28)]로다. 哀吾生之無樂兮여, 幽獨處
乎山中이라. 吾不能變心而從俗兮[29)]여, 固將愁苦而終窮[30)]이라.
接輿髡首兮[31)]여, 桑扈臝行[32)]이라. 忠不必用兮여, 賢不必目[33)]로
다. 伍子逢殃兮[34)]여, 比干葅醢[35)]하니, 與前世而皆然兮여, 吾又
何怨乎今之人인저! 余將董道而不豫兮[36)]여, 固將重昏[37)]而終身
이라.
亂曰 鸞鳥鳳皇日以遠兮여, 燕雀烏鵲巢堂壇兮[38)]하며, 露申辛
夷死林薄兮[39)]여, 腥臊並御芳不得薄兮[40)]여, 陰陽易位時不當兮[41)]
여, 懷信侘傺忽乎吾將行兮[42)]로다.

註 1) 기복(奇服) : 훌륭한 복식. 고결한 지혜을 비유. 2) 장협(長鋏) : 칼이름. 장검을 초인(楚人)이 부르는명칭. 육리(陸離) : 긴 모양. 또는 칼을 흔드는 모양. 3) 관(冠) : 머리에 쓰다. 절운(切雲) : 관이름. 4) 보로(寶璐) : 미옥. 명월(明月) : 옥이름. 5) 혼탁(溷濁) : 어지럽고 더럽다. 6) 청규(靑虬) : 푸른 이무기. 참(驂) : 곁말하여 타다. 백리(白螭) : 흰 이무기. 7) 중화(重華) : 순임금. 요포(瑤圃) : 옥으로된 뜰. 8) 옥영(玉英) : 옥화. 9) 동수(同壽) : 목숨을 같이하여 오래 살다. 10) 남이(南夷) : 초나라(왕일·홍홍조·주희). 11) 강상(江湘) : 장강과 상수. 12) 악저(鄂渚) : 지명. 지금의 무창서장강(武昌西長江)에 있음. 승(乘) : 오르다. 13) 애(欸) :

구 장 99

길게 탄식하다. **서풍(緒風)** : 여풍(餘風). 찬 기운이 남아 있는 바람. 14) **보(步)** : 천천히 가다. **산고(山皐)** : 산 연못가. 15) **저(邸)** : 지(止). **방림(方林)** : 큰 숲. 16) **영선(舲船)** : 창 있는 작은 배. **여(余)** : 이(而). **원(沅)** : 동정호에 흐르는 강. 17) **오방(吳榜)** : 오 지방의 노. **태(汰)** : 파도. 18) **용여(容與)** : 느릿한 모양. 19) **엄(淹)** : 머물다. **회수(回水)** : 회오리물. **의체(疑滯)** : 머물러 있다. 20) **왕저(枉陼)** : 지명. 원수(沅水) 동쪽. 21) **진양(辰陽)** : 지명. 진수(辰水) 북쪽. 22) **구(苟)** : 덜 다. **기(其)** : 지(之). **단(端)** : 정(正). 23) **벽원(僻遠)** : 비탈지고 멀다. 24) **서포(西浦)** : 서수의 물가. 호남서포현. 25) **여(如)** : 가다. 26) **원유(猨狖)** : 원숭이, 검은 원숭이. 27) **선설(霰雪)** : 싸라기눈. 28) **비비(霏霏)** : 구름이 뭉게뭉게 있는 모양. **승우(承宇)** : 처마에 닿아 있다. 29) 곧은 마음을 바꾸어 속세의 혼탁한 것과 어울릴 수 없다. 30) **종궁(終窮)** : 평생 고생하다. 31) **접여(接輿)** : 초나라의 현인. 곤수(髡首) : 머리를 깎다. 32) **상호(桑扈)** : 숨은 선비 이름. 나행(臝行) : 벌거벗고 걸어 가다. 33) **이(曰)** : 이(以)의 고자. **창(昌)** : 밝게 드러나다. 34) 오자서가 재앙을 만나다. 오자서가 부차에게 월나라 정벌을 간하자, 듣지 않고 칼을 내려 자살케 함. 35) **저해(菹醢)** : 소금에 절인 고기. 은나라의 주왕이 비간의 직언을 듣지 않고 그를 죽여 그의 심장을 꺼내어 본 후 소금에 절였다 함. 36) **동(董)** : 정(正). **예(豫)** : 머뭇거리다. 37) **중혼(重昏)** : 거듭 어려운 일을 당하다. 38) **당단(堂壇)** : 고당(高堂)과 중정(中庭). 39) 신초와 신이향초들이 수풀 속에서 죽다. **노신(露申)** : 신초(申椒). **임박(林薄)** : 삼림. 수풀. 40) **성조(腥臊)** : 비린내나고 더러움. **어(御)** : 등용. **박(薄)** : 근(近). 소인들을 등용하여 현인을 멀리함을 비유. 41) **음양역위(陰陽易位)** : 음과 양이 자리가 바뀌다. 소인은 조정에, 군자는 재야에 있음을 비유. 42) **회신(懷信)** : 충정을 품다.

[評析] 무한한 출국(出國)의 비애를 토로한다. 조국에 대한 뜨거운 연민과 나름대로의 포부를 가졌으나 추방당한 심정의 처연함이 강렬하게 묘사되었다. 음절이 축박하면서 격한 감정이 전체적으로 그려져 있다.

애 영(哀郢)

하늘의 천명은 한결같지 않으니 어찌 백성들로 하여금 두렵고 허물있게 하겠는가? 이 백성이 흩어져 잃으니 때마침 좋은 봄날에 동쪽으로 추방되도다. 고향을 떠나 멀리 가니 장강과 하수를 따라서 흘러가는도다. 성문을 나서며 애통해 하니 갑일의 아침에 나는 가는도다. 영도를 출발하여 마을문을 나서니 아득히 어찌 가는 길 다하리요? 노를 나란히 들고 마음을 느긋이 하니 애타게 임금을 만나려 해도 다시 만날 수 없구나. 큰 가래나무를 바라보며 크게 탄식하니 흐르는 눈물이 싸라기눈처럼 하염없이 내리도다. 하수의 어구를 지나서 서쪽으로 떠가며 용문을 돌아보니 보이지 않도다. 마음이 끌리어도 아프기만 하니 아득히 멀어서 닿을 곳을 모르겠네. 풍파를 따라서 흐르는 물을 쫓아 의지할 데 없이 나그네 되었도다. 출렁이는 양후신의 큰 파도를 타고 쫓아 날아올라서 어디에 머물 것인가? 마음에 맺혀 답답하여 풀리지 않고 생각이 휘어져 막혀 트이지 않도다. 배를 띄워 떠내려가서 동정호로 올랐다가 다시 장강으로 내리네. 조상의 거처를 떠나서 이제 덧없이 동쪽으로 왔도다. 아! 넋이라도 돌아가고 싶으니 어찌 잠시인들 잊을 수 있으리요? 하구를 등지고 서쪽을 그리워하니 고향땅이 갈수록 멀어가는 것을 슬퍼하도다. 큰 언덕에 올라 멀리 바라보며, 문득 나의 수심을 달래노라. 고향의 안락함이 내 마음 더 슬프게 하고 강계의 좋은 풍속을 생각하니 마음이 쓰리도다. 양후신의 큰 파도를 타고 어디로 가는가? 아득히 남쪽으로 건너서 어디로 가야 할까? 큰 집이 언덕이 될지 몰랐고 영도의 두 동문이 황폐할지 뉘 알았으리요? 마음이 편치 않은 지 오래이니 근심과 걱정이 끊이지 않네. 영도로 가는 길이 멀기만 하니 장강과 하수를 건널 수 없도다. 문득 떠난 것이 믿어지지 않으니 이제 구 년이나 되었어도 돌아가지 못하누나. 슬프고 답답하여 펼 길이 없으니, 아! 실의에 차서 슬픔을 머금고 있네. 임금의 환심을 사느라고 아첨을 하니, 임은 진실로 힘이 약하여 버티기 어렵도다. 충성이 두터운 사람 모두 나아가 헌신하고 싶지만, 질투가 많아서 그 길을 가로막도다. 요순임금의 고결한 품행은 너무도 높고 맑아서 하늘에 닿았도다. 참소하는 무리들이 질투가 심하여 나는 자애롭지 않은 더러운 명분을 뒤집어썼도다. 온화한 나의 아름다움을 싫어하고 남의 거짓 소리를 좋아하도다. 소인들이 날마다 저벅저벅 벼슬길에 나가고 미인(현인)은 점점 멀리 떠나가는도다.

　노래하기를, 나의 눈으로 멀리 두루 보면서 언제나 다시 돌아올까 기대하노라. 새는 날아 고향으로 돌아오고, 여우도 죽을 때는 머리를 살던 언덕으로 돌리는데, 진실로 내 죄로 버림받은 것이 아니거늘 밤낮으로 어찌 잊을 수 있으리요?

原文　皇天之不純命兮[1]여, 何百姓之震愆[2]인가. 民離散而相失兮여, 方仲春而東遷[3]이라. 去故鄕而就遠兮여, 遵江夏以流亡[4]이라. 出國門而軫懷兮[5]여, 甲之鼂吾以行[6]이라. 發郢都而去閭兮[7]여, 荒忽其焉極[8]인가. 楫齊揚以容與兮[9]여, 哀見君而不再得이라. 望長楸而太息兮[10]여, 涕淫淫其若霰[11]이라. 過夏首而西浮兮[12]여, 顧龍門而不見[13]이라. 心嬋媛而傷懷兮[14]여, 眇不知其所蹠[15]이라. 順風波以從流兮여, 焉洋洋而爲客[16]이라. 淩陽侯之氾濫兮[17]여, 從翱翔之焉薄[18]이라. 心絓結而不解兮[19]여, 思蹇產而不釋[20]이라. 將運舟而下浮兮여, 上洞庭而下江이라. 去終古之所居兮여, 今逍遙而來東이라. 羌靈魂之欲歸兮여, 何須臾而忘反[21]인가. 背夏浦而西思兮[22]여, 哀故都之日遠이라. 登大墳以遠望[23]兮여, 聊以舒吾憂心이라. 哀州土之平樂兮[24]여, 悲江介之遺風[25]이라. 當陵陽之焉至兮[26]여, 淼南渡之焉如[27]로다. 曾不知夏之爲丘兮여, 孰兩東門之可蕪[28]인가. 心不怡之長久兮여, 憂與愁其相接이라. 惟郢路之遼遠兮[29]여, 江與夏之不可涉[30]이라. 忽若去不信兮여, 至今九年而不復[31]이라. 慘鬱鬱而不通兮여, 蹇侘傺而含感[32]이라. 外承歡之汋約兮[33]여, 諶荏弱而難持[34]로다. 忠湛湛而願進兮여, 妒被離而鄣之[35]로다. 堯舜之抗行兮여, 瞭杳杳而薄

天³⁶⁾이라. 衆讒人之嫉妬兮여, 被以不慈之僞名이라. 憎慍惀之脩
美兮³⁷⁾여, 好夫人之忼慨³⁸⁾로다. 衆踥蹀而日進兮³⁹⁾여, 美超遠而
逾邁⁴⁰⁾로다.
亂曰 曼余目以流觀兮⁴¹⁾여, 冀壹反之何時⁴²⁾리요. 鳥飛反故鄕
兮여, 狐死必首丘⁴³⁾로다. 信非吾罪而棄逐兮여, 何日夜而忘之인
저!

註 1) 불순명(不純命): 천명무상(天命無常). 천명은 진실로 한결같지 않으니…. 2) 진건(震愆): 두려움과 허물. 어찌 백성들로 하여금 두려움과 허물 속에 살게 하겠는가. 3) 동천(東遷): 동쪽으로 추방되다. 중춘(仲春): 음력 2월. 4) 강하(江夏): 장강과 하수. 5) 진회(軫懷): 애통하다. 가슴아프다. 국문(國門): 영도의 성문. 6) 갑지조(甲之鼂): 갑일의 아침. 이(以): 어기사. 7) 여(閭): 이문. 영도(郢都): 초나라의 도읍. 지금의 호북성강릉. 8) 마음이 슬퍼서 멍한 채로 어찌 가는 길 다하리요? 9) 즙(楫): 노. 제양(齊揚): 나란히 들다. '애타게 임금을 만나려고 해도 다시는 안 되리라.' 10) 장추(長楸): 큰 가래나무. 11) 음음(淫淫): 눈물이 한없이 흘러내리는 모양. 12) 하수(夏首): 하수의 어구. 장강과 갈라진 곳. 서부(西浮): 서쪽에서 떠 와서 동쪽으로 간다. 13) 용문(龍門): 영도의 동쪽 성문. 14) 선원(嬋媛): 마음이 끌리다. 15) 묘(眇): 아득히 멀어서. 척(蹠): 닿는 곳. 16) 언(焉): 급(及). 이에. 양양(洋洋): 넓고 그지없음. 17) 능(淩): 타다. 양후(陽侯): 큰 파도의 산. 능양국의 제후가 죽어서 그 신이 큰 파도가 되었다고 해서 파도로 지칭(전국책). 18) 언박(焉薄): 어디에 머물 것인가? 19) 괴결(絓結): 마음이 얽혀 답답함. 20) 건산(蹇產): 휘어서 펴지지 않음. 21) 망반(忘反): 돌아갈 것을 잊다. 22) 하포(夏浦): 하구. 지금의 한구. 서사(西思): 서쪽을 그리워하다. 23) 대분(大墳): 큰 언덕. 둑. 24) 주토(州土): 향읍. 고향이 태평하고 안락한 것을 생각하니 내 신세가 슬프다. 25) 강개(江介): 장강의 경계. 초의 국경. '강개의 좋은 풍속을 생각하니 마음이 슬퍼지다.' 26) 능양(陵陽): 능양후. 큰 파도. '큰 파도를 타고서 어디로 가는가?' 27) 묘(淼): 아득하여 끝이 없음. 남도(南渡): 굴원이 영도를 떠나서 하수를 거쳐 남행한 것을 말함(굴원의 2차 귀양). 여(如): 가다. 28) 하(夏): 큰 집. 양동문(兩東門): 영도의 두 동문. 29) 유(惟): 어기사. 영로(郢路): 영도로 가는 길. 30) 섭(涉): 건너다. 장강과 하수를 건널 수 없다. 31) 문득 떠난 것이 믿어지지 않는데, 지금까지 9년이 되어도 돌아가지 못하다. 구년(九年): 여러 해의 의미도 있음. 32) 건(蹇): 어기사. 함척(含慼): 슬픔을 머금다. 33) 승환(承歡): 임금의 환심을 사다. 작약(汋約): 유순한 모양. 아첨하다. 34) 심(諶): 진실로. 임약(荏弱): 연약하다. 35) 잠잠(湛湛): 중후한 모양. 피리(被離): 많은 모양. 장(鄣): 가로막다. 36) 항행(抗行): 고결한 품행. 요묘묘(瞭杳杳): 언행이 고결함. 박천(薄天): 하늘에 닿다. '요순'구에서 이하 8구가 '구변'에서 중복되고 있음. 37) 온륜(慍惀): 마음이 깊고 온화함. 38) 강개(忼慨): 여기서는 실속없

이 큰소리치는 것. 39) 첩접(蹀蹀) : 걸어 나가다. 저벅저벅 걷다. 40) 미(美) : 현사(賢士). 유매(逾邁) : 성큼 나가다. 41) 만(曼) : 멀리 쳐다봄. 유관(流觀) : 두루 보다. 42) 기(冀) : 바라다. 일반(壹反) : 한 번 돌아오다. 43) 여우는 죽을 때 반드시 머리를 살던 언덕으로 향한다.

評析 섭강(涉江)과 더불어 굴원이 두번째로 추방당했을 때 쓴 글이다. 경양왕 21년에 쓴 글이라고도 한다. 굴원은 이글에서 고향에서 죽고 싶다는 고통과 희망을 표현하고 있다. '영도를 슬퍼한다'의 제목의 뜻이 말해 주듯, 유랑하는 신세에 대한 처절함이 스며 있다.

추 사(抽思)

마음이 울적하여 걱정스러우니 홀로 길게 탄식하며 상심만 더하네. 마음이 꼬이어서 풀리지 않으니 밤이 정말 길기도 하네. 쓸쓸히 가을바람에 흔들거리니 천지의 운행이 어찌도 대단한지! 임이 노하시기 자주 하시니 나의 마음이 아프고 괴롭도다. 일어나 달려가서 백성의 허물을 보고 그치게 하고 싶도다. 임의 무심한 마음을 엮어서 글로 써서 가져다가 미인(임)에게 드리고저. 지난날 임이 나에게 언약하시기를 황혼녘에 만나기로 기약했건만, 아! 도중에 약속을 어기고 도리어 이런 딴 마음을 지녔구나! 아름답다고 나에게 뽐내고 그대의 미모로써 나에게 자랑하도다. 나에 대한 언약을 지키지 않으니 나를 화나게 하도다. 틈을 내어 아뢰고 싶지만 마음이 무섭고 두려워서 감히 못하겠네. 슬프도다. 주저하면서 진언하고자 하나 마음이 슬프고 어지럽도다. 여기에 마음을 토로하고 말하려 해도 임은 귀머거리인 체 듣지를 않도다. 진실로 올바른 사람은 아첨하지 않거늘 뭇 소인들은 나를 화근으로 보는도다. 처음 내가 아뢰온 것이 밝고 떳떳하거늘 어찌 오늘에 이르러서는 잊혀져 버림받았는가? 참으로 나 홀로 즐거이 충정을 다하면서 임의 미덕이 밝아지기를 바라노라. 삼황오제를 받들어 모범으로 삼고 팽함을 가리켜 사표로 삼겠노라. 어찌 목표를 이루지 못하리요? 명성이 널리 날리고 훼손되지 않으리라. 선은 밖에서 나오는 게 아니며 명성은 헛되이 얻어지지 않도다. 어찌 베풀지 않고 대가가 있겠으며, 열리지 않았는데 거두어들일 수 있겠는가. 노래하기를, 미인(군왕)에게 원한을 토로하여 밤낮을 보내어도 잘잘못을 따질 수 없도다. 나에게 아름다움을 뽐내어서 나의 말을 얕보고 듣지 않도다. 또 노래하노니, 새가 남쪽에서 와서 한수 북쪽에 모이도다. 훌륭하고 아름다워서 오히려 외로이 이 낯선 땅에 지내도다. 외로이 어울리지 아니하며 옆에는 좋은 매파가 없는도다. 길이 너무 멀어서 잊어 가니 스스로 밝히고 싶어도 할 수 없도다. 북녘산을 바라보며 눈물 흘리며 강가에 나가서 긴 한숨짓도다. 초여름의 짧은 밤을 보면서도 어찌 이 한밤이 일 년과도 같은지! 영도로 가는 길이 매우 멀어서 넋이 하루 저녁에 아홉 번이나 나가는도다. 일찍이 길이 굽은지 곧은지 생각지 못하여 남쪽으로 가며, 달과 뭇별로 방향을 알도다. 곧장 가고 싶지만 알 수 없으니 넋은 왕래하는 길을 알 것이라네. 어찌하여 나의 넋은 충직한가. 남의 마음이 나의 마음과 같지 않도다. 중매가 약하고 매파가 통하지 않으니, 또한 나의 오손한 자태 알지 못하네.

  노래하기를, 긴 여울물이 급히 흘러서 강가를 거슬러 올라가네. 서둘러 돌아보며 남으로 가니 문득 이 내 마음 기쁘네. 모난 돌이 우뚝 솟아 있으니, 아! 나도 이같이 고고하기를 바라노라. 멀리 지나간 뜻을 생각하여 가고 싶어도 방황하고 머무거리며 북고에 머물도다. 괴로운 생각 맺히고 모습이 초췌하니 진실로 물결 따라 가리라. 근심과 탄식 속에 마음이 괴로우니 넋은 멀리 고향을 그리네. 길이 멀고 깊은 데 있으니 중매할 수 없고녀. 가는 길에 생각하며 시를 지으면서 스스로 근심을 푸는도다. 근심 어린 마음을 다 펴지 못하니 이 말을 뉘에게 아뢸까?

原文 心鬱鬱之憂思兮여, 獨永歎乎增傷[1]이라. 思蹇產之不釋兮[2]여, 曼遭夜之方長[3]이라. 悲秋風之動容兮여, 何回極之浮浮[4]인가! 數惟蓀之多怒兮[5]여, 傷余心之懮懮[6]로다. 願搖起而橫奔兮여, 覽民尤以自鎭[7]이라. 結微情[8]以陳詞兮여, 矯以[9]遺夫美人[10]이라. 昔君與我誠言兮[11]여, 曰黃昏以爲期[12]로다. 羌中道而回畔兮[13]여, 反旣有此他志인저! 憍吾以其美好兮[14]여, 覽余以其脩姱[15]로다. 與余言而不信兮여, 蓋爲余而造怒[16]로다. 願承閒而自察兮여, 心震悼而不敢[17]이라. 悲夷猶而冀進兮[18]여, 心怛傷之憺憺[19]이라. 玆歷情以陳辭兮[20]여, 蓀詳聾而不聞[21]이라. 固切人之不媚兮[22]여, 衆果以我爲患[23]이라. 初吾所陳之耿著兮[24]여, 豈至今其庸亡[25]인가? 何毒藥之謇謇兮[26]여, 願蓀美之可完[27]인가! 望三五以爲像兮[28]여, 指彭咸以爲儀로다. 夫何極而不至兮[29]여? 故遠聞而難虧[30]로다. 善不由外來兮여, 名不可以虛作[31]이라. 孰無施而有報兮여, 孰不實而有穫인가? 少歌曰[32] 與美人抽怨兮[33]여, 幷日夜而無正[34]이라. 憍吾以其美好兮[35]여, 敖朕辭而不聽[36]이라. 倡曰[37] 有鳥自南兮여, 來集漢北[38]이라. 好姱佳麗兮여, 牉獨處此異域[39]이라. 旣惸獨而不羣兮[40]여, 又無良媒在其側이라. 道卓遠而日忘兮여, 願自申而不得[41]이라. 望北山而流涕兮[42]여, 臨流水而太息이라. 望孟夏之短夜兮여, 何晦明之若歲[43]인가! 惟郢路之遼遠兮여, 魂一夕而九逝[44]로다. 曾不知路之曲直兮여, 南指月與列星이라. 願徑逝而未得兮여, 魂識路之營營[45]이라. 何

령혼지신직혜　　인지심불여오심동　　　이약이매불통혜　　상
靈魂之信直兮여, 人之心不與吾心同이라. 理弱而媒不通兮여, 尙
부지여지종용
不知余之從容이라.
　　　　　장뢰단류　　소강담혜　　　광고남행　　　　요이오
亂曰　長瀨湍流⁴⁶⁾가, 沂江潭兮⁴⁷⁾여, 狂顧南行⁴⁸⁾하여, 聊以娛
심혜　진석위외　　　건오원혜　　　　초회지도　　　　　　행
心兮여. 軫石崴嵬⁴⁹⁾하니, 蹇吾願兮⁵⁰⁾로다. 超回志度⁵¹⁾하니, 行
은진혜　　저회이유　　　숙북고혜　　　번원무용
隱進兮⁵²⁾여. 低佪夷猶⁵³⁾하여, 宿北姑兮⁵⁴⁾여. 煩冤瞀容⁵⁵⁾하니,
실패저혜　　수탄고신　　　영요사혜　　　노원처유　　　　　우
實沛徂兮⁵⁶⁾여. 愁歎苦神하니, 靈遙思⁵⁷⁾兮여. 路遠處幽하니, 又
무행매혜　　　도사작송　　　요이자구혜　　　우심불수
無行媒兮여. 道思作頌하여, 聊以自救兮⁵⁸⁾여. 憂心不遂⁵⁹⁾하니,
사언수고혜
斯言誰告兮여.

註 1) 증상(增傷) : 더욱 마음아프다. 2) 건산(蹇產) : 꼬이다. 휘다. 3) 만(曼) : 긴 모양. 밤을 맞아 보내니 정말 길기도 하다. 4) 회극(回極) : 천지의 운행. 부부(浮浮) : 움직이는 모양. 천지의 운행이 어찌 이리 대단한가! 5) 삭(數) : 자주. 유(惟) : 생각하다. 6) 유유(憂憂) : 근심 어린 모양. 7) 우(尤) : 허물. 잘못. 진(鎭) : 지(止). 8) 미정(微情) : 임금의 자신에 대한 미미한 정. 9) 교(矯) : 들다. 가지다. 10) 미인(군왕)에게 주다. 11) 성언(誠言) : 언약하다. 12) 황혼(黃昏) : 해질 무렵. 고대에 영친(迎親)을 저녁에 했다 함. 기(期) : 만날 기약. 13) 회반(回畔) : 약속을 어기다. 14) 교(憍) : 교만하다. 그대의 미호(美好)로써 나에게 교만부리다. 15) 남(覽) : 과시하다. 그대의 잘난 모습으로 나에게 과시하다. 16) 조노(造怒) : 화를 내다. 위여(爲余) : 나에 대해서. 개(蓋) : 오히려. 17) 진도(震悼) : 무섭고 두렵다. 불감(不敢) : 감히 말 못하다. 18) 이유(夷猶) : 주저함. 기진(冀進) : 진언하고 싶다. 19) 달(怛) : 슬프다. 담담(儋儋) : 어수선한 모양. 심란하다. 20) 역(歷) : 드러내다. 마음을 토로하다. 역정(歷情) 21) 상롱(詳聾) : 귀머거리인 체하다. 22) 절인(切人) : 올바른 사람. 불미(不媚) : 아첨하지 않는다. 23) 중(衆) : 소인배. '나를 화근으로 보다' 24) 경저(耿著) : 밝고 떳떳하다. 25) 용망(庸亡) : 사라져 버리다. 노복처럼 도망가다. 26) 독약(毒藥) : 마땅히 독락(獨樂)이어야 함(洪・朱). 건건(謇謇) : 충정한 모양. '어찌 나 홀로 즐거이 충정을 다하면서…' 27) 완(完) : 광대(光大). '임의 미덕이 밝아지기를 바라다.' 28) 삼오(三五) : 삼황오제. 상(像) : 모범. 29) 어찌 목표를 이루지 못할 것인가? 30) 명성이 멀리 들려 떨어지지 않다. 31) 허작(虛作) : 헛되이 언어기다. 32) 소가(少歌) : 소가(小歌). 악장 음절명. 33) 미인(군주)에게 원한을 토로하다. 34) 무정(無正) : 잘잘못을 따질 수 없다. 35) 교(憍) : 교만하다(주 14와 같음). 36) 나의 말을 얕보고 듣지 않다. 37) 창(倡) : 창(唱). 음절. 38) 한북(漢北) : 한수의 북쪽. 굴원이 처음 추방당했을 때 영도에서 여기로 왔다. 39) 판(牉) : 등지다. 오히려. 이역(異域) : 한북(漢北). 40) 경독(惸獨) : 고독. 외로움. 불군(不羣) : 어울리지 않다. 41) 탁원(卓遠) : 매우 멀다. 자신(自申) : 스스로 밝히다. '스스로 밝히고 싶어도 할 수 없다.' 42) 북산(北山) : 남

산, 또는 영도 북방에 있는 기산(紀山). 43) 회명(晦明) : 해가 져서 날이 밝을 때까지. 한밤. 약세(若歲) : 길기가 일 년 같다. 44) 넋이 하루 저녁에 아홉 번 나가다. 그리움이 간절함을 말함. 45) 경(徑) : 직(直). 영영(營營) : 왕래. '곧장 가고 싶지만 알 수 없으니 넋은 왕래하는 길을 알 것이네.' 46) 장뢰단류(長瀨湍流) : 긴 여울이 급히 흘러간다. 47) 소강담(泝江潭) : 강가를 거슬러 올라간다. 48) 광고(狂顧) : 좌우를 서둘러 살피다. 49), 50) 진석(軫石) : 방석. 위외(崴嵬) : 우뚝 솟은 모양. '모난 돌이 우뚝 솟아 있으니, 아! 나도 이같이 고고하기를 바라노라.' 51) 초(超) : 멀리. 회(回) : 생각하다. 지도(志度) : 의지. 지향하는 품도. 52) 은(隱) : 상하다. '가고 싶어도 상심할 것이다.' 53) 저회이유(低佪夷猶) : 방황하고 머뭇거리다. 54) 북고(北姑) : 지명. 55) 번원무용(煩冤瞀容) : 괴로운 생각 맺히고 모습이 초췌하다. 56) 패저(沛徂) : 물결 따라 가다. 57) 근심과 탄식 속에 마음이 괴롭다. 영요사(靈遙思) : 넋은 멀리 고향을 생각한다. 58) 도사작송(道思作頌) : 가는 길에 이리저리 생각하며 이 시를 짓는다. 자구(自救) : 스스로 수심을 풀다. 59) 근심 어린 마음을 아직 다 표현하지 못하다.

|評析| 전체가 43운자(韻字)를 사용하였다. 유국은(游國恩)은 이 글이 굴원이 추방된 그 해(회왕 24년) 가을에 쓴 것이라고 말했다. 그것은 글 속의 '悲秋風之動容'구가 증거이다. 이 글의 흐름은 '悲切感人(지극히 슬픈 표현이 매우 감동시킨다)' 하다고 한마디로 특징지을 수 있다.

회 사(懷沙)

왕성한 초여름에 초목이 무성한데 근심에 찬 마음 한없이 슬퍼하며 남녘땅으로 가도다. 이리저리 남녘땅의 아름다운 경치를 보니, 들판이 조용하고 아늑하도다. 마음이 답답하게 맺혀 있으니, 오랜 고생 속에 근심에 차 있도다. 마음과 뜻을 달래며 원한이 있어도 참는도다. 모난 것을 깎아 둥글게 하니 상도를 없앨 수 없도다. 초지를 바꾸고 상도를 벗어나니, 군자가 수치로 여기도다. 명확한 자와 선명한 먹줄처럼 지난날의 나의 뜻을 바꿀 수 없도다. 속마음이 온후하고 바탕이 올바르니 대인께서 찬미하는도다. 솜씨 좋은 추가 깎지 않으면 누가 그 굽은 것과 바른 것을 가릴 수 있겠는가? 검은 무늬가 어둔 데 있는데 장님은 그것을 밝지 않다고 하며, 눈밝은 이루가 눈을 가늘게 뜨니 장님은 이를 눈멀었다고 하는도다. 흰색이 변하여 검게 되고, 위가 바뀌어 아래가 되네. 봉황새가 광주리에 갇히고 따오기가 날아 춤추네. 옥과 돌이 함께 섞여 있으며 하나의 평두목으로 같이 달려고 하네. 뭇사람(소인배)들이 비루하고 완고한 것을 생각하니, 아! 나의 좋은 점을 알아주지 아니하도다. 맡은 바 책임이 무겁고 많은데도 뜻을 펴지 못하고 이루지 못하네. 미옥을 품고 보석을 지니고 있어도 곤궁하여 누구에게 보일지 모르겠도다. 마을의 개들이 떼지어 짖으니 짖는 것이 이상하도다. 준걸한 사람을 비난하고 의심하니 진실로 비천한 태도로다. 나의 외모와 바탕이 성글고 나쁘니 뭇사람들은 나의 뛰어난 점을 알지 못하도다. 아직 쓸만한 재능이 쌓여 있는데 나의 지닌 바를 알지 못하네. 인의를 중히 여기며 삼가고 온후함이 매우 크도다. 순임금(중화)을 만날 수 없으니 누가 나의 온화한 거동을 알겠는가? 예부터 진실로 성현이 동시에 나오지 않으니 어찌 그 까닭을 알겠는가? 탕임금과 우임금께서는 떠나신 지 오래이니 너무 아득하여 흠모하기 어렵도다. 한을 억누르고 분노를 바꾸어서 맺힌 마음을 달래며 스스로 힘쓰겠노라. 환난을 당해도 마음을 바꾸지 않으리니 나의 뜻이 표상이 되기를 바라노라. 북쪽으로 길을 나가서 머무나니 해가 어둑어둑 저물려 하도다. 근심을 떨치고 슬픔 속에도 즐겨하리니 죽으면 끝나는 것이로다.

　노래하기를, 넓고 넓은 원수와 상수는 나누어 흘러가네. 긴 길이 막혀 있고 멀고 아득하네. 온유한 성품과 마음을 지녀서 짝할 이 없으니 백락이 이미 죽었으매 준마를 어찌 분별하리요? 뭇사람이 살아가는데 각각 어긋나는 것이 있으니 마음을 바르게 하고 뜻을 넓히며 내가 무얼 두려워하리요? 더욱 상심하여 슬퍼지니 길게 탄식할 뿐이라. 세상이 혼탁하여 나를 알아주지 못하니 사람의 마음일랑 말하기도 싫도다. 죽는 것을 피할 수 없는 줄 알면서도 아쉬워하지 않으니 군자에게 밝히 아뢰나니 나의 충절이 후세의 사표가 되리라.

原文 滔滔孟夏兮[1]여, 草木莽莽[2]이라. 傷懷永哀兮여, 汨徂南土[3]로다. 眴兮杳杳[4]하여, 孔靜幽默[5]이라. 鬱結紆軫兮[6]여, 離慜而長鞠[7]이라. 撫情効志兮여, 冤屈而自抑[8]이라. 刓方以爲圜兮[9]여, 常度未替[10]로다. 易初本迪兮[11]여, 君子所鄙[12]로다. 章畫志墨兮[13]여, 前圖未改[14]로다. 內厚質正兮여, 大人所盛[15]이라. 巧倕不斲兮[16]여, 孰察其撥正[17]이라. 玄文處幽兮[18]여, 矇瞍謂之不章[19]이라. 離婁[20]微睇兮[21]여, 瞽以爲無明[22]이라. 變白以爲黑兮여, 倒上以爲下로다. 鳳皇在笯[23]여, 鷄鶩翔舞[24]로다. 同糅玉石兮[25]여, 一槩而相量[26]이라. 夫惟黨人之鄙固兮[27]여, 羌不知余之所臧[28]이라. 任重載盛兮[29]여, 陷滯而不濟[30]로다. 懷瑾握瑜兮[31]여, 窮不知所示[32]로다. 邑犬之羣吠兮여, 吠所怪也니라. 非俊疑傑兮[33]여, 固庸態也[34]니라. 文質疏內兮여, 衆不知余之異采[35]로다. 材朴委積兮[36]여, 莫知余之所有로다. 重仁襲義兮[37]여, 謹厚以爲豊[38]이라. 重華不可遌兮[39]여, 孰知余之從容[40]인가. 古固有不竝兮[41]여, 豈知其何故리요. 湯禹久遠兮여, 邈而不可慕로다. 懲連改忿兮[42]여, 抑心而自强[43]이라. 離慜而不遷兮여, 願志之有像[44]이라. 進路北次兮[45]여, 日昧昧其將暮로다. 舒憂娛哀兮여, 限之以大故[46]로다.

亂曰 浩浩沅湘이, 分流汨兮여, 脩路幽蔽[47]하니, 道遠忽兮여. 懷質抱情[48]하니, 獨無匹兮여. 伯樂旣沒[49]하니, 驥焉程兮[50]여. 萬民之生이, 各有所錯兮여. 定心廣志하니, 余何畏懼兮여. 曾傷

爰哀$^{51)}$하니, 永歎喟兮$^{52)}$여. 世溷濁莫吾知하니, 人心不可謂兮여,
知死不可讓하니, 願勿愛兮여. 明告君子하여, 吾將以爲類兮$^{53)}$여.

註 1) 도도(滔滔):매우 성한 모양. 2) 망망(莽莽):무성한 모양. 3) 율저(汨徂):
…로 가다. 남토(南土):장사(長沙). 4) 순(眴):두리번거리며 보다. 묘묘(杳杳):
아주 그윽한 모양. '이리저리 남토의 그윽한 광경을 보다.' 5) 공(孔):매우. '들판
이 아주 조용하고 그윽하다.' 6) 울결우진(鬱結紆軫):마음이 답답하여 맺혀 있음.
7) 장국(長鞠):오랫동안 고생하다. 이민(離愍):근심을 지니다. 8) 원한이 맺혔
어도 스스로 참다. 9) 완방(刓方):모난 것을 깎다. 10) 상법이 폐해질 수 없다.
11) 본(本):변(變)으로 고쳐야 한다 함. 또는 변(卞)자로 봄. '초지를 바꾸어서
상도를 벗어나다.' 12) 비(鄙):수치. 13),14) 장(章):명(明). 화(畫):규(規).
지(志):기(記). 묵(墨):먹줄. '나의 뜻은 명확한 자와 선명한 먹줄처럼 지난날
의 의도를 바꾸지 않다.' 15) 성(盛):찬미. 16) 추(倕):요임금 때의 장인. 착
(斵):깎다. 17) 발정(撥正):굽은 것과 바른 것. 18) 현문(玄文):검은 무늬. 19)
몽수(矇瞍):장님. 부장(不章):불명(不明). 20) 이루(離婁):황제 때의 눈밝은 사
람. 백보 밖에서 털끝까지 보았다 함. 21) 미제(微睇):눈을 가늘게 뜨다. 22) 무
명(無明):눈이 멀다. 눈이 어둡다. 고(瞽):장님. '장님은 이루를 눈멀었다고 생
각하네.' 23) 노(笯):광주리. 봉황이 광주리에 갇히다(현인이 추방됨을 비유). 24)
계목(鷄鶩):오리과 따오기. (간신들이 활개치는 것을 비유). 25) 옥과 돌이 같이
섞여 있다. 26) 개(棨):평두목. '하나의 평두목으로 같이 달려고 하다.' 현인과
간신을 구별 못하는 것을 비유. 27) 유(惟):사(思). 비고(鄙固):비루하고 완고함.
28) 장(臧):선(善). 29) 큰 책임을 많이 지다. 30) 함체(陷滯):뜻을 펴지 못하
고 소침하다. 제(濟):성(成). 31) 근·유(瑾·瑜):모두 미옥(美玉). 32) 곤궁하
여 누구에 보일지 모른다. 33) 준걸한 사람을 훼방하고 시기하다. 34) 용태(庸態):
비천한 태도. 모습. 35) 문질소눌(文質疏內):외표와 본질이 성글고 나쁘다. 이채
(異采):남달리 뛰어난 점. 36) 재박위적(材朴委積):아직 쓸만한 재목이(재능) 쌓
여 있다. 37) 인의를 중히 여기다. 38) 풍(豐):대(大). 족(足). 근후(謹厚):근
선돈후(謹善敦厚). 39) 악(遌):만나다. 40) 종용(從容):거동. 41) 예부터 진실
로 성현이 일시에 나지 않는다. 42) 징(懲):누르다. 분(忿):원한. 연(連):어긋
나다. '원한을 누르고 분노를 바꾸어 이기다.' 43) 마음을 누르고 스스로 힘쓰다.
44) 나의 뜻이 모범이 되기를 바라다. 45) 차(次):머물다. 46) 대고(大故):사망.
'근심을 떨치고 슬픔 속에도 즐겨하리니, 죽게 되면 끝나는 것이다.' 47) 수로
(脩路):긴 길. 48) 온후한 성품과 감정을 지니다. 49) 백락이 이미 죽다. 50) 준
마를 어찌 분별하리요. 정(程):헤아리다. 51) 상심이 더하여 이에 슬퍼하다. 52)
위(喟):한숨짓다. 정심광지(定心廣志):마음을 바르게 하고 뜻을 펴다. 53) 지사
불가양(知死不可讓):죽음을 피할 수 없다는 것을 알다. 원물애(願勿愛):전혀 아
쉬워하지 않다. 유(類):본받다. '나의 충절이 후세의 사표가 될 것이다.'

評析 '장사(長沙)를 그리워하다'의 뜻을 지닌 제목처럼 죽기 직전에 쓰여
졌음을 알 수 있다. 글 속에 '滔滔孟夏'(왕성한 초여름)라 하니 4월에

구 장 111

해당하며, 먹라수에 투신한 5월 5일과는 단지 한 달 차이이니 절필작이 된다. 따라서 첩어가 많이 사용되고 침통함이 극에 달했다.

사미인(思美人)

미인을 그리워하여 눈물을 닦으며 우두커니 바라보네. 중매가 끊기고 길이 막혀서 말을 맺어 전할 수 없구나. 충정한 마음속에 근심과 원망으로 차 있으니 맺힌 마음 표현하지 못하겠네. 날이 밝도록 속마음을 펴고자 하나 마음에 맺힌 답답함 드러낼 수 없구나. 뜬구름에 말을 붙이고 싶지만 풍륭을 만나도 전해주지 못하겠네. 돌아가는 새에게 말을 전하려 해도, 아! 너무 높고 빨라서 만날 수 없도다. 고신씨가 신령이 성명하여 제비를 만나서 말을 전하네. 절개를 바꾸어 속세를 따르려 해도 처음의 마음을 바꾸고 뜻을 꺾는 것이 부끄럽다네. 홀로 해가 갈수록 근심만 당하니, 아! 마음에 맺히어 바뀌지 않는다네. 차라리 근심을 품고 살다가 죽을지언정, 어찌 마음을 쉬이 바꿀 수 있으리요! 지난날의 자취가 좋지 않은 것을 알건만 이러한 태도를 바꿀 수 없다네. 수레가 뒤집히고 말이 넘어졌어도 나 홀로 이 별다른 길을 지키리라. 준마를 채찍질하여 더욱 달려서 조보로 내 대신 말을 다루게 하리라. 머뭇거리며 달리지 말지니 잠시 틈을 내어 때를 기다리리라. 파총산의 모퉁이에서 황혼녘에 기약하리라. 새봄에 새해가 시작하나니 밝은 해가 유유히 솟아오르네. 나는 근심을 깨끗이 씻고서 즐겨하리니, 대강과 하수를 따라서 근심을 덜겠노라. 큰 숲의 향초를 따서 장주의 숙망초를 따겠노라. 나는 옛사람 따르지 못함이 안타까우니, 뉘와 더불어 이 향기로운 풀을 구경하리요? 마디풀과 잡초를 풀어서 잘 묶어서 좌우의 패물로 삼겠노라. 패물은 화려하게 좌우로 빙 둘리었어도 끝내 시들어서 달라지도다. 나는 떠돌며 근심을 씻으려 하매 남방 사람의 이상한 태도가 볼 만하도다. 마음에 즐거워하고파도 분노가 치밀어 기다리지 못하겠네. 향기와 운기가 서로 섞이어서, 아! 향기론 꽃이 그 속에서 솟아나네. 향기가 어지러이 멀리 퍼지니 속에 가득 차고 겉으로 드러나네. 마음과 바탕을 진실로 잘 지키리니, 아! 갇혔어도 명성이 드러나리라. 폐려초로 매파를 삼으니 발꿈치 쳐들어 그 나무에 오르기가 두렵도다. 부용으로 매파를 삼으니, 치마를 걷어 발에 물 적시기가 두렵도다. 높이 올라도 기쁘지 않으니 낮은 데로 내려갈 수 없도다. 진실로 나의 몸을 굽힐 수 없으니 마음이 느긋하고 여유 있도다. 널리 이전의 계획을 따라서 이러한 곧은 태도를 바꾸지 않으리라. 나의 운명은 궁벽한 데 처하여 있어 피곤할 뿐이니 밝은 해가 지지 말았으면. 홀로 외로이 남쪽으로 가려니 팽함을 그리워하기 때문이라.

原文 思美人兮여, 寧溘而佇眙¹⁾로다. 媒絶路阻兮여, 言不可結而詒로라. 蹇蹇之煩冤兮²⁾여, 陷滯而不發³⁾이라. 申旦以舒中情兮⁴⁾여, 志沈菀而莫達⁵⁾이라. 願寄言於浮雲兮여, 遇豊隆而不將⁶⁾이라. 因歸鳥而致辭兮여, 羌迅高而難當⁷⁾이라. 高辛之靈盛兮⁸⁾여, 遭玄鳥而致詒로다. 欲變節以從俗兮여, 媿易初而屈志⁹⁾로다. 獨歷年而離愍兮여, 羌馮心猶未化¹⁰⁾로다. 寧隱閔而壽考兮¹¹⁾여, 何變易之可爲인가! 知前轍之不遂¹²⁾여, 未改此度로다. 車旣覆而馬顚兮여, 蹇獨懷此異路로다. 勒騏驥而更駕兮여, 造父爲我操之¹³⁾로다. 遷逡次而勿驅兮¹⁴⁾여, 聊假日以須旹¹⁵⁾로다. 指嶓冢之西隈兮¹⁶⁾여, 與纁黃以爲期¹⁷⁾로다. 開春發歲兮¹⁸⁾여, 白日出之悠悠로다. 吾將蕩志而愉樂兮¹⁹⁾여, 遵江夏以娛憂로다. 擥大薄之芳茝兮²⁰⁾여, 搴長洲之宿莽²¹⁾이라. 惜吾不及古人兮여, 吾誰與玩此

芳草리요. 解萹薄與雜菜兮²²⁾여, 備以爲交佩²³⁾로다. 佩繽紛以繚
轉兮²⁴⁾여, 遂萎絕而離異로다. 吾且儃佪以娛憂兮²⁵⁾여, 觀南人之
變態²⁶⁾로다. 竊快在中心兮여, 揚厥憑而不竢²⁷⁾로다. 芳與澤其雜
糅兮여, 羌芳華自中出이라. 紛郁郁其遠承兮²⁸⁾여, 滿內而外揚²⁹⁾
이라. 情與質信可保兮여, 羌居蔽而聞章³⁰⁾이라. 令薜荔以爲理
兮³¹⁾여, 憚舉趾而緣木³²⁾이라. 因芙蓉而爲媒兮여, 憚褰裳而濡
足³³⁾이라. 登高吾不說兮³⁴⁾여, 入下吾不能이라. 固朕形之不服
兮³⁵⁾여, 然容與而狐疑³⁶⁾로다. 廣遂前畫兮³⁷⁾여, 未改此度也러라.
命則處幽吾將罷兮³⁸⁾여, 願及白日之未暮로다. 獨煢煢而南行兮여,
思彭咸之故也러라.

註 1) 저이(竚眙):우두커니 서서 바라보다. 미인(美人):초나라 회왕. 2) 건건(蹇蹇):충정한 모양. 번원(煩冤):근심과 원망. '충정한 마음속에 근심과 원망으로 차 있다.' 3) 답답히 맺혀 있어 드러내지 못하다. 4) 신단(申旦):아침이 되도록. 날이 밝도록. 5) 완(菀):쌓이다. 울적함이 쌓이다. 6) 풍륭(豊隆):구름신. 장(將):전해주다. 7) 당(當):만나다. 8) 고신(高辛):제곡. 황제의 증손. 영성(靈盛):신령이 성명(盛明)하다. 9) 괴(媿):부끄럽다. '첫 마음 바꾸고 뜻을 꺾음을 부끄러워하다.' 10) 빙심(馮心):원한이 마음에 가득 차다. 미화(未化):바꿀 수 없다. 11) 은민(隱閔):근심을 품다. 수고(壽考):살다가 죽다. 12) 수(遂):성(成). '지난날의 자취(길)가 트이지 않음을 알다.' 13) 조보(造父):말을 잘 다뤘다는 사람(사기). 14) 준차(逡次):머뭇거리다. 천천히 가다. 15) 수시(須旹):때를 기다리다. 16) 파총(嶓冢):산이름. 섬서성에 있는 한수의 발원지. 외(隈):모퉁이. 구석. 17) 훈황(纁黃):황혼. 저녁 무렵. 18) 새 봄은 새해를 시작함이다. 19) 탕지(蕩志):근심 어린 생각을 깨끗이 씻다. 유락(愉樂):즐겁게 지내다. 20) 대박(大薄):큰 수풀. '큰 숲의 향초를 따다.' 21) 건(搴):채집하다. 따다. 22) 편박(萹薄):마디풀 수풀. 해(解):뽑다. 잡채(雜菜):잡초. 23) 교패(交佩):이리저리 좌우에 차다. 걸다. 좌우의 패물. '잘 묶어서 좌우의 패물로 삼다.' 24) 요전(繚轉):좌우에 빙 둘러싸다. 감싸다. 25) 천회(儃佪):배회하다. 오우(娛憂):근심을 씻다. 26) 남인(南人):남이지인(南夷之人). 남금지인(南禁之人). 변태(變態):이상한 태도. 27) 빙(憑):분노. 사(竢):기다리다. 28) 욱욱(郁郁):향기가 성한 모양. 원승(遠承):멀리까지 퍼지다. 29) 속이 가득 차면 겉으로 드러나다. 30) 문장(聞章):명성이 드러나다. '아! 산택에 묻혀 가리웠어도 명성이 드러나다.' 31) 폐려(薜荔):승검초·향초. 이(理):매파. 32) 발꿈치를 들어서 나무에 오르는 것을 두려워하다. 33) 건상(褰裳):치마를 들치다. 유족(濡足):발을 적시다.

34) 열(說) : 열(悅). '높은 데 올라가도 나는 기쁘지 않다.' 35) 불복(不服) : 비굴하게 굽히지 않다. 36) 용여(容與) : 마음이 느긋함. 호의(狐疑) : 느릿거리다. 37) 수(遂) : 따르다. 전획(前畫) : 이전의 계획. 계책. '널리 이전의 계획을 따라서….' 38) 피(罷) : 피곤하다. 지치다. '어둠에 처해 있음이 나의 운명이니 너무도 지치도다.'

[評析] 맨 처음의 세 자가 제목이 된다. 미인(美人), 즉 임금을 생각하며 초지(初志)를 펴지 못하는 심정을 표현하고, 팽함을 따라 죽고자 하는 결백한 자세가 뚜렷이 드러난다. 여기서 미인이란 회왕(懷王)이다.

석왕일(惜往日)

　지난날의 임의 신임이 아쉬우니 명령을 받아 나라를 다스렸었지. 선조의 공적을 받들어 백성에 보이시고 법도의 어긋남을 밝히소서. 나라가 부강하고 법도가 서고 곧은 신하에 나랏일 맡기시고 즐겨하소서. 비밀스런 일은 마음에 두시고 잘못이 있어도 다스리지 마소서. 마음을 깨끗이 하고 말을 삼가는데도 참소꾼을 만나서 질투당하네. 임은 화를 품으시고 신하를 대하시니 옳고 그름을 밝게 살피지 못하네. 임금의 총명함을 가리고 거짓된 말로 속이도다. 증거를 잡아 진실을 규명하지 아니하고 충신을 멀리 떠나 보내고 생각지 않는도다. 혼탁한 참소와 아첨을 믿고서 노한 마음에 나무라기만 하는도다. 어찌하여 무고한 충신이 비방을 당하고 허물을 덮어써야 하는가. 해와 달이 진실된 것을 보니 부끄러울 뿐이니, 몸이 숨겨져 있어도 늘 조심하리라. 원수와 상수의 깊은 못에 나가서 고통을 참으며 빠져 버리리라. 끝내 몸이 죽어 이름이 사라지면 임금이 모르실까 안타깝도다. 임은 헤아려 살피지 아니하시니 향기로운 초원이 어두운 연못으로 될까 하노라. 어찌하면 속마음을 펴서 진실을 내보일 수 있으리. 편안히 죽어서 구차히 살지 않으리라. 임은 홀로 막히고 가리워져서 곧은 신하를 어쩔 줄 모르게 하도다. 듣건대 백리혜가 포로가 되었고 이윤이 부엌에서 요리하였다고 하네. 강태공은 조가에서 백정이었었고 영척은 노래하며 소에게 꼴을 주었다고 하네. 탕임금과 무왕, 제환공과 진목공을 만나지 않았다면 세상에 누가 그들을 알아주었으리요? 오의 부차는 참소를 믿어 분별 못하였고 오자서는 죽게 된 후에야 깨달았으며, 개자추는 충성되어 선 채로 타죽게 되어서야 진문공이 깨우쳐 찾았다네. 개산이라 이름하여 벌목을 금하고 크나큰 덕을 기렸다네. 고향의 가까운 사람을 생각하며 흰 상복을 입고서 슬피 우노라. 어떤 이는 충성하여서 죽음으로 절개를 지켰고, 어떤 이는 방탕하고도 신임을 얻었도다. 잘 살펴서 진실을 따지지 아니하고 참소꾼의 헛된 말만을 들었노라. 향기와 운기가 섞여 있으니 누가 하룻밤에 그것을 분별할 수 있으리요? 어찌하여 향초가 일찍 죽는 건가, 잔서리가 내리어서 경고하는도다. 진실로 귀밝지 아니하고 막혀 있으니 참소와 아첨꾼만이 날로 득세하도다. 예부터 현인을 질투하여 말하기를, 혜초와 두약 같은 향초를 허리에 찰 만하지 못하다고 하는구나. 향긋하고 아름다운 용모를 질투하고 막교 같은 추녀가 애교떨며 잘났다고 하도다. 서시 같은 미모를 지녔다 해도 참소와 질투로 뒤바뀌리라. 속마음 아뢰고 진실을 밝히고 싶지만 의외의 죄과를 얻게나 될지. 진실과 원한이 날이 갈수록 밝혀져서 뭇별이 가지런하듯 분명해지리라. 준마를 타고서 내달려서 고삐와 재갈도 없이 멋대로 타고 가리라. 떠 있는 뗏목을 타고서 흘러가리니 노도 없이 멋대로 떠가리라. 법도를 어기고 멋대로 나라 다스리면 위의 것과 다를 리 없으리라. 차라리 얼른 죽어 떠날지언정 또다시 재앙일랑 두려웁구나. 인사도 없이 연못에 몸 던지나니 오직 임이 모르시는 게 안타깝구나.

原文 惜往日之曾信兮[1]여, 受命詔以昭詩[2]로다. 奉先功以照下兮

여, 明法度之嫌疑[3]로다. 國富强而法立兮여, 屬貞臣而日娭[4]로
다. 秘密事之載心[5]여, 雖過失猶弗治[6]로다. 心純厖而不泄兮[7]
여, 遭讒人而嫉之[8]로다. 君含怒而待臣兮여, 不清澈其然否[9]로
다. 蔽晦君之聰明兮여, 虛惑誤又以欺[10]로다. 弗參驗以考實兮[11]
여, 遠遷臣而弗思로다. 信讒諛之溷濁兮여, 盛氣志而過之[12]로다.
何貞臣之無辜兮[13]여, 被離謗而見尤[14]로다. 慙光景之誠信兮,
身幽隱而備之[15]로다. 臨沅湘之玄淵兮여, 遂自忍而沈流로다. 卒
沒身而絶名兮여, 惜壅君之不昭[16]로다. 君無度而弗察兮여, 使芳
草爲藪幽[17]로다. 焉舒情而抽信兮[18]여, 恬死亡而不聊[19]로다. 獨
鄣壅而蔽隱兮여, 使貞臣爲無由[20]로다. 聞百里之爲虜兮여, 伊尹
烹於庖廚[21]로다. 呂望屠於朝歌兮[22]여, 甯戚歌而飯牛[23]로다. 不
逢湯武與桓繆兮[24]여, 世孰云而知之로다. 吳信讒而弗味兮[25]여,
子胥死而後憂[26]로다. 介子忠而立枯兮[27]여, 文君寤而追求[28]로다.
封介山而爲之禁兮여, 報大德之優游[29]로다. 思久故之親身兮,
因縞素而哭之[30]로다. 或忠信而死節兮여, 或訑謾而不疑[31]로다.
弗省察而按實兮[32]여, 聽讒人之虛辭로다. 芳與澤其雜糅兮, 孰
申旦而別之[33]로다. 何芳草之早殀兮[34]여, 微霜降而下戒로다. 諒
聰[35]不明而蔽壅兮, 使讒諛而日得[36]이라. 自前世之嫉賢兮,
謂蕙若其不可佩[37]로다. 妒佳冶之芬芳兮[38]여, 嫫母姣而自好[39]로
다. 雖有西施之美容兮[40]여, 讒妒入以自代[41]로다. 願陳情以白行
兮[42]여, 得罪過之不意[43]로다. 情冤見[44]之日明兮여, 如列宿之錯
置[45]로다. 乘騏驥而馳騁兮여, 無轡銜而自載[46]로다. 乘氾泭以下
流兮[47], 無舟楫而自備로다. 背法度而心治兮여, 辟與此其無

異⁴⁸⁾로다. 寧溘死而流亡兮⁴⁹⁾여, 恐禍殃之有再⁵⁰⁾로다. 不畢辭而
赴淵兮여, 惜壅君之不識⁵¹⁾이라.
<small>영함사이류망혜　　　　공화앙지유재　　　　불필사이
부연혜　　석옹군지불식</small>

註 1) 증신(曾信) : 지난날의 임금의 신임, 총애. 2) 명조(命詔) : 임금의 명령. 소시(昭詩) : 시는 시(時). 시정(時政)을 밝히다. 3) 선공(先功) : 선조의 공적. 조(照) : 고(告). '법도의 어그러지는 일을 밝히다.' 4) 속(屬) : 맡기다. 정신(貞臣) : 충정한 신하. 희(姬) : 기뻐하다. 5) 재심(載心) : 마음에 두다. 6) 불치(弗治) : 치죄하지 않다. 7) 순방(純厖) : 순후. 불설(不泄) : 말을 삼가하다. 조심하다. 8) 참소하는 간신의 질투를 당하다. 9) 청철(清澈) : 밝게 살피다. 연부(然否) : 시비. 옳고 그름. 10) 허혹오(虛惑誤) : 쓸데없는 말. 미혹, 거짓말. 11) 참험(參驗) : 증거를 잡다. 고실(考實) : 진실을 규명하다. 12) 성기지(盛氣志) : 노한 마음이 차다. 과(過) : 나무라다. 지(之) : 굴원. 13) 무죄(無辜) : 죄가 없다. 14) 이방(離謗) : 비방. 우(尤) : 원망. 견우(見尤) : 원한을 뒤집어쓰다. 15) 광경(光景) : 일월. '몸이 숨겨져 살아도 늘 대비하다(조심하다).' 16) 가리워진 임금이 깨달아 알지 못함이 안타깝다. 17) 수유(藪幽) : 연못에 갇히다. 18) 추신(抽信) : 성심을 가져다가 보여 주다. 19) 염(恬) : 편안하다. 불료(不聊) : 구차하게 살지 않다. 20) 무유(無由) : 어쩔 줄 모르다. 갈길이 없다. 21) 백리(百里) : 백리혜. 춘추시대 진목공의 대부. 이윤(伊尹) : 탕임금의 현신. 팽어포주(烹於庖廚) : 부엌에서 요리를 하다. 22) 여망(呂望) : 강태공. 조가(朝歌) : 은나라의 도읍. 화남성 기현. 23) 영척(甯戚) : 춘추시대 위인(衛人). 반우(飯牛) : 소에게 먹이를 주다. 24) 탕 임금·무왕·제환공·진목공. 25) 오(吳) : 오의 부차. 불미(弗味) : 잘 분별하지 못하다. 26) 자서(自胥) : 오자서. 27) 개자(介子) : 개자추. 입고(立枯) : 서서 타죽다. 28) 진문공(晋文公)이 깨우쳐서 찾다. 29) 개산(介山) : 개자추의 충성을 기려 문공이 그 산을 개산이라 하고 벌목을 금하고 그의 큰 덕에 보답했다 함. 우유(優游) : 평안하고 한가로움. 넉넉한 모양. 30) 구고(久故) : 옛 고향. 호소(縞素) : 흰빛의 상복. 친신(親身) : 가까운 사람. 31) 이만(訑謾) : 방탕하다. 불의(不疑) : 의심받지 않다. 신임을 얻다. 32) 안실(按實) : 진실을 캐다. 33) 신단(申旦) : 하룻밤. '누가 하룻밤에 그것들을 분별할 수 있으리요.' 34) 조요(早夭) : 일찍 죽다. 35) 양(諒) : 진실로. 36) 득(得) : 득지. '참소와 아첨꾼이 날로 득세하게 하다.' 37) 혜초와 두약 같은 향초를 허리에 둘러서는 안 된다고 말하다(간신들이 현인을 참소함을 비유). 38) 가야(佳冶) : 아름다운 용모. 39) 막모(嫫母) : 고대의 추한 할미. 설문에 옛 임금의 왕비는 모두 못생겼다 함. 황제비(黃帝妃)의 경우. 교(姣) : 애교부리다. 40) 서시(西施) : 월의 미인. 구천이 오왕에게 바쳐서 총애받음. 41) 자대(自代) : 스스로 바꾸다. 42) 백행(白行) : 결백을 밝히다. 43) 불의(不意) : 뜻밖에. 44) 정원(情寃) : 진실과 원한. 원통. 현(見) : 밝히다. 일명(日明) : 날이 갈수록 밝혀지다. 45) 조치(錯置) : 배열. 46) 비함(轡銜) : 고삐와 재갈. 자재(自載) : 마음대로 타고 가다. 47) 범부(氾泭) : 떠 있는 뗏목. 48) 비(痺) : …같다. 심치(心治) : 마음대로 다스리다. 49) 합사(溘死) : 빨리 죽다. 50) 재앙이 다시 있을까 두렵다. 51) 필사(畢辭) : 하직 인사하다. 옹군(壅君) : 간신에 가리워진 임금. 불식(不識) : 깨달아 알지 못하다.

[評析] 구장(九章) 중 가장 쉽게 쓰여진 글이다. 전단은 지난날에 왕의 신임을 받던 일을 회상하고, 중단에서는 참소의 고난과 왕의 옹졸함을 통렬하게 그리며 연못에 빠지려는 자결(自決)의 뜻을 토로한다.

귤 송(橘頌)

　천지간에 아름다운 나무가 있으니 귤이 우리 땅에 내려왔도다. 타고난 성품은 바뀌지 않으니 강남에서 자라는도다. 뿌리가 깊고 단단하여 옮기기가 어려우니 한결같은 뜻을 지녔음이라. 푸른 잎에 흰 꽃은 어지러이 즐겁게 하며 겹겹의 가지와 날카로운 가시를 가지고서 둥근 과일이 맺혀 있도다. 푸르고 누런 과일이 조밀하게 열리어 색깔이 빛나는도다. 밝은 겉빛깔에 속이 희어서 중한 일을 맡길 수 있을 것 같도다. 무성한 잎은 잘 가꾸어져서 아름다워 밉지가 않도다. 아! 너의 어릴 때의 뜻은 다른 바가 있었지. 홀로 우뚝 서서 변치 않으니 어찌 기쁘지 않을 건가! 뿌리가 깊고 단단하여 옮기기 어려우며, 훤하여 따로이 바랄 게 없도다. 속세에 홀로 깨어 우뚝 서서 가로질러 속세와 어울리지 않는도다. 마음을 굳게 닫아 스스로 삼가 끝내 실수하지 않는도다. 덕을 지니어 사사로움이 없으며 천지의 조화에 참여하는도다. 세월이 가도 우정을 오래 갖고 싶으니 선하고 아름다워 지나치지 않으며 조리가 분명하도다. 나이는 어려도 본받을 만하고 행실은 백이와 같아서 표상이 될 만하도다.

[原文] 后皇嘉樹[1]하고, 橘徠服兮[2]로다. 受命不遷[3]하니, 生南國兮[4]로다. 深固難徙하니, 更壹志兮[5]로다. 綠葉素榮[6]하니, 紛其可喜兮로다. 曾枝剡棘[7]하니, 圓果摶兮[8]로다. 靑黃雜糅[9]하여,

문장란혜　　　　　정색내백　　　　　유가임혜　　　분온의수
文章爛兮[10]로다. 精色內白[11]하니, 類可任兮[12]로다. 紛縕宜脩[13]
　　　과이불추혜　　　　차이유지　　　유이이혜　　　　독립불
하니, 姱而不醜兮[14]로다. 嗟爾幼志[15]여, 有以異兮로다. 獨立不
천　　　기불가희혜　　　　심고난사　　　확기무구혜　　　소
遷하니, 豈不可喜兮리요. 深固難徙하니, 廓其無求兮[16]로라. 蘇
세독립　　　횡이불류혜　　　　　폐심자신　　　　부종실과혜
世獨立[17]하여, 橫而不流兮[18]로다. 閉心自愼[19]하며, 不終失過兮
　　　병덕무사　　　　참천지혜　　　원세병사　　　여장
로다. 秉德無私[20]하니, 參天地兮[21]로다. 願歲幷謝[22]하여, 與長
우혜　　　숙리불음　　　경기유리혜　　　　　연세수소
友兮[23]로다. 淑離不淫[24]하여, 梗其有理兮[25]로다. 年歲雖少라도,
가사장혜　　　　행비백이　　　치이위상혜
可師長兮[26]로다. 行比伯夷하여, 置以爲像兮[27]로다.

註 1) 후황(后皇) : 후토황천(后土皇天). '천지간에 아름다운 나무가 있다.' 2) 내(徠) : 래(來). 복(服) : 습(習). '귤이 우리 땅에 내려왔도다.' 3) 타고난 성품이 굳어 바뀌지 않다. 4) 남국(南國) : 강남. 5) 일지(壹志) : 뜻이 한결같다. 6) 소영(素榮) : 흰 꽃. 7) 층지(曾枝) : 겹겹이 덮인 가지. 염극(剡棘) : 날카로운 가시. 8) 단(摶) : 둥글다. 9) 잡유(雜糅) : 뒤섞여 있다. 10) 색깔이 찬란하다. 11) 정색(精色) : 밝은 색〔귤의 외색(外色)〕. 내백(內白) : 껍질 속이 희다. 12) 유가임(類可任) : 중요한 임무를 맡길 수 있을 것 같다. 13) 무성한 잎은 잘 가꾸어져 있다. 의수(宜脩) : 수식을 잘하다. 14) 아름다워 밉지 않다. 15) 아! 너의 어릴 때의 뜻은 다른 과일과 다르다. 16) 확(廓) : 공(空). 마음이 넓고 크다. '확 트이고 깨끗하여 따로 바랄 게 없도다.' 17) 소세독립(蘇世獨立) : 속세에 홀로 깨어서 우뚝 서다(속세를 초월하다). 18) 가로질러 흐르지 않다(속세와 어울리지 않다). 19) 마음을 닫아 깨끗이 하여 삼가다. 20) 아름다운 덕을 지니고 사사로움이 없다. 21) 천지의 화육(化育)에 참여하다. 22) 세월이 함께 가다. 사(謝) : 거(去). 23) 우정을 오래 잇다. 24) 선하고 아름다워 지나치지 않다. 숙(淑) : 선(善). 이(離) : 아름답다. 음(淫) : 지나치다. 25) 경(梗) : 굳다. 이(理) : 조리. 26) 사표가 될 수 있다. 27) 상(像) : 법. 전형.

評析 귤의 성질을 찬미하고 있다. 이 글은 굴원의 젊은 시절의 작품이거나 유배가기 전의 작품이다. 밝고 맑은 마음을 귤에 비견하고 있다. 추방과 고난의 표현이 전혀 없는 것이다.

비회풍(悲回風)

슬프도다. 회오리바람이 혜초를 흔드는구나. 마음이 답답하고 아프도다. 생물이 미소하지만 목숨이 떨어지고 소리가 숨겨 있지만 먼저 노래하도다. 어찌하여 팽함이 이런 생각을 하였을까. 지절을 같이하며 잊지 못하겠네. 온갖 감정을 어찌 감출 수 있으리요, 거짓된 마음 어찌 오래갈 수 있으리요? 새와 짐승이 울면서 떼를 이루고, 풀과 암삼이 어울려서 향기가 없도다. 물고기는 비늘을 가지런히 하여 절로 유별나니 교룡이 그 아름다운 모습을 감추도다. 그래서 씀바귀와 냉이를 같은 밭에 심지 않으니, 난초와 지초가 그윽히 홀로 향기롭도다. 오직 미인만이 길이 아름다우니 세대가 바뀌어도 절로 그와 비할 것이라. 나의 큰뜻을 펴기 어려우니 뜬구름처럼 떠돌아다님이 가슴아프네. 이 원대한 뜻이 흐려지려 하므로 몰래 시를 지어 밝히노라. 오직 미인만이 홀로 그리워하여 두약과 신초를 꺾어서 지내며 자꾸 흐느끼고 탄식하며 홀로 숨어 지내면서 시름에 젖는도다. 눈물이 엇갈려 흐르고 슬퍼지나니 근심에 잠 못 이루어 밤을 지새는구나. 이 길고 긴 밤을 다 보내어도 이 슬픔을 눌러 떨칠 수가 없도다. 깨어나 조용히 두루 돌아다니며, 애오라지 거닐면서 스스로를 안위하도다. 길게 탄식하며 근심하면서 마음 아파하니 호흡이 답답하여 억누를 수 없도다. 그리운 마음 얽어서 주머니 만들고 수심을 엮어서 속옷을 만들겠네. 약목을 꺾어서 햇빛을 가리고 회오리바람 가는 대로 따라가려네. 있는 듯하나 보이지 않아서 마음이 울렁거려 끓는 국물 같도다. 옷깃을 다듬으며 마음을 달래나니, 슬퍼 실의에 차서 멀리 떠나노라. 세월은 문득 시들 듯 가고 늙는 시절은 점점 다가오도다. 떼풀과 곰취가 말라서 마디가 떨어지고 향기 시들어서 흩어지도다. 안타깝도다, 그리운 마음이 그치지 않으니. 이 말을 믿을 수 없다면 차라리 문득 죽어서 사라져 버릴지언정 차마 이런 끊임없는 근심을 견디지 못하겠네. 외로운 이 몸 흐느껴 눈물을 닦으니 쫓겨나서 돌아가지 못하노라. 뉘 그리며 애타하지 않을 수 있으리요? 팽함의 명성을 따라 드러내리라. 돌산 봉우리에 올라 멀리 바라보니 길이 멀고 조용하도다. 사람의 그림자와 소리가 없는 곳에 드니 들리지도 보이지도 생각도 할 수 없도다. 근심이 맺히어 즐겁지 않으니 마음이 괴로워 풀리지 않도다. 마음에 맺히어 펼 수 없으니 어지러이 얽히어 있구나. 갈길이 아득하여 끝이 없으니 너무도 망망하여 비길 데가 없도다. 소리가 작아도 서로 느낄 수 있고, 사물은 순수하여 손댈 수가 없도다. 너무도 멀어서 헤아릴 수 없으며 맺힌 마음 잘고 끊이지 않으니 이어 맬 수 없구나. 근심에 어리어 늘상 슬프니 가벼이 멀리 날아가도 마음이 즐겁지 않네. 큰 파도를 넘어 바람 따라 흘러가서 팽함이 계신 곳에 의탁하리라. 높은 바위의 가파른 언덕에 올라가서 짙은 무지개의 꼭대기에 오르네. 푸른 하늘에 기대어 무지개를 펴서 홀연히 하늘을 어루만지노라. 시원하고 맑은 이슬을 마시며 하얗게 언 서리로 양치질하노라. 바람굴에 의지하여 휴식하니 홀연히 마음이 슬퍼지고 맺히도다. 곤륜산에 의지하여 안개를 내려다보며 민산에 의지하여 강물을 맑게 하도다. 찰찰 돌에 부딪혀 출렁이는 여울물을 두려워하며 물결치는 파도 소리를 듣고 있노라. 흘러내리는 물이 어지러이 마구 흘러가서 덧없이 이리저리 세차게 치는구나. 아득히 출렁이며 어디에서 흘러오며 유유히 흘러서 어디에 머물 건가? 물이 위아래로 곤두박질하며 흘러가고 세차게 이리저리 요동치며 내려간다. 넘쳐서 앞뒤로 솟아나니 물이 들고 남에 일정한 틈이 있듯이 멋대로 흐르면서도 조화를 이루네. 증기가 끊이지 않고 구름과 비가 소복이 쌓이네. 쓸쓸히 눈서리 같이 내리니 밀물이 치는 소리만 들리네. 해와 달을 빌려서 파도 위를 왕래하고 노란 가시나무를 흔들어서 채찍을 삼고저. 개자추가 계신 곳을 찾고 백이가 남긴 자취를 보고저. 깊이 헤아려서 떠나지 않겠으며 마음을 굳게 세워 바꾸지 않겠노라. 지난날의 소망이 헛된 것을 한탄하며 앞으로의 일이 상심하게 함을 안타까워하도다. 장강과 회수에 떠서 바다로 들어가 오자서를 따라서 멋대로 놀리라. 황하의 물섬가를 바라보며 신도적의 고매한 자취를 슬퍼하노라. 문득 임에게 간하여도 듣지 않으시니, 큰 돌을 진들 어찌 이익이 되리요? 마음이 맺히어 개운치 않으며, 생각이 꼬이어서 풀리지 않는구나.

原文
비회풍지요혜혜   심원결이내상   물유미이운성혜
悲回風之搖蕙兮여, 心冤結而內傷하고, 物有微而隕性兮[1]여,
성유은이선창   부하팽함지조사혜   기지개이불망
聲有隱而先倡이라. 夫何彭咸之造思兮[2]여, 暨志介而不忘[3]이라.
만변기정기가개혜   숙허위지가장   조수명이호군혜
萬變其情豈可蓋兮여, 孰虛僞之可長[4]이라. 鳥獸鳴以號羣兮여,
초저비이불방   어즙린이자별혜   교룡은기문장
草苴比而不芳[5]하고, 魚葺鱗以自別兮[6]여, 蛟龍隱其文章[7]하니,
고도제부동무혜   난채유이독방   유가인지영도혜   경
故茶薺不同畝兮[8]여, 蘭茞幽而獨芳이라. 惟佳人之永都兮[9]여, 更
통세이자황   묘원지지소급혜   연련부운지상양   개
統世而自貺[10]하고, 眇遠志之所及兮여, 憐浮雲之相羊[11]하며, 介
묘지지소혹혜   절부시지소명   유가인지독회혜   절약
眇志之所惑兮[12]여, 竊賦詩之所明이라. 惟佳人之獨懷兮여, 折若
초이자처   증헌희지차차혜   독은복이사려   체읍교
椒以自處하고, 曾歔欷之嗟嗟兮[13]여, 獨隱伏而思慮로다. 涕泣交
이처처혜   사불면이지서   종장야지만만혜   엄차애
而凄凄兮여, 思不眠以至曙[14]로다. 終長夜之曼曼兮[15]여, 掩此哀
이불거   오종용이주류혜   요소요이자시   상태식지
而不去[16]로다. 寤從容以周流兮여, 聊逍遙以自恃하고, 傷太息之
민련혜   기오읍이불가지   규사심이위양혜   편수
愍憐兮[17]여, 氣於邑而不可止[18]로다. 糺思心以爲纕兮[19]여, 編愁
고이위응   절약목이폐광혜   수표풍지소잉   존방
苦以爲膺[20]하고, 折若木以蔽光兮여, 隨飄風之所仍[21]이라. 存髣
불이불견혜   심용약기약탕   무패임이안지혜   초
髴而不見兮[22]여, 心踴躍其若湯[23]이라. 撫珮衽以案志兮[24]여, 超
망망이수행   세훌훌기약퇴혜   시역염염이장지
惘惘而遂行[25]이라. 歲曶曶其若頹兮[26]여, 時亦冉冉而將至하고,
번형고이절리혜   방이헐이불비   연사심지불가징혜
蘋蘅槁而節離兮[27]여, 芳以歇而不比[28]로다. 憐思心之不可懲兮[29]

여, 證此言之不可聊[30]하니, 寧溘死而流亡兮여, 不忍爲此之常愁로다. 孤子唫而抆淚兮[31]여, 放子出而不還[32]하니, 孰能思而不隱兮여, 照彭咸之所聞[33]이라. 登石巒以遠望兮[34]여, 路眇眇之默默[35]하고, 入景響之無應兮[36]여, 聞省想而不可得[37]이라. 愁鬱鬱之無快兮여, 居戚戚而不可解[38]하고, 心鞿羈而不形兮[39]여, 氣繚轉而自縮[40]로다. 穆眇眇之無垠兮[41]여, 莾芒芒之無儀[42]하며, 聲有隱而相感兮여, 物有純而不可爲[43]로다. 藐蔓蔓之不可量兮[44]여, 縹緜緜之不可紆[45]로다. 愁悄悄之常悲兮여, 翩冥冥之不可娛[46]로다. 淩大波而流風兮여, 託彭咸之所居로다. 上高巖之峭岸兮[47]여, 處雌蜺之標顚[48]하며, 據靑冥而攄虹兮[49]여, 遂儵忽而捫天[50]이라. 吸湛露之浮源兮[51]여, 漱凝霜之雰雰[52]하고, 依風穴以自息兮[53]여, 忽傾寤以嬋媛[54]하며, 馮崐崙以瞰霧兮[55]여, 隱岐山以淸江[56]하고, 憚涌湍之磕磕兮[57]여, 聽波聲之洶洶[58]이라. 紛容容之無經兮[59]여, 罔芒芒之無紀[60]하고, 軋洋洋之無從兮[61]여, 馳委移之焉止[62]리요? 漂翻翻其上下兮[63]여, 翼遙遙其左右[64]로다. 氾潏潏其前後兮[65]여, 伴張弛之信期[66]로다. 觀炎氣之相仍兮여, 窺煙液之所積[67]이라. 悲霜雪之俱下兮여, 聽潮水之相擊이라. 借光景以往來兮여, 施黃棘之枉策[68]이라. 求介子之所在兮[69]여, 見伯夷之放迹[70]이라. 心調度而弗去兮[71]여, 刻著志之無適[72]하여, 曰吾怨往昔之所冀兮여, 悼來者之愁愁[73]이라. 浮江淮而入海兮여, 從子胥而自適[74]이라. 望大河之洲渚兮[75]여, 悲申徒之抗迹[76]이라. 驟諫君而不聽兮[77]여, 重任石之何益[78]인가? 心絓結而不解兮여, 思蹇產而不釋[79]이라.

124

註 1) 생물이 미소하지만 목숨을 떨구고, 소리가 숨겨 있지만 먼저 노래한다. 2) 조사(造思) : 생각을 하다. 3) 기(曁) : 여(與). 개(介) : 절개. '지절(志節)을 같이하며 그의 덕을 잊지 않다.' 4) 거짓된 마음 어이 오래갈 수 있겠는가? 5) 저(苴) : 암삼. 비(比) : 합(合). '풀과 암삼이 어울려 향기가 없다.' 6) 즙린(葺鱗) : 비늘을 기우듯이 가지런히 하다. 7) 문장(文章) : 아름다운 모습. 8) 도제(荼薺) : 씀바귀와 냉이. 동무(同畝) : 같은 밭에 심다. 9) 도(都) : 미(美). 가인(佳人) : 군자. 팽함을 지칭. 10) 세대가 바꿔어도 스스로 그와 비할 것이다. 통세(統世) : 세대. 황(貺) : 비. 11) 묘(眇) : 멀리. 원지(遠志) : 원대한 뜻. 상양(相羊) : 떠돌다. '나의 큰뜻이 가는 곳이 멀거니 뜬구름처럼 떠돌아다니는 것이 마음아프다.' 12) 개(介) : 인(因). '이 원대한 뜻이 흐려지려 하므로 몰래 시를 지어 밝히는 것이다.' 13) 증(曾) : 증(增). 더하다. 허희(歔欷) : 흐느껴 울다. 차차(嗟嗟) : 비탄의 소리. 14) 근심에 잠 못 이뤄 날이 밝아 오다. 15) 이 길고 긴 밤을 다 보내다. 만만(曼曼) : 긴 모양. 16) 이 슬픔을 누르려 해도 떨칠 수 없다. 17) 민련(慜憐) : 근심과 고통. '긴 탄식의 근심과 고통에 가슴아파하다.' 18) 오읍(於邑) : 원망과 수심에 잠김. 홍분을 이기지 못함. 지(止) : 억누르다. '호흡이 답답하여 억제할 수 없다.' 19) 규(紏) : 얽어매다. 엮다. 낭(纕) : 주머니. 20) 편(編) : 엮다. 매다. 응(膺) : 속옷. 21) 잉(仍) : 인(因), '회오리바람 가는 대로 따라가다.' 22) 있는 듯한데 보이지 않다. 23) 가슴이 울렁거리는 것이 끓는 물 같다. 24) 옷깃을 만져 다듬으며 마음을 달래다. 25) 초(超) : 슬픔. 망망(惘惘) : 실의에 찬 모양. 수행(遂行) : 멀리 가다. 26) 훌훌(習習) : 문득. 빨리. 퇴(頹) : 떨어지다. 물체가 떨어지다. 27) 번(蘋) : 메풀. 형(蘅) : 두형초. 곰취. 절리(節離) : 끊어져 떨어지다. 28) 비(比) : 합(合). '방초가 시들어 향기가 흩어지다.' 29) 징(懲) : 가누다. 그치다. 30) 요(聊) : 의지하다. 31) 음(唫) : 읊다. 문루(抆淚) : 눈물을 닦다. 32) 방(放) : 추방되다. 불환(不還) : 돌아가지 못하다. 33) 은(隱) : 아프다. 소문(所聞) : 자랑스런 명성. 조(照) : 드러내다. 34) 만(巒) : 산봉우리. 35) 묘묘(眇眇) : 멀다. 묵묵(默默) : 조용하여 인적이 없다. 36) 영향(景響) : 사람의 그림자와 메아리. '사람의 그림자와 소리가 없는 곳에 들다.' 37) 문성상(聞省想) : 귀로 듣고, 눈으로 보고 생각하는 것. 38) 거(居) : 심(心). 척척(戚戚) : 근심 어린 모양. 39) 기기(覊羈) : 얽매이다. 40) 요전(繚轉) : 얽히고 어지러움. 체(締) : 마음에 맺혀 있다. 41) 목(穆) : 그윽하다. 무은(無垠) : 끝이 없는 것. '갈길이 아득히 멀어 그지없다.' 42) 망(莽) : 크다. 아주. 망망(芒芒) : 넓고 큰 모양. 의(儀) : 짝하다(匹). 43) 소리 작아도 서로 느낄 수 있고, 사물은 너무도 순수하여 손댈 수 없다. 44) 막(藐) : 멀다. 만만(蔓蔓) : 길고 먼 모양. 45) 표(縹) : 훌쩍 날다. 미세한 모양. 면면(緜緜) : 끊이지 않고 이어지는 모양. 우(紆) : 얽어매다. 46) 가벼이 멀리 날아가도 마음이 즐거울 수 없다. 명명(冥冥) : 아주 멀다. 47) 초안(峭岸) : 가파른 언덕. 48) 짙은 무지개의 꼭대기에 오르다. 49) 청명(青冥) : 청천(青天). 터홍(攄虹) : 무지개를 펴다. 50) 문천(捫天) : 하늘을 만지다. 51) 잠로(湛露) : 맑은 이슬. 부원(浮源) : 시원하다. 서늘함. 52) 수(漱) : 양치질하다. 응상(凝霜) : 얼어붙은 서리. 서리덩이. 분분(雰雰) : 서리나 눈이 희게 내린 모양. 53) 풍혈(風穴) : 바람굴. 북방에 바람이 나오는 곳이 있다는 전설에서 나온 말. 식(息) : 휴(休). 54) 경오(傾寤) : (슬픈 생각) 순식간에 느끼다. 선원(嬋媛) : (슬픈 생각) 맺혀 걸리다. 55) 빙(憑) : 의지하다. 기대다. 감무(瞰霧) : 안개를 내려다보다. 56) 민산(岷山) : 초에 있는 산. 은(隱) : 의지하다. 청강(清江) : 큰 강물을 맑게 하다. 57) 탄(憚) : 두려워하다. 용단(涌湍) : 출렁이는 여울물. 개개(磕磕) : 물과 돌이 부딪치는 소리. 58) 흉흉(洶洶) :

물결치는 소리. 59) **용용**(容容) : 어지러운 모양. 무경(無經) : 정해진 원칙이 없이 멋대로 하는 것. '흘러내리는 물이 어지러이 마구 흘러가다.' 60) **망**(罔) : 의지할 데 없는 모양. 망망(芒芒) : 광대한 모양. 무기(無紀) : 규율이 없다는 것은 물이 이리저리 치며 세차게 흐르는 모습을 말함. 61) **알**(軋) : 아득히. **양양**(洋洋) : 물이 거침없이 흐르는 모양. 무종(無從) : 어디서 내려오는지 모른다. 62) **위이**(委移) : 침착하고 서두르지 아니함. 물이 유유히 흘러감. 63) **표**(漂) : 뜨다. 번번(翻翻) : 물이 곤두박질하며 흐르는 모양. 64) **익**(翼) : 빨리 나가는 모양. 요요(遙遙) : 흔들리는 모양. 65) **흘흘**(潏潏) : 물이 솟아나는 모양. 66) **반**(伴) : 기대다. 장이(張弛) : 팽팽하게 캥기는 것과 늦추는 것. 성함과 쇠함(물이 밀렸다 나갔다 함). 밀물과 썰물. 신기(信期) : 물의 들고 남에 시간이 일정하다. '물이 들고 남에 일정한 틈이 있듯이 멋대로 흐르면서도 묘한 조화를 이룬다.' 67) **염기**(炎氣) : 화기. 증기. 상잉(相仍) : 끊이지 않다. 연액(煙液) : 안개 방울. 구름과 비. 68) **광경**(光景) : 일월. 시(施) : 쓰다(用). 황극(黃棘) : 나무 이름. 노란 꽃에 둥근 잎. 왕책(枉策) : 굽은 말채찍. 69) **개자**(介子) : 개자추. 소재(所在) : 있는 곳. 70) **방적**(放迹) : 남긴 자취. 71) **조도**(調度) : 헤아려 보다. 72) **각저**(刻著) : 굳게 세우다. 무적(無適) : 뜻을 바꾸지 않다. 73) **왈**(曰) : 어조사. 척척(怵怵) : 놀라고 두려운 모양. 74) **강회**(江淮) : 장강과 회수. 자서(子胥) : 오자서(伍子胥). 75) **대하**(大河) : 황하. 주저(洲渚) : 물섬가. 76) **신도**(申徒) : 신도적(申徒狄). 은나라 때 주왕을 간하다가 여의치 않자 돌을 지고 투신자살했다 함(장자 도척편). 항적(抗迹) : 높은 자취. 77) **취**(驟) : 자주. 78) **중임석**(重任石) : 큰 돌을 지다. 79) **건산**(蹇產) : 꼬이다. 휘어 펴지지 않다.

評析 회풍(回風 ; 회오리바람)은 세상일이 변화무쌍함을 비유한다. 구장(九章)에서 가작(佳作)의 하나이다. 연면사를 잘 활용하여 음절이 분명하고 작품의 흐름이 유원(幽怨)하여 매우 감동적이다. 비교적 예술적 기교가 있는 글이다.

원　　유(遠遊)

　이 작품은 굴원의 글이냐의 여부로 이설(異說)이 있다(胡適·陸侃如·游國恩 등). 도가(道家)의 신선사상(神仙思想)이 충만한 작품으로서 수련의 방법까지 제시하고 있다. 속세(俗世)를 떠나서 초월적 자세로 청고(淸高)하게 살겠다는 의지가 표현되어 있다. '허정(虛靜)·무위(無爲)·자연(自然)·무위지선(無爲之先)·차덕지문(此德之門)·적송(赤松)·한중(韓衆)' 등 도가어(道家語)가 많이 사용되었다. 89운, 32번의 환운(換韻)을 쓰고 있다.

♠

　세상이 협박과 질투로 차 있는 것을 슬퍼하니 훌쩍 올라가 멀리까지 떠돌아다니기를 바라노라. 타고난 성품이 각박하여 어쩔 수 없으니 어디에 의탁하여 하늘 위에 타고 올라가리요? 탁하고 더러운 일을 당하여 나 홀로 속이 답답하게 맺혀 있으니 그 누구와 이야기하리요? 한밤을 뜬눈으로 잠을 못 이루어 넋이 시달려 지친 채로 새벽의 날이 밝는다. 천지가 무궁한 것을 생각하면서 인생에 고생이 많은 것을 슬퍼하노라. 지난 일일랑 내가 믿지 못하고 앞으로 올 일일랑 나는 알지 못하도다. 천천히 걸어가며 오래도록 생각해 보아도 서글프고 실망에 차서 속이 상하는도다. 생각은 가눌 데 없어 떠돌아다니고 마음은 시름에 차서 더욱 슬퍼만 지누나. 넋은 훌쩍 빠져 나가서 돌아오지 아니하고 몸은 메말라서 외로이 남았도다. 마음으로 돌아보아 몸가짐을 바르게 하고 올바른 기운이 오는 근원을 찾는도다. 멍하게 마음을 조용히 하여 편안하고 즐거우니, 담담히 하는 일 없어도 절로 터득되는 바 있도다. 적송자가 남긴 맑은 행적을 듣고서 그의 남긴 도리를 받들어 배우고 싶도다. 참된 사람의 고운 덕을 소중히 여기고 지난날에 신선되어 올라간 일들을 찬미하노라. 그들은 신선되어 떠나가서 보이지 않으나, 명성이 드러나서 갈수록 이어져 전하도다. 부열이 별이 된 일을 신기하게 여기며 한중이 지순의 도를 터득한 일을 부러워하도다. 몸은 조용히 먼곳으로 떠나가서 속인들을 떠나 숨어서 사는도다. 자연의 변화에 따라서 더욱 높이 올라가 홀연히 번개처럼 신출귀몰하는도다. 때때로 멀리 보이듯하면서 정기가 밝게 왔다 갔다 하는도다. 요기와 먼지를 떨치고 죄를 맑게 하고서는 끝내 고향으로 돌아오지 않는도다. 뭇 근심을 떨치고 두려워하지 않으니 세상에 어디로 갈 바를 알지 못하도다. 계절이 바뀌는 것을 두려워하니 번쩍이는 해를 따라 서쪽으로 가는도다. 가녀린 서리 내려서 낮게 깔리니 향기론 풀이 먼저 시들어 가는 것을 애타하는도다. 잠시나마 다 떨치고 거닐다 보니 몸은 늙었으되 해놓은 일이 없도다. 누구와 더불어 향기론 풀을 구경할 것인가? 아침에 바람을 맞으며 마음을 느긋이 가진다네. 고양씨가 아득히 멀리 있으니, 나는 장차 어디로 갈 것인가? 거듭 말하노니, 춘추가 문득 물흐르듯 바뀌니 어찌 오래도록 이 고향에 머물겠는가? 황제를 따라 올라갈 수 없으니 나는 장차 왕자교를 쫓아서 노닐겠노라. 육기를 먹고 이슬 기운을 마시며 정양을 삼키고 아침 노을을 머금겠노라. 맑고 깨끗한 신명을 지켜서 정기가 들게 하여 더럽고 추한 것을 없애노라. 남쪽 바람을 따라서 노닐다가 남소에 이르러서 잠시 쉬노라. 왕자교를 만나면 머물게 하고는 지순한 기운이 조화를 이루게 하리라. 말하노니, '도는 받아들일 수는 있으나 전할 수가 없으며, 작은 것은 속이 없고 큰 것은 끝이 없으며 너의 혼을 깨끗이 하면 자연히 얻게 되는도다. 지순한 기운은 매우 신기하여 한밤에도 존재하며, 조용히 기다려 얻을 일이지 마음을 앞세워 얻을 일은 아니로다. 만물이 여기서 이뤄지니 이것이 바로 화덕의 길인 것이다.' 지극히 소중한 것을 듣고 마침내 작별하여 홀연히 나는 떠나가리라. 선인을 단구로 이끌어서 불멸의 마을에 머물게 하니, 아침에 탕곡에서 머리를 감고 저녁에는 구양에서 내 몸을 말리도다. 비천의 여린 액체를 마시며 아름다운 옥의 꽃을 품는도다. 옥의 색이 붉어서 얼굴에 윤기가 흐르니, 정신이 깨끗하여 강건하도다. 몸이 마르고 쇠하지만 정신은 아름다이 더욱 드러나는도다. 남주의 화덕을 찬미하며 계수나무의 겨울꽃을 아름답게 여기도다. 산은 쓸쓸하여 짐승이 없으며 들은 적막하여 다니는 사람 없도다. 내 영혼을 실어 멀리 떠나리니 뜬구름을 덮고서 하늘 위로 오르도다. 하늘 문지기에게 문쇄를 열게 하고 천문을 줄지어 열어 놓고 나를 기다린다네. 풍륭을 불러서 앞을 인도하게 하며 태미궁의 거처를 묻는도다. 하늘에 머물어 천제의 궁에 들어서니 순시천을 찾아 청도를 바라보네. 아침에 태의에서 출발하여 저녁에 겨우 어미려에 이르렀도다. 나의 수레를 만승이 위요하니 어지럽고도 성대하게 나란히 달리도다. 구불대는 아름다운 여덟 용을 타고서 휘날리는 구름 깃발을 세웠는데, 웅대한 무지개 무늬의 찬란한 깃발을 세우니 오색이 어른거리며 빛나는도다. 두 필의 말이 춤추듯 위아래로 내달리니 삼두 가마가 빛나고 출렁이며 힘차게 달리도다. 기마가 어지럽고 요란하게 달리니 얼룩덜룩 끝없이 가는도다. 내 고삐를 잡아 채찍을 가하여서 나는 구망신을 찾겠노라. 태호를 지나서 오른쪽으로 돌려서 비렴을 앞세우고 길을 열게 하도다. 해는 어둑어둑 밝지 않았는데 천지를 지나서 곧바로 건너니 풍백이 나 위해 앞서 달리며 먼지를 없애서 깨끗하고 시원하게 하는도다. 봉황이 날개에 기를 세우고 서천에서 욕수신을 만나리라. 혜성을 잡아서 기를 삼고 북두자루를 가져다가 깃대를 삼아서, 요란하게 아래위로 나누어 놀란 안개가 출렁이는 파도에서 놀리라. 때가 어두워 빛이 없으니, 현무를 불러서 어서 다르게 하고 문창을 뒤로하여 따르게 하고서 여러 신을 뽑아서 함께 달리게 하도다. 길은 아득히 멀고 머니 천천히 머뭇거리며 훌쩍 건너리라. 왼쪽에는 우사로 길을 모시게 하고, 오른쪽으로는 뇌공으로 호위하게 하리니, 속세를 건너서 돌아올 일을 잊으려 하니 생각이 느긋하여 교만하여지도다. 마음으로 기뻐서 절로 찬미하니 잠시 즐겁게 노닐러라. 청운을 건너서 호탕하게 노닐다가 문득 옛 고향을 언뜻 엿보았노라. 하인은 나의 마음이 슬퍼하는 줄 알고 변마는 돌아보며 나가지 않는구나. 옛 고향을 그리며 또 생각하노니, 길게 탄식하면서 눈물을 닦는도다. 널리 느긋하게 멀리 올라가려다가 잠시 마음을 누르고 주저하는도다. 남방의 염신을 가리키며 곧장 달려서 나는 남방의 구의산으로 가겠노라. 아득한 지평선을 바라보니 물결이 출렁거려서 절로 뜨는도다. 축융이 말하기를 수레 멍에를 돌리라 하니 말을 달리며 봉황을 불러서 복비를 맞으라 하는도다.

함지악을 준비하고 황제의 승운악을 연주하고 아황과 여영이 순임금의 구소가를 부르게 하며, 상수신으로 거문고를 타게 하고, 해약신으로 풍이신과 춤추게 하는도다. 현룡과 장충, 망상이 모두 나오니 형상이 용같이 꿈틀거리도다. 암무지개가 아름답게 굽어져 매여 있고 봉황새는 날개를 치며 높이 날아오르도다. 음악이 널리 퍼져서 끝이 없으니 어찌 돌아가서 방황하겠는가? 천천히 절조 있게 달려가니 아득히 북문에 이르도다. 청원에서 질풍을 몰아서 덮인 얼음 위로 전욱을 따라가도다. 현명을 따르다가 길을 잘못 드니 천지 간에 오래 타고 가다가 되돌아보는도다. 천상 조화신을 불러서 보이고 나를 위해 먼저 평평한 길로 인도하게 하는도다. 사방을 두루 돌아다니고 천지 사방을 두루 다녔도다. 위로는 하늘의 틈새에 다다라서 아래로 대해를 내려다보니, 아래는 깊어서 땅이 없고 위에는 넓어서 하늘이 없도다. 시야가 갑자기 보이지 않고 귀가 멍멍하고 슬퍼서 들리지 않도다. 초연히 하릴없이 청도에 이르러서 대기와 함께 이웃하리라.

原文 悲時俗之迫阨兮[1]여, 願輕擧而遠遊로다. 質菲薄而無因兮[2]여, 焉託乘而上浮[3]인가? 遭沈濁而汙穢兮[4]여, 獨鬱結其誰語[5]리요! 夜耿耿而不寐兮[6]여, 魂煢煢而至曙[7]로다. 惟天地之無窮兮[8]여, 哀人生之長勤[9]이라. 往者余弗及兮여, 來者吾不聞이라. 步徙倚而遙思兮[10]여, 怊惝怳而乖懷[11]로다. 意荒忽而流蕩兮[12]여, 心愁悽而增悲로다. 神儵忽而不反兮[13]여, 形枯槁而獨留[14]로다. 內惟省以端操兮[15]여, 求正氣之所由[16]로다. 漠虛靜以恬愉兮[17]여, 澹無爲而自得[18]이라. 聞赤松之淸塵兮[19]여, 願承風乎遺則[20]이라. 貴眞人之休德兮[21]여, 美往世之登仙[22]이라. 與化去而不見兮[23]여,

名聲著而日延[24]이라. 奇傅說之託辰星兮[25]여, 美韓衆之得一[26]이
라. 形穆穆以浸遠兮[27]여, 離人羣而遁逸[28]이라. 因氣變而遂曾擧
兮[29]여, 忽神奔而鬼怪[30]로다. 時髣髴以遙見兮[31]여, 精皎皎以往
來로다. 絶氛埃而淑尤兮[32]여, 終不反其故都로다. 免衆患而不懼
兮여, 世莫知其所如[33]로다. 恐天時之代序兮[34]여, 耀靈曄而西
征[35]이라. 微霜降而下淪兮[36]여, 悼芳草之先零[37]이라. 聊仿佯而
逍遙兮[38]여, 永歷年[39]而無成이라. 誰可與玩斯遺芳兮[40]여, 晨向
風而舒情이라. 高陽邈以遠兮[41]여, 余將焉所程[42]인가? 重曰[43]
春秋忽其不淹兮[44]여, 奚久留此故居[45]인가? 軒轅不可攀援兮[46]
여, 吾將從王喬而娛戲[47]로다. 飡六氣而飮沆瀣兮[48]여, 漱正陽而
含朝霞[49]로다. 保神明之淸澄兮[50]여, 精氣入而麤穢除[51]로다. 順
凱風以從遊兮[52]여, 至南巢而壹息[53]이라. 見王子而宿之兮[54]여,
審壹氣之和德[55]이라. 曰 '道可受兮여, 不可傳하고, 其小無内
兮여, 其大無垠하고, 無滑而魂兮[56]여, 彼將自然이라. 壹氣孔神
兮[57]여, 於中夜存하고, 虛以待之兮[58]여, 無爲之先[59]이라. 庶類
以成兮[60]여, 此德之門[61]이라.' 聞至貴而遂徂兮[62]여, 忽乎吾將
行이라. 仍羽人於丹丘兮[63]여, 留不死之舊鄕이라. 朝濯髮於湯
谷兮여, 夕晞余身兮九陽[64]이라. 吸飛泉之微液兮[65]여, 懷琬琰之華
英[66]이라. 玉色頩以脕顏兮[67]여, 精醇粹而始壯[68]이라. 質銷鑠以
汋約兮[69]여, 神要眇以淫放[70]이라. 嘉南州之炎德兮[71]여, 麗桂樹
之冬榮[72]이라. 山蕭條而無獸兮여, 野寂漠其無人이라. 載營魄而
登霞兮[73]여, 掩浮雲而上征이라. 命天閽其開關兮[74]여, 排閶闔而
望予[75]로다. 召豊隆使先導兮[76]여, 問大微之所居[77]로다. 集重陽

입제궁혜　　　　　조순시이관청도　　　　　　　조발인어태의혜　　　　　석
入帝宮兮[78)]여, 造旬始而觀淸都[79)]로다. 朝發軔於太儀兮[80)]여, 夕
시림호어미려　　　　　　둔여거지만승혜　　　　　　분용여이병치
始臨乎於微閭[81)]로다. 屯余車之萬乘兮여, 紛溶與而並馳[82)]하고,
가팔룡지완완혜　　　　　　　재운기지위이
駕八龍之婉婉兮[83)]여, 載雲旗之逶蛇[84)]로다. 建雄虹之采旄兮[85)]여,
오색잡이현요　　　　　　　　　　　참언건이교오
五色雜而炫燿[86)]로다. 服偃蹇以低昂兮[87)]여, 驂連蜷以驕驁[88)]로다.
기교갈이잡란혜　　　　　반만연이방행　　　　　찬여비이정책혜
騎膠葛以雜亂兮[89)]여, 斑漫衍而方行[90)]이라. 撰余轡而正策兮여,
오장과호구망　　　　　역태호이우전　　　　전비렴이계로
吾將過乎句芒[91)]이라. 歷太皓以右轉兮[92)]여, 前飛廉以啓路[93)]로다.
양고고기미광혜　　　　　능천지이경도　　　　풍백위여선구혜
陽杲杲其未光兮[94)]여, 淩天地以徑度[95)]로다. 風伯爲余先驅兮여,
분애피이청량　　　　　봉황익기승기혜　　　　우욕수호서황
氛埃辟而淸凉[96)]이라. 鳳皇翼其承旂兮[97)]여, 遇蓐收乎西皇[98)]이라.
남혜성이위정혜　　　　거두병이위휘　　　　　반륙리기상하혜
擥彗星目爲旍兮[99)]여, 擧斗柄目爲麾[100)]로다. 叛陸離其上下兮[101)]
여, 遊鶩霧之流波[102)]로다. 旹曖逮其矓莽兮[103)]여, 召玄武而奔屬[104)]
이라. 後文昌使掌行兮[105)]여, 選署衆神以並轂[106)]이라. 路曼曼其
수원혜　　　　　서미절이고려　　　　　좌우사사경시혜　　　우뢰공
修遠兮[107)]여, 徐弭節而高厲[108)]로다. 左雨師使徑侍兮여, 右雷公
이위위　　　　욕도세이망귀혜　　　　의수휴이걸교　　　　　　내흔흔이
以爲衛로다. 欲度世以忘歸兮여, 意恣睢目担撟[109)]로다. 內欣欣而
자미혜　　　　요부오이자락　　　　섭청운이범람유혜　　　　홀림예부구
自美兮여, 聊嬿娛目自樂이라. 涉靑雲目汎濫游兮여, 忽臨睨夫舊
향　　　　　복부회여심비혜　　　　　변마고이불행　　　　사구고이상상
鄕[110)]이라. 僕夫懷余心悲兮여, 邊馬顧而不行이라. 思舊故目想像
혜　　　　장태식이엄체　　　　　범용여이하거혜　　　　　요억지이자
兮여, 長太息而掩涕[111)]로다. 氾容與而遐擧兮[112)]여, 聊抑志而自
미　　　　지염신이직치혜　　　　오장왕호남의　　　　　　남방외
弭[113)]로다. 指炎神而直馳兮[114)]여, 吾將往乎南疑[115)]로다. 覽方外
지황홀혜　　　　패망상이자부　　　　축융계이환형혜　　　　등
之荒忽兮[116)]여, 沛罔象而自浮[117)]로다. 祝融戒而還衡兮[118)]여, 騰
고란조영복비　　　　장함지주승운혜　　　　이녀어구소가
告鸞鳥迎宓妃[119)]로다. 張咸池奏承雲兮[120)]여, 二女御九韶歌[121)]로
　　사상령고슬혜　　　　영해약무풍이　　　　　현리충상병출진
다. 使湘靈鼓瑟兮[122)]여, 令海若舞馮夷[123)]로다. 玄螭蟲象並出進
혜　　　　형료규이위이　　　　　자예편연이증요혜　　　　　난조헌
兮[124)]여, 形蟉虯而逶蛇[125)]로다. 雌蜺便娟目增撓兮[126)]여, 鸞鳥軒
저이상비　　　　음악박연무종극혜　　　　　언내서이배회
翥而翔飛[127)]라. 音樂博衍無終極兮[128)]여, 焉乃逝目俳佪[129)]로다.
서병절이치무혜　　　　탁절은호한문　　　　질신풍어청원혜
舒幷節目馳騖兮[130)]여, 逴絶埌乎寒門[131)]이라. 軼迅風於淸源兮[132)]

여, 從顓頊乎增冰¹³³⁾이라. 歷玄冥曰邪徑兮¹³⁴⁾여, 乘間維曰反顧¹³⁵⁾로다. 召黔嬴而見之兮여, 爲余先乎平路¹³⁶⁾로다. 經營四荒兮여, 周流六漠¹³⁷⁾이라. 上至列缺兮¹³⁸⁾여, 降望大壑¹³⁹⁾이라. 下崢嶸而無地兮¹⁴⁰⁾여, 上寥廓而無天¹⁴¹⁾이라. 視儵忽而無見兮여, 聽惝怳而無聞¹⁴²⁾이라. 超無爲曰至淸兮¹⁴³⁾여, 與泰初而爲鄰¹⁴⁴⁾이라.

註 1) 박액(迫阨): 협박과 곤궁(질투). 시속(時俗): 현재의 속세, 세상. 2) 질성(質性): 타고난 성품. 비박(菲薄): 보잘것없다. 무인(無因): 별 도리 없다. 3) 탁승(託乘): 의탁하여 타다. 4) 이(而): 이(以). 혼탁하고 더러운 일을 만나다. 5) 울결(鬱結): 마음이 답답하게 맺힌 것. '그 누구에게 이야기하리요.' 6) 경경(耿耿): 잠 못 이루는 모양. 7) 경경(縈縈): 왕래부정(往來不定)한 모양. 헤매는 모양. 지서(至曙): 새벽이 되다. 날이 밝다. 8) 유(惟): 생각하다. 9) 장근(長勤): 오랜 고생. 허덕임. 10) 보(步): 천천히 걷다. 사의(徙倚): 머뭇거리다. 요사(遙思): 오래 생각하다. 11) 초(怊): 원망. 한하다. 창황(惝怳): 실의에 찬 모양. 괴회(乖懷): 뜻에 어그러지다. 속상하다. 12) 황홀(荒忽): 가누지 못하다. 정신이 아득하다. 유탕(流蕩): 이리저리 떠돌아다니다. 13) 숙홀(儵忽): 홀연히. 갑자기. 불반(不反): 돌아오지 않다. 14) 형(形): 몸. 육신. 고고(枯槁): 메마르다. 15) 마음속으로 홀로 돌이켜 생각하여 몸가짐을 바르게 하다. 단조(端操): 바르게 몸가짐하다. 16) 정기(正氣): 바른 기운. 일종의 심술(心術). 소유(所由): 연유, 근원. 17) 허정(虛靜): 생각을 없애고 조용히 갖다. 염유(恬愉): 마음이 편하고 즐겁다. 18) 마음을 깨끗이 자연스레 하며 스스로 터득하다. 19) 적송(赤松): 적송자. 신농시(神農時)의 우사. 수옥(水玉)을 입었다 함. 청진(淸塵): 맑은 먼지. 유풍. 행적. 20) 승풍(承風): 풍도를 받들다. 유칙(遺則): 남겨준 법도. 21) 진인(眞人): 도득(道得)한 사람. 휴덕(休德): 미덕. 22) 지난날 신선되어 올라간 일을 찬미하다. 23) 신선되어 떠나가서 보이지 않는다. 24) 일연(日延): 날로 이어지다(전해지다). 25) 부열(傅說): 은나라 재상. 죽어서 용꼬리에 타고 하늘에 올라가서, 부열성이 되었다 함(장자 대종사). 기(奇): 신기하게 여기다. 26) 한중(韓衆): 제인(齊人)으로 단약을 먹고 신선이 되었다 함. 득일(得一): 도가의 지순한 도를 터득하다. 27) 목목(穆穆): 조용한 모양. 침원(浸遠): 점점 멀리 가다. 28) 둔일(遁逸): 숨어 살다. 29) 기변(氣變): 자연의 변화. 증거(曾擧): 높이 날아오르다. 30) 신분(神奔): 신이 재빠른 모양. 귀괴(鬼怪): 귀신이 번개같이 출입하는 모양. 31) 방불(髣髴): 마치 …같다. 32) 정(精): 정기. 교교(皎皎): 밝은, 환한. 분(氛): 나쁜 기. 요기(妖氣). '요기와 티끌을 끊고 죄를 깨끗하게 하다.' 33) 기소여(其所如): 그 간 곳. 여(如)는 지(之). 34) 계절이 때맞춰 바뀌는 것을 두려워하다(세월이 빨리 가는 것을 비유). 35) 요령(耀靈): 해를 지칭. 엽(曄): 광명. 정(征): 가다. 36) 미상(微霜): 가는 서리. 하륜(下淪): 낮게 깔리다. 37) 선령(先零): 먼저 시들다. 38) 방양(仿佯): 머뭇거리다. 배회하다. 소요(逍遙): 한가로이 거닐다. 39) 역년(歷年): 세월을 보내다. 늙어지다. 40) 유방(遺芳): 남겨 놓은 방초(충정을 비유).

41) 고양(高陽) : 고양씨는 아득히 멀리 있다. 막(邈) : 아득히. 먼. 굴원은 고양씨의 후손. 42) 정(程) : 본받다. 43) 중왈(重曰) : 한이 다하지 못해 진술하는 경우에 쓰이는 악절의 이름. 44) 불엄(不淹) : 오래 머물지 않다. 45) 해(奚) : 어찌. 고거(故居) : 고향. 46) 헌원(軒轅) : 황제의 호. 반원(攀援) : 올라가서 따르다. 47) 왕교(王喬) : 왕자교. 주령왕(周靈王)의 태자. 생황을 불어 봉황 소리를 내며 낙수가에서 놀았다고 하는 신선. 48) 찬(飡) : 먹다. 육기(六氣) : 음(陰)・양(陽)・풍(風)・우(雨)・회(晦)・명(明). 항해(沆瀣) : 깊은 밤중에 내리는 이슬 기운. 49) 수(漱) : 삼키다. 정양(正陽) 일중의 기(한낮의 정기). 조하(朝霞) : 아침 안개. 아침의 정기. 50) 신명(神明) : 정신. 귀신. 청징(清澄) : 맑고 깨끗함. 51) 추예(麤穢) : 추하고 더러움. 52) 개풍(凱風) : 남풍. 53) 남소(南巢) : 남방의 봉황이 깃든 곳이라 함. 일식(壹息) : 잠시 쉬다. 54) 왕자(王子) : 왕자교. 숙(宿) : 머물다, 또는 경(敬). 지(之) : 왕자교. 55) 일기(壹氣) : 지순한 기. 도. 화덕(和德) : 천지 음양의 조화. 56) 골(汨) : 어지럽다. 이(而) : 너. 혼(魂) : 정기. '너의 혼을 깨끗이 하다.' 57) 순일한 기운이 매우 신기하다. 공(孔) : 매우. 58) 조용히 기다리다. 59) 먼저 행치 않는다. 60) 온갖 것들이 이에서 이루어지다. 61) 화덕의 문(仙路). 62) 지귀(至貴) : 지극히 오묘한 말. 저(徂) : 떠나가다. 63) 우인(羽人) : 비선(飛仙). 우인지국(羽人之國)이 있는데 죽지 않는 사람이 산다 함. 단구(丹丘) : 밤낮없이 늘 밝은 곳이라 함. '선인을 단구로 이끌다.' 64) 구향(舊鄕) : 선인의 고장. 구양(九陽) : 해. 65) 비천(飛泉) : 곤륜산 남쪽에 있는 해지는 곳. 미액(微液) : 오묘한 물. 신기한 액체. 66) 완염(琬琰) : 둘 다 옥이름. 화영(華英) : 예쁜 꽃. 67) 병(甁) : 엷은 적색. 붉다. 만안(脕顔) : 얼굴에 윤기가 흐르다. 68) 순수(醇粹) : 깨끗하다. 정(精) : 정신. 69) 질(質) : 몸. 소삭(銷鑠) : 쇠하다. 파리해지다. 작약(汋約) : 유약하다. 수척하다. 70) 요묘(要眇) : 아름답고 오묘함. 음방(淫放) : 더욱 드러나다. 71) 가(嘉) : 찬미하다. 남주(南州) : 남토. 염덕(炎德) : 남방은 오행상 화에 속한다. 72) 여(麗) : 아름답게 여기다. 동영(冬榮) : 겨울 꽃. 73) 영백(營魄) : 혼백. 하(霞) : 멀다. 등하(登霞) : 멀리가다. 74) 천혼(天閽) : 하늘 문지기. 75) 창합(閶闔) : 천문. 76) 풍륭(豊隆) : 운사. 77) 태미(大微) : 천제의 남궁. 78) 집(集) : 머물다. 중양(重陽) : 하늘. 79) 조(造) : 방문. 순시(旬始) : 하늘 이름. 청도(淸都) : 천제가 머무는 곳. 80) 태의(太儀) : 천제의 뜰. 81) 어미려(於微閭) : 동방의 옥산. 82) 용여(溶與) : 요란하다. 물이 성한 모양. 83) 완완(婉婉) : 용이 나는 모양. 몸가짐이 아름답고 맵시 있음. 84) 위이(逶蛇) : 깃발이 나부끼는 모양. 85) 웅장한 무지개 무늬의 쇠꼬리 깃발을 세우다. 86) 현요(炫燿) : 빛나다. 87) 언건(偃蹇) : 말이 춤추는 모양. 복(服) : 두 필의 말. 저앙(低昂) : 위아래로 달리다. 88) 참(驂) : 세 필의 말. 연권(連蜷) : 말이 춤추는 모양. 빛나는 모양. 교오(驕驁) : 말이 요란하게 달리다. 89) 교갈(膠葛) : 엇갈리다. 어지럽다. 90) 반(斑) : 얼룩진 모양. 만연(漫衍) : 끝이 없다. 91) 고삐를 잡고 채찍을 더하고, 나는 구망을 찾아가려다. 구망(句芒) : 동방의 소양신(少陽神). 92) 태호(太皓) : 옛 황제의 이름. 복희씨. 태호가 있는 곳. 93) 비렴(飛廉) : 풍백. 계로(啓路) : 길을 열다. 94) 고고(杲杲) : 해가 아직 뜨지 않아 어두운 모양. 95) 능(淩) : …를 지나다. 경도(徑度) : 곧장 건너다. 96) 피(辟) : 제거하다. 없애다. 97) 승기(承旂) : 깃발을 세우다. 98) 욕수(蓐收) : 서방 소음신. 99) 정(旍) : 깃발. 혜성을 잡다. 100) 두병(斗柄) : 북두자루. 휘(麾) : 깃대. 101) 반(叛) : 흩어지다. 102) 놀란 안개의 흐르는 파도에서 놀다. 103) 시(旹) : 시(時). 애체(曖逮) : 캄캄하다. 당망(䁲莽) : 해가 빛이 없음. 104) 현무(玄武) : 별이름. 분속(奔屬) : 빨리 따르다. 105) 문창(文昌) : 별이름.

여기서는 신명(神名). '뒤에는 문창으로 수행하게 하다.' 106) 서(署) : 두다. 병곡(並轂) : 함께 달리다. 107) 만만(曼曼) : 아득하다. 수원(修遠) : 매우 멀다. 108) 여(厲) : 건너다. 미절(弭節) : 머뭇거리다. 109) 자휴(恣睢) : 자득하는 모양. 여유 있고 방자하다. 결교(担撟) : 높이 올라가다. 110) 임예(臨睨) : 엿보다. 111) 엄체(掩涕) : 눈물을 닦다. 112) 범(氾) : 뜨다. 넓다. '널리 느긋이 멀리 올라가다.' 113) 잠시 마음을 누르고 스스로 머뭇거리다. 114) 염신(炎神) : 남방의 신. 115) 남의(南疑) : 남방의 구의산. 116) 방외(方外) : 경계 밖. 지평선 밖. 황홀(荒忽) : 아득함. 117) 패(沛) : 물이 흐르는 모양. 망상(罔象) : 물이 성한 모양. 출렁이다. 118) 축융(祝融) : 남방의 화신. 계(戒) : 알리다. 환형(還衡) : 수레명에를 돌리다. 119) 등고(騰告) : 말을 달리며 부르다. 120) 함지(咸池) : 요임금의 음악. 승운(承雲) : 황제의 음악. 121) 이녀(二女) : 아황과 여영. 어(御) : 받들어 부르다. 구소가(九韶歌) : 순임금의 음악. 122) 상령(湘靈) : 상수신. 123) 해약(海若) : 하해신. 풍이(馮夷) : 수신. '해약으로 풍이와 춤추게 하다.' 124) 현리(玄螭) : 검은 용. 이무기. 충(蟲) : 긴 벌레. 상(象) : 망상. 수신. 125) 요규·유규(蟉虬) : 용이나 뱀이 꿈틀거리며 기어가는 모양. 126) 자예(雌蜺) : 암무지개. 엷은 무지개. 편(便) : 아름답다. 증요(增撓) : 더욱 매다. 127) 헌저(軒翥) : 높이 오르다. 128) 박연(博衍) : 널리 퍼지다. 무종극(無終極) : 끝이 없다. 129) 언내(焉乃) : 이에. '이에 나아가 노닐며 배회하다.' 130) 서(舒) : 천천히. 병절(幷節) : 합절(合節). 절주에 맞추다. 치무(馳鶩) : 말을 내어 달리다. 131) 탁절(逴絶) : 매우 아득한(멀다). 은(垠) : 끝에 이르다. 한문(寒門) : 북극의 산. 북문. 132) 질(軼) : 지나다. 몰아가다. 신풍(迅風) : 질풍. 청원(淸源) : 바람이 모아져 있는 창고. 133) 전욱(顓頊) : 북방의 제. 여기서는 신. 증빙(增冰) : 겹친 얼음. 134) 현명(玄冥) : 전욱신을 지칭. 사경(邪徑) : 길을 바꾸다. 135) 간유(間維) : 천지. 천에는 육간(상·하·사방)이 있고, 지에는 사유(네 모퉁이)가 있다 함. 반고(反顧) : 돌이켜보다. 136) 검영(黔嬴) : 천상 조화신. 혹은 수신. 평로(平路) : 길을 열다(나를 대신하여 앞서 길을 열게 하다). 137) 육막(六漠) : 천지사방. 138) 열결(列缺) : 하늘이 쪼개져서 이지러짐. 번개·번갯불·전광을 비유. 139) 대학(大壑) : 발해 동쪽에 있다는 것. 바다의 다른 이름. 대해(大海). 140) 쟁영(崢嶸) : 매우 깊고 먼 모양. 141) 요확(寥廓) : 넓고 큰 모양. 광원. 142) 창황(惝怳) : 슬퍼서 실의에 찬 모양. 143) 무위(無爲) : 자연. 지청(至淸) : 왕일은 '천정에 오르다' 또는 '청허(淸虛)의 지경에 들다.' 144) 태초(泰初) : 기의 처음. 도.

評析 작자(作者)에 대해 이설(異說)이 많다. '홀연히 돌아보며 이리저리 둘러보고 사방을 바라보며 떠나겠노라'라는 작품 속의 말은 바로 작자의 탈속과 도선적(道仙的) 의식의 표현이다. 89개의 운자와 32차의 환운(換韻)을 쓰고 있다.

복　　거(卜居)

　　작자 굴원에 대해서 왕일(王逸)에 의하면 간신들은 참소로 부귀영화를 누리는데, 자신은 충직(忠直)으로 추방당하며, 할 바를 몰라 태복(太卜)에게 물었다고 해서 '복거(卜居)'라고 했음을 설명하고 있다. 묻긴 하였지만, 태복의 답은 '神有所不通'(마음으로 통하지 않는 것이 있다)이라 하여 세상의 부패상을 간접적으로 풍자하고 있다.

♠

　굴원이 이미 쫓겨난 지 삼 년이 지났는데 다시 만나 뵈지 못하니, 지혜를 다 쓰고 충성을 다하고자 하나 참소로 가리고 막혀 있어서 마음이 괴롭고 생각이 어지러워 어떻게 해야 할지 모른지라, 태복 정첨윤을 가서 만나 보았다. 말하기를, '나는 의심되는 바가 있으니 원컨대 선생께서 그것을 풀어주시오.'라 하니 첨윤은 이내 점풀을 바르게 잡고 거북의 구갑을 털었다.
　말하기를 '당신은 어떻게 일러 줄거나?' 굴원이 말하기를, '나는 차라리 정성을 다하여 소박하면서 성실하게 살 것인가? 아니면 가는 건 보내고 오는 건 수고로이 받아 적당히 처신하며 무사하게 살 것인가? 차라리 떠풀을 호미질하며 힘써 밭이나 갈 것인가? 아니면 큰 사람과 어울리며 이름을 낼 것인가? 차라리 바른 말하여 거리끼지 않으면서 몸을 위태롭게 할 것인가? 아니면 세속에 따라 부귀를 누리며 즐겁게 살 것인가? 차라리 속세를 초연히 떠나 처신하며 참을 지킬 것인가? 아니면 아첨하고 우물거리며 무서워 떨고 선웃음치며 아부나 하여 부인을 섬길 것인가? 차라리 청렴결백하고 정직하여 스스로 맑게 살 것인가? 아니면 각지지 않고 둥글게 돌아가며 기름같이 가죽같이 부드럽게 살며 문설주나 닦을 것인가? 차라리 우뚝 서서 천리마처럼 살 것인가? 아니면 물 속의 들오리처럼 물에 둥둥 떠다닐까? 물결 따라 넘실대며 구차하게 내 한몸을 지킬까? 차라리 준마와 수레가로목을 나란히 하여 달릴까? 아니면 노둔한 말의 자취를 따를까? 차라리 고니와 날개를 나란히 할까? 아니면 닭이나 따오기와 더불어 먹을 것을 다툴까? 이 가운데 어느 것이 좋고 어느 것이 나쁜가? 어느 것을 버리고 어느 것을 따를까? 세상이 혼탁하여 맑지 않으니 매미 날개는 무겁게 여기고 엄청나게 무거운 물건은 가볍게 여기도다. 황종을 버리고 기와나 솥 조각을 울리고 아첨꾼은 높이 떨치고 어진 선비는 이름도 없도다. 아아! 말 아니하겠노라. 누가 나의 청렴과 정절을 알아주리요?' 첨윤이 점풀을 내려놓고 말하였다. '자에도 짧은 것이 있고 치에도 긴 것이 있으며, 사물에도 부족한 것이 있고 지혜에도 밝지 못한 것이 있고, 운수에도 미치지 못하는 것이 있으며, 정신에도 통하지 않는 것이 있거늘, 당신의 마음으로 당신의 뜻을 행하면 되나니, 거북과 점풀인들 진실로 세상일을 다 알 수는 없도다.'

原文 屈原旣放三年하여, 不得復見하니, 竭知盡忠[1]하여, 而蔽鄣於讒[2]하니, 心煩慮亂[3]하여, 不知所從[4]하며, 往見太卜鄭詹尹[5]이라. 曰 '余有所疑하니, 願因先生決之[6]이라.'하니, 詹尹乃端策拂龜[7]하여, 曰 '君將何以敎之인가?' 屈原曰 '吾寧悃悃款款[8]하여, 朴以忠乎[9]인가? 將送往勞來[10]하니, 斯無窮乎[11]인가? 寧誅鋤草茅[12]하여, 以力耕乎인가? 將游大人하여, 以成名乎인가? 寧正言不諱[13]하여, 以危身乎인가? 將從俗富貴하여, 以媮生乎[14]인가? 寧超然高擧하여, 以保眞乎인가? 將哫訾栗斯[15]하여, 喔咿儒兒[16]하여, 以事婦人乎인가? 寧廉潔正直하여, 以自淸乎인가? 將突梯滑稽[17]하니, 如脂如韋[18]하여, 以潔楹乎[19]인가? 寧昂昂若千里之駒乎[20]인가? 將汎汎若水中之鳧乎[21]인가? 與波上下하여, 偸以全吾軀乎[22]인가? 寧與騏驥亢軛乎[23]인가? 將隨駑馬之迹乎인가? 寧與黃鵠比翼乎[24]인가? 將與雞鶩爭食乎[25]인가? 此孰吉孰凶인가? 何去何從인가? 世溷濁而不淸하여, 蟬翼爲重하고, 千鈞爲輕[26]이라. 黃鐘毁棄[27]하고,

瓦釜雷鳴하여, 讒人高張하고, 賢士無名이라. 吁嗟默默兮[28]여,
誰知吾之廉貞[29]인가?' 詹尹乃釋策而謝[30]하여, 曰 '夫尺有所
短하고, 寸有所長하며, 物有所不足하고, 智有所不明하며, 數有
所不逮[31]하고, 神有所不通하며, 用君之心하고, 行君之意하니,
龜策誠不能知事로다.'

註 1) 지혜를 다 쓰고 충성을 다하다. 2) 폐장어참(蔽鄣於讒) : 참소에 가리고 막히다. 3) 마음이 괴롭고 생각이 어지럽다. 4) 어떻게 해야 좋을지 모른다. 5) 태복(太卜) : 복점을 관장하는 관리. 정첨윤(鄭詹尹) : 인명. 6) 원컨대 선생께서 그것을 풀어주오. 7) 단책(端策) : 점풀을 바르게 잡다. 불구(拂龜) : 구갑을 털다. 8) 곤곤관관(悃悃款款) : 매우 정성을 기울이는 모양. 9) 박(朴) : 질박하다. 10),11) 가는 것은 보내고 오는 것은 수고로이 받다. '처한 입장에 따라 거슬리지 않고 적응해 간다.' 사(斯) : 곧. 무궁(無窮) : 고생하지 않는다. 영(寧)…장(將)… : 차라리 … 할 것인가, 아니면 …할 것인가? 12) 주서초모(誅鋤草茅) : 떠풀을 호미질하여 없애다. 13) 정언불휘(正言不諱) : 바른말을 하여 꺼리지 않는다. 14) 투생(媮生) : 즐겁게 살다. 15) 족자률사(喔呰栗斯) : 아첨하면서 우물거리며 무서워 떨다. 16) 악이(喔咿) : 억지로 선웃음치는 것. 유아(儒兒) : 아첨해서 웃음. 17) 돌제(突梯) : 각이 없고 원만함. 골계(滑稽) : 둥글게 돌아가는 모양. 18) 여지여위(如脂如韋) : 기름 같고 가죽같이 부드럽다. 19) 문설주를 깨끗이 하다. 20) 앙앙(昂昂) : 말이 높이 올라가는 모양. 천리구(千里駒) : 준마. 천리마. 21) 범범(氾氾) : 물에 둥둥 뜨는 모양. 부(鳧) : 들오리. 22) 투(偸) : 구차하게. 23) 기기(騏驥) : 준마. 함액(亢軛) : 수레가로목을 높이다(나란히 달리다). 24) 비익(比翼) : 날개를 나란히 하다. 25) 계목(雞鶩) : 닭과 따오기. 26) 천균(千鈞) : 설흔 근이 일균. 매우 무거운 것을 지칭. 27) 황종(黃鐘) : 12율의 하나. 모든 음률의 기본. 28) 우차(吁嗟) : 탄식의 소리. 29) 염정(廉貞) : 청렴하고 곧은 것. 30) 점풀을 내려놓다. 31) 수(數) : 운명. 태(逮) : 미치다. 따라가다.

評析 첫구 '굴원기방(屈原旣放)' 때문에 굴원의 글이 아니라는 이설이 많다. 대단히 다듬어진 문체와 조리 있는 내용, 그리고 함축적인 비유 등은 후인(後人)의 작(作)이라는 논리도 긍정적으로 보이지만, 30개 운자를 적절히 구사한 운율과 함께 창시(唱詩)에 맞는 글이다.

140

어 부(漁父)

 어부와의 대화를 통하여 굴원의 청렴결백(淸廉潔白)한 성격을 객관적으로 묘사하고 있다. 왕일과 사마천〔사기 굴원·가생열전(屈原·賈生列傳)〕에는 굴원작이라 하나 후인의 위작설이 우세하다.

♠

　굴원이 벌써 추방되어 상수의 못에서 노닐고 연못가를 걸으며 시를 읊고 있었는데, 안색이 병에 걸린 듯 파리하고 몸은 몹시 야위어 있었다. 어부가 그를 보고 물었다. 말하기를, '당신은 삼려대부가 아닌가? 무슨 까닭으로 여기에 왔는가?' 굴원이 말하기를, '온 세상이 모두 혼탁할 때 나 홀로 맑았고, 뭇 사람들이 모두 술에 취해 있을 때 나 홀로 술에서 깨어 있다가 이 때문에 추방당하였습니다.' 어부가 말하기를, '성인께서는 어느 한 가지 세상일에 얽매이지 아니하시고 세상의 일에 따라서 어울려 지낼 수가 있도다. 세상 사람 모두 흐리면 당신도 왜 그 흙탕물을 튕겨서 물결도 일으켜 보고 사람들이 모두 술에 취해 있거든 당신도 술지게미를 배불리 먹고 밑술을 들이마시지 아니하오? 무슨 대단한 이유가 있다고 깊이 생각하며 고고하게 처신하면서 스스로 버림받게 되었는가?' 굴원이 말하기를, '나는 다음과 같은 말을 알고 있습니다. 곧 새로 머리 감는 사람은 반드시 머리관을 털어야 하며, 새로 목욕하는 사람은 반드시 옷을 털어야 한다는 말입니다. 이 깨끗한 몸을 가지고 어떻게 더러운 세상 사물을 수용할 수 있겠습니까? 차라리 상수에 몸을 던져 강물고기의 뱃속에 장사를 드릴지언정 깨끗한 마음의 결백으로 어떻게 세상의 먼지를 뒤집어쓸 수 있습니까?' 어부는 빙그레 웃으면서 노로 뱃전을 두드리며 떠나가면서 노래를 불렀다. '창랑수의 물이 맑으면 내 갓끈을 씻을 만하고 창랑수의 물이 흐리면 내 발을 씻을 만하네.' 마침내 떠나곤 더이상 아무 말도 하지 않았다.

原文 屈原既放하여, 游於江潭¹⁾하며, 行吟澤畔²⁾하니, 顔色憔悴³⁾하고, 形容枯槁⁴⁾로다. 漁父見而問之하여, 曰 '子非三閭大夫與⁵⁾아? 何故至於斯⁶⁾인가.' 屈原曰 '擧世⁷⁾皆濁我獨淸하고, 衆人皆醉我獨醒하니, 是以見放⁸⁾이라.' 漁父曰 '聖人不凝滯於物⁹⁾하여, 而能與世推移¹⁰⁾하니, 世人皆濁하면, 何不淈其泥而揚其波¹¹⁾인가? 衆人皆醉하면, 何不餔其糟而歠其醨¹²⁾인가? 何故深思高擧하여, 自令放爲¹³⁾인가?' 屈原曰 '吾聞之컨대, 新沐者必彈冠하고, 新浴者必振衣러라. 安能以身之察察¹⁴⁾로, 受物之汶汶者乎¹⁵⁾아? 寧赴湘流¹⁶⁾하여, 葬於江魚之腹中이언정, 安能以皓皓之白¹⁷⁾으로, 而蒙世俗之塵埃乎¹⁸⁾아?' 漁父莞爾而笑¹⁹⁾하고, 鼓枻而去²⁰⁾로다. 歌曰 '滄浪之水淸兮²¹⁾여, 可以濯吾纓²²⁾하고, 滄浪之水濁兮여, 可以濯吾足이라.' 하고, 遂去不復與言이라.

註 1) 강담(江潭): 상강(湘江)의 못. 2) 택반(澤畔): 연못가. 3) 초췌(憔悴): 고생이나 병에 시달려 파리함. 4) 고고(枯槁): 몸이 야위다. 5) 삼려대부(三閭大夫): 초 왕실의 삼성(三姓)인 소(昭)·굴(屈)·경(景) 삼가(三家)의 벼슬. 6) 사(斯): 여기. 7) 거세(擧世): 온 세상. 8) 견방(見放): 쫓겨나다. 추방당하다. 9) 응체어물(凝滯於物): 어느 한 가지 일(속세의 일)에 얽매여 막히다. 10) 여세추이(與世推移): 세속과 더불어 따라서 옮아간다. 11) 굴기니(淈其泥): 진흙물을 흐리게 하다. 12) 포기조(餔其糟): 지게미를 배불리 먹다. 철기시(歠其醨): 밑술을 들이마시다. 13) 스스로 쫓겨나게 되다. 14) 찰찰(察察): 맑고 깨끗한 것. 15) 문문(汶汶): 더럽고 욕된 것. 16) 차라리 상수에 몸을 던지다. 17) 호호(皓皓): 희고 깨끗한 모양. 18) 몽(蒙): 뒤집어쓰다. 덮어쓰다. 19) 완이(莞爾): 빙그레 웃는 모양. 20) 고예(鼓枻): 노로 뱃전을 두드리다. 21) 창랑(滄浪): 한수의 하류. 22) 영(纓): 갓끈.

評析 복거(卜居)와 함께 후인의 작이란 설이 많다. 어부는 곧 은둔하는 현인(賢人)이다. 이것은 참된 현인의 자질을 시험해 보는 강한 결백과 초지(初志)에 대한 작자의 자기 확인인 것이다.

구   변(九辯)

　　송옥(宋玉)의 작(作)으로 '구변'은 고대 악장의 이름이다. 굴원의 이소를 모방하여 지은 서정시로서, 조정에서 반대파의 모함으로 축출되고 초나라가 위기에 처하매 우국의 심정을 묘사하였다. 따라서 축출 후의 고독감, 비분을 그리면서 정치의 부패와 사회의 암흑상을 고발하고 있다. 표현기법은 연면사(聯綿詞)와 첩음사(疊音詞)를 많이 써서 예술적인 수사법이 돋보인다. 내용을 10단으로 세분하면 다음과 같다(洪興祖).
　① 가을의 기(氣)를 추방당한 상처에 연계.
　② 미인(美人) 홀로 타향(他鄕)에서 임을 만나지 못하는 심정으로 사군지심(思君之心)을 표현.
　③ 하루 아침에 죽임을 당할까 하는 두려움.
　④ 자상(自傷)과 사군(思君)의 심정.
　⑤ 속세에서 충성(忠誠)이 용납 안 되는 비애.
　⑥ 눈서리 내리는데, 운신할 수 없는 귀양살이의 처신.
　⑦ 시속(時俗)의 타락과 자신에 대한 두려움.
　⑧ 세월과 나이가 더하는 데서 오는 슬픔.
　⑨ 요순(堯舜)에 비유하여 자신의 충심(忠心) 강조.
　⑩ 임금이 눈이 어두워 요순 같지 않음을 애탄함.

1

　슬프도다, 가을의 절기여. 쓸쓸하게 초목이 떨어져 시들어지니, 두렵고 떨리는 마음 먼길에 떠나가 있는 듯, 산에 오르고 강가에 나가서 벗을 전송하는 듯. 텅 빈 하늘은 높고 공기가 맑으며, 고요하게 개울물을 거두어 물이 맑은데, 이 마음만 아파서 흐느낄 적에 차가운 기운이 이 내 몸에 스며드누나. 슬프고 실의에 차니 옛 것일랑 떨치고 새 것을 따르리. 불우하게도 가난한 선비는 직분을 잃고 뜻은 고르지 않으니 쓸쓸한 나그네 신세 벗조차 없도다. 마음은 괴로워 스스로 이 가슴 아프니 어느덧 제비는 날아서 하직하고 돌아가고, 매미는 적막하게 아무 소리 없구나. 기러기 화락하게 울며 남쪽에서 놀고, 고니새는 끼역끼역 슬피 우는구나. 날은 밝는데 나 홀로 잠 못 이루니 귀뚜라미만 밤길에 슬피 우누나. 세월은 물 흐르듯 어느새 지나가니, 아! 머물려 해도 쓸데없도다.

原文 悲哉라. 秋之爲氣也[1]에, 蕭瑟兮草木搖落而變衰하고, 憭慄[2]兮若在遠行하니, 登山臨水兮送將歸로다. 泬寥[3]兮天高而氣淸하고, 寂寥[4]兮收潦[5]而水淸하니, 憯悽[6]增欷[7]兮薄寒之中人[8]이라. 愴怳懭悢[9]兮去故而就新하니, 坎廩[10]兮貧士失職而志不平이라. 廓落[11]兮羇旅[12]而無友生하니, 惆悵[13]兮而私自憐[14]이라. 燕翩翩其辭歸兮[15]여, 蟬寂漠[16]而無聲이라. 鴈廱廱[17]而南游兮여, 鵾雞[18]啁哳[19]而悲鳴이라. 獨申旦[20]而不寐兮여, 哀蟋蟀[21]之宵征[22]하고,

時亹亹²³⁾而過中²⁴⁾兮여, 蹇²⁵⁾淹留²⁶⁾而無成이라.

註 1) 슬프도다, 가을의 절기여. 2) 요률(憭慄) : 슬프거나 무서워서 떨다. 원행(遠行) : 나그네가 멀리 가다. 3) 혈료(泬寥) : 텅 비다. 휑하다. 혈료혜천(泬寥兮天) : 가을 하늘. 하늘이 높고 맑기 때문. 4) 적료(寂寥) : 매우 조용한 것. 5) 수료(收潦) : 개울물을 거두다. 물이 넘치지 않음. 6) 참처(憯悽) : 마음이 아프고 슬픔. 7) 증희(增欷) : 더욱 흐느껴 울다. 8) 박한(薄寒) : 찬 기운. 중(中) : 엄습하다. 9) 창황(愴怳) : 슬퍼서 실의에 찬 모양. 광랑(壙閬) : 뜻 못 이루다. 10) 감름(坎廩) : 불우하여 뜻을 이루지 못함. 11) 확락(廓落) : 매우 고요한 것. 공허한 것. 12) 기려(羇旅) : 나그네. 13) 추창(惆悵) : 비애. 14) 스스로 마음아파하다. 15) 편편(翩翩) : 가볍게 나는 모양. 사귀(辭歸) : 하직 인사하다. 16) 적막(寂漠) : 고요하다. 17) 옹옹(雍雝) : 화목하여 즐거운 모양. 기러기 우는 소리. 18) 곤계(鵾雞) : 새이름. 큰 닭. 당환(唐丸). 학과 같으며 황백색. 목이 길고 주둥이가 붉음. 고니. 19) 주찰(啁哳) : 새가 지저귀는 소리. 20) 신단(申旦) : 날이 밝다. 아침이 되다. 21) 실솔(蟋蟀) : 귀뚜라미. 22) 소정(宵征) : 밤에 길을 가다. 23) 미미(亹亹) : 물이 흘러가듯 세월이 흐름. 24) 과중(過中) : 반이 지나다. 날이 저물어 감. 25) 건(蹇) : 어기사. 아! 26) 엄류(淹留) : 오래 머물러 있다(살다).

2

슬프고 걱정스러우며 궁핍한 중에 홀로 텅 빈 곳에 지내니 예쁜 이 한 사람 마음이 답답하도다. 고향을 떠나서 먼 길 떠난 나그네 신세, 멀리 헤매이다가 이제 어디에 머물런가? 오로지 임 그리는 마음 변치 않는데 임은 어이 모르신단 말인가! 맺힌 원한에 그리는 마음이 더욱 근심 걱정에 싸여 먹는 것조차 잊고서 오직 한번 보고픈 이 내 뜻을 아뢰고녀. 그러나 임의 마음은 이 내 마음과 다르시네. 수레 타고 벌써 떠나 돌아가시니 뵙지 못해서 아프고 쓰린 이 마음. 수레난간에 기대어 긴 시름하는 적에 좔좔 흐르는 눈물이 수레가로막이를 적시도다. 끓어오르는 안타까움으로 죽으려 해도 할 수 없으니, 마음속 어둡고 어지러워라. 이 내 아픈 마음 언제나 끝나리요? 그러하나 이 내 마음은 충성스럽고 곧으리라.

原文 悲憂窮戚¹⁾兮獨處廓²⁾하니, 有美一人³⁾兮心不繹⁴⁾이라. 去鄉
離家兮徠遠客⁵⁾하니, 超⁶⁾逍遙兮今焉薄⁷⁾인가? 專⁸⁾思君兮不可
化⁹⁾하니, 君不知兮可奈何¹⁰⁾리요! 蓄怨兮積思¹¹⁾하여, 心煩憺¹²⁾
兮忘食事하니, 願一見兮道余意¹³⁾하여, 君¹⁴⁾之心兮與余異로다.
車旣駕兮揭¹⁵⁾而歸하여, 不得見兮心傷悲로다. 倚結軨¹⁶⁾兮長太息
하니, 涕潺湲¹⁷⁾兮下霑¹⁸⁾軾이라. 忼慨¹⁹⁾絕²⁰⁾兮不得하니, 中瞀亂
兮迷惑²¹⁾이라. 私自憐兮何極²²⁾인가? 心怦怦²³⁾兮諒直²⁴⁾이라.

註 1) 비우궁척(悲憂窮戚) : 비애·우수·곤궁·애절. 2) 처확(處廓) : 텅 빈 곳에 거하다(홀로). 3) 일인(一人) : 굴원, 또는 구변의 작자(주희). 4) 심불역(心不繹) : 마음이 얽혀서 풀리지 않음. 5) 먼 길 떠난 나그네되다. 6) 초(超) : 멀다. 7) 언박(焉薄) : 어디에 머물 것인가? 8) 전(專) : 오로지 한마음으로. 9) 교화(변화) 시키지 못하다. 10) 어찌해야 좋을까? 11) 원한이 쌓이고 근심이 더하다. 12) 번담(煩憺) : 근심과 격정. 13) 도여의(道余意) : 나의 뜻을 말하다. 14) 군(君) : 초(楚) 회왕(懷王)(주희). '임이 모르시니 어찌하면 좋을까?' 15) 걸(揭) : 가다. 16) 의결령(倚結軨) : 수레난간에 의지하다. 17) 잔원(潺湲) : 물이 출랑이며 내리는 모양. 18) 수레 앞 가로막이를 적시다. 19) 강개(忼慨) : 뜻대로 되지 않는 데서 오는 울분. 20) 절(絕) : 목숨을 끊다. 21) 중(中) : 마음속. 무란(瞀亂) : 혼란. 어둡고 어지럽다. 22) 하극(何極) : 언제나 끝나리요? 23) 평평(怦怦) : 마음 충직한 모양. 또는 마음이 조급하다. 24) 양직(諒直) : 진실되고 곧다.

3

하늘은 고르게 사계절을 나누신데 나는 유독 이 찬 가을이 서글프다. 흰 서리 백초에 서렸으니, 어느덧 이들 오동과 가래나무가 흩어지리라. 밝은 해는 지고 기나긴 밤이 오니 풀향기는 흩어지고 시들어져 쓸쓸해져 가네. 가을은 벌써 흰 서리로 알리고 겨울도 찬 서리로 겹쳐 오니 거대한 여름이 가시고 곧 안타까이 모두 깊이 숨는도다. 잎이 말라서 고운 빛 자취 없고 가지는 어지러이 얽혀 빛은 바래고 가지 끝에는 똑같이 시들어 누렇게 되었구나. 나뭇가지만 앙상하게 뻗어 있어 더욱 서글픈데

이 내 몸도 여의어서 병에 들었도다. 근심 어린 생각 어지러운데 좋은 때 놓치고 어쩔 수 없으니 원망스럽네. 곁마의 고삐를 쥐고 채찍을 당겨서 우물거리며 방황하는도다. 세월은 어언 다 가고 내 인생 얼마 남지 않은 듯, 내 인생 헛되이 보낸 일 슬퍼지누나. 이 슬프고 두려운 세상을 만나서 조용히 홀로 살아가려니 쓸쓸히 귀뚜라미 이 서당에서 우는구나. 이 마음 놀라고 두려워서 울렁거리니 이 많은 근심을 어찌하면 좋을 건가! 밝은 달 쳐다보며 긴 한숨 쉬노라니 뭇별만 헤며 지새는구나.

原文 皇天平分四時兮여, 竊獨悲此廩[1]秋로다. 白露旣下[2]百草兮여, 奄[3]離披[4]此梧楸[5]로다. 去白日之昭昭[6]兮여, 襲[7]長夜之悠悠[8]로다. 離芳藹[9]之方壯兮[10]여, 余菱約[11]而悲愁하고, 秋旣先戒[12]以白露兮여, 冬又申[13]之以嚴霜[14]하니, 收恢台[15]之孟夏兮여, 然[16]欲傺[17]而沈藏이라. 葉菸邑[18]而無色兮여, 枝煩挐[19]而交橫하고, 顔淫溢[20]而將罷[21]兮여, 柯彷彿而萎黃[22]이라. 萷[23]櫹椮[24]之可哀兮여, 形銷鑠[25]而瘀傷[26]이라. 惟[27]其紛糅[28]而將落兮여, 恨其失時而無當하며, 攣[29]騑轡[30]而下節[31]兮여, 聊逍遙以相佯[32]하고, 歲忽忽而遒盡[33]兮여, 恐余壽之弗將[34]하니, 悼余生之不時兮[35]여, 逢此世之佲攘[36]하여, 澹容與而獨倚[37]兮여, 蟋蟀鳴此西堂이라. 心怳惕[38]而震盪[39]兮여, 何所憂之多方[40]인가. 卬[41]明月而太息兮여, 步列星[42]而極明[43]이라.

註 1) 늠(廩): 차다. 늠추(廩秋): 차가운 가을. 2) 하(下): 내리다(서리). 3) 엄(奄): 갑자기. 4) 이피(離披): 흩어뜨리다. 5) 오추(梧楸): 오동과 가래나무. 6) 소소(昭昭): 밝다. 밝은 해. 7) 습(襲): 밀려 오다. 8) 유유(悠悠): 길고 긴. 그지없다. 9) 방애(芳藹): 향기 무성하다. 10) 방장(方壯): 때마침 젊은 때. '향기 짙은 젊은 날을 잃다.' 11) 위약(菱約): 시들어 쪼그라지다. 12) 선계(先戒):

먼저 알리다. 13) 신(申) : 겹치다. 14) 엄상(嚴霜) : 찬 서리. 15) 회태(恢台) : 넓고 큰 모양. 거대한 것. 16) 연(然) : 이에. 곧. 17) 감체(欿傺) : 걱정하여 물끄러미 있다. 18) 어읍(菸邑) : 초목이 마르고 시듦. 19) 번여(煩挐) : 어지럽다. 번거롭다. 20) 음일(淫溢) : 점점 갈수록. 21) 피(罷) : 바래다(색). 덜다. 22) 가(柯) : 나뭇가지. 방불(彷彿) : 그처럼. 따라서. 위황(萎黃) : 말라서 누렇게 되다. 23) 소(蔬) : 줄기만 남는. 24) 소삼(櫹槮) : 잎이 지고 가지만 길게 있는 것. '줄기만 남아 가지가 길게 뻗어 있어 슬퍼진다.' 25) 소삭(銷鑠) : 마르다. 26) 어상(瘀傷) : 병으로 몸이 마르고 약해지다. 27) 유(惟) : 생각. 근심. 28) 분유(紛糅) : 매우 번잡하다. 어지럽다. 무성하다. 29) 남(壈) : 쥐다. 잡다. 30) 비비(騑轡) : 결마의 고삐. 31) 하절(下節) : 채찍을 당기다. 32) 상양(相佯) : 머무거리다. 배회하다. 33) 주진(週盡) : 다 지나가다(세월). 34) 장(將) : 길다. 35) 나의 삶에 좋은 때 만나지 못한 것을 슬퍼하다. 36) 광양(侊攘) : 허둥거리며 어쩔 줄 모름. 슬프고 두려운 모양. 37) 독의(獨倚) : 홀로 서다. 외로이 살다. 38) 출척(怵惕) : 놀라고 두려운 것. 39) 진탕(震盪) : 떨리고 울렁거림(마음). 40) 다방(多方) : 여러 가지. 여러 개(많은 의미). 41) 앙(卬) : 바라보다. 42) 보(步) : 헤아리다. '많은 별을 헤아리며 밤을 새다.' 43) 극명(極明) : 날이 새다.

4

혜초꽃이 겹겹이 피어 큰 화방에 무성한데 남몰래 어이 슬퍼 만지는지. 겹겹이 핀 꽃이언만 열매도 없이 비바람에 흩날림이런가! 임 생각에 홀로 혜초를 걸치고 있으면서, 아! 다른 꽃과 구별해 보지 않으시니. 슬프도다, 충성 어린 마음이 통하지 않으니 임을 떠나 높이 날으리라. 마음이 아프고 슬프니, 임을 한번 뵙고 이 뜻을 아뢰었으면 좋으련만, 생각할수록 맺힌 한도 없으신데 이렇게 버림받았구나. 마음이 맺혀서 더욱 아프니 어찌 답답한 마음 임이 그립지 않으리요? 임이 계신 집 문 아홉 겹이나 되니 사나운 개가 물어뜯으며 짖어대고, 다리가 막혀 통하지 않으니 하늘에서 비가 내리어 가을에 장마지니 이 땅은 언제나 마를 것인가? 외로이 이 물 없는 연못을 지키며 뜬구름 쳐다보며 길게 탄식하노라.

原文 竊悲夫蕙華之曾敷[1]兮여, 紛旖旎[2]乎都房[3]하니, 何曾華[4]之

無實[5]兮여, 從風雨而飛颺[6]이라. 以爲君獨服此蕙兮[7]여, 羌無以異於衆芳이라. 閔[8]奇思[9]之不通[10]兮여, 將去君而高翔하고, 心閔憐[11]之慘悽[12]兮여, 願一見而有明하니, 重[13]無怨而生離兮여, 中結軫[14]而增傷하여, 豈不鬱陶[15]而思君兮여, 君之門以九重하니, 猛犬狺狺[16]而迎吠兮여, 關梁[17]閉而不通하며, 皇天淫溢[18]而秋霖[19]兮여, 后土何時而得漧[20]이라. 塊獨守此無澤[21]兮여, 仰浮雲而永歎이라.

註 1) 혜화(蕙華) : 향초인 혜초꽃. 증부(曾敷) : 겹겹이 피다. 2) 의니(旖旎) : 무성한 모양. 깃발 나부끼는 모양. 3) 도방(都房) : 큰 화방(花房). 4) 층화(曾華) : 겹겹이 핀 꽃. 5) 무실(無實) : 열매가 없다. 6) 비양(飛颺) : 날아가다. 흩날리다. 7) 어기사. 아! 8) 민(閔) : 가슴 아프다. 9) 기사(奇思) : 충성 어린 마음. 10) 불통(不通) : 표현할 수 없다. 11) 민련(閔憐) : 마음이 아프다. 12) 참처(慘悽) : 마음이 슬프고 쓰리다. '마음이 아프고 슬프니, 원컨대 한 번 뵙고 뜻을 표현하게 되길 바란다.' 13) 중(重) : 깊이 생각하다. '원한도 없이 멀쩡히 버림받은 것을 깊이 생각한다.' 14) 결진(結軫) : 아픔이 맺히다. 15) 울도(鬱陶) : 의기가 꺾여 위축된 모양. '어찌 마음이 울적하여 임을 그리워하지 않으리요?' 16) 은은(狺狺) : 개가 물어뜯는 소리. 그 짖는 소리. 17) 관량(關梁) : 변새와 다리. 18) 하늘에서 비가 많이 내리다. 19) 추림(秋霖) : 가을 장마. 20) 건(漧) : 마르다. 21) 괴(塊) : 외로이. 무택(無澤) : 물이 없는 못. 왕의 은총을 받지 못함을 비유.

5

　세속이 어찌하여 바르지 않고 교묘한가? 법도를 어기고 잘못되어 준마를 팽개치고 타지 않으며, 노둔한 말을 채찍질하여 갈길을 찾네. 지금 어이 준마가 없으리요마는 진실로 말을 잘 다룰 수 없음이로다. 고삐를 잡고 있는 자를 보면 그 사람이 아니거늘, 말이 서서 몸부림치며 멀리 가도다. 오리와 기러기 모두 기장과 물풀을 쪼아 먹으며 봉황이 가벼이 날아 높이 올라가네. 둥근 구멍과 네모진 자루가 내 진실로 서로 맞지 않아 들어가지 않는 줄 알거늘, 뭇새 올라가 깃들 곳이 있건만 봉황만은 헤매이며 머물 곳이 없도다. 재갈물고 말일랑 하지 않으리니 예전에는 임의 도타운 은혜를 입었었다오. 태공 구십 세에야 이름을 드러냈으니 실로 그 맞는 짝을 만나지 못했음이라. 봉황에게 어디로 돌아가란 말인가? 봉황에게 어디에 머물란 말인가? 옛 좋은 풍속이 바뀌어 세상이 쇠멸하니 오늘날의 말을 가려내는 자는 살찐 말만을 내세우네. 준마는 숨기어 보이지 않고 봉황은 높이 날아 내려오지 않으니, 새와 짐승이 또한 바른 덕을 지닐 줄 안다면 어찌 어진 선비가 있지 않다든가, 준마 급히 나아가 어거하기를 구하지 않다든가, 봉황이 먹을 것을 찾아 마구 먹는다고 말하겠는가? 임이 멀리 버리고 돌아보지 않으시니 충성하고 싶어도 어찌할 수 있으리요? 조용히 모든 생각을 끊어도 처음의 도타운 덕을 감히 잊을 수 없어서 홀로 슬퍼하며 가슴 아파하니 분하고 답답한 마음 언제나 그치리요?

原文 何時俗之工巧兮여, 背繩墨而改錯하니, 御¹⁾騏驥而不乘兮여, 策²⁾駑駘³⁾而取路로다. 當世豈無騏驥兮여, 誠莫之能善御⁴⁾로다. 見執轡者非其人兮여, 故國跳⁵⁾而遠去로다. 鳧鴈皆唼⁶⁾夫梁藻⁷⁾兮여, 鳳愈飄翔而高擧로다. 圜鑿而方柄兮⁸⁾여, 吾固知其鉏鋙⁹⁾而難入이라. 衆鳥皆有所登棲兮여, 鳳獨遑遑¹⁰⁾而無所集이라. 願銜枚¹¹⁾而無言兮여, 嘗被¹²⁾君之渥洽¹³⁾이라. 太公¹⁴⁾九十乃顯榮兮¹⁵⁾여, 誠未遇其匹合¹⁶⁾하니, 謂騏驥兮安歸리요? 謂鳳皇兮安棲리요? 變古易俗兮世衰¹⁷⁾하고, 今之相者兮擧肥¹⁸⁾하니, 騏驥伏匿而不見兮여, 鳳皇高飛而不下하고, 鳥獸猶知懷德兮¹⁹⁾여, 何云賢士之不處하며, 驥不驟進²⁰⁾而求服²¹⁾兮여, 鳳亦不貪餧²²⁾而妄食이라. 君棄遠而不察兮여, 雖願忠其焉得이라. 欲寂漠而絶端²³⁾兮여,

竊不敢忘初之厚德하고, 獨悲愁其傷人兮여, 馮24)鬱鬱25)其何極인
가?

註 1) 각(卻) : 놓아 두다. 2) 책(策) : 채찍질하다. 3) 노태(駑駘) : 노둔한 말. 4) 진실로 말을 잘 다룰 수 없었음이라. 5) 국도(國跳) : 말이 서서 몸부림치며 뛰다. 6) 삽(唼) : 쪼아 먹다. 7) 양조(粱藻) : 기장과 물풀. 8) 환조(圜鑿) : 둥근 구멍. 방예(方枘) : 네모진 자루. 9) 저어(鉏鋙) : 서로 어긋나다. 10) 황황(遑遑) : 갈 곳 없이 헤매다. 11) 재갈을 물고 말 안하다. 12) 피(被) : 입다. 받다. 13) 악흡(渥洽) : 도타운 은혜. 14) 태공(太公) : 강태공(姜太公) 여상(呂尙). 90세에 문왕(文王)을 만남. 15) 현영(顯榮) : 영광을 드러내다. 이름을 날리다. 16) 필합(匹合) : 알맞은 짝. 동지. 17) 옛 훌륭한 풍속이 바뀌어 세상 풍조가 쇠퇴하다. 18) 오늘 날의 말 가리는 사람은 살쩐 것만을 내세운다. 19) 새나 짐승이 또한 바른 덕을 생각할 줄 안다면. 20) 취진(驟進) : 급히 나아가다. 21) 구복(求服) : 어거하기를 원하다. 22) 탐위(貪餧) : 먹을 것을 찾다. 23) 절단(絕端) : 모든 생각을 다 끊다. 24) 빙(馮) : 분개. 성냄. 25) 울울(鬱鬱) : 마음이 답답함. '분하고 화남이 마음에 답답하니 그 어느 때 그치리요?'

6

서릿발이 쓸쓸히 엇갈려 내리는데 마음으로 화가 없기를 바라노라. 싸라기눈이 부슬부슬 어지러이 더 내리는데 불길한 운수가 곧 닥칠 줄 아노라. 다행히도 좋은 일을 만나기를 바라면서 아득히 먼 데에 있어 들풀과 같이 죽으리라. 곧 가서 뵙고 싶어도 길이 막혀 끊어져 있지만 바른길을 따라서 서서히 달려가리니, 어디에서 떠난 줄을 모르고서 곧 도중에 길을 잃었으니 스스로 감정을 억누르고 시를 읊는도다. 성품이 어리석으며 좁고 옅으니 진실로 나의 의젓한 마음을 알릴 길이 없도다.

原文 霜露慘悽而交下兮여, 心尙幸1)其弗濟2)하고, 霰雪3)雰糅4)其增加兮여, 乃知遭命之5)將至하니, 願徼幸6)而有待7)兮여, 泊莽莽8)與埜草同死로다. 願自往而徑游9)兮여, 路壅絕10)而不通하고, 欲

循道而平驅¹¹⁾兮여, 又未知其所從하나, 然¹²⁾中路而迷惑兮¹³⁾여, 自壓桉¹⁴⁾而學誦하고, 性愚陋以褊淺¹⁵⁾兮여, 信未達乎從容¹⁶⁾이라.

註 1) 행(幸) : 바라다. 희망하다. 2) 제(濟) : 성(成). '마음에 아직도 화가 없기를 바란다.' 3) 선설(霰雪) : 싸라기눈. 4) 분유(雰糅) : 눈이 부슬부슬 어지러이 내림. 5) 나쁜 운명을 당함이 곧 올 줄 알다. 6) 요행(徼幸) : 운종다. 다행하다. 7) 유대(有待) : 좋은 일을 만나다. 8) 박망망(泊莽莽) : 아득히 먼 데 머물다. 9) 경유(徑游) : 곧장 가서 만나다. 10) 옹절(壅絶) : 막혀 끊어지다. 11) 올바른 길을 따라서 서서히 달리다. 12) 연(然) : 이에. 곧. 13) 미혹(迷惑) : 길을 잃다. 머뭇거리다. 14) 압안(壓桉) : 자신의 감정, 생각을 억누르다. 15) 편천(褊淺) : 좁고 옅다. 16) 진실로 의젓한 나의 마음을 표현할 길 없도다.

7

신포서의 대단한 의기를 찬미하나니, 세상이 더럽혀져 예 같지 않을까 두렵도다. 어찌도 세상이 바르지 않은지 법도를 없애고 멋대로 바꾸도다. 홀로 밝고 바르게 살며 따르지 않으며 성현의 남기신 가르침을 사모하노라. 흐린 세상에서 이름을 드러냄은 내 마음의 기쁨이 아니니, 의롭지 않게 살아서 이름을 날릴 바엔 차라리 어렵더라도 고결을 지키겠으며 먹는 데 구차히 배부르지 않으며 입는 데 구차히 따뜻함을 바라지 않노라. 시인의 유풍을 사모하며 복록에 뜻을 두지 않으니, 아! 옷이 남루하고 단정치 않으니 떠돌아다니노라. 털옷이 없어 겨울을 막을 수 없으니 홀연히 죽어서 봄을 못 볼까 하노라.

原文 竊美申包胥¹⁾之氣盛兮여, 恐時世之不固²⁾로다. 何時俗之工巧兮여, 滅規榘³⁾而改鑿⁴⁾하고, 獨耿介⁵⁾而不隨兮여, 願慕先聖之遺敎로다. 處濁世而顯榮兮여, 非余心之所樂하니, 與其無義而有

名兮여, 寧窮處而守高⁷⁾하고, 食不媮⁸⁾而爲飽兮여, 衣不苟而爲溫⁹⁾하여, 竊慕詩人之遺風兮¹⁰⁾여, 願託志乎素餐¹¹⁾하여, 蹇¹²⁾充倔¹³⁾而無端¹⁴⁾兮여, 泊莽莽而無垠이라. 無衣裘以御冬兮¹⁵⁾여, 恐溘死不得見乎陽春¹⁶⁾이라.

註 1) 신포서(申包胥) : 초나라의 대부. 오자서가 초나라에서 오나라로 도망가서 초나라를 치매, 신포서가 진나라에서 7일을 물 한 모금 안 마시며 구원을 청해서 초나라를 구했다 함(左傳). 2) 고(固) : 같다. '세상이 더럽혀져 예 같지 않을까 두렵다.' 3) 규구(規榘) : 올바른 법도. 4) 개착(改錯) : 마음대로 고치다. 5) 경개(耿介) : 광명정대. 6) 의롭지 않은데 명성을 날리기보다는…. 7) 차라리 어려운 데 처하여 고매함을 지키다. 8) 투(媮) : 구차하게. 9) 따뜻함을 구하다. 10) 시경의 시를 지칭. 삼가하여 덕을 닦으며, 시경의 '벌단(伐檀)' 같은 시를 즐긴다. 11) 소찬(素餐) : 하릴없이 먹는 밥. 복록을 누리면서 공덕이 없는 것을 소찬이라 함(왕일). 12) 건(蹇) : 어기사. 아! 13) 충굴(充倔) : 옷이 남루함. 14) 무단(無端) : 단정하지 않음. 15) 털옷이 없어 겨울 추위를 막을 수 없다. 16) 합사(溘死) : 갑자기 죽다. 양춘(陽春) : 온화한 봄.

8

늦가을의 긴 밤을 보노라니 마음이 수심에 어려 슬퍼지누나. 봄가을이 바뀌어 해는 높은데 이 마음 괴로워 슬프기만 하도다. 사계절이 바뀌어 한 해가 저무니 음과 양의 한서를 함께 누릴 수 없도다. 밝은 해가 뉘엿 지려 하고 밝은 달이 이지러 사그러지니, 세월은 문득 저무는데 나이가 들어 늙으니 정신이 더욱 흐릿하도다. 마음이 산란하면서도 날마다 뵙기를 바라나니, 믿을 수 없으니 아무 것도 바라지 않네. 마음이 아프고 슬프니 탄식만 더하여 가도다. 세월이 물같이 빨리 가니 늙고 쓸쓸하여 마음 둘 곳이 없으며, 일시 길피이 나아가 뵙기 바라지만, 아! 머물러 있으려 해도 머뭇거리는도다.

原文 靚¹⁾杪秋²⁾之遙夜兮³⁾여, 心繚悷⁴⁾而有哀하고, 春秋⁵⁾逴逴⁶⁾而

日高兮여, 然惆悵而自悲로다. 四時遞來而卒歲兮[7]여, 陰陽[8]不可
與儷[9]偕로다. 白日晼晼[10]其將入兮여, 明月銷鑠而減毀하고, 歲
忽忽而遒盡[11]兮여, 老冉冉而愈弛[12]로다. 心搖悅[13]而日幸[14]兮여,
然怊悵[15]而無翼[16]로다. 中憯惻[17]之悽愴兮여, 長太息而增欷[18]로
다. 年洋洋[19]以日往兮여, 老嵺廓[20]而無處[21]하고, 事亹亹[22]而
覬[23]進兮여, 蹇淹留而躊躇로다.

註 1) 정(靚) : 바로 보다. 2) 묘추(杪秋) : 말추(末秋). 늦가을. 3) 요야(遙夜) : 장야(長夜). 긴 밤. '늦가을 긴 밤을 바라보다.' 4) 요려(繚悷) : 근심 어린 마음에 싸여 있다. 5) 춘추(春秋) : 나이. 연령. 6) 탁탁(逴逴) : 멀다. '나이가 점점 들어 아득히 기울다.' 7) 체래(遞來) : 바꾸어서 오다. 졸세(卒歲) : 한 해를 마치다. 8) 음양(陰陽) : 추위와 더위. 음은 추동(秋冬), 양은 춘하(春夏)를 말함. 9) 여(儷) : 짝. '한서의 사계절을 더불어 함께 지내지 못하다.' 10) 완완(晼晼) : 해가 서산에 지는 모양. 11) 주진(遒盡) : 거의 다하다. 12) 유이(愈弛) : 점점 흐릿해지다. '나이 들어 점점 늙어지니 정신이 흐릿하다.' 13) 요열(搖悅) : 마음이 산란하고 놀라다. 14) 행(幸) : 날마다 바라다. 15) 초창(怊悵) : 믿지 못하여 슬퍼함. 16) 무기(無翼) : 바라는 바가 없다. '마음으로 믿지 못해 슬퍼서 바라는 바가 없다.' 17) 참측(憯惻) : 마음이 상하고 아프다. 18) 증희(增欷) : 거듭 탄식하다. 19) 양양(洋洋) : 물 흐르는 모양(세월이 빨리 가다). 20) 요확(嵺廓) : 텅 비다. 허전하다. 쓸쓸하다. 21) 마음(몸) 둘 곳이 없다. '늙어서 쓸쓸하니 마음 둘 곳이 없다.' 22) 미미(亹亹) : 일이 잘 진척되다. 23) 기(覬) : 바라다. 원하다. '일이 잘되어서 임금께 나아가기를 바라다.'

9

어찌 뭉게뭉게 떠가던 구름이 갑자기 이 밝은 달을 덮었는가. 충심으로 밝히 뵙고 싶지만 구름이 끼고 날이 어두워 전할 수가 없도다. 밝은 해가 떠가는데 구름이 어둑어둑 덮여 있도다. 스스로 돌아보아 충성하지 않았으나 때로는 더러운 먼지로 더러워졌음이로다. 요순임금의 고결한 언행은 그 언행이 원대하여 하늘에 닿았는데, 나는 어찌하여 음험한 질투를 받아 어질지 못하다는 거짓 죄명을 뒤집어썼는가? 저 해와 달이 밝

게 비치는데 또한 구름이 검게 끼어서 티가 있거늘, 하물며 한 나라의 일에 있어서는 많은 실마리가 얽혀 있도다. 부드러운 연꽃 홑옷을 입었으나 몸에 맞지 않아서 허리를 맬 수 없도다. 뽐내며 무용을 자랑하여 좌우 사람의 충성을 저버리고서 깊고 온화하며 아름다운 마음을 싫어하고 남의 실속없는 허풍을 좋아하도다. 소인들은 당당히 걸어나가서 날마다 출세하는데 현인은 멀리 버림받아 멀어만 가네. 농부는 밭갈이를 그만두고 느긋해 하니 밭이 황폐할까 두려워하고, 일은 끊임없는데 사리가 많으니, 이후에 나라가 위태로워질까 두렵도다. 세상이 부화뇌동하여 밝게 드러나고 어찌하여 명예를 어둡게 헐뜯는 건가? 이제 나는 잘 다듬어 거울을 엿보고서 이후에 도망가 숨어 지내리라. 유성에 말을 붙이고 싶지만, 아! 홀연히 만나기 어렵구나. 마침내 이 뜬구름이 덮여 있으니 어두워져서 빛을 잃었도다.

原文 何汎濫之[1] 浮雲兮여, 焱[2] 壅蔽此明月하여, 忠昭昭而願見兮여, 然露曀[3]而莫達이라. 願皓日之顯行[4]兮여, 雲蒙蒙[5]而蔽之로다. 竊不自聊[6]而願忠兮여, 或默點[7]而汙[8]之하고, 堯舜之抗行[9]兮여, 瞭冥冥[10]而薄[11]天이라. 何險巇之嫉妒[12]兮여, 被以不慈之僞名[13]이라. 彼日月之照明兮여, 尙黯黮[14]而有瑕하니, 何况一國之事兮여, 亦多端而膠加[15]로다.

被荷裯[16]之晏晏[17]兮여, 然潢洋[18]而不可帶[19]로다. 旣驕美而伐武[20]兮여, 負左右之耿介[21]로다. 憎慍惀[22]之修美兮여, 好夫人之忼慨[23]로다. 衆踥蹀[24]而日進兮여, 美[25]超遠而逾邁[26]하며, 農夫輟耕[27]而容與兮여, 恐田野之蕪穢[28]하고, 事緜緜[29]而多私兮여, 竊悼後之危敗[30]하며, 世雷同而炫曜兮[31]여, 何毁譽之昧昧[32]인가, 今修飾而窺鏡兮[33]여, 後尙可以竄藏[34]이라. 願寄言夫流星兮여,

羌儦忽而難當³⁵⁾하니, 卒壅蔽此浮雲兮여, 下暗漠而無光³⁶⁾이라.

註 1) 범람(氾濫) : 물이 흘러 넘친다. 여기서는 뜬구름이 뭉게뭉게 떠가는 모양. 2) 표(猋) : 빠르다. 순식간에. 옹폐(壅蔽) : 덮어 버리다. 소소(昭昭) : 빛나다. 밝다. 충(忠) : 충성. 3) 음애(霧曀) : 구름 끼어 날이 어둡다. 4) 현행(顯行) : 밝게 떠가다. 운행하다. 5) 몽몽(蒙蒙) : 햇빛이 밝지 않음. 어둑어둑. 6) 자료(自聊) : 스스로를 생각하다. 자신을 돌보다. 7) 담점(黕點) : 더러운 것. 찌꺼기. 더러운 먼지. 8) 오(汙) : 더럽혀지다. '때로는 더러운 먼지로 어지러워지다.' 9) 항행(抗行) : 고행. 고결한 언행. 10) 요명명(瞭冥冥) : 언행이 고결함. 원대함. '언행이 고결하여 하늘에 이르다.' 11) 박(薄) : 닿다. 12) 혐희(險巇) : (질투하는 마음이) 음험하다. 13) 어질지 못하다는 거짓 죄명을 덮어쓰다. 14) 암담(黯黮) : 구름이 검게 낀 모양. '또한 구름이 검게 끼어서 티가 있도다.' 15) 교가(膠加) : 뒤섞이다. 얽히다. '많은 실마리가 얽혀 있다.' 16) 하주(荷裯) : 연꽃으로 만든 홑옷. 17) 안안(晏晏) : 부드러운 모양. 18) 황양(潢洋) : 흐트러져 몸에 맞지 않음. 19) 허리를 맬 수 없다. '부드러운 연꽃 홑옷을 걸쳤으나 몸에 맞지 않아 허리를 맬 수 없네.' 20) 벌무(伐武) : 무용(武勇)을 뽐내다. 21) 좌우(左右) : 사람의 충성을 저버리다. 22) 온륜(慍惀) : 마음이 깊고 온화함. 23) 강개(慷慨) : 여기서는 실속없이 큰소리치는 것. 24) 첩접(踥蹀) : 걸어서 나가는 것. '소인들은 당당히 걸어서 날마다 출세하는데….' 25) 미(美) : 현사. '현인은 멀리 버림받아 멀어만 가네.' 26) 유매(逾邁) : 멀리 떠나가다. 27) 철경(輟耕) : 농사짓는 일을 그만두다. 28) 무예(蕪穢) : (논밭) 거칠고 잡초가 많음. 29) 면면(緜緜) : 끊이지 않고 이어짐. 30) 이후에 나라가 위태롭게 될까 남몰래 안타깝다. 31) 현요(炫曜) : 밝게 비침. 32) 매매(昧昧) : 어두운 모양. 33) 규경(窺鏡) : 거울을 들여다보다. 34) 찬장(竄藏) : 도망가서 숨다. 35) 아! 급히 날아가니 만나기 어렵도다. '원컨대 유성에 말을 붙이고 싶지만….' 36) 어두워서 빛이 없도다.

10

요·순 임금 모두 유능한 사람을 등용하시어서 베개를 높이하여 마음을 편히 지내었거늘, 진실로 천하에 원한 산 일이 없는데 이러한 놀랍고 두려운 일을 어찌하여 당한단 말인가? 날쌘 준마를 타고서 말을 모는데 어찌하여 강한 채찍을 쓰는가? 진실로 성곽이 믿기 어려우면 두꺼운 갑옷인들 무슨 도움이 되겠는가? 공경하고 조심하는 마음 그지없으나 근심 속에 마음이 멍하여 수심이 차는도다. 이 세상 사는 것 문득 지나가는 듯 짧으니 좋은 일 해놓지 못하고 본받을 일도 없구나. 깊이 숨어 드러내고 싶지 않지만 그래도 천하에 이름을 내고 싶으니. 그러나 넓은 물결 위에 헤매듯 불우한 일만 당하여 오로지 어리석게 고생만 하는도다. 넓고 아득하여 그지없으니 날아올라 어디로 갈 것인가? 나라에 준마가 있어도 탈 줄을 모르니 무얼 헤매이며 또 찾아다니리요? 영척이 수레 아래에서 노래하다가 환공이 듣고 그를 알아보거늘 백락같이 말을 분별할 이 없으니 이제 뉘에게 그 능력을 드러내게 할 수 있겠는가? 근심 속에 눈물만 흘러내리니 오로지 임을 향한 뜻만 지녔음이라. 한결같은 마음으로 충성하고 싶으나 질투로 뒤섞여 가로막혔도다.

原文 堯舜皆有所擧任[1]兮여, 故高枕而自適[2]하니, 諒[3]無怨於天下兮여, 心焉[4]取此怵惕[5]이라. 乘[6]騏驥之瀏瀏[7]兮여, 馭[8]安用夫強策[9]이라. 諒城郭之不足恃兮여, 雖重介[10]之何益인가? 遭翼翼[11]而無終[12]兮여, 怊[13]惝惝[14]而愁約[15]이라. 生天地之若過[16]兮여, 功不成而無效로다. 願沈滯[17]而不見兮여, 尙欲布名乎[18]天下로다. 然潢洋[19]而不遇兮여, 直[20]恂愁[21]而自苦로다. 莽洋洋[22]而無極兮여, 忽翱翔之焉薄[23]인가? 國有驥而不知乘兮여, 焉皇皇[24]而更索[25]이라. 寧戚謳於車下兮[26]여, 桓公開而知之[27]로다. 無伯樂之善相兮[28]여, 今誰使乎譽之[29]인가. 罔[30]流涕以聊慮[31]兮여, 惟著意[32]而得之로다. 紛純純[33]之願忠兮여, 妬被離[34]而鄣[35]之로다.

註 1) 거임(擧任): 유능한 사람을 등용하다. 2) 자적(自適): 유유자적하다. 마음 편안히 지내다. 3) 양(諒): 진실로. '진실로 천하 사람에게 원한 맺힌 일 없는데….' 4) 언(焉): 어찌. 5) 출척(怵惕): 놀라고 두렵다. 6) 승(乘): 올라타다. 7) 유류(瀏瀏): 막히지 않고 잘 나감. 날쌘 모양. '날쌘 준마를 탄다.' 8) 어(馭): 말 부리다. 9) 강책(強策): 강한 채찍. 10) 중개(重介): 후갑. 두꺼운 갑옷. '진실로 성곽이 믿기 어려우면 갑옷인들 무슨 도움이 되리요?' 11) 전(逾) : 나가지 못하는 모양. 머뭇거림. 익익(翼翼) : 공경하고 조심함. 12) 무종(無終) : 끝이 없다. 13) 돈(忳) : 근심하다. 14) 혼혼(惛惛) : 정신이 희미한 모양. 15) 수약(愁約) : 근심하고 빈궁하다. 16) 과(過) : 문득 지나가 버리다. 17) 깊이 가라앉다. 숨다. 18) 포명(布名) : 이름을 날리다. 19) 황양(潢洋) : 물이 넓게 출렁이는 모양. 20) 직(直) : 오로지. 21) 구무(姁愁) : 어리석다. 22) 망(莽) : 크다. 양양(洋洋) : 끝없다. 23) 언박(焉薄) : 어디로 갈 것인가. 24) 황황(皇皇) : 방황하다. 25) 갱색(更索) : 더욱 찾다. 26) 영척(寧戚) : 춘추시대 위인. 소에게 꼴을 먹이며 쇠뿔을 두드리며 노래하다가 제환공을 만남. 27) 지(之) : 영척이 현인임을 알아보다. 28) 백락(伯樂) : 손양(孫陽)이란 사람으로 말을 잘 감별함. 선상(善相) : 말을 잘 살펴 분별하다. 29) 지금 누구로 하여금 그의 능력을 칭찬하게 할 수 있겠는가? 30) 망(罔) : 상심하다. 31) 요려(聊慮) : 눈물이 흘러내리는 모양. 32) 착의(著意) : 뜻을 간절히 하다. 뜻을 두다. 33) 순순(純純) : 전일한 모양. 한결같음. 전심하다. 34) 피리(被離) : 뒤섞인 모양. 어지러이 많다. 35) 장(鄣) : 가로막다.

난 왈(亂曰)

불초한 이 몸을 돌보기 바랐으나 헤어져 있으니 구름 속에 마음을 두는지라. 둥근 일월의 정기를 타고서 제신을 쫓아 맑고 깨끗한 세계로 가겠노라. 날아오르는 흰 무지개를 타고서 많은 신령들이 있는 곳을 두루 다니러니, 왼쪽에는 주작이 날아오르고 오른쪽에는 푸른 용이 꿈틀거리도다. 운사에게 북을 치라 부탁하고 비렴에게 바람을 일으켜 길을 쓸게 하도다. 앞에는 가벼운 수레가 방울을 울리고, 뒤에는 큰 수레가 수레방울을 울리며 펄럭이는 구름깃발을 세우고 구름 같은 말들이 줄지어 호위하도다. 나의 결심이 한결같아 바꿀 수 없으니 바르게 살기 바라노라. 하늘의 덕을 믿으리니 임께서 건강하시기를 바라노라.

原文 願賜不肖之軀而別離兮여, 放游志乎雲中이라. 乘精氣[1]之搏搏[2]兮여, 鶩[3]諸神之湛湛[4]이라. 騁[5]白霓之習習[6]兮여, 歷[7]群靈之豊豊[8]이라. 左朱雀之茇茇[9]兮여, 右蒼龍之躍躍[10]로다. 屬[11]雷

師之闐闐[12]兮여, 通飛廉之衙衙[13]로다. 前輕輬[14]之鏘鏘[15]兮여,
後輜乘[16]之從從[17]이라. 載雲旗之委蛇兮여, 扈[18]屯騎之容容[19]이
라. 計專專[20]之不可化兮여, 願遂推而爲臧[21]이라. 賴[22]皇天之厚
德兮여, 還及君[23]之無恙[24]이라.

註 1) 정기를 타다. 정기는 일월의 기운. 2) 단단(摶摶): 둥근 모양. '둥근 일월의 정기를 타다.' 3) 무(鶩): 뒤쫓다. 4) 담담(湛湛): 물이 맑은 모양. '제신을 쫓아 맑고 깨끗한 세계로 가다.' 5) 참(驂): 곁말. 수레를 타다. 6) 습습(習習): 날아 움직이다. '날아오르는 흰 무지개.' 7) 역(歷): 두루 다니다. 8) 풍풍(豊豊): 많다. '많은 신령들이 있는 곳을 두루 다니다.' 9) 발발(芨芨): 비양(飛揚). 날아오르다. 10) 구구(躣躣): 꿈틀거리며 가다. 11) 촉(屬): 부탁하다. 12) 전전(闐闐): 북치는 소리. 북을 치다. 13) 통(通): 알리다. 아아(衙衙): 가는 모양. '비렴에게 바람을 일으켜 길을 쓸게 하다.' 14) 지량(輕輬): 가벼운 수레. 15) 장장(鏘鏘): 수레의 방울 소리. 16) 치승(輜乘): 무거운 수레. 큰 수레. 17) 종종(從從): 수레 방울 소리. 18) 호(扈): 호위하다. 19) 호둔기(扈屯騎): 여러 말이 줄지어 호위하다. 용용(容容): 수레가 많은 모양. 구름이 솟아나는 모양. 20) 전전(專專): 마음을 한결같이 하는 것. '나의 결심(생각)이 한결같아서 바꿀 수 없다.' 21) 장(臧): 선(善). 22) 뇌(賴): 의지하다. 믿다. 23) 군(君): 임금. 회왕. 24) 무양(無恙): 건강하다. 근심 걱정이 없다.

評析 구변의 작자를 왕일은 송옥(宋玉)이라 하였으나 근인(近人) 유영제(劉永濟)는 굴원의 작이라 한다(屈賦通箋). 유영제는 그 이유를 6가지로 들어서 전개하고 있다. 문체가 이소를 답습한다는 것도 그 이유의 하나이다. 그러나 작자의 출입(出入)이 작품 자체의 가치를 좌우하지는 않는다. 구변(九辯)의 뜻은 왕부지(王夫之)에 의하면 변(辯)이 편(遍)의 뜻이니 초성(楚聲)의 곡조가 된다.

초   혼(招魂)

　사마천(司馬遷)은 사기열전(史記列傳)에서 '초혼'은 마음을 슬프게 한다고 말하면서 굴원의 작품이라고 하였다. 그러나 왕일(王逸)은 장구(章句)에서 송옥(宋玉)의 작(作)으로 기술하였다. 이에 대해서 근인(近人) 육간여(陸侃如)는 왕씨(王氏)의 견해에 동의한 반면, 유국은(游國恩)은 반박하였다(楚辭槪論). 초혼은 초망의 옛 풍속의 하나이다. 죽은 자를 위한 예식이지만 후에는 산 사람에게 했다고 한다 (文獻通考 卷330).

♠

　내 어려서부터 청렴하며 결백했고, 몸소 인의를 실천하매 그친 일 없었도다. 이 성대한 덕행을 지켜나가다 속세에 끌려 버림받았도다. 임금도 이 성대한 덕행을 보살피지 않아 내 오랫동안 재앙 만나 수심에 젖게 되었도다. 상제께서 무당인 양(陽)에게 알리길, '어떤 사람이 아래에 있는데, 내가 그를 도우려 하나 혼백이 떨어져 나가 흩어졌으니, 그대가 점을 쳐서 돌아갈 수 있게 해주오.'라고 하시네. 무녀 양이 대답하길, '그 일은 해몽을 관장하는 관리의 소관이옵니다! 상제께서 내리신 그 명령은 따르기 힘든 일이옵니다. 만약 반드시 점을 쳐서 혼백이 되돌아가게 하려면 아마도 시간이 너무나 걸릴 것이고, 그리하여 육체가 시들게 되면 다시는 쓸모가 없게 되어 버릴 것입니다.'라고 말하네. 무당인 양은 이에 점을 치며 불러 말하길, '혼이여 돌아오라, 그대의 육체를 떠나 어찌 사방을 떠도느뇨. 그대의 즐거운 곳 버려두고 저 불길한 곳으로 떠났느뇨. 혼이여 돌아오라, 동쪽은 그대 맡길 곳 아니도다. 그곳에는 팔천 척이나 되는 큰 사람 있어, 혼만을 잡아가는도다. 열 개의 태양이 교대로 나와 쇠를 흐르게 하고 돌을 녹이는도다. 그곳 사람들은 모두가 이에 익숙해 있지만 그대 혼이 간다면 반드시 분해될 것이로다. 돌아오라, 거긴 그대 맡길 곳 아니도다. 혼이여 돌아오라, 남방에는 그대 머물 곳 없도다. 그곳 사람들은 이마를 아롱지게 새기고 이빨을 검게 드러내는도다. 사람 고기로 제사 드리고, 그 뼈로 장 담는도다. 큰 뱀은 도처에 웅크리고 있고, 큰 여우는 천리에 깔려 있도다. 수독사는 머리가 아홉 개, 몸동작이 민첩하고, 사람 삼킬 때면 독성은 더욱 심해지는도다. 돌아오라, 거긴 오래 머물 곳이 아니도다. 혼이여 돌아오라, 서방은 해로운 곳, 떠도는 모래가 천리에 깔려 있도다. 소용돌이 쳐 심연으로 빨려들면, (그대는) 흩어져 쉴 수 없을 것이로다. 요행히 빠져나온다 하여도 그 바깥은 광대한 벌판일 것이로다. 코끼리만한 붉은 땅강아지며 호로박 같은 검은 벌이 있을 것이로다. 오곡은 자라질 못하여 잡목과 떠풀만을 먹을 뿐이로다. 그곳 토지는 사람을 화상 입히고 물을 구하려 하여도 얻을 데가 없을 것이로다. 떠돌아다녀도 의지할 곳 없고 광대하여 끝이 없을 것이로다. 돌아오라, 해를 당할까 두렵도다. 혼이여 돌아오라, 북방은 그대 머물 곳 아니도다. 겹겹이 쌓인 얼음은 높다란 산과 같고, 내리는 눈발은 천리에 걸쳐 있을 것이로다. 돌아오라, 그곳은 오래 머물 곳 아니로다. 혼이여 돌아오라, 그대는 하늘에 오르려 하지 말라. 그곳에는 호랑이와 표범이 구중 관문을 지키고, 하계의 사람들을 물어 해칠 것이로다. 한 사나이 있어 머리는 아홉 개, 하루에 나무 구천 그루를 뽑아낼 것이로다. 승냥이와 이리는 눈을 세워 뜨며, 이리저리 어슬렁거릴 것이로다. 사람을 거꾸로 매달아 희롱하고, 심연에 던져 버릴 것이로다. 상제에게 말씀드리고 그런 후에야 (저 동물들이) 눕게 될 것이로다. 돌아오라, 거길 가서 몸 위험할까 두렵도다. 혼이여 돌아오라, 그대는 땅속 어두운 곳으로 내려가려 하지 말라. 그곳에는 토지신 있어 꼬리가 아홉이고, 달린 뿔은 매우 날카롭도다. 넓적한 등에 피 묻은 무지(拇指)로 사람 보면 세차게 쫓을 것이로다. 눈이 세 개 달린 호랑이 머리, 그 몸뚱어리는 소를 닮았도다. 모두가 사람을 달콤히 여기나니, 돌아오라, 재앙을 자초할까 두렵도다. 혼이여 돌아오라, 영도(郢都)의 성문 안으로 들어오라. 점 잘 치는 무당 그대를 위해 불러들여 도를 어겨 그대의 앞길을 인도하게 하리라. 진(秦)나라에서 엮은 대바구니 제(齊)나라에서 짠 실이며, 정(鄭)나라에서 만든 신령스런 깃발이라. 모두가 혼을 부르는 기구들 전부 갖추어 놓고 길게 휘파람 불며 혼을 부르는도다. 혼이여 돌아오라, 옛집으로 되돌아오라. 천지 사방에는 사람 해치는 마귀들이 가득하도다. 영정

초 혼

은 그대의 방안에 설치되어 있고, (방안은) 고요하고 텅 비어 있으며 안락하도다. 대청은 높고 집은 깊숙하며, 난간은 우뚝 솟아 있도다. 겹겹이 된 누대며 포개진 듯한 정자는 높은 산에 임해 있도다. 그물 모양의 창은 붉은색으로 꾸미고, 네모진 나무 깎아 잇대어 만들었도다. 겨울에는 복실(複室)과 큰 집 있고, 여름이 와도 방안은 서늘할 것이로다. 내는 계곡을 왕래하고 흐르는 물은 졸졸거리는도다. 햇살은 바람결에 혜초(蕙草) 위를 구르고, 포기진 난초를 흔들 것이로다. 대청을 지나서 내실에 들면 붉은 천장널이 있을 것이로다. 숫돌로 갈아 만든 방안은 물총새 깃으로 장식되고, 굽은 옥고리에는 옷들이 걸려 있을 것이로다. 비취와 구슬로 꾸며진 이불, 찬란히 빛날 것이로다. 부들자리로 벽 모서리진 곳 붙이고 비단 장막도 쳐두었을 것이로다. 빨강 실, 오색 실, 무늬진 비단, 하얀 비단으로 미옥인 기황(琦璜)을 묶어 놓았도다. 방안의 볼거리들은 모두가 진기하고 괴상한 것들이로다. 난초를 볶아서 만든 기름으로 촛불을 밝히고, 아름답게 치장한 미인들도 갖추어져 있을 것이로다. 열여섯 명의 미인들이 잠자리를 시중든다만, 싫증나면 바꿀 수 있을 것이로다. 주(周)나라 왕터의 하나이던 후복(侯服)의 숙녀들, 많고도 신속할 것이로다. 성대하게 드리워진 살쩍은 저마다 다른 모습, (그 숙녀들이) 후궁에 가득할 것이로다. 용모와 태도는 아름다우면서 친절하고, 그대 뜻에 따르다가 오래되면 서로가 교대할 것이로다. 안색은 약하게 보이나 뜻은 굳세고, 말은 정직하면서도 예의에 합당할 것이로다. 아리따운 용모와 아름다운 맵시를 지녀 깊숙한 내실을 가득 메울 것이로다. 가늘고 긴 눈썹을 가만히 치켜 뜰 때면 두 눈에서는 눈빛이 발할 것이로다. 아리따운 얼굴과 매끄러운 피부를 지니고 슬그머니 쳐다보면 눈동자는 맑게 빛날 것이로다. 별장에는 길다란 휘장이 드리워져 그대가 한가할 때 쉴 수 있을 것이로다. 휘장과 장막은 물총새 깃으로 꾸며지고, 높은 전당은 이들로 장식되어 있을 것이로다. 벽은 붉고 이층 마루는 단사(丹沙)칠 되어 있으며, 들보는 검은 옥으로 꾸며져 있을 것이로다. 조각한 서까래를 우러러 보면, 용과 뱀이 화각되어 있을 것이로다. 전각에 앉고 난간에 기대어서, 굽이진 연못(蓮)을 바라볼 수 있을 것이로다. 연꽃은 피어오르고, 마름과 연은 올망졸망 떠 있을 것이로다. 자줏빛 줄기의 조아기풀, 그 무늬는 물결 따라 출렁일 것이로다. 무늬가 특이한 표범을 장식한 무사가, 긴 섬돌 옆에서 호위해 줄 것이로다. 가벼운 수레들이 이미 갖추어져 있을 것이고, 보병과 기병들이 나열해 있을 것이로다. 난초는 창문에 붙어 자라고, 옥처럼 아름다운 나무로 울타리 쳐져 있을 것이로다. 혼이여 돌아오라, 어찌 먼 곳으로 가려느뇨. 친족의 부부들 모두가 그대를 존경하고, 먹을 것도 갖가지 장만했을 것이로다. 백미·피·이른 보리에 누런 기장을 섞어 밥을 했을 것이로다. 메주·소금·식초, 그리고 신 것, 단 것이 어우러져 갖가지 맛을 낼 것이로다. 살찐 쇠고기의 근육은 푹 고아져 있고 향내까지 날 것이로다. 식초와 간수를 타서 오(吳)나라 국처럼 맛있는 국을 진열해 놓을 것이로다. 삶은 자라와 구운 양고기에는 설탕물이 곁들여 있을 것이로다. 신 고니고기, 즙이 적은 오리고기며, 지진 기러기고기, 왜가리고기까지 장만되어 있을 것이로다. 노천에서 사는 토종닭고기, 푹 삶은 큰 거북고기는 매콤하나 씹을수록 맛이 날 것이로다. 유밀과 꿀엿에, 마른엿까지 있을 것이로다. 옥처럼 하얀 미음이며 꿀로 만든 단술이, 참새가 날개 벌린 모양의 술잔에 가득 채워져 있을 것이로다. 술 지게미를 눌러서 걸러 낸 술에 얼음 띄워 마시면, 그 순후한 술은 맑고도 시원할 것이로다. 화려한 술구기는 이미 진열되어 있고, 여기에 옥처럼 하얀 술까지 마련되어 있도다. 돌아오라, 옛집으로 되돌아오라, 모두가 그대를 경건히 맞이하고 해칠 일 없을 것이로다. 안주며 맛있는 음식은 아직 치우지 않았고, 가녀와 악공들이 정렬해 있도다. 쇠북을 진열하고 북을 쳐서 새 가락을 반주하고 있도다. 섭강(涉江)·채릉(采菱)이며, 양하(揚荷) 등 초(楚)나라 악곡을 소리내어 부르고 있도다. 미인들은 모두가 취하여 얼굴이 불그레

달아올랐도다. 희롱하는 눈으로 곁눈질할 때면, 눈에서는 물결 같은 빛이 반짝거리도다. 아름답게 차려 입은 옷맵시, 화려하고도 신기하도다. 긴 머리카락, 늘어뜨린 살쩍, 요염하고 빛나도다. 열여섯 미인들 한결같은 용모 갖춰, 정(鄭)나라 춤을 추고 있도다. 옷고름은 잇댄 죽간처럼 빙글거리고 쟁반 어루만지며 몸 숙여 춤을 추고 있도다. 생황과 비파를 나란히 타고, 북도 치고 있도다. 궁정이 울리고 놀랍도록 소리가 세찬 초나라 노래를 펼치고 있도다. 오나라 노래, 채(蔡)나라 가락, 육률(六律)의 대려(大呂)에 맞춰 연주하고 있도다. 남녀가 뒤섞여 앉아 있어 어지럽고 분간이 안 돼 있도다. 인끈이며 갓끈을 풀어 버리고, 서로가 어우러져 문란하게 즐기고 있도다. 정나라·위(衛)나라 미녀들, 여기에 끼어 섞여 있도다. 격렬한 초나라의 미곡(尾曲)은 가락이 제일 빼어나도다. 곤폐(箟蔽)놀이, 장기두기에 육박(六簿)까지 곁들이고 있도다. 두 패로 나뉘어 나란히 나아가다 황급히 쌍방이 겨루고 있도다. 주사위에 올빼미가 나와 우승이 배가 되자, 오백(五白)을 소리치고 있도다. 진(晋)에서 만든 서비(犀比)로 하는 놀이는 시간이 한층 더 걸리고 있도다. 종치고 종결이 시렁 흔들며 가래나무로 만든 거문고를 쳐대고 있도다. 술 즐기면 그침이 없고 밤낮으로 술에 빠져 있도다. 난초를 지져서 만든 기름으로 촛불 밝히고, 화려하게 꾸민 등불들이 여기저기 밝혀 있도다. 마무리되는 시편(詩篇)들에는 깊은 생각이 함축되어 난초의 향기마냥 성대해져만 가고 있도다. 사람들 생각나는 바 있어 한마음 되어 송독하고 있도다. 맑게 거른 술 마시며 실컷 즐겼으니 옛 친구를 찾아 즐기려 하고 있도다. 혼이여 돌아오라, 옛 거처로 되돌아오라. 난사(亂辭)에 이르노라. 연시가 되면, 초봄이 되면, 곧바로 난 남쪽으로 가련다. 녹두와 마름은 새 잎이 나란히 돋고 하얀 궁궁이는 싹이 나겠지. 내 여강(廬江)을 지날 때면, 왼쪽에는 길다랗게 이어진 숲이 있겠지. 내 소택가에 기대고 연못가에 서서 멀리 평활한 곳을 바라보겠노라. (생각하노라면) 나는 검은 털빛의 네 필의 말이 끄는 수레를 탔고, 여기에 딸린 수레만도 천 량이나 되었었지. 횃불이 성대하게 밝혀져 하늘이 그 연기로 어두웠었지. 내 말 머무는 곳으로 힘차게 달려, 달려오는 말들을 선도했었지. 내 질주하던 말을 세워 사냥일을 통달하게 하였고, 수레를 이끌어 오른쪽으로 돌면서 들짐승을 쏘았었지. 내 임금과 함께 운몽택(雲夢澤)으로 달리면서 우열을 심사했었지. 임금께서는 몸소 활을 쏘시어 푸른 외뿔소를 놀라게 하셨었지. 낮은 밤으로 끊임없이 이어지고, 흐르는 세월은 막을 길 없도다. 연못가의 난초는 길을 덮어 길이 사라져 가고 있도다. 출렁대며 흐르는 강물, 그 강가에는 단풍이 자라고 있도다. 내 천리쪽 뚫어지게 바라보나니, 봄시절 그리워 애닯아지도다. 혼이여 돌아오라, 그리운 강남으로.

原文 朕幼淸以廉潔[1)]兮여, 身服義而未沬[2)]하고, 主此盛德[3)]兮여, 牽[4)]於俗而蕪穢하며, 上[5)]無所考此盛德兮여, 長離殃[6)]而愁苦로다. 帝[7)]告巫陽[8)]曰 '有人在下하니, 我欲輔之러니, 魂魄離散하니, 汝筮予[9)]之로다.' 巫陽對曰 '掌夢[10)]上帝其[11)]命難從하니, 若必筮予之하고, 恐後之謝하여, 不能復用이라.' 巫陽焉乃[12)]下招曰,

魂兮歸來하여, 去[13)]君之恆幹[14)]하니, 何爲四方些[15)]리요. 舍[16)]君之樂處而離彼不祥[17)]些로다. 魂兮歸來하니, 東方不可以託[18)]些하고, 長人千仞[19)]하니, 惟魂是索[20)]些하여, 十日代出[21)]하니, 流金鑠石[22)]些하여, 彼[23)]皆習之하니, 魂往必釋[24)]些하고, 歸來兮여, 不可以託些로다.

魂兮歸來하니, 南方不可以止些하고, 雕題[25)]黑齒하니, 得人肉以祀하며, 以其骨爲醢[26)]些로다. 蝮蛇蓁蓁[27)]하여, 封狐千里[28)]些하고, 雄虺[29)]九首하여, 往來儵忽[30)]하니, 呑人以益[31)]其心些로다. 歸來兮여, 不可以久淫[32)]些로다.

혼혜귀래　　　　서방지해　　　유사　천리사　　　선입뢰연
　　魂兮歸來하니, 西方之害는, 流沙[33)]千里些하고, 旋入雷淵[34)]하
　　　미산　이불가지사　　　　행　이득탈　　　　기외광우　사
니, 麋散[35)]而不可止些하며, 幸[36)]而得脫하여, 其外曠宇[37)]些하고,
적의　　　　현봉　약호　사　　　오곡　불생　　　　총관시
赤蟻[38)]若象하니, 玄蠭[39)]若壺[40)]些하며, 五穀[41)]不生하니, 蒙菅是
식　사　　　　기토란인　　　구수무소득사　　　방양　　무소의
食[42)]些하고, 其土爛人하니, 求水無所得些로다. 彷徉[43)]無所倚[44)]
　　　광대무소극　사　　　귀래혜　　　공자유적　사
하니, 廣大無所極[45)]些하고, 歸來兮[46)]여, 恐自遺賊[47)]些로다.
　　혼혜귀래　　　　북방불이지사　　　증빙아아　　　　비설천리
　　魂兮歸來하니, 北方不可止些하고, 增冰峨峨[48)]하니, 飛雪千里
사　　　귀래혜　　　불가이구　사
些하며, 歸來兮하니, 不可以久[49)]些로다.
　　혼혜귀래　　　　군무상천사　　　　호표구관　　　　탁　해하인
　　魂兮歸來하니, 君無上天些하고, 虎豹九關[50)]하니, 啄[51)]害下人
사　　　　일부구수　　　발목구천사　　　　시랑종목　　　　왕래
些하며, 一夫九首하니, 拔木九千些하고, 豺狼從目[52)]하니, 往來
선선[53)]사　　　현인이애[54)]　　　투지심연사　　　치명어제[55)]
侁侁[53)]些로다. 縣人目姣[54)]하니, 投之深淵些하고, 致命於帝[55)]하
　　연후득명　사　　　　귀래왕공위신사
니, 然後得瞑[56)]些하며, 歸來往恐危身些로다.
　　혼혜귀래　　　　군무하차유도[57)]　사　　　토백구약[58)]　　　기각
　　魂兮歸來하니, 君無下此幽都[57)]些하고, 土伯九約[58)]하니, 其角
의의　사　　　　돈회혈무[60)]　　　축인비비　사　　　참목호수
觺觺[59)]些하며, 敦脄血拇[60)]하니, 逐人駓駓[61)]些하고, 參目虎首하
　　기신약우　사　　　차개감인　　　귀래공자유재　사
니, 其身若牛些하며, 此皆甘人[62)]하니, 歸來恐自遺災[63)]些로다.
　　혼혜귀래　　　　입수문　사　　　공축　초군　　　　배행선　사
　　魂兮歸來하니, 入修門[64)]些하고, 工祝[65)]招君하니, 背行先[66)]些
　　　진구제루　사　　　정면락　사　　　초구해　비　　　　영소
하고, 秦篝齊縷[67)]하여, 鄭綿絡[68)]些하며, 招具該[69)]備하여, 永嘯
호　사　　　혼혜귀래　　　　반고거사　　　천지사방　　　다적간
呼[70)]些하고, 魂兮歸來하니, 反故居些로다. 天地四方이, 多賊姦
사　　　상[71)]설군실　　　정한안[72)]　사　　　고당수우[73)]　　　합층
些하고, 像[71)]設君室하여, 靜閒安[72)]些하며, 高堂邃宇[73)]에, 檻層
헌[74)]사　　　층대루사[75)]　　　임고산[76)]　사　　　망호주철[77)]　　　각
軒[74)]些로다. 層臺累樹[75)]에, 臨高山[76)]些하고, 網戶朱綴[77)]에, 刻
방련[78)]사　　　동유요하[79)]　　　하실한사　　　천곡경복[80)]
方連[78)]些하며, 冬有突廈[79)]하고, 夏室寒些하며, 川谷徑復[80)]하니,
유잔원[81)]사　　　광풍전혜[82)]　　　범숭란[83)]　사　　　경당입오[84)]
流潺湲[81)]些하고, 光風轉蕙[82)]하니, 氾崇蘭[83)]些하며, 經堂入奧[84)]
　　　주진연[85)]사　　　　지실취교[86)]　　　　쾌곡경[87)]　사　　　비취
하니, 朱塵筵[85)]些하며, 砥室翠翹[86)]하니, 挂曲瓊[87)]些하고, 翡翠
주피[88)]　　　난제광[89)]사　　　약아불벽[90)]　　　나주장[91)]　사
珠被[88)]는, 爛齊光[89)]些하며, 翼阿拂壁[90)]하여, 羅幬張[91)]些하고,

170

纂組綺縞[92)]하여, 結琦璜[93)]些하고, 室中之觀에, 多珍怪些로다. 蘭膏[94)]明燭하여, 華容[95)]備些하며, 二八侍宿[96)]하여, 射遞代[97)]些하고, 九侯[98)]淑女가, 多迅衆[99)]些하며, 盛鬋不同制[100)]하니, 實滿宮[101)]些하고, 容態好比[102)]하니, 順彌代[103)]些하며, 弱顔固植[104)]하니, 謇其有意[105)]些로다. 姱容修態[106)]에, 絙洞房[107)]些하고, 蛾眉曼睩[108)]에, 目騰光[109)]些하며, 靡顔膩理[110)]에, 遺視矊[111)]些하고, 離榭修幕[112)]에, 侍君之閒[113)]些하며, 翡幃翠帳[114)]에, 飾高堂[115)]些하고, 紅壁沙版[116)]에, 玄玉梁[117)]些하며, 仰觀刻桷[118)]하여, 畫龍蛇些하고, 坐堂伏檻하여, 臨曲池些하며, 芙蓉始發하여, 雜芰荷些하고, 紫莖屛風[119)]하여, 文緣波[120)]些하며, 文異豹飾[121)]하여, 侍陂陁[122)]些하고, 軒輬旣低[123)]하여, 步騎羅[124)]些하여, 蘭薄戶樹[125)]하여, 瓊木籬些하고, 魂兮歸來하니, 何遠爲些인가. 室家遂宗[126)]하여, 食多方些하고, 稻粢穱麥[127)]하여, 挐黃粱[128)]些하여, 大苦醎酸[129)]하여, 辛甘行些[130)]하고, 肥牛之腱[131)]을, 臑若芳[132)]些하며, 和酸若苦[133)]하니, 陳吳羹[134)]些하고, 胹鼈炮羔[135)]하니, 有柘漿[136)]些하며, 鵠酸臇鳧[137)]하여, 煎鴻鶬[138)]些하고, 露鷄臛蠵[139)]에, 厲而不爽[140)]些하며, 粔籹蜜餌[141)]에, 有餦餭[142)]些하고, 瑤漿蜜勺[143)]에, 實羽觴[144)]些하며, 挫糟凍飮[145)]에, 酎[146)]淸凉些하고, 華酌旣陳[147)]하니, 有瓊漿[148)]些하며, 歸來反故室하니, 敬而無妨[149)]些로다. 肴羞未通[150)]하니, 女樂羅[151)]些하고, 陳鐘按[152)]鼓하여, 造新歌些하며, 涉江采菱하여, 發揚荷[153)]些하고, 美人旣醉하니, 朱顔酡[154)]些하며, 娭光眇視[155)]하니, 目曾波[156)]些하고, 被文服纖[157)]하니, 麗而不奇[158)]些하며, 長髮曼鬋[159)]하니, 艷陸離[160)]

초혼 171

些하고, 二八齊容¹⁶¹⁾하여, 起鄭舞些하며, 衽若交竿¹⁶²⁾하여, 撫
案下¹⁶³⁾些하고, 竽瑟狂¹⁶⁴⁾會하여, 損¹⁶⁵⁾鳴鼓些하며, 宮庭震驚하
여, 發激楚¹⁶⁶⁾些하고, 吳歈蔡謳¹⁶⁷⁾에, 奏大呂些¹⁶⁸⁾하며, 士女雜
坐하여, 亂而不分些하고, 放瞰組纓¹⁶⁹⁾하여, 班其¹⁷⁰⁾相紛些하며,
鄭衞妖玩¹⁷¹⁾하여, 來雜陳些하고, 激楚之結¹⁷²⁾하여, 獨秀先些하
여, 箟蔽象棊¹⁷³⁾하여, 有六簿¹⁷⁴⁾些하고, 分曹並進¹⁷⁵⁾하여, 遒相
迫¹⁷⁶⁾些하며, 成梟而牟¹⁷⁷⁾하여, 呼五白¹⁷⁸⁾些하고, 晋制犀比¹⁷⁹⁾하
여, 費白日¹⁸⁰⁾些하며, 鏗鍾搖簴¹⁸¹⁾하여, 揳梓瑟¹⁸²⁾些하고, 娛酒
不廢¹⁸³⁾하여, 沈¹⁸⁴⁾日夜些하며, 蘭膏明燭하니, 華鐙錯¹⁸⁵⁾些하고,
結撰至思하니, 蘭芳假¹⁸⁶⁾些하고, 人有所極¹⁸⁷⁾하니, 同心賦¹⁸⁸⁾些
하며, 酎飲盡歡하니, 樂先故¹⁸⁹⁾些하고, 魂兮歸來하니, 反故居些
로다.

亂曰

獻歲¹⁹⁰⁾發春兮여, 汨¹⁹¹⁾吾南征하고, 菉蘋¹⁹²⁾齊葉兮여, 白芷生
하며, 路貫廬江¹⁹³⁾兮여, 左長薄¹⁹⁴⁾하고, 倚沼畦瀛¹⁹⁵⁾兮여, 遙望
博¹⁹⁶⁾하며, 青驪結駟¹⁹⁷⁾兮여, 齊千乘¹⁹⁸⁾하고, 懸火延起¹⁹⁹⁾兮여,
玄顔烝²⁰⁰⁾하고, 步及驟處²⁰¹⁾兮여, 誘騁先²⁰²⁾하며, 抑鶩若通兮²⁰³⁾
여, 引車右還²⁰⁴⁾하고, 與王趨夢²⁰⁵⁾兮여, 課²⁰⁶⁾後先하며, 君王親
發²⁰⁷⁾兮여, 憚靑兕²⁰⁸⁾하고, 朱明承夜²⁰⁹⁾兮여, 時不可以淹²¹⁰⁾하며,
皐蘭被經²¹¹⁾兮여, 斯路漸²¹²⁾하고, 湛湛²¹³⁾江水兮여, 上有楓하며,
目極²¹⁴⁾千里兮여, 傷春心²¹⁵⁾하고, 魂兮歸來哀²¹⁶⁾江南이라.

註 1) 짐(朕): 나. 여기서는 이 작품을 지은 송옥(宋玉)을 가리킴 (왕일의 「초사장
구」에 의거). 2) 복의(服義): 인의를 따르며 실천하다. 매(沬): 그치다. 그만두다.

172

3) 주(主) : 위주로 하다. 지켜 나가다. 4) 견(牽) : 매이다. 끌려가다. 5) 상(上) : 임금. 6) 이(離) : 만나다. 당하다. 이앙(離殃) : 재앙을 당하다. 7) 제(帝) : 천제(天帝). 8) 무양(巫陽) : 여자 무당을 무(巫)라고 함. 양(陽)은 그 무당의 이름임. 9) 서(筮) : 산가지. 점치다. 서여(筮予) : 혼이 있는 곳을 점쳐서 육신으로 돌아오게 함. 10) 장몽(掌夢) : 관명(官名)으로 해몽을 관장함. 11) 기(其) : 대명사가 아니라 어조사 지(之)의 의미임. 12) 언내(焉乃) : 이에 곧. 13) 거(去) : 떠나다. 14) 항간(恒幹) : 떳떳한 육체. 15) 사(些) : 어조사. 16) 사(舍) : 버리다. 17) 상(祥) : 선(善). 18) 탁(託) : 기탁하다. 19) 인(仞) : 여덟 자(尺). 20) 색(索) : 구하다. 찾다. 21) 대출(代出) : 교대로 나오다. 22) 유·삭(流·鑠) : 모두가 동사로 쓰였음. 쇠를 녹이고 돌을 녹임. 23) 피(彼) : 그 땅에 거주하는 사람. 24) 석(釋) : 풀다. 25) 조(雕) : 화각하다. 제(題) : 이마. 26) 해(醯) : 젓 담그다. 27) 복사(蝮蛇) : 큰 뱀. 이아(爾雅)에 의하면, 이 뱀은 넓이가 세 치(寸)이고, 머리는 엄지손가락만하다고 함. 진진(蓁蓁) : 많이 모이는 모양. 28) 봉호(封狐) : 큰 여우. 천리(千里) : 천리에 걸쳐 많이 있음을 말함. 29) 훼(虺) : 살무사. 30) 숙홀(儵忽) : 급히. 빠르게. 31) 익(益) : 채우다. 배불리 먹다. 32) 음(淫) : 오래 머물다. 33) 유사(流沙) : 오늘날의 사막과 같음. 모래는 유동하여 사람이나 짐승을 덮칠 수 있기 때문에 유사(流沙)라고 말한 것임. 34) 뇌연(雷淵) : 우뢰가 깃든 연못이나 혹은 우뢰의 신(神)이 기거하는 곳을 말함. 35) 미(蘼) : 부서지다. 데어 터지다. 36) 행(幸) : 다행히. 요행히. 37) 광(曠) : 크다. 우(宇) : 들판. 38) 의(螘) : 말개미. 39) 봉(蠭) : 벌. 현봉(玄蠭) : 검은 꿀벌. 40) 호(壺) : 마른 표주박. 41) 오곡(五穀) : 쌀·수수·보리·조·콩, 혹은 삼·보리·콩·수수·메기장. 42) 총관(藂菅) : 총은 잡목을 말하고, 관은 띠풀을 말함. 시(是) : 여기사. 43) 방양(彷徉) : 배회하다. 방황하다. 44) 의(倚) : 의지하다. 45) 극(極) : 다하다. 46) 주희(朱熹)의 「초사집주」에는 '歸來, 歸來'로 표기되어 있음. 47) 유적(遺賊) : 해를 가하다. 해치다. 48) 아아! 산이 높고 험한 모양. 49) 구(久) : 오래 살다. 오래 머물다. 50) 호표구관(虎豹九關) : 아홉 겹의 천문을 호랑이와 표범이 지킴. 51) 탁(啄) : 씹다. 깨물다. 물어뜯다. 52) 시랑종목(豺狼從目) : 승냥이와 이리가 모두 제 눈을 세로로 세움. 53) 신신(侁侁) : 걷는 소리. 또는 여럿이 걷는 모양. 54) 애(娭) : 희롱하다. 55) 제(帝) : 상제(上帝). 56) 명(瞑) : 눕다. 57) 유도(幽都) : 지하는 으슥하고 어둡기 때문에 이처럼 말한 것임. 58) 토백(土伯) : 토지신의 우두머리. 약(約) : 꼬리. 59) 의의(嶷嶷) : 부리가 날카로운 모양. 60) 혈무(血拇) : 무지손가락 위에 핏자국이 나 있음. 61) 비비(駓駓) : 빨리 달리는 모양. 62) 감인(甘人) : 사람 먹는 것을 달콤히 여기다. 63) 재(災) : 해(害). 64) 수문(修門) : 초나라 서울 영도(郢都)의 성문. 65) 공축(工祝) : 공은 공교로움을 말하고, 축은 남자 무당을 가리킴. 66) 배행선(背行先) : 도를 어겨 그대의 앞길을 인도하게 하다. 67) 진구(秦篝) : 진나라 사람이 만든 대광주리로서 혼을 깃들게 함. 제루(齊縷) : 제나라 사람이 짜낸 오색 실로서 대광주리를 아름답게 꾸밈. 68) 정면락(鄭綿絡) : 정나라 사람이 만든 신령스런 깃발. 69) 해(該) : 전(全). 70) 영소호(永嘯呼) : 길게 휘파람 불며 혼을 불러냄. 71) 상(像) : 오늘날의 사진이나 영정에 해당함. 72) 정(靜) : 소리가 없는 것. 한(閒) : 텅 비고 트인 것. 73) 수(邃) : 깊다. 으슥하다. 74) 함층헌(檻層軒) : 난간이 층층을 이루고 높다. 75) 물가에 임하지 않는 경우를 대(臺)라 하고, 임한 경우를 사(榭)라고 함. 76) 이 구는 '누대가 높아서 높은 산도 바라볼 수 있다'는 뜻임. 혹은 '높은 산에 다다라 거기에 누대를 짓는다.'라는 뜻으로 풀이하기도 함. 77) 망호(網戶) : 나무를 깎아서 그물 모양으로 잇대어 만든 창. 주철(朱

초 혼 173

綴) : 나무가 교차하는 부분을 붉은색으로 칠해 아름답게 꾸밈. 78) 이 구는 네모진 나무를 깎아서 서로 잇대는 것을 말함. 79) 요(突) : 복실(複室). 하(廈) : 큰 집. 80) 경복(經復) : 왕복. 81) 잔원(潺湲) : 물이 졸졸 흐르는 모양. 82) 광풍(光風) : 비 그친 후 해 돋고 바람 불어 초목이 빛나는 것을 말함. 83) 범(氾) : 흔들려 움직이는 모양. 숭(崇) : 충(充 ; 왕일에 의거). 84) 오(奧) : 서남쪽 구석을 가리킴. 85) 진연(塵筵) : 오늘날의 천장널과 같음. 86) 지(砥) : 숫돌. 지실(砥室) : 숫돌로 벽을 평평하게 간 방. 취교(翠翹) : 물총새 깃으로 벽을 장식함. 87) 이 구는 굽은 옥을 갈고리 삼아 옷가지를 걸어놓는다는 뜻임. 88) 이 구는 침상을 물총새 깃과 아름다운 옥으로 꾸미는 것을 말함. 89) 난(爛) : 찬란. 90) 약(蒻) : 부들. 부들로 만든 자리. 아(阿) : 굽은 구석. 불(拂) : 가리다. 붙이다. 이 구는 '부들자리로 벽 구석진 곳을 바른다'는 뜻으로 여기에서 부들자리로 오늘날 벽지를 가리키는 것으로 볼 수 있음. 91) 나주(羅幬) : 비단으로 만든 휘장. 92) 찬(篡) : 순적색의 실. 조(組) : 오색 실. 기(綺) : 무늬진 비단. 호(縞) : 하얀 비단. 93) 기(琦) : 옥이름. 황(璜) : 반쪽 둥근 패옥. 94) 난고(蘭膏) : 난초 향기로 기름을 고아 냄. 95) 화용(華容) : 미인. 96) 이팔(二八) : 열여섯 사람. 혹은 열여섯 살의 소녀. 숙(宿) : 구(久). 97) 역(射) : 싫다. 98) 구후(九侯) : 구복[주대의 왕터로서 후복(侯服)·전복(甸服)·남복(男服)·채복(采服)·위복(衛服)·만복(蠻服)·이복(夷服)·진복(鎭服)·번복(蕃服) 등의 아홉 구역을 가리킴]의 제후. 99) 신(迅) : 빠르다. 민첩하다. 중(衆) : 많다. 100) 전(髡) : 살쩍. 제(制) : 법(法). 101) 실(實) : 충(充). 궁(宮) : 실(室). 102) 비(比) : 친절하다. 103) 미대(彌代) : 오래되면 서로가 교대하다. 104) 식(植) : 지(志). 105) 건(謇) : 바른 말. 바른 말하는 모양. 106) 과(姱) : 예쁘다. 수(修) : 아름답다. 107) 긍(絚) : 가득 차다. 동방(洞房) : 깊숙한 방. 108) 만(曼) : 윤기나다. 녹(睩) : 보는 모양. 109) 등(騰) : 달리다. 오르다. 110) 미(靡) : 치밀하다. 예쁘다. 이(膩) : 매끄럽다. 윤기가 흐르다. 111) 유시(遺視) : 슬그머니 쳐다 봄. 면(曣) : 눈안의 눈동자가 맑고 빛나는 모양. 112) 이사(離榭) : 별장. 수막(修幕) : 긴 장막. 113) 한(閒) : 한가하다. 114) 비유(翡帷) : 물총새 깃으로 휘장과 장막을 꾸밈. 115) 고당(高堂) : 높고 큰 집. 116) 사판(沙版) : 단사(丹沙)로 헌판을 칠함. 117) 이 구는 검은 구슬로 기둥과 들보를 꾸미는 것을 말함. 118) 각(桷) : 네모진 서까래. 119) 병풍(屛風) : 조아기풀. 120) 문(文) : 무늬. 121) 이 구는 '시종하는 이들은 모두가 호랑이·범 무늬를 하여 이채롭게 보인다.'는 것을 말함(왕일에 의거). 122) 피타(陂陁) : 경사져 있는 모양. 여기서는 길게 경사진 섬돌을 말함. 123) 헌·량(軒·輬) : 모두가 가벼운 수레를 말함. 저(低) : 주둔하다. 세우다. 124) 보기(步騎) : 보병과 기병. 125) 박호(薄戶) : 창문 가에 총총히 붙어 있음. 수(樹) : 심다. 126) 종(宗) : 높다. 존귀하다. 127) 자(粢) : 피. 작맥(稠麥) : 일찍 익는 보리. 일설에는 벼 난 곳에 보리를 심는 것을 말한다고도 함. 128) 황량(黃粱) : 누런 기장. 기장에는 청·백·황의 세 종류가 있는데, 이 중 황량은 이삭이 크고 낟알이 거칠며 수확량이 적으나 맛은 청량·백량에 비해 뛰어나다. 129) 대고(大苦) : 콩자반. 함(鹹) : 소금. 산(酸) : 초. 130) 신(辛) : 후추와 생강. 감(甘) : 엿과 꿀. 이 구는 맵고 단맛이 동시에 나는 것을 말함. 131) 건(腱) : 힘줄. 132) 노(臑) : 푹 고다. 일설에는 나약한 모양을 나타내는 말이라고 함. 약(若) : 차(且). 133) 화(和) : 조리하다. 맛을 내다. 약(若) : 급(及). 134) 오갱(吳羹) : 오나라 사람은 국을 잘 끓인다고 함. 그러므로 여기서는 잘 끓인 국이나 맛있게 끓인 국을 말함. 135) 포(炮) : 털 뽑지 않고 굽다. 혹은 싸서 굽다. 136) 유(有) : 우(又). 자(柘) : 사탕수수. 자장(柘漿) : 사탕수수 즙. 137) 곡(鵠) : 고니. 산곡(酸鵠) : 시큼하게 조리한 고니 고기. 138) 창(鶬) : 왜가리. 꾀꼬리. 139) 노계(露鷄) : 노천의 닭. 학(臛) : 곰국. 휴(蠵) : 큰 거북의 일종임. 140) 상(爽) : 부패하다. 초나라 사람은 국이 상할 경우 이렇게 불렀음. 141) 거여(粔籹) : 중배끼. 밀가루를 꿀과 기름으로 반죽하여 기름에 지져서 만듦. 142) 장황(餦餭) : 엿. 마른 엿. 143) 요장(瑤漿) : 구슬처럼 하얀 미음. 작(勺) : 술구기. 144) 우상(羽觴) : 참새가 날개 벌린 모양을 새겨서 만든 술잔. 145) 좌조(挫糟) : 술지게미를 눌러서 걸러내다. 146) 주(酎) : 세 번 빚은 술. 순후한 술. 147) 화작(華酌) : 화려한 술 구기. 148) 경장(瓊漿) : 술빛이 구슬과 같다. 149) 방(妨) : 해(害). 150) 효(肴) : 안주. 수(羞) : 맛있는 요리. 151) 나(羅) : 열(列). 152) 안(按) : 치다. 153) 섭강·채릉·양하(涉江·采菱·揚荷) : 모두 초나라의 가곡명임. 발(發) : 소리내어 노래부르다. 154) 타(酡) : 술 취해 얼굴이 불그스름한 모양. 155) 묘시(眇視) : 눈을 가늘게 뜨고 보다. 156) 증(曾) : 거듭되다. 증파(曾波) : 눈에서 빛이 거듭나며 반짝이다. 157) 피·복(被·服) : 입다. 걸치다. 158) 불(不) : 비(丕 ; 크다)와 통함. 그러므로 불기(不奇)는 매우 신기하다, 기이하다는 뜻임. 159) 만(曼) : 윤기나다. 전(鬋) : 살쩍. 160) 염(艷) : 요염하다. 아름답다. 육리(陸離) : 아름다운 모양. 161) 제용(齊容) : 용모와 꾸밈이 한결같다. 162) 임(衽) : 옷고름. 간(竿) : 죽간. 163) 무(撫) : 지(持). 164) 광(狂) : 사납다. 아우르다. 165) 전(搷) : 치다. 166) 격(激) : 급하다. 초나라 노래는 격렬하고 빠르기 때문에 격초(激楚)라 부른 것임. 167) 오·채(吳·蔡) : 모두 국명임. 유·구(歈·謳) : 모두 노래라는 뜻임. 168) 대려(大呂) : 육률[六律 ; 황종(黃鍾)·대족(大簇)·고세(姑洗)·유빈(蕤賓)·이칙(夷則)·무재(無財)]의 이름임. 169) 조(組) : 인끈. 영(纓) : 갓끈. 170) 반(班) : 반(斑 ; 아롱지다)로서 서로서로 어우러진 모습을 나타냄. 171) 요완(妖玩) : 미녀. 172) 결(結) : 결미. 미곡(尾曲). 173) 곤(箟) : 대나무를 말함. 곤폐(箟蔽) : 오늘날 대나무로 만든 산가지와 같은 것으로서 도박의 도구임. 상기(象棊) : 상아로 만든 장기. 174) 육박(六簙) : 중국 고대의 놀음놀이의 한 가지. 175) 조(曹) : 짝(偶). 176) 주(遒) : 굳세다. 다가오다. 상박(相迫) : 서로 이기려고 다투다. 177) 효(梟) : 주사위. 이 구는 '주사위 위에 올빼미 모습이 나와 승리가 배가 되었다.'는 뜻임. 178) 오백(五白) : 도박의 도구임. 179) 서비(犀比) : 역시 도박의 도구임. 180) 비(費) : 소비하다. 소모하다. 백일(白日) : 시간. 때. 181) 경(鏗) : 치다. 종(鍾) : 종(鐘)과 통함. 거(簴) : 종을 매다는 시렁. 182) 갈(揳) : 치다. 재슬(梓瑟) : 가래나무로 만든 거문고. 183) 오(娛) : 즐기다. 폐(廢) : 그치다. 그만두다. 184) 침(沈) : 술에 빠지다. 185) 등(鐙) : 등(燈)과 통한다. 착(錯) : 두다(置). 186) 가(假) : 성대하다. 187) 극(極) : 이르다(至). 188) 부(賦) : 낭송하다. 송독하다. 189) 선고(先故) : 오래 사귀어 온 친구. 고우. 190) 헌세(獻歲) : 연시. 연초. 191) 율(汩) : 빠르다. 물 흐르다. 192) 녹(菉) : 녹두. 빈(蘋) : 마름. 193) 여강(廬江) : 지명. 194) 장박(長薄) : 산림이 길다랗게 이어진 모양. 195) 영(瀛) : 연못. 196) 요(遙) : 멀다. 박(博) : 평평하다. 197) 청려(靑驪) : 털빛이 검은 말. 사(駟) : 네 필의 말. 198) 제천승(齊千乘) : 천승의 수레가 나란히 달려가다. 199) 현화(懸火) : 걸려 있는 등불. 횃불. 200) 현(玄) : 하늘. 현안(玄顏) : 하늘의 모습. 현안증(玄顏烝) : 횃불의 연기가 위로 올라 하늘이 검게 됨을 말함. 201) 취(騝) : 달려가다. 202) 유(誘) : 인도하다. 유빙선(誘騁先) : 먼저 가서 달려오는 말을 인도하다. 203) 무(騖) : 거마(車馬)를 빨리 달림. 통(通) : 수렵 일에 통달하다. 204) 환(還) : 돌다(轉). 이 구는 '수레를 우측으로 돌려 좌측의 야수를 쏜다'는 뜻임. 205) 몽(夢) : 운몽택(雲夢澤)을 가리킴.

206) 과(課) : 심사하다. 우열을 가려내다. 207) 발(發) : 활을 쏘다. 208) 시(兕) : 외뿔소. 청시(靑兕) : 뿔이 푸른 외뿔소. 209) 주명(朱明) : 태양. 210) 엄(淹) : 오래 머물다. 211) 고(皐) : 연못. 피(被) : 덮다. 212) 점(漸) : 없어지다. 213) 침침(湛湛) : 물 흐름이 힘찬 모양. 214) 극(極) : 이르다(至). 미치다. 215) 상춘심(傷春心) : 지난 봄 시절을 회상하니, 마음이 아파 끊어질 것 같다. 216) 애(哀) : 의(依 ; 그리워하다)로 쓰기도 함.

[評析] 이 작품은 서(序)의 성격을 지닌 부분이 앞에 있고, 뒤에는 난조(亂調)가 있으며 '혜(兮)' 자를 어말(語末)에 쓰고 있다. 내용에서 초나라의 집·진설(陳設)·호녀(好女)·음악(音樂)·음식(飮食) 등이 화려하게 등장하는 것으로 보아, 영혼을 초(楚)땅으로 불러들이는 귀족(貴族)의 작품인 것을 알 수 있다.

대   초(大招)

　　작자에 대해 왕일 사신노 '굴원이나 경차(景差)'로 기재하고 있을 정도로 불명(不明)하다(楚辭章句). 그런데 주자(朱子)는 경차로(集注), 임운명(林雲銘)은 굴원이라고(楚辭燈) 각각 기술하고, 유국은(游國恩)은 초인의 작이 아니고 서한(西漢) 초의 무명씨의 작품이라고까지 주장하고 있다. 이것은 음악과 음식, 용어상(用語上)에서 본 견해이다. 대초의 결구는 초혼과 흡사하다. 단지 서(序)가 없으며 난조(亂調)가 극히 적을 뿐이다. 내용의 포국(布局)이 상근(相近)하지만 문기(文氣)는 서로 상이하다.

♠

　봄은 한 해가 바뀌어 시작되니 밝은 해가 빛나고 봄기운이 일어나고 만물이 다투어 자라나네. 북방의 현명신이 온통 땅을 얼리어 혼백이 숨을 곳이 없으니, 혼백이여 오시오, 멀리 가지 말지라.
　혼백이여 오시오, 동서남북 어디로든 가지 마시오. 동쪽에는 큰 바다 있어서 빠지기 쉬운 물이 급히 흐르며 이무기와 용이 같이 흘러서 오르내리며 노닐도다. 안개비가 오래도록 그치지 않고 흰 들판은 꽁꽁 얼어 붙었으니 혼백이여 동쪽으로 가지 마오. 탕곡이 죽은 듯이 고요하도다.
　혼백이여 남쪽으로 가지 마오. 남쪽에는 불길이 천리에 달하고 살무사가 꿈틀거리며, 산림이 험준하고 호랑이와 표범이 기어가네. 용어와 물여우, 그리고 큰 뱀이 높이 뛰나니, 혼백이여 남쪽으로 가지 마오, 물여우가 몸을 쏘는도다.
　혼백이여 서쪽으로 가지 마오. 서쪽에는 사막이 있는데 아득히 끝이 없으니, 돼지머리의 짐승이 눈을 부라리며 머리털을 어지러이 흩날리고 긴 발톱과 이빨을 드러내고는 미친 듯이 희희대는도다. 갈고리 같은 혼백이여, 서쪽으로 가지 마오. 많이 다치시리라.
　혼백이여 북쪽으로 가지 마오. 북쪽에는 추운 한산이 있는데, 검붉은 촉룡이 있는 곳이라. 대수가 커서 건널 수 없고 깊어서 헤아릴 수 없도다. 하늘은 온통 희고 추워 꽁꽁 얼어붙었으니, 혼백이여 가지 마오. 북극에 닿는도다.
　혼백이여 오시오. 이곳은 평안하고 조용하오며 마음대로 초땅에 지내니 마음이 편안하오며, 기쁘게 하고픈 대로 하오니 마음이 평온하리라. 평생토록 즐거우며 목숨을 길게 이을 수 있으니 혼백이여 돌아오시오, 즐거움을 말로 할 수 없도다.

　오곡이 여섯 길이나 되고 줄풀과 고량이 마련되어 있고, 솥에는 익은 물건이 가득 차 있고 게다가 향기로운 맛으로 조리되어 있도다. 살찐 왜가리, 집비둘기, 고니에 이리고기국으로 맛을 들였도다. 혼백이여 돌아오시어 느긋이 맛들을 보시오.

　신선한 큰 거북과 맛좋은 닭에 초지방의 우유를 곁들이고, 소금에 절인 돼지와 쌉쌀한 개고기에 암삼과 순나물을 잘게 썰어 넣고, 오지방의 식초로 무친 고사리는 꼬들꼬들하도다. 혼백이여 돌아오시어 마음대로 고르시오. 구은 왜가리와 찐 오리에 메추리탕을 지져 놓았으며, 튀긴 붕어와 곤 참새국을 서둘러서 올리리다. 혼백이여 돌아오시오. 아름다운 음식을 먼저 드리리다.

　네 번 걸른 술이 익었으니 목구멍을 답답하게 아니하며, 맑고 향기로운 술을 끊임없이 마시도다. 오지방의 단술과 쌀누룩에 초의 청주를 곁들였으니 혼백이여 돌아오시오. 다급히 두려워 마시오.

　대·진·정·위나라의 악공들이 큰 생황을 울리며 복희의 가변곡과 초의 노상곡을 연주하고, 양아곡을 어울려 부르며 조의 피리로 선창하도다. 혼백이여 돌아오시오. 공상악기를 타주오.

　열여섯이 이어서 춤추며 시부로 합창하고 종을 치고 경쇠로 어울리니, 즐거운 이들 노래로 끝을 맺도다. 네 나라의 악공이 다투어 연주하여 소리가 오묘하도다. 혼백이여 돌아오시오. 이들 노래를 두루 들으소서.

　붉은 입술에 흰 치아를 지닌 미인들의 아름다운 모습이 볼만하니 모두가 덕성이 있고 빼어나며 예의바르고 아름답도다. 풍만한 살과 날씬한 몸매는 조화를 이루어 즐겁게 하노니 혼백이여 돌아오시어 편안하시고 푸근하시오.

　아름다운 눈에 웃음 머금고 고운 눈썹이 가느스름하도다. 용모는 빼어나 우아하고 고운 자태 얼굴에 홍조를 띠었으니, 혼백이여 돌아오시어 조용하시고 평안하시라.
　아름다운 미인이 물처럼 많으니 아름답고 빼어나네. 둥근 뺨은 귓가에 기대어 있고 굽은 눈썹은 반원자 같거늘, 넓은 마음에 고운 모습이 온화하고 곱다네. 가는 허리에 오똑한 목이 날씬하고 짤록하오니, 혼백이여 돌아오시어 원망일랑 버리소서.
　마음이 온유하고 슬기로워서 언행으로 나타나고, 검고 흰 화장으로 단장하고 향기로운 연지를 발랐도다. 긴 옷소매로 얼굴을 가리고 손님을 극진히 모시나니, 혼백이여 돌아오시어 밤새껏 노니소서.
　검은빛의 곧은 눈썹, 아름다운 눈동자에 뺨에는 술잔을 대고 고운 치아를 드러내 미소짓나니, 풍만한 살과 날씬한 몸매는 곱디고와라. 혼백이여 돌아오시어 마음껏 편히 쉬소서.
　집은 크고 넓으며 단청을 한 전당은 아름다운데 남쪽의 방사에는 곱다란 단대를 세우고서 처마의 흐르는 물을 보노라네. 주각과 긴 낭하에는 짐승을 길들이기에 알맞으며 말타기도 하고 걷기도 하면서 봄뜰에서 사냥하도다. 경옥으로 수레바퀴통을 꾸미고 황금으로 지렛대에 바르니, 화려하기 대단하네. 난초와 계수가 길가에 울창하오니, 혼백이여 돌아오시어 마음대로 계시오소서.
　공작새가 뜰에 가득하고 봉황새도 기르나니 고니와 학이 아침에 떼지어 놀고 두루미가 섞여 노는도다. 큰 고니가 줄지어 놀고 숙상새가 어울리나니, 혼백이여 돌아오소서. 봉황이 날고 있도다.
　얼굴은 빛나고 희열에 차 있으며 혈기는 왕성하노니 임의 몸에 어울려 수명을 오래 지키오리. 가족이 조정에 가득하고 작록이 웅성하오니, 혼백이여 돌아오소서. 거하시기에 평강하오리.
　길을 잇기 천리 넓은 땅에 어진 이 구름처럼 배출되어 공·후·백작과 자·남작들이 어질고 어리석은 일을 살핌이 신과 같으며, 백성의 질병과 고통을 돌아보고 고아와 과부들을 위문

하도다. 혼백이여 돌아오소서, 선조를 지키는 후손들이로다.

　들판과 도시는 크고 길이 천 갈래나 되는데 사람은 많고 복잡하네. 훌륭한 교화가 백성에게 베풀어지고 나라의 은택이 밝히 드러나네. 먼저 위엄으로 백성을 대하시고 후에는 문덕으로 어루만지시니 아름다운 은덕이 밝히 빛나도다. 혼백이여 돌아오소서, 상벌이 합당하옵니다.

　명성이 해와 같아서 사해를 두루 비치고 덕성 어린 정치가 하늘의 뜻에 맞으니, 만민이 순종하도다. 영토가 북쪽으로 유릉에 이르고 남쪽으로는 교지에 뻗었으며, 서쪽으로는 양장산에 면해 있고 동쪽으로는 동해에 닿았나니, 혼백이여 돌아오소서. 어진 선비를 받들어 모시나이다.

　법령을 발하여 잘 시행하니 가혹하고 포악한 일을 금지하며 준걸한 인재를 등용하여 나라를 위해 도우니, 죽이고 벌주는 형벌이 없어지도다. 정직하고 뛰어난 자가 임금자리에 있으니 우 임금의 자취에 가깝도다. 준걸한 자가 나라를 다스리니 그 은택이 널리 베풀어지네. 혼백이여 돌아오시어 나라 위해 도와주소서.

　위세가 당당하니 하늘의 덕이 밝도다. 삼공이 화목하여 조정에 오르내리고 제후가 모두 이르고 구경의 대부들이 줄지어 섰네. 활터가 벌써 마련되고 호후의 사포가 갖추어지니 활을 잡고 화살을 끼고서 절하고 예의를 취하도다. 혼백이여 돌아오소서, 우·탕·문왕, 삼왕의 덕을 숭상하도다.

原文　青春受謝하니, 白日昭只[1]하고, 春氣奮發하니, 萬物遽[2]只하며, 冥凌浹行[3]하니, 魂無逃只하고, 魂魄歸徠하니, 無遠遙[4]只로다.
　　魂乎歸徠하니, 無東無西無南無北只하고, 東有大海하니, 溺水㴽㴽[5]只하며, 螭龍並流하니, 上下悠悠[6]只하고, 霧雨淫淫하니,

白皓膠[7]只하며, 魂乎無東하니, 湯谷宗[8]只로다.
魂乎無南하니, 南有炎火千里하여, 蝮蛇蜓[9]只하고, 山林險隘하니, 虎豹蜿[10]只하며, 鯷鱅短狐하니, 王虺騫[11]只하고, 魂乎無南하니, 蜮傷躬[12]只로다.
魂乎無西하니, 西方流沙하며, 漭洋洋[13]只하고, 豕首縱目하니, 被髮鬤[14]只하며, 長爪踞牙하니, 誒笑狂[15]只하고, 魂乎無西하니, 多害傷只로다.
魂乎無北하니, 北有寒山하여, 逴龍赩[16]只하고, 代水不可涉하니, 深不可測[17]只하며, 天白顥顥하니, 寒凝凝[18]只하고, 魂乎無往하니, 盈北極[19]只로다.
魂魄歸徠하니, 閒以靜[20]只하고, 自恣荊楚하여, 安以定[21]只하며, 逞志究欲하니, 心意安[22]只하고, 窮身永樂하니, 年壽延[23]只하며, 魂乎歸徠하니, 樂不可言只로다.
五穀六仞하니, 設菰粱[24]只하고, 鼎臑盈望하니, 和致芳[25]只하며, 內鶬鴿鵠하니, 味豺羹[26]只하고, 魂乎歸徠하니, 恣所嘗[27]只로다.
鮮蠵甘雞하니, 和楚酪[28]只하고, 醢豚苦狗하니, 膾苴蓴[29]只하며, 吳酸蒿蔞하니, 不沾薄[30]只하고, 魂乎歸徠하니, 恣所擇[31]只로다.
炙鴰烝鳧하니, 煔鶉敶[32]只하며, 煎鰿臛雀하니, 遽爽存[33]只하고, 魂乎歸徠하니, 麗以先[34]只로다.
四酎並孰하여, 不歰嗌[35]只하고, 清馨凍飲하여, 不歠役[36]只하며, 吳醴白糵이, 和楚瀝[37]只하고, 魂乎歸徠하니, 不遽惕[38]只로다.

　　　　　대진정위　　　　명우장　지　　　　복희가변　　　　초로상　지
　　代秦鄭衛이, 鳴竽張³⁹⁾只하고, 伏戲駕辯하니, 楚勞商⁴⁰⁾只하며,
　구화양아　　　　　조소창지　　　　　혼호귀래　　　　정공상지
謳和揚阿하니, 趙簫倡只⁴¹⁾하고, 魂乎歸徠하니, 定空桑⁴²⁾只로다.
　　이팔접무　　　　　투시부　지　　　　고종조경　　　　　오인란　지
　　二八接舞하여, 投詩賦⁴³⁾只하고, 叩鍾調磬하여, 娛人亂⁴⁴⁾只하
　　사상경기　　　　극성변　지　　　　혼호귀래　　　　청가선　지
며, 四上競氣하여, 極聲變⁴⁵⁾只하고, 魂乎歸徠하니, 聽歌譔⁴⁶⁾只
로다.
　　주진호치　　　　호이과　지　　　　비덕호한　　　　　습이도　지
　　朱脣皓齒를 嫭以姱⁴⁷⁾只하고, 比德好閒하여, 習以都⁴⁸⁾只하며,
　풍육미골　　　조이오　지　　　　혼호귀래　　　　안이서　지
豊肉微骨을 調以娛⁴⁹⁾只하고, 魂乎歸徠하니, 安以舒⁵⁰⁾只로다.
　호목의소　　　　　아미만　지　　　　용칙수아　　　　　치주안　지
　　嫭目宜笑하여, 娥眉曼⁵¹⁾只하고, 容則秀雅하여, 䍤朱顔⁵²⁾只하
　　혼호귀래　　　　정이안지
며, 魂乎歸徠하니, 靜以安只로다.
　　과수방호　　　　여이가　지　　　　증협의이　　　　곡미규　지
　　姱脩滂浩하여, 麗以佳⁵³⁾只하고, 曾頰倚耳하여, 曲眉規⁵⁴⁾只하
　　방심작태　　　　　교려시　지　　　　소요수경　　　　약선비　지
며, 滂心綽態하여, 姣麗施⁵⁵⁾只하며, 小腰秀頸하여, 若鮮卑⁵⁶⁾只
　　　혼호귀래　　　　사원이　지
하며, 魂乎歸徠하니, 思怨移⁵⁷⁾只로다.
　　이중리심　　　　이동작　지　　　　분백대흑　　　　시방택　지
　　易中利心하여, 以動作⁵⁸⁾只하고, 粉白黛黑하여, 施芳澤⁵⁹⁾只하
　　장메불면　　　　선류객　지　　　　혼호귀래　　　　이오석　지
며, 長袂拂面하여, 善留客⁶⁰⁾只하고, 魂乎歸徠하니, 以娛昔⁶¹⁾只
로다.
　　청색치미　　　　미목면　지　　　　엽보기아　　　　　의소언　지
　　青色直眉하며, 美目婳⁶²⁾只하고, 靨輔奇牙하니, 宜笑嗎⁶³⁾只로
　　풍육미골　　　체편연　지　　　　혼호귀래　　　　자소편　지
다. 豊肉微骨하니, 體便娟⁶⁴⁾只하고, 魂乎歸徠하니, 恣所便⁶⁵⁾只
로다.
　　하옥광대　　　　사당수　지　　　　남방소단　　　　관절류　지
　　夏屋廣大하니, 沙堂秀⁶⁶⁾只하고, 南房小壇하니, 觀絕霤⁶⁷⁾只하
　　곡옥보엽　　　　의요축　지　　　　등가보유　　　　엽춘유　지
며, 曲屋步壛하니, 宜擾畜⁶⁸⁾只하고, 騰駕步遊하니, 獵春囿⁶⁹⁾只
　　　경곡착형　　　영화가　지　　　　채란세수　　　울미로　지
하며, 瓊轂錯衡하니, 英華假⁷⁰⁾只하고, 茝蘭桂樹가 鬱彌路⁷¹⁾只
　　　혼호귀래　　　　자지려　지
하며, 魂乎歸徠하니, 恣志慮⁷²⁾只로다.
　　공작맹원　　　　　축란황지　　　　곤홍군신　　　　　잡추창　지
　　孔雀盈園하니, 畜鸞皇只하고, 鵾鴻羣晨하니, 雜鶩鸧⁷³⁾只하며,
　홍곡대유　　　　만숙상　지　　　　혼호귀래　　　　봉황상지
鴻鵠代遊하니, 曼鷫鷞⁷⁴⁾只하고, 魂乎歸徠하니, 鳳皇翔只로다.

대　　초　183

曼澤怡面하니, 血氣盛⁷⁵⁾只하고, 永宜厥身하니, 保壽命只하며,
室家盈廷하니, 爵祿盛⁷⁶⁾只하고, 魂乎歸徠하니, 居室定⁷⁷⁾只로다.
接徑千里하니, 出若雲⁷⁸⁾只하며, 三圭重侯하니, 聽類神⁷⁹⁾只하
고, 察篤夭隱하니, 孤寡存⁸⁰⁾只하며, 魂兮歸徠하니, 正始昆⁸¹⁾只
로다.
田邑千畛하니, 人阜昌⁸²⁾只하고, 美冒衆流하니, 德澤章⁸³⁾只하
며, 先威後文하니, 善美明⁸⁴⁾只하고, 魂乎歸徠하니, 賞罰當⁸⁵⁾只
로다.
名聲若日하여, 照四海只하고, 德譽配天하니, 萬民理⁸⁶⁾只하며,
北至幽陵하니, 南交阯⁸⁷⁾只하고, 西薄羊腸하니, 東窮海⁸⁸⁾只하며,
魂乎歸徠하니, 尙賢士⁸⁹⁾只로다.
發政獻行하니, 禁苛暴⁹⁰⁾只하고, 擧傑壓陛하니, 誅譏罷⁹¹⁾只하
며, 直贏在位하니, 近禹麾⁹²⁾只하고, 豪傑執政하니, 流澤施⁹³⁾只
하며, 魂乎歸徠하니, 國家爲⁹⁴⁾只로다.
雄雄赫赫하여, 天德明⁹⁵⁾只하고, 三公穆穆하니, 登降堂⁹⁶⁾只하
고, 諸侯畢極하니, 立九卿⁹⁷⁾只하며, 昭質旣設하니, 大侯張只하
고, 執弓挾矢⁹⁸⁾하니, 揖辭讓⁹⁹⁾只하며, 魂乎歸徠하니, 尙三王¹⁰⁰⁾
只로다.

註 1) 사(謝) : 서(序)의 의미, 시절이 바뀌다. 소(昭) : 명(明). 지(只)는 구말 어기사. 2) 거(遽) : 다투다. 만물이 다투어 살아나다. 3) 명릉협행(冥淩浹行) : 북방의 신 현명이 내달려 두루 다니다. 4) 요(遙) : 떠돌아 다니다. 5) 익수유유(溺水㳊㳊) : 출렁이는 물이 세차게 흘러가다. 6) 유유(悠悠) : 노닐다. 유(流) : 놀다. 7) 음음(淫淫) : 오래도록 그치지 않다. 호교(皓膠) : 물이 꽁꽁 언 모양. 8) 적(宋) : 적(寂). 고요하다. 9) 염(炎) : 불이 성한 모양. 전하기를 남방에는 태양의 불이 천리나 된다 하기도 하고, 염산이 부남국의 동쪽에 있어서 4월에 불이 나고 12월에 소멸하며, 나머지는 운기가 솟는다는 설도 있음. 복사연(蝮蛇蜒) : 살무사가 꿈

틀거린다. 10) 완(蜿) : 호랑이가 걸어가는 모양. 11) 우용(鰅鯒) : 연어같이 검은 용어. 단호(短狐) : 물여우. 왕훼(王虺) : 큰 뱀. 건(鶱) : 머리를 들다. 12) 역(蜮) : 물여우. 13) 망양양(泱洋洋) : 물이 출렁이며 끝없이 흘러가다. 14) 시수종목(豕首縱目) : 돼지머리의 괴수가 눈을 부릅뜨다. 낭(戁) : 어지럽다. 15) 거(踞) : 끝(농기구). 희소(譆笑) : 선웃음치다. 16) 한산(寒山) : 산이름. 탁룡(逴龍) : 촉룡(燭龍). 적(赩) : 매우 붉다. 17) 대수(代水) : 강이름. 18) 호호(顥顥) : 흰 모양. 응응(凝凝) : 물이 언 모양. 19) 영(盈) : 메우다. 20) 한이정(閒以靜) : 한가롭고 고요하다. 21) 자(恣) : 마음대로. 형초(荊楚) : 초나라. 22) 정지구욕(逞志究欲) : 뜻과 소망을 채우다. 23) 궁신(窮身) : 평생토록. 연(延) : 잇다. 24) 오곡륙인(五穀六仞) : 인은 팔척. 오곡이 풍부하게 쌓여 있다의 뜻. 고량(苽粱) : 줄풀과 고량. 25) 정노(鼎臑) : 솥에 있는 익은 물건. 노는 본래 팔꿈치의 뜻. 영망(盈望) : 눈에 차다. 많다. 화치방(和致芳) : 음식맛이 나고 향기롭다. 26) 눌(內) : 살찌다. 창합곡(鶬鴿鵠) : 왜가리·집비둘기·고니. 시갱(豺羹) : 이리고기국. 27) 상(嘗) : 맛보다. 28) 선휴감계(鮮蠵甘雞) : 신선한 자라와 맛좋은 닭고기. 초락(楚酪) : 초나라에서 나온 젖. 29) 해돈고구(醢豚苦狗) : 돼지고기를 절이고 개고기를 쌉쌀하게 하다. 회저순(膾苴蓴) : 암삼과 순나물을 잘게 썰다. 30) 오산호루(吳酸蒿蔞) : 오나라의 식초로 물쑥을 맛내다. 점박(沾薄) : 물이 많고 맛이 없다. 31) 택(擇) : 골라 먹다. 32) 자갈증부(炙鴰烝凫) : 왜가리를 굽고 들오리를 삶는다. 점순진(鮎鶉陳) : 메추리를 구어서 늘어놓다. 33) 전적확작(煎鰿臛雀) : 붕어를 조리고 참새로 곰국을 만들다. 거상존(遽爽存) : 서둘러서 존전에 내놓다. 34) 맛있는 음식을 먼저 드시게 하다. 35) 사주병숙(四酎並孰) : 네 번 거른 잘 익은 술. 삽액(澀嗌) : 목구멍이 막히다. 36) 청형동음(淸馨凍飲) : 맑고 향기롭고 시원한 음식. 철역(歠役) : 쉬지 않고 편히 마시다. 37) 오례백얼(吳醴白蘗) : 오나라의 단술과 쌀누룩. 화초력(和楚瀝) : 초나라의 청주를 곁들이다. 38) 거척(遽惕) : 깜짝 놀라 근심하다. 39) 대진정위(代秦鄭衛) : 네 나라의 이름. 우(竽) : 큰 생황. 40) 복희가변(伏戲駕辯) : 복희씨가 지은 가변곡. 초로상(楚勞商) : 초나라의 노상곡. 41) 구화양아(謳和揚阿) : 양아곡과 잘 어울리다. 조소(趙簫) : 조나라의 피리. 42) 정(定) : 연주하다. 공상(空桑) : 악기명. 43) 이팔(二八) : 16인. 접무(接舞) : 어울려 춤추다. 투시부(投詩賦) : 아악과 잘 맞는다. 44) 조경(調磬) : 경쇠와 어울리다. 오인란(娛人亂) : 끝머리의 곡조가 사람의 마음을 즐겁게 하다. 45) 사상(四上) : 4국(대·진·정·위 ; 代·秦·鄭·衛)의 악공. 경기(競氣) : 다투어 연주하다. 극성변(極聲變) : 소리의 변화를 극묘하게 표현하다. 46) 선(譔) : 모두 갖추다. 47) 호이과(嫭以姱) : 아름답고 빼어나다. 48) 비덕(比德) : 여러 여인의 덕. 습이도(習以都) : 예절이 닦여지고 훌륭하다. 49) 풍육미골(豊肉微骨) : 멋진 살결과 부드러운 몸매. 조이오(調以娛) : 마음이 유순하고 상냥하다. 50) 서(舒) : 마음이 흐뭇하다. 51) 호목(嫮目) : 아름다운 눈. 의소(宜笑) : 상냥하게 웃다. 아미(娥眉) : 아름다운 눈썹. 만(曼) : 가느스름하다. 52) 용(容) : 용모. 수아(秀雅) : 아름답고 우아하다. 치(稺) : 어리다. 주안(朱顏) : 나이가 젊어서 붉으스름하고 건강한 얼굴. 53) 과수방호(姱修滂浩) : 아름답고 깨끗한 자태가 대단하다. 54) 증협(曾頰) : 도톰한 뺨. 의이(倚耳) : 야담하게 붙어 있는 귀. 곡미규(曲眉規) : 곱살하게 굽은 눈썹이 둥근 자와 같다. 55) 방심작태(滂心綽態) : 도량이 넓은 마음과 부드러운 태도. 56) 소요수경(小腰秀頸) : 날씬한 허리와 수려한 목. 선비(鮮卑) : 허리띠 이름. 동쪽 오랑캐들이 쓰던 곱고 부드러운 것. 57) 사원이(思怨移) : 원망 어린 생각을 떨치다. 58) 이중리심(易中利心) : 마음이 편안하고 지혜롭다. 동작(動作) : 언행으로 나타나다. 59) 분백대흑(粉白黛黑) : 얼굴을 희고 검은색으로 골고루 가꾸다. **시방택**(施芳澤) : 향내나는 크림 등의 화장품을 바르다. 60) **장메불면**(長袂拂面) : 긴 옷소매로 얼굴을 살짝 가리다. **선류객**(善留客) : 손님을 정성껏 모시다. 61) **오석**(娛昔) : 밤늦도록 즐겁게 놀다. 62) **청색치미**(青色直眉) : 검은색으로 눈썹을 다듬다. **미목면**(美目姢) : 예쁜 눈이 곱다. 63) **엽보**(靨輔) : 보조개. **기아**(奇牙) : 고운 치아. **의소언**(宜笑嗎) : 곱게 웃음짓다. 64) **편연**(便娟) : 고운 모습. 65) **자소편**(恣所便) : 마음대로 편히 쉬다. 66) **하옥**(夏屋) : 큰 집. **사당**(沙堂) : 붉은 단사로 칠한 집. 67) **관절류**(觀絕霤) : 빗물받이가 보이다. 68) **곡옥**(曲屋) : 둥글게 굽은 누각. **보염**(步壧) : 기다란 낭하. **의요축**(宜擾畜) : 가축 기르기에 좋다. 69) **등가보유**(騰駕步遊) : 달리기도 하고 거닐기도 하다. **엽춘유**(獵春囿) : 봄철의 뜰에서 사냥하다. 70) **경곡**(瓊轂) : 옥으로 장식한 수레바퀴통. **착형**(錯衡) : 금으로 도식한 수레멍에. **가**(假) : 성대하다. 71) **울미로**(鬱彌路) : 울창하여 길을 가리다. 72) 마음대로 살다. 73) **난황**(鸞皇) : 봉황새. **곤홍군신**(鵾鴻羣晨) : 고니와 기러기가 떼지어 아침을 기다리다. **추창**(鶖鶬) : 두루미와 왜가리. 74) **만숙상**(曼鸘鵊) : 숙상새(신조 ; 봉황속)가 이어 놀다. 75) **만택이면**(曼澤怡面) : 곱고 빛나며 얼굴에 기쁨이 넘치다. 76) **실가**(室家) : 종족. **정**(廷) : 조정. 77) **정**(定) : 평강하다. 78) **출약운**(出若雲) : 어진 이들이 구름같이 모이다. 79) **삼규**(三圭) : 공(公)·후(侯)·백(白)의 삼공(三公). **중후**(重侯) : 자(子)·남(男)을 지칭. **청류신**(聽類神) : 여러 신하들이 어질고 어리석은 일을 잘 살펴보는 것이 신명이 난 듯하다. 80) **찰독요은**(察篤夭隱) : 백성의 질병·조사(早死)·고통을 살피다. **고과존**(孤寡存) : 고아와 과부에게 문안하다. 81) **정시곤**(正始昆) : 선조와 후대를 바르게 잡다. 82) **전읍**(田邑) : 들과 도읍. **천진**(千畛) : 천 갈래 밭길(넓은 모양). **인부창**(人阜昌) : 사람들이 많이 들끓다. 83) **미모중류**(美冒衆流) : 아름다운 교화가 온 백성에게 퍼지다. **덕택장**(德澤章) : 은혜가 밝히 드러나다. 84) **선위후문**(先威後文) : 먼저 위엄으로 다스리고 나중에 문덕으로 교화하다. 85) **상벌당**(賞罰當) : 보상과 형벌을 알맞게 행하다. 86) **덕예배천**(德譽配天) : 덕치의 명예가 하늘의 뜻에 맞다. **이**(理) : 순종하다. 87) **유릉**(幽陵) : 유주(지명). **교지**(交阯) : 안남 북부. 88) **박**(薄) : 가깝다. **양장**(羊腸) : 산이름. 산서태원진양(山西太原晋陽)의 북쪽에 있음. 89) **상**(尙) : 받들다. 90) **발정헌행**(發政獻行) : 법을 발하여 잘 시행하다. **금가폭**(禁苛暴) : 가혹과 폭력을 금하다. 91) **거걸압폐**(擧傑壓陛) : 준재를 천거하여 임금을 도와 나라를 진무하게 하다. **주기파**(誅譏罷) : 벌주고 내쫓는 일을 그치다. 92) **직영**(直贏) : 곧고 재주 있는 사람. **근우휘**(近禹麾) : 우임금이 천거하던 인정에 가깝다. 93) **유택**(流澤) : 은택이 널리 퍼지다. 94) **국가위**(國家爲) : 나라를 위해 돕다. 95) **웅웅혁혁**(雄雄赫赫) : 위세가 당당한 모양. **천덕**(天德) : 하늘의 뜻에 맞는 올바른 정치. 96) **삼공**(三公) : 주의 태사·태보·태부(太師·太保·太傅). **목목**(穆穆) : 화미한 모양. **등강당**(登降堂) : 조정에 올라 일하다. 97) **필극**(畢極) : 모두 모이다. **구경**(九卿) : 옛날의 관제명. 예왕제에 '천자·삼공·구경·이십칠대부·팔십일원사'(禮王制 ; 天子·三公·九卿·二十七大夫·八十一元士)가 있음. 98) **소질**(昭質) : 번쩍이는 사지(射地). **대후**(大侯) : 사포(射布). **협시**(挾矢) : 화살을 끼다. 99) **읍사양**(揖辭讓) : 활을 쏠 때 들고나는 데의 예의. 100) **삼왕**(三王) : 우(禹)·탕(湯)·문왕(文王).

[評析] 시경의 체재와 유사한 사언구(四言句)를 주로 쓰고 있으며, 내용에서

기상이 크고 넓으며 전개되는 장면이 호대(浩大)하여 〈초혼〉과는 크게 다른 면이 있다.

석   서(惜誓)

　이 작품은 가의(賈誼)의 작으로서 '약속하였는데 그 어긴 것을 슬퍼한다'는 뜻을 담고 있다(왕일). 그 내용을 3단으로 나누어 보겠다.
　① 연로(年老)하지만 결백을 가지고 선인(仙人)이 되더라도 고향에의 그리움을 노래.
　② 소인(小人)에게 고향이 지배되고 세상이 혼탁하매 상심.
　③ 좋은 때에 출사(出仕)하고 어지러운 세상을 멀리하겠다는 의지.
　'석서(惜誓)'의 제의(題意)는 왕일(王逸)에 의하면, '惜者, 哀也. 誓者, 信也, 約也(석자는 슬프다, 서자는 신의 약속의 뜻)'라 하였으니, 회왕이 자기와의 약속을 어긴 것을 애통해 하는 줄거리인 것이다. 왕부지(王夫之)는 굴원이 죽기로 맹세하고 있는 것을 애석히 여긴다고 풀이하기도 하였다.

♠

　내가 나이들어 날로 쇠하는 것이 안타까우니 세월이 어느덧 흘러가서 돌아오지 않도다. 푸른 하늘에 올라가서 높이 떠있어서 뭇산을 지나서 날마다 멀어지나니 장강의 굽은 구석을 바라보기도 하며 사해의 출렁이는 것을 지나기도 하는도다. 북극에 올라가서 쉬면서 이슬을 마시어 마음을 채우고, 붉은 새를 날려서 앞서 달리게 하며 태일의 수레를 타는도다. 왼쪽에는 창룡이 꿈틀거리며 오른쪽에는 백호가 달리도다. 해와 달로 덮개를 삼고 옥녀를 뒷수레에 태웠도다. 캄캄한 속으로 힘차게 달려 곤륜산터에 쉬나니, 즐거움이 극에 이르러도 만족하지 않으매 신명에 노닐고 싶기 때문이다. 단수를 건너서 세차게 내달리니 대하의 유풍이 오른쪽에 보이고, 고니가 한 번 날아오르니 산천의 구석마다 알 수 있으며, 두 번 오르면 천지의 둥글고 모난 것까지도 보게 되도다. 중국 사람들을 만나면 회오리바람에 의탁하여 배회하는도다. 소원의 들판에 다다르니 적송자와 왕자교가 옆에 계신데 두 분이 가야금을 안고서 음률을 다듬으니, 나는 청상곡에 맞추는도다. 마음 깨끗이 즐거워하며 뭇 기운을 마시고 높이 올라서 장생하여 오래 신선되고 싶지만, 내 고향으로 돌아가는 것만 못하도다.

　고니가 좋은 때를 잃고 머무르니 올빼미가 무리지어 억압하도다. 신룡이 물을 잃고 땅에 거하니 땅강아지와 개미들에게 억압당하는도다. 고니와 신룡이 이와같거늘 현인께서 난세에 겪는 일이야 어떠하리요! 수명이 점점 다하여 날로 쇠잔하니 진실로 그대들은 머뭇거려 쉬지도 않고 아첨만 하는구나. 속된 풍조를 쫓아 그치지 않으니 뭇 사악한 무리가 모여서 정직한 사람을 못 쓰게 만드네. 어떤 이는 투합하여 구차하게 나아가고 어떤 이는 은거하여 깊이 숨는데 무게와 분량을 다는 기구를 잘 알지 못하고 저울추와 평미레를 똑같이 보고서 저울대에 달고 있구나. 어떤 이는 속세를 따라 어울리며 구차하게 영합하고, 어떤 이는 두려워 않고 바른말을 하는도다. 진실로 바르게 살피지 못함이 애타나니 떠와 실을 섞어서 새끼줄로 삼는도다. 때마침 세상이 어두워서 흑백을 구분 못 하듯 선악을 모르는도다. 산과 연못의 옥과 거북을 버리고 자갈돌을 서로 귀히 여기니, 매백이 자주 간하다가 소금에 저리어졌고 내혁이 간신으로 처신하여 등용되었도다. 어진 사람이 절개를 다한 것을 슬퍼하노니 오히려 소인에게 몰린 바 되었도다. 비간이 충간하다가 가슴이 도려내졌고 기자는 머리 묶고 미치광이 노릇 하였으니, 물이 거꾸로 흘러 샘이 말랐고 나무는 뿌리가 빠져서 자라지 못하도다. 자신의 몸만을 중히 여기고 나라의 재난을 걱정하지 않으니, 이 몸 아무 공로 없는 것이 애타도다.

아! 끝났도다. 봉황새가 높이 날아다니는 것은 보이지 않고 황폐한 들판에 모여 있네. 사방을 두루 돌아다니다가 덕있는 임을 만나서 내려가리니, 저 성인의 성덕을 가진 분이 흐린 세상을 멀리하여 스스로 숨어 계시니, 기린이 얽매이어 갇힌다면 개와 양과 다를 바 무엇이리요.

原文
惜余年老而日衰兮여, 歲忽忽而不反이라. 登蒼天而高擧兮여, 歷衆山而日遠이라. 觀江河之紆曲兮[1]여, 離四海之霑濡[2]로다. 攀北極而一息兮여, 吸沈瀣以充虛[3]로다. 飛朱鳥[4]使先驅兮여, 駕太一之象輿[5]로다. 蒼龍蚴虯於左驂兮[6]여, 白虎騁而爲右騑[7]로다. 建日月以爲蓋兮여, 載玉女[8]於後車로다. 馳騖於杳冥之中兮여, 休息虖崑崙之墟[9]로다. 樂窮極而不猒[10]兮여, 願從容虖神明[11]이라. 涉丹水而駝騁兮[12]여, 右大夏之遺風[13]이라. 黃鵠

之一擧兮여, 知山川之紆曲하고, 再擧兮睹天地之圜方[14]이라. 臨
中國之衆人兮여, 託回飇乎尙羊[15]이라. 乃至少原之野兮[16]여, 赤
松王喬皆在旁하고, 二子擁瑟而調均[17]兮여, 余因稱乎淸商[18]이라.
澹然而自樂兮[19]여, 吸衆氣而翺翔[20]이라. 念我長生而久僊兮[21]여,
不如反余之故鄕이라.

黃鵠後時[22]而寄處兮여, 鴟梟羣[23]而制之로다. 神龍失水而陸居
兮여, 爲螻蟻之所裁[24]로다. 夫黃鵠神龍猶如此兮여, 況賢者之逢
亂世哉인저! 壽冉冉而日衰兮여, 固儃回而不息[25]이라. 俗流從
而不止兮여, 衆枉聚而矯直[26]이라. 或偸合而苟進兮여, 或隱居而
深藏이라. 苦稱量之不審兮[27]여, 同權槩而就衡[28]이라. 或推迻[29]
而苟容兮여, 或直言之諤諤[30]이라. 傷誠是之不察兮여, 並紉茅絲
以爲索[31]이라. 方世俗之幽昏兮여, 眩黑白之美惡[32]이라. 放山淵
之龜玉兮[33]여, 相與貴夫礫石[34]이라. 梅伯數諫而至醢[35]兮여, 來
革順志而用國[36]이라. 悲仁人之盡節兮여, 反爲小人之所敗로다.
比干忠諫而剖心兮여, 箕子被髮而佯狂이라. 水背流而源竭兮여,
木去根而不長이라. 非重軀以慮難兮[37]여, 惜傷身之無功이라.
已矣哉인저! 獨不見夫鸞鳳之高翔兮여, 乃集大皇之壄[38]로다.
循四極而回周兮[39]여, 見盛德而後下로다. 彼聖人之神德兮여, 遠
濁世而自藏이라. 使麒麟可得羈而係兮[40]여, 又何異虖犬羊[41]인
저!

註 1) 우곡(紆曲): 모퉁이. 굽은 구석. 2) 이(離): 만나다. 점유(霑濡): 물에 흠뻑 젖다. 3) 충허(充虛): 공허를(마음) 채우다. 북극(北極): 북극성. 4) 주조(朱鳥): 남방 성좌의 이름. 5) 태일(太一): 우주의 본체. 천지창조의 혼돈한 기운. 태초. 상여(象輿): 신상(神象; 코끼리)의 수레. 6) 유규(蚴蚪): 용이 꿈틀거리며

가는 모양. 좌참(左驂) : 왼쪽 말. 7) **우비**(右騑) : 오른쪽 말. 8) **옥녀**(玉女) : 선녀. 9) **호**(虖) : 호(乎)와 같음. 10) **불염**(不猒) : 만족하지 않다. 11) **종용**(從容) : 유희. 노닐다. 12) **단수**(丹水) : 적수. 곤륜산에서 나온다 함. 타빙(駝騁) : 세차게 내달리다. 13) **대하**(大夏) : 중국의 서북방에 있었다는 나라. 14) **환방**(圜方) : 둥글고 모난 것. 15) 회오리바람에 의지하여 건듯 날아 배회한다. **상양**(尚羊) : 노닐다. 배회하다. 16) **소원**(少原) : 선인이 산다고 하는 곳. 17) **이자**(二子) : 적송자와 왕자교. **조균**(調均) : 음률을 조화하다. 18) **칭**(稱) : …에 맞추다. **청상**(清商) : 청상곡. 19) 마음을 깨끗이 스스로 즐긴다. 20) **중기**(衆氣) : 조하·정양·항해 등 여러 천지의 기. **호상**(翱翔) : 높이 날다. 21) **구선**(久僊) : 오래도록 신선이 되다. 22) **후시**(後時) : 좋은 때를 잃다. 23) **치효**(鴟梟) : 올빼미. 24) **누의**(螻蟻) : 땅강아지와 개미. **재**(栽) : 제(制). 25) **천회**(僐回) : 머뭇거리다. 배회하다. '나이는 점점 먹어 날로 쇠퇴해지는데, 진실로 그대들은 머뭇거려 아첨이나 하면서 쉬지도 못하누나.' 26) 뭇 사악한 무리가 모여서 정직한 사람을 고치려 한다. 27) **칭**(稱) : 무게를 다는 저울. **양**(量) : 많고 적음을 다는 기구. **불심**(不審) : 잘 알지 못하다. '무게와 분량을 다는 기구를 잘 알지 못함을 괴로워한다.' 이것은 임금이 선비의 어질고 우둔함을 구분 못하고 똑같이 등용하는 것을 한탄하는 말이다(왕일). 28) **권개**(權槩) : 저울의 추와 말의 평미레. **권형**(權衡) : 저울의 추와 저울대. '저울추와 평미레를 똑같이 보고서 저울대에 달다.' 이것은 무게와 부피를 구분하는 도구를 혼용하듯이 어진 신하를 구분 못하는 임금의 처사를 비유함. 29) **추이**(推迻) : 속세를 따라 어울리다. **구용**(苟容) : 구차하게 영합하다. 30) **악악**(諤諤) : 두려워하거나 꺼리는 일이 없이 사실대로 바르게 말하는 모양. 직언하는 모양. 31) 진실되고 올바름이 살펴지지 않음을 가슴 아파하고, 아울러 띠와 실을 섞어 매어서 새끼줄을 삼는다(임금이 시비를 잘 살피지 못함을 비유). 32) 흑백의 예쁘고 추함을 잘 모른다 (흑백을 구분 못하듯, 사람의 선악을 분별 못한다는 듯). 33) **방**(放) : 버리다. '곤산의 옥과 대택의 거북을 버리다.' 34) 서로 더불어 저 자갈돌을 귀히들 여긴다. **역석**(礫石) : 조약돌·자갈. 35) **매백**(梅伯) : 인명. **삭**(數) : 자주. **지해**(至醢) : 소금에 절이다. 36) **내혁**(來革) : 인명. 은의 마지막 왕 주의 간신. 37) **수배류**(水背流) : 물이 거꾸로 흐르다. '자신의 몸만을 중히 여기고 나라의 재난을 걱정하지 않다.' 38) **대황지야**(大皇之埜) : 크게 황폐한 들판. 39) **사극**(四極) : 사방. **회주**(回周) : 두루 다니며 보다. 40) 기린이 매이어 갖힌다면…. 41) 또 어찌 개나 양과 다를 게 뭐 있겠는가?

[評析] 앞 단의 '장생하여 오래 신선되고 싶지만 내 고향으로 돌아가는 것만 못하도다.'는 굴원이 평생 지켜온 언행의 기준을 말하며, 중간의 '자신의 몸만을 중히 여기고 나라의 재난을 걱정하지 않으니 이몸 아무 공로 없음이 애타도다.'는 객관적으로 자신의 인생을 관조하는 형식을 취하고 있다.

초은사(招隱士)

　왕일에 의하면 은사(隱士)는 곧 굴원(屈原)이라는 것이다. 작품 속에 나오는 인물인 왕손(王孫)은 비록 굴원과 관련시킨 면은 없어도, 물에 투신하려는 고신(孤臣)을 은사로써 상비(相比)시킨 것이라 본다. 왕일은 장구서(章句序)에서 소산(小山; 작자)이 굴원을 가슴 아프게 생각하여 선인(仙人)과 같은 은사의 입장에서 그 높은 뜻을 기술한 작품이라고 규정한 것을 참고할 필요가 있다.

♠

　계수나무는 무리져서 산속의 깊은 곳에 자라는데, 우뚝하고 굽어진 가지가 서로 얽혀 있도다. 산 기운은 자욱하고 바위는 험준한데 계곡은 험하고 냇물은 물결이 세차구나. 원숭이는 무리져 울고 호랑이와 표범이 짖는도다. 나뭇가지에 올라 잠시 머물면서 왕손은 놀며 돌아가지 않는도다. 봄풀이 나서 무성한데 한 해는 저물어 머물지 않으니 쓰르라미는 쓰름 하며 우는도다. 산 기운은 어두워지고 산 계곡은 굽었는데 이 마음 머물수록 아픔만 더하도다. 실의에 차고 두렵도다. 호랑이와 표범이 굴에 있도다. 촘촘한 깊은 숲속을 사람이 지나기에 무섭고 산 높고 험하며 돌이 울퉁불퉁하며 나무는 바퀴처럼 서로 얽혀 있고 수풀은 무성히 드리워져 있도다. 청사는 어지러이 심어져 있고 번초는 바람 따라 나부끼며, 흰 사슴과 암 사슴은 뛰기도 하고 서 있기도 하네. 그 모습이 뿔이 우뚝 솟았고 털빛이 윤기가 흘러 부드럽도다. 원숭이와 큰 곰이 무리를 그리워하여 슬퍼하며 계수 가지에 올라 오래 머물도다. 호랑이와 표범이 다투고 큰 곰이 우짖으니 금수가 놀라서 홀로 도망가도다. 왕손께서 돌아오셔도 산속에 오래 머물지 못하리로다.

[原文] 桂樹[1]叢生兮山之幽하니, 偃蹇連蜷兮枝相繚[2]로다. 山氣龓 從[3]兮石嵯峨[4]하고, 谿谷嶄巖[5]兮水曾波로다. 猨狖羣嘯兮虎豹嗥[6] 로다. 攀援桂枝兮聊淹留하고, 王孫[7]遊兮不歸하니, 春草生兮萋 萋로다. 歲暮兮不自聊하고, 蟪蛄[8]鳴兮啾啾로다. 块兮軋[9]하고, 山曲岪[10]하니, 心淹留兮恫慌忽[11]이라. 罔兮沕[12]하고, 憭兮栗하

196

니, 虎豹穴$^{13)}$이라. 叢薄深林兮여, 人上慄하고, 嶔岑碕礒兮硱磳
硊碣$^{14)}$하며, 樹輪相糾兮林木茷骫$^{15)}$이라. 靑莎雜樹$^{16)}$兮蘋草靃
靡$^{17)}$하고, 白鹿麇麚$^{18)}$兮或騰或倚$^{19)}$로다. 狀皃崟崟兮峨峨$^{20)}$하고,
淒淒兮溗溗$^{21)}$로다. 獼猴$^{22)}$兮熊羆$^{23)}$가, 慕類兮以悲로다. 攀援桂
枝兮聊淹留로다. 虎豹鬪兮熊羆咆하고, 禽獸駭兮亡其曹$^{24)}$로다.
王孫兮歸來하니, 山中兮不可以久留로다.

註 1) 계수나무는 겨울에도 시들지 않으니 고결한 선비를 비유. 2) **상료**(相繚): 서로 얽혀 있다. 3) **용종**(巃嵷): 우뚝 솟아오르다. 4) **차아**(嵯峨): 높은 모양. 5) **참암**(巉巖): 매우 험준한 모양. 6) **원유**(猨狖): 원숭이. 군소(羣嘯): 떼지어 울다. 호(嘷): 짖다. 7) **왕손**(王孫): 은둔자. 8) **혜고**(蟪蛄): 쓰르라미. 9) **앙혈알**(坱兮圠): 산기운 끝없이 깔리다. 10) **산곡불**(山曲岪): 산골짜기가 험하다. 11) **동황홀**(恫慌忽): 마음 아프고 근심이 많다. 12) **망혜홀**(罔兮沕): 실의에 차다. 13) **요혜률**(憭兮慄): 매우 두렵다. **호표혈**(虎豹穴): 호랑이와 표범이 굴에 숨다. 14) **총박심림**(叢薄深林): 빽빽하고 깊은 수풀. **인상률**(人上慄): 사람 위에 올라가 떨다. **금잠기의**(嶔岑碕礒): 산이 높고 험하며 돌이 울퉁불퉁하다. **곤증외위**(硱磳硊碣): 돌이 울퉁불퉁 험한 모양. 15) **수륜상규**(樹輪相糾): 나무줄기가 서로 얽혀 있는 모양. **패환**(茷骫): 나뭇가지와 잎이 휘고 늘어지다. 16) **청사잡수**(靑莎雜樹): 푸른 잔디가 섞여 심어져 있다. 17) **번초확미**(蘋草靃靡): 메풀이 바람에 하늘거리다. 18) **균가**(麇麚): 고라니와 수사슴. 19) **등의**(騰倚): 뛰기도 하고 서있기도 하다. 20) **음음아아**(崟崟峨峨): 사슴뿔이 우뚝 돋은 모양. 21) **처처사사**(淒淒溗溗): 털빛이 윤택한 모양. 22) **미후**(獼猴): 큰 원숭이. 23) **웅비**(熊羆): 큰 곰. 24) **망기조**(亡其曹): 짐승들이 그 무리를 잃다.

評析 내용상 전편이 은사의 거처 주위를 서술하고 끝에서 왕손이 돌아올 것을 권하고 있다. 쌍성과 첩운·중언(重言)을 연용(連用)하고 있어서 음운의 조화를 강구하고 있다.

칠 간(七諫)

간(諫)이란 정(正)의 의미로 올바른 도리를 펴서 임금을 바르게 간한다는 풀이가 된다. 결구상 잘 정제되어 있어서 소제(小題)들, 즉 '첫 추방', '강에 빠짐', '세상 원망', '원망의 생각', '스스로 슬퍼함', '슬픈 운명', '잘못된 간언' 등으로 구성되어 있다. 내용상 진부한 말이 많고 예술적인 면도 높지 않다.

① **초방**: 굴원의 생장과 들에 추방됨.
② **침강**: 과거의 득실과 굴원의 참소당한 고통, 투신의 의지.
③ **원세**: 세속의 혼탁을 원망, 뜻을 펴지 못함.
④ **원사**: 현인의 불행, 간신의 득세
⑤ **자비**: 자신의 불행과 원유의 뜻.
⑥ **애명**: 자신의 결백과 불우, 초국의 혼란.
⑦ **유간**: 왕의 지조없음을 원망.
⑧ **난왈**: 성현의 구속.

초 방(初放)

　나 굴원은 귀족으로 태어나서 들에서 자랐고 말은 더듬고 힘써 도와줄 만한 이가 없었네. 옅은 지혜와 편협한 재능에 견문도 적었으니 여러 번 정당한 일을 진언하였지만 임금의 측근들에게 원망을 샀도다. 임금이 나의 뛰어나고 예리한 재주를 살피지 않아 마침내 들에 버림받았는데, 엎드려 잘못을 생각해 보아도 고칠 점이 없었노라. 소인배들이 짝을 이루니 임금께서는 점점 미혹되었으며 간교하고 영악한 무리가 임금 앞에 있으니 어진 이들은 자취를 감추었네. 요순의 성세는 이미 사라지니 누가 충직할 수 있으리? 높은 산은 우뚝 솟고 강물은 거침없이 흐르는데, 죽을 날이 다가오니 사슴들과 갱 속에 같이 지냈고, 외로이 땅에 엎드려서 길에서 노숙하였네. 온 세상이 모두 이러하니 내 누구에게 하소연하리요? 고니새는 몰아내고 올빼미를 가까이하며 귤과 유자나무를 잘라 버리고 쓴 복숭아를 줄지어 심었도다. 고운 수죽이 강 연못에 겨우 목숨을 부지하니 위로는 잎이 무성하여 이슬을 막으며 아래에는 서늘하게 바람이 불어오네. 누가 임금과의 불화를 알아주리요? 대나무와 측백나무와 같이 서로 맞지가 않구나. 지나간 것 돌아올 수 없으며 올 것을 기다릴 수 없나니 저 하늘이시여, 이 내 뜻을 펴줄이 없음이 원망스럽도다. 임금께서 깨어나지 않으시니 나는 오직 죽을 수밖에 없노라.

原文　平[1]生於國兮長於原壄로다. 言語訥譅[2]兮여, 又無彊輔로다.
淺智褊能[3]兮여, 聞見又寡로다. 數言便事[4]兮여, 見怨門下[5]로다.

王不察其長利兮여, 卒見棄乎原埜하며, 伏念思過兮여, 無可改者로다. 羣衆成朋兮여, 上浸以惑[6]이라. 巧佞在前兮여, 賢者滅息이라. 堯舜聖[7]已沒兮여, 孰爲忠直이리요. 高山崔巍兮여, 水流湯湯[8]이라. 死日將至兮여, 與麋鹿同坑[9]이라. 塊兮鞠[10]하며, 當道宿이라. 擧世皆然兮여, 余將誰告리요? 斥逐鴻鵠兮여, 近習鴟梟하고, 斬伐橘柚兮여, 列樹苦桃로다. 便娟[11]之修竹兮여, 寄生乎江潭하고, 上葳蕤[12]而防露兮여, 下泠泠而來風이라. 孰知其不合兮여, 若竹柏之異心[13]이라. 往者不可及兮여, 來者不可待로다. 悠悠[14]蒼天兮여, 莫我振理[15]로다. 竊怨君之不寤兮여, 吾獨死而後已로다.

註 1) 평(坪): 굴원의 이름. 2) 원야(原埜): 들판. 눌삽(訥譅): 서툴고 느리다. 3) 강보(彊輔): 보좌하다. 편능(褊能): 부족한 재능. 4) 삭언편사(數言便事): 여러 번 온당한 일을 간언하다. 5) 견원문하(見怨門下): 친위 신하에게 원망을 사다. 6) 상침이혹(上浸以惑): 임금이 점점 미혹되다. 7) 교녕(巧佞): 간교하고 망언하는 무리. 요순성(堯舜聖): 요순의 성대. 8) 탕탕(湯湯): 물이 출렁이며 흐르다. 9) 갱(坑): 구덩이. 10) 괴혜국(塊兮鞠): 외롭게 엎어져 있다. 11) 편연(便娟): 아름다운 모양. 12) 위유(葳蕤): 초목이 무성하다. 영령(泠泠): 맑고 시원하다. 13) 죽백지이심(竹柏之異心): 대나무와 잣나무의 속이 다르다. 대나무 속은 비고 잣나무 속은 차 있으니 전자는 굴원을, 후자는 꽉 막힌 임금의 마음을 비유. 14) 유유(悠悠): 근심 어린 모양. 15) 진리(振理): 해결하다. 구원하다.

침 강(沈江)

 지난날의 득실을 생각하며 나의 사사로운 부족함으로 입은 상처를 돌아보노라. 요순께서 성스럽고 자애하시어서 후세에 기려서 잊지 않으며 제의 환공은 마음대로 전횡하여 실패하였고, 관중은 충성하여 이름이 빛나도다. 진의 헌공은 여희에 홀리었고 신생은 효도하였으나 재앙을 입었도다. 서언왕이 인의를 행하니 초의 문왕이 마음이 편치 않아서 그를 멸망시켰도다. 주왕은 포학했기에 왕위를 잃었고, 주나라가 여공망의 보좌로 천하를 얻었도다. 옛날의 어진 정치를 따라서 은덕을 베풀고, 비간의 묘소를 봉하여서 기리도다. 현인과 준재들이 사모하여 스스로 따르고 날이 갈수록 뜻을 합하는도다. 법령을 다듬고 제도를 이치에 맞게 하니 난초와 지초가 숨어 있으나 향기 짙도다. 소인배들이 나를 시기하는 것이 괴롭지마는 기자께서도 바른 도리를 깨달아 미치광이 노릇하였네. 고향 땅에서 명성을 탐내지 않으려 하지만 이 마음은 맺히고 아프구나. 혜초와 지초를 꿰어서 패물로 삼아 자반 가게를 지나면 향기를 잃는도다. 올바른 신하는 그의 품행이 단정한데도 오히려 비방을 받고 쫓겨났도다. 세상 사람 모두 사악하게 변하였으나 백이 같은 이는 수양산에서 굶어 죽었노라. 외로이 청렴결백하여 부정을 용납하지 않으리니 숙제께서는 오래 두고 그 빛이 찬란하다네. 뜬구름이 덮이어 해를 가리고 해와 달은 빛을 잃었으니, 충신이 곧아서 간언을 하려 해도 참소와 아첨꾼들이 곁에 있도다. 가을풀이 꽃 피어 열매 맺으려 하나 된서리가 밤에 내리고 가을 바람이 세차게 불어 생물을 해치니 온갖 풀들이 떨어져 자라나지 못하네. 소인배들이 어울려서 현인을 시기하니 성스러운 마음은 외롭고 상처를 입는구나. 좋은 계획을 지녔어도 쓰여지지 않으니 바위굴에 지내며 숨어 사는도다. 이루어 놓은 공로는 무너지고 끝매듭을 못하니 자서 죽어서 묻히지 못한 격이로다. 세속을 쫓아 바꾸이고 바람 따라 휘말려 몰려 다니니, 진실과 정직은 물려나고 이그러졌고 허위가 나서서 득세하누나. 잘못을 후회한들 소용없으니 어찌 충성을 다한들 보람이 있을쏜가! 제도가 폐하여 쓰이지 않고 사리를 추구하고 공익을 버리기에 힘쓰니, 끝내 바꾸지 않으면 죽음으로 절개를 지키리니 내 나이 아직 젊은 것이 안타까울 뿐이라. 배를 나란히 하여 강물 따라 내려가며 임금께서 먼눈을 뜨게 되기를 바라노라. 충성된 말이 귀에 거슬리는 것이 슬프고 신자 오자서가 강물에 빠진 것이 한스럽도다. 마음을 다해 바르게 아뢰고 싶으나 임금님께서 귀가 밝지 않으시니 깨달아 알지 않으시면 바른길로 인도하기 어려우며 가로인지 세로인지도 방향을 분별 못하시고 간신의 허튼 말만 귀기울이시니 나라가 오래갈 수 없으리라. 법도가 버려져 쓰이지 않고 먹줄 같은 바른 도리를 어기시니 환난을 당한 뒤에 깨달으시면 가을 쑥밭에 불붙은 격이러라. 벌써 도리를 잃어 구할 수 없겠거늘 또 그 재앙을 무엇으로 다스릴 것인가? 저들이 도리를 벗어나 어기고 무리를 이루었으니, 외로운 이 선비는 그 무슨 희망이 있으리요? 임금께서는 날마다 더럽게 물드셔도 스스로 깨닫지 못하시고 잔털같이 적지만 모습이 변하시었구나. 가벼워도 많이 쌓이면 바퀴대가 부러지거늘 두터운 허물이 어지러이 겹겹 쌓이는구나. 상수와 원수의 떠가는 얼음물에 뛰어들고 싶어도 물결에 밀려 동녘 초당에 되돌아갈까 걱정되네. 모래와 조약돌을 품고서 강에 빠져 죽지만 임금께서 참소로 가려져 있음을 견딜 수가 없구나.

原文 惟往古之得失兮, 覽私微¹⁾之所傷이라. 堯舜聖而慈仁兮, 後世稱而弗忘이라. 齊桓失於專任²⁾兮여, 夷吾忠而名彰이라. 晋獻惑於嬪姬兮여, 申生孝而被殃이라. 偃王行其仁義兮여, 荆文寤

　　　　　이서망　　　　　주포학이실위혜　　　주득좌호려망　　　　수　왕고이
而徐亡3)이라. 紂暴虐以失位兮여, 周得佐乎呂望이라. 修4)往古以
　　행은혜　　　　봉비간지구롱5)　　　　　　현준모이자부혜　　　일침음 이합
行恩兮여, 封比干之丘壟5)이라. 賢俊慕而自附兮여, 日浸淫6)而合
동　　　　명법령이수리　혜　　　　난지유이유방　　　　　고중인지투여
同이라. 明法令而修理7)兮여, 蘭芷幽而有芳이라. 苦衆人之妬予
혜　　　기자오이양광　　　　　불고지이탐명혜　　　심불울이내상
兮여, 箕子佯而伴狂이라. 不顧地以貪名兮여, 心怫鬱而內傷이라.
　연혜지이위패혜　　　　과포사　이실향　　　　　　정신단기조행혜　　　　반
聯蕙芷以爲佩兮여, 過鮑肆8)而失香이라. 正臣端其操行兮여, 反
리방이견양9)　　　　　　세속경이변화혜　　　　　　백이아어수양10)　　　　　　　독
離謗而見攘9)이라. 世俗更而變化兮여, 伯夷餓於首陽10)이라. 獨
렴결이불용혜　　　　숙제구이유명　　　　　부운진이폐회혜　　　　　사일월
廉潔而不容兮여, 叔齊久而逾明이라. 浮雲陳而蔽晦兮여, 使日月
호무광　　　　　충신정이욕간혜　　　　참유훼이재방　　　　　추초영기장
乎無光이라. 忠臣貞而欲諫兮여, 讒諛毀而在旁이라. 秋草榮其將
실혜　　　미상하이야강　　　　상풍숙11)　이해생혜　　　　백초육12) 이부
實兮여, 微霜下而夜降이라. 商風肅11)而害生兮여, 百草育12)而不
장이라　　중병해이투현혜　　　　고성특13)　이이상　　　　　　회계모이불견
長이라. 衆並諧以妬賢兮여, 孤聖特13)而易傷이라. 懷計謀而不見
용혜　　　　암혈처이은장　　　　　성공휴14)　이부졸혜　　　　자서사이부장
用兮여, 巖穴處而隱藏이라. 成功隳14)而不卒兮여, 子胥死而不葬
이라. 세종속이변화혜　　　　　　수풍미이성행　　　　　신직퇴미훼패혜
이라. 世從俗而變化兮여, 隨風靡而成行이라. 信直退而毁敗兮여,
허위진이득당　　　　　추회과지무급혜　　　　기진충이유공　　　　　　폐제
虛僞進而得當이라. 追悔過之無及兮여, 豈盡忠而有功이라. 廢制
도이불용혜　　　　무행사이거공　　　　　종불변이사절혜　　　　　석년치지
度而不用兮여, 務行私而去公이라. 終不變而死節兮여, 惜年齒之
미앙　　　　장방15)　주이하류혜　　　　기행군지발몽16)　　　　　통충언지
未央이라. 將方15)舟而下流兮여, 冀幸君之發矇16)이라. 痛忠言之
역이혜　　　　한신자지침강17)　　　　　원실심18)　지소문혜　　　　조치군지
逆耳兮여, 恨申子之沈江17)이라. 願悉心18)之所聞兮여, 遭値君之
불총　　　불개오이난도혜　　　　불별횡지여종　　　　　　　청간신19)　지부
不聰이라. 不開寤而難道兮여, 不別橫之與縱이라. 聽奸臣19)之浮
세혜　　　절국가지구장　　　　　멸규구이불용혜　　　　배승묵지정방
說兮여, 絶國家之久長이라. 滅規榘而不用兮여, 背繩墨之正方이
라.　이우환이내오혜　　　　　약종화어추봉20)　　　　　업21) 실지이불구혜
라. 離憂患而乃寤兮여, 若縱火於秋蓬20)이라. 業21)失之而不救兮
여　　상하론호화흉　　　　피리반22) 이붕당혜　　　　독행지사기하망
여, 尙何論乎禍凶이라. 彼離畔22)而朋黨兮여, 獨行之士其何望인
가?　일점염이부자지혜　　　　추호미재이변용　　　　중경적이절축
가? 日漸染而不自知兮여, 秋毫微哉而變容이라. 衆輕積而折軸
혜　　　원구23)　잡이루중　　　　부상원24) 지류사25)　혜　　　공축파이복
兮여, 原咎23)雜而累重이라. 赴湘沅24)之流澌25)兮여, 恐逐波而復
동이라　　　회사력이자침혜　　　　　불인견군지폐옹
東이라. 懷沙礫而自沈兮여, 不忍見君之蔽壅이라.

註 1) 사미(私微) : 사사로이 아당하는 말. 2) 전임(專任) : 멋대로 일을 행하다. 3) 형문(荊文) : 초나라의 문왕. 오(寤) : 마음이 언짢다. 서(徐) : 서언왕. 4) 수(修) : 순(循)의 오자(誤字). 5) 구롱(丘壟) : 작고 큰 분묘. 6) 침음(浸淫) : 많은 모양. 7) 수리(修理) : 순리(順理). 8) 포사(鮑肆) : 자반(佐飯 ; 절인 생선) 가게. 9) 견양(見攘) : 쫓겨나다. 10) 수양(首陽) : 낙양 동북에 있는 산이름. 11) 상풍(商風) : 서풍. 숙(肅) : 세차다. 12) 육(育) : 시들다. 13) 고성특(孤聖特) : '성고특(聖孤特)'이어야 함. 즉 성명하신 임금의 지혜가 짧고 힘이 부족하다. 14) 성공휴(成功虧) : 쌓은 공로가 무너지다. 15) 방(方) : 아울러. 16) 임금의 먼눈이 뜨이게 되기를 바란다. 17) 신자(申子) : 오자서. 오왕이 신(申)에 봉읍하여 붙여진 이름. 18) 실심(悉心) : 마음을 다하다. 19) 간신(奸臣) : 간신(姦臣). 20) 가을 다북쑥에 불이 붙듯하다. 21) 업(業) : 이미. 22) 이반(離畔) : 이탈과 배반. 23) 원구(原咎) : 많은 잘못. 24) 상원(湘沅) : 원상(沅湘)의 잘못. 25) 유사(流澌) : 유빙(流氷).

원 세(怨世)

　세상이 사리에 빠져서 따지기 어려웁고 풍속은 고르지 않아서 성글기만 하네. 청결한 선비는 다 사라지고 혼탁한 무리들이 탐하여 날로 늘어만 가네. 솔개가 무리를 짓고 학이 날개를 멈추고 숨어 버리네. 다북쑥이 침상에 가까이 들어 쓰이고 마른 풀이 길게 자라 날로 성하네. 작약과 백지, 그리고 두형풀을 버리어 세상이 향초를 모르니 내 어찌하면 좋을까? 주나라의 대도가 어떻게 평탄하였는가? 지금은 황폐하고 험하도다. 고양황제는(전욱) 이유없이 먼지를 뒤집어썼고 요순임금은 불에 지지어 비방을 당했도다. 누구로 참된 진실을 지키게 할 수 있으리, 팔인의 어진 신하라도 할 수 없으리라. 하늘은 그 고결함을 지키고 땅은 그 장구함을 지키나니, 청백한 마음으로 노닐며 오히려 검은 무리와는 다르도다. 서시는 아름나우나 만나보지 못하는데 막모 추녀는 비틀거리며 날마다 모시네. 좀벌레 같은 간신들은 편히 머물러 지낼 줄 모르고, 여귀풀벌레 같은 간신들은 아욱풀 같은 좋은 곳에 옮겨갈 줄 모르네. 어지럽고 탁한 세상에 사니 나의 뜻을 어디에 아뢰리까? 나의 뜻을 지니고 멀리 떠나가리니 진실로 뭇 소인배들이 알지 못하는도다. 준마가 망가진 수레에서 머뭇거리니, 손양백락을 만나서야 좋은 수레를 바꾸리라. 여망은 곤궁하여 살 수 없었으나 주문왕을 만나서 뜻을 폈노라. 영척은 소에 꼴을 먹이며 슬픈 노래 부르다가 환공이 듣고서 지나치지 않았노라. 객사의 여인이 때마침 뽕을 따는데 공자가 지나다가 모시게 하였노라. 나 홀로 사악함을 거부하다가 온당치 못하나니 마음이 놀라고 두려우며 심사가 어지럽도다. 비간의 충정을 생각하며 자서가 오왕을 섬기느라 죽게 된 거룩한 일을 슬퍼하노라. 초인의 화씨가 보옥을 바쳤는데 돌이라고 욕을 당한 수난을 슬퍼하노라. 여왕과 무왕께서 불찰하여서, 아! 두 다리가 모두 짤리었도다. 소인들이 권세에 마음을 두니 충정한 사람을 어떻게 보겠는가? 전대의 성인의 법도를 바꾸어서 소곤거리기만을 좋아하여 헛된 짓을 하는도다. 참소와 아부를 좋아하고 어진 이들을 멀리하며 미녀를 추악하다고 시끄럽게 말하도다. 임금은 참소만을 가까이 좋아하고 먼 현인을 가려 버리니, 누가 그 흑백을 살펴 알 수 있으리요? 마침내 충성된 마음을 전할 수 없으니 어디든 아득하여 돌아가 의지할 데가 없구나. 정신을 한결같이 하여 밝히기를 바라지만 간신에 어둡고 아득하게 가로막혔구나. 나이가 벌써 반생이 넘었건만 아직도 고생하며 막혀 있도다. 높이 날아 멀리 가 머물고 싶지만 그물에 걸려서 죽을까 두렵도다. 홀로 원망이 그지없으니 장단간에 마음 아프도다. 하늘의 뜻 벌써 바르지 못하니 나는 살아도 의지할 데 없구나. 바라건대, 스스로 강 속에 빠져서 강을 가로질러 멀리 가고 싶구나. 차라리 강과 바다의 진흙이 될지언정 어찌 이 더러운 세상을 두고 볼 수 있으리요?

原文 世沈淖[1]而難論兮여, 俗岭峨而嶀嵯[2]로다. 淸泠泠而殲滅兮[3]여, 溷湛湛[4]而日多로다. 梟鴉旣以成羣兮여, 玄鶴弭翼而屛移[5]로

다. 蓬艾親入御於牀第兮여, 馬蘭踸踔而日加⁶⁾로다. 棄捐藥芷與杜衡兮여, 余柰世之不知芳何인가? 何周道之平易兮여, 然蕪穢而險戲⁷⁾로다. 高陽無故而委塵⁸⁾兮여, 唐虞點灼⁹⁾而毀議로다. 誰使正其眞是兮여, 雖有八師¹⁰⁾而不可爲로다. 皇天保其高兮여, 后土持其久로다. 服淸白以逍遙兮여, 偏與乎玄英¹¹⁾異色이라. 西施媞媞¹²⁾而不得見兮여, 嫫母勃屑¹³⁾而日侍로다. 桂蠹¹⁴⁾不知所淹留兮여, 蓼蟲¹⁵⁾不知徙乎葵菜¹⁶⁾로다. 處湣湣¹⁷⁾之濁世兮여, 安所達乎吾志로다. 意有所載而遠逝兮여, 固非衆人之所識¹⁸⁾이라. 驥躊躇於弊輂¹⁹⁾兮여, 遇孫陽²⁰⁾而得代로다. 呂望窮困而不聊生兮여, 遭周文而舒志로다. 甯戚飯牛而商歌兮여, 桓公聞而弗置²¹⁾로다. 路室女之方桑兮여, 孔子過之以自侍²²⁾로다. 吾獨乖剌²³⁾而無當兮여, 心悼怵而耄思²⁴⁾로다. 思比干之恲恲²⁵⁾兮여, 哀子胥之愼事²⁶⁾로다. 悲楚人之和氏兮여, 獻寶玉以爲石이라. 遇厲武之不察兮여, 羌兩足以畢斬²⁷⁾이라. 小人之居勢兮여, 視忠正之何若이리요? 改前聖之法度兮여, 喜囁嚅²⁸⁾而妄作이라. 親讒諛而疏賢聖兮여, 訟²⁹⁾謂閭娵³⁰⁾爲醜惡이라. 愉近習而蔽遠兮여, 孰知察其黑白이라. 卒不得效其心容兮여, 安眇眇³¹⁾而無所歸薄³²⁾이라. 專精爽³³⁾以自明兮여, 晦冥冥而壅蔽로다. 年旣已過太半兮여, 然埳軻³⁴⁾而留滯로다. 欲高飛而遠集兮여, 恐離罔³⁵⁾而滅敗로다. 獨冤抑而無極兮여, 傷精神而壽夭로다. 皇天旣不純命兮여, 余生終無所依로다. 願自沈於江流兮여, 絕橫流而徑³⁶⁾逝로다. 寧爲江海之泥塗兮여, 安能久見此濁世리요.

註 1) 침뇨(沈淖) : 사리에 빠지다. 2) 금아·참치(岺峨·嵾嵯) : 모두 고르지 않은 모양. 3) 청령령(淸泠泠) : 맑고 깨끗하다. 4) 혼잠잠(溷湛湛) : 매우 혼탁함. 5) 검은 학이 날개를 멈추고 숨는다. 6) 마란(馬蘭) : 악초(惡草). 침초(踸踔) : 갑자기 길어지다. 7) 험희(險戲) : 매우 위태롭다. 8) 위진(委塵) : 먼지를 뒤집어쓰다. 9) 점작(點灼) : 불에 데다. 10) 팔사(八師) : 요순시대의 팔인(八人)의 현신. 우(禹)·직(稷)·설(卨)·고요(皐陶)·백이(伯夷)·추(倕)·익(益)·기(夔). 11) 현영(玄英) : 새까만 것(純黑). 혼탁을 비유. 12) 제제(媞媞) : 편안한 모양. 보기 좋은 모양. 13) 모모(嫫母) : 황제 제4비의 이름. 발설(勃屑) : 기어가다. 14) 계두(桂蠹) : 좀벌레. 밤이나 축내면서 무용한 간신을 비유. 15) 요충(蓼蟲) : 여뀌풀을 갉아먹는 벌레. 16) 규채(葵菜) : 아욱. 17) 민민(湣湣) : 혼란. 18) 소식(所識) : 알고 있는 것. 19) 폐연(弊輦) : 망가진 임금의 수레. 20) 손양(孫陽) : 백락(伯樂)의 성명. 21) 치(置) : 버리다. 22) 노실(路室) : 객사. 상(桑) : 뽕을 따다. 23) 괴랄(乖剌) : 어긋나다. 24) 모사(耄思) : 생각이 어지럽다. 도출(悼怵) : 마음이 슬프고 두렵다. 25) 병병(怦怦) : 충정 어린 마음. 26) 신사(愼思) : 자서가 오왕을 삼가 잘 모셨는데도 죽임을 당했기에 그를 슬퍼한다는 내용. 27) 변화(卞和)가 옥을 얻어 여왕에게 드렸는데, 왕윤이 돌이라 하매 변화가 거짓말했다고 하여 왼쪽 다리를 절단하였으며, 여왕이 죽고 무왕이 즉위한 후 변화가 또 옥을 받쳤는데 왕윤(王尹)이 또 돌이라 하니, 같은 죄목으로 변화의 오른쪽 다리를 절단하였다. 무왕이 죽고 공왕이 즉위하매, 변화가 또 옥을 바치고 형산에서 삼일 밤낮을 피눈물을 흘리며 울거늘 공왕이 듣고 참옥을 감정하여 얻게 되었다는 고사(유향신서). 착(斲) : 끊다. 28) 섭유(囁嚅) : 겁이 많아 말을 하지 못함. 29) 송(訟) : 헐뜯다. 30) 여추(閭姝) : 예쁜 여자. 31) 묘묘(眇眇) : 아득하다. 32) 귀박(歸薄) : 돌아가 의지하다. 33) 전정상(專精爽) : 오로지 정신이 맑다. 34) 감가(坎軻) : 고르지 않음. 고생이 많음. 35) 망(罔) : 망(網). 법도. 36) 경(徑) : 멀다.

원 사(怨思)

어진 선비는 곤궁하여 숨어 지내고, 청렴하고 올바른 도리가 받아들여지지 않도다. 오자서는 간언하다가 몸이 부스러졌고 비간은 충언하다가 가슴이 도려내졌도다. 자추는 스스로 살을 잘라서 임금께 먹이고도 은덕은 날로 잊히고 원한만 깊어졌네. 행실이 밝고 희어도 검다고 하니 가시덤불이 우거져 숲이 되었구나. 강리풀이 험한 골목에 버려지고 찔레풀이 동쪽 행랑에 우거졌구나. 어진 이는 가리어 보이지 않고 참소하고 아첨하는 무리들이 나아가 드러나며 올빼미와 솔개가 함께 나아가 울어 대고 봉황은 날아서 높이 오르니, 다시 한 번 가서 뵙고 싶지만 갈 길이 멀고 길이 막히고 끊겼으니 뜻을 전할 수가 없노라.

原文 賢士窮而隱處兮여, 廉方正而不容이라. 子胥諫而靡軀[1]兮여, 比干忠而剖心[2]이라. 子推自割而飤[3]君兮여, 德日忘而怨深이라. 行明白而曰黑兮여, 荊棘聚而成林이라. 江離棄於窮巷兮여, 蒺藜[4]蔓乎東廂이라. 賢者蔽而不見兮여, 讒諛進而相朋[5]하고, 梟鴞並進而俱鳴兮여, 鳳皇飛而高翔하니, 願壹往而徑逝兮여, 道壅絶[6]而不通이라.

註 1) 미구(靡軀) : 죽임을 당하다. 2) 부심(剖心) : 심장을 도려내다. 3) 할이사(割而飤) : 살을 잘라 임금을 먹이다. 4) 질려(蒺藜) : 납가새풀. 5) 상붕(相朋) : 붕(朋)은 명(明)의 뜻이어야 함. 서로 잘난 듯이 드러내다. 6) 옹절(壅絶) : 막히고 끊어지다.

자 비 (自悲)

근심 속에 지내니 그 누구에게 말하겠는가? 홀로 길이 근심하며 슬퍼하노라. 마음으로 스스로 돌아보지만 부끄럽지 않으며, 지조는 갈수록 굳어서 쇠하지 아니하도다. 삼 년을 은둔하였어도 풀리지 않으니, 세월은 어느덧 흘러서 몸은 시들어 가는 듯하네. 슬프도다, 내 평생 뜻을 이루지 못할 것 같으니, 한번 뵙기라도 하고 돌아갔으면. 내 평생의 일이 불행한 것을 슬퍼하니, 천명에 따르고 함지신명께 맡기노라. 몸은 병에 걸려 차도가 없고 마음은 뜨겁게 끓어올라 끓는 물 같도다. 얼음과 석탄이 서로 함께 할 수 없으니, 나는 진실로 목숨이 길지 않음을 아노라. 슬퍼하노니 홀로 괴로워하다가 죽으려니 낙이 없으며, 단지 나의 나이 아직 젊은 것이 아깝도다. 나의 고향으로 돌아갈 수 없어서 슬프고 나의 고향을 떠나려니 한스럽도다. 새와 짐승이 놀라서 무리를 잃고 높이 날며 슬피 우는도다. 여우도 죽을 때면 반드시 머리를 고향 언덕으로 향하는데, 사람으로서 그 누가 참된 그 마음을 생각하지 않으리요? 옛사람은 멀어져 날로 잊혀져 가고 새 사람은 가까이 더욱 좋아지네. 막연한 가운데에서 선한 일을 하지 아니하거늘 그 누가 보답이 없는데 일을 하려 하겠는가? 사람들이 모두 그러한 것을 애타하나니, 회오리바람 타고 멀리 나가 노닐러라. 항산에 오르니 좁은 듯하지만 잠시 기쁘게 놀며 근심을 잊노라. 헛된 말에 아무 알맹이 없는 것이 슬프고, 사람들의 입이 쇠를 녹이는 것이 안타깝구나. 고향을 지나며 한번 돌아보니 탄식하면서 흐르는 눈물에 옷깃을 적시누나. 백옥을 가져다가 얼굴로 삼고 옥구슬을 품어서 심장을 삼으려니, 사악한 기운이 들어와 마음을 건드려도 옥같은 안색을 지니고서 겉으로 윤택하게 하리라. 어찌하여 푸른 구름은 다 흩어지고 엷은 서리가 보슬보슬 내리는가? 살랑 바람 불어오니 내 마음은 방황하고 센 바람 지나가면 나 또한 놀라 서두네. 남방의 번국 음악을 들으니 가고 싶어서 회계산에 이르러서 잠시 머물도다. 한중 선인을 만나서 거기에 머물며 천도가 어디에 있는지를 묻겠노라. 뜬구름을 빌려다가 나를 전송하며 암무지개를 신고서 깃발을 삼는도다. 푸른 구름을 타고 힘차게 내달려서 어지러이 빠르고 높이 내달리도다. 홀연히 높이 날아 갈곳을 헤매나니 서둘러서 결국 어디로 가려는 것인가? 사람들이 믿으려 하지 않으니 괴로워서 홀로 떨어져 멀리 날아가고 싶구나. 작은 산 언덕에 올라가서 멀리 바라보니 계수나무가 겨울에 꽃이 피었구나. 위를 보니 하늘의 불이 뜨겁게 타고, 아래를 보니 골짜기에 파도 소리 들리니 근심스럽도다. 여덟의 기강을 가져다가 길잡이로 하고 항해의 기를 머금고서 장생하리라. 살기에 즐겁지 않고 늘 근심하면서 초목의 가을 열매를 먹노라. 균계와 두약에 맺힌 아침 이슬을 마시고 계수나무를 엮어서 집을 지으며, 귤과 유자를 섞어 뜰을 만들고 신이와 후초를 나란히 심겠노라. 고니와 학이 외롭게 밤에 울면서 이 은거자의 충성과 정절을 애타하누나.

原文 居愁勤[1] 其誰告兮여, 獨永思而憂悲로다. 內自省而不慙兮여, 操愈堅而不衰로다. 隱三年而無決[2] 兮여, 歲忽忽其若頹로다. 憐余身不足以卒意兮여, 冀一見而復歸로다. 哀人事之不幸兮여, 屬天命而委之咸池로다. 身被疾而不閒[3] 兮여, 心沸熱其若湯이라. 冰炭不可以相並兮여, 吾固知乎命之不長이라. 哀獨苦死之無樂兮여, 惜余年之未央이라. 悲不反余之所居兮여, 恨離予之故鄕이라. 鳥獸驚而失羣兮여, 猶高飛而哀鳴이라. 狐死必首丘兮여, 夫人孰能不反其眞情인가? 故人疏而日忘兮여, 新人近而愈[4] 好로다. 莫能行於杳冥兮여, 孰能施於無報인가? 苦衆人之皆然兮여, 乘回風而遠游로다. 淩恆山其若陋[5] 兮여, 聊愉娛以忘憂로다. 悲虛言之無實兮여, 苦衆口之鑠金이라. 過故鄕而一顧兮여, 泣歔欷而霑衿이라. 厭[6] 白玉以爲面兮여, 懷琬琰以爲心이라. 邪氣入而感內兮여, 施玉色而外淫[7] 이라. 何靑雲之流瀾[8] 兮여, 微霜降之蒙蒙[9] 이라. 徐風至而徘徊兮여, 疾風過之湯湯[10] 이라. 聞南藩樂而欲往兮여, 至會稽[11] 而且止로다. 見韓衆而宿之兮여, 問天道之所在인가? 借浮雲以送予兮여, 載雌霓而爲旌이라. 駕靑雲以馳騖兮여, 班衍衍之冥冥[12] 이요, 忽容容[13] 其安之兮여, 超慌忽其焉如인가? 苦衆人之難信兮여, 願離羣而遠擧하여, 登巒山[14] 而遠望兮여, 好

桂樹之多榮이라. 觀天火之炎煬¹⁵⁾兮여, 聽大壑¹⁶⁾之波聲이라. 引
八維¹⁷⁾以自道兮여, 含沆瀣以長生이라. 居不樂以時思兮여, 食草
木之秋實이라. 飲菌若¹⁸⁾之朝露兮여, 構桂木而爲室이라. 雜橘柚
以爲囿¹⁹⁾兮여, 列新夷與椒楨²⁰⁾이라. 鵾鶴孤而夜號兮여, 哀居者
之誠貞이라.

註 1) 수근(愁懃): 근심 걱정. 2) 삼 년을 숨어 살아도(추방당하여) 풀려나지 않다. 3) 불한(不閒): 고쳐지지 않다. 4) 유(兪): 더욱. 5) 능(淩): 타다. 항산(恒山): 하북 청원(淸苑)의 산이름. 누(陋): 협소하다. 6) 염(厭): 드러내다. 7) 음(淫): 윤택이 나다. 8) 유란(流瀾): 흩어지다. 9) 몽몽(蒙蒙): 가는 비가 부슬부슬 내리다. 10) 풍은 호령을 비유. 탕탕(湯湯): 빠른 모양. 11) 회계(會稽): 산이름. 12) 반(班): 나누다. 연연(衍衍): 빠른 모양. 명명(冥冥): 고원(高遠)한 모양. 13) 용용(容容): 날아오르는 모양. 14) 만산(巒山): 산봉우리. 15) 천화(天火): 번개 같은 현상. 염양(炎煬): 불이 타는 모양. 16) 대학(大壑): 큰 바다. 17) 팔유(八維): 여덟 가지의 강령. 18) 균약(菌若): 균계(菌桂)와 두약(杜若). 19) 유(囿): 밭. 20) 정(楨): 빈랑.

애 명(哀命)

시세가 맞지 않는 것을 슬퍼하며, 초나라에 어려운 일 많은 것을 가슴 아파하노라. 정결한 마음을 지녔건만 난세를 당하여 환난을 겪는도다. 밝고 정직한 사람을 싫어하고 속세가 혼탁한 데도 깨닫지 못하네. 어째서 군신간에 신의를 잃고서 원수와 상수에 나가서 떨어져 지내는가? 멱라수와 상수를 헤아려 보고 시운이 막혀서 돌아오지 못할 줄을 벌써 알았노라. 헤어져서 혼란한 일이 마음 아파서 마침내 몸을 피하여 멀리 떠났도다. 어두운 집의 깊은 문에 지내고 암석에 굴을 파서 숨어지내며 물이무기를 따라서 벗하고 신룡과 함께 휴식하도다. 어찌하여 산의 돌이 험하고 우툴하여 영혼이 굽혀져 비틀거리는가? 흰 물을 머금고 깊이 잠기니 태양도 아득히 멀리 있도다.

이 몸이 흩어진 것을 슬퍼하며 정신이 망연하여 머물 곳이 없노니, 자초와 자란이 깨우치지 않으니 넋은 혼미하여 갈 길을 모르겠네. 원컨대 잘못이 없는 깨끗한 행실을 하려니 죽더라도 마음을 즐거이 갖겠노라. 초나라가 망하는 것이 마음 아프고 아름다운 임이 화 당함이 슬프도다. 진실로 세상이 혼탁하나니 마음이 어찔거려서 갈 길을 모르겠구나. 무리들이 사사로운 권문으로 국사를 바로잡으려 하지만, 나는 홀로 강을 건너서 멀리 떠나가리라. 여수의 권유를 생각하지만, 눈물을 흘리며 근심에 차있노라. 나는 죽기로 결심하여 구차히 살지 않으리니, 거듭 돌이켜보아도 내 어찌할 수 없도다. 세찬 여울의 흰 물결을 희롱하며 높은 산이 굽이진 모습을 바라보나니, 높은 산(초나라)이 험한 언덕인 것을 서러워하며 몸을 강에 던져 돌아오지 않으리라.

原文 哀時命之不合兮여, 傷楚國之多憂로다. 內懷情之潔白兮여, 遭亂世而離尤로다. 惡耿介之直行兮여, 世溷濁而不知로다. 何君臣之相失兮여, 上沅湘而分離로다. 測汨羅之湘水[1]兮여, 知時固[2]而不反이라. 傷離散之交亂兮여, 遂側身而旣遠이라. 處玄舍之幽門[3]兮여, 穴巖石而窟伏이라. 從水蛟而爲徒兮여, 與神龍乎休息이라. 何山石之嶄巖兮여, 靈魂屈而偃蹇[4]하며, 含素水而蒙深[5]兮여, 日眇眇[6]而旣遠이라. 哀形體之離解兮여, 神罔兩[7]而無舍로다. 惟椒蘭[8]之不反兮여, 魂迷惑而不知路로다. 願無過之設行[9]兮여, 雖滅沒之自樂이라. 痛楚國之流亡兮여, 哀靈修之過到[10]로다.

固時俗之溷濁兮여, 志瞀迷而不知路로다. 念私門之正匠[11]兮여, 遙涉江而遠去로다. 念女嬃之嬋媛兮여, 涕泣流乎於悒이라. 我決死而不生兮여, 雖重[12]追吾何及이리요. 戲疾瀨之素水兮여, 望高山之蹇產[13]이라. 哀高丘之赤岸[14]兮여, 遂沒身而不反이라.

註 1) 측(測): 헤아리다. 재다. 2) 고(固): 시세가 통하지 않다. 3) 현(玄): 검다. 유(幽): 어두운. 4) 언건(偃蹇): 굽은 모양. 5) 소수(素水): 맑은 물. 청백을 비유. 6) 묘묘(眇眇): 아득하다. 7) 망량(罔兩): 의지할 데 없다. 8) 초란(椒蘭): 자숙·자란(子椒·子蘭). 9) 잘못된 일을 하지 않기 바라다. 10) 도(到): 이르다. 11) 사문(私門): 사사로이 청탁하는 권세가. 장(匠): 교(敎). 12) 중(重): 거듭. 13) 건산(蹇產): 고대(高大)한 모양. 14) 고구(高丘): 초나라를 비유. 적안(赤岸): 붉게 빛나는 언덕. 초나라를 지칭.

유 간(謬諫)

아름다운 임께서 마음이 깨끗지 않으시니 어째서 지닌 지조가 단단치 않으신지? 슬프게도 태산이 메마른 못터가 되었으니 강물이 메마른다고 누가 말하던가. 원컨대 틈을 내어 충성어린 마음을 본받기 바라나니 시기를 일삼다가 버림받을까 두렵도다. 끝내 마음을 어루며 조용히 지내지만 한숨과 고통 속에 절로 슬퍼지누나. 옥석이 함께 상자에 있고 물고기 눈과 옥구슬이 한데 꿰어 있으며, 노새와 준마가 섞이어 구분 못하겠고 지친 소와 준마를 함께 타고 달리누나. 세월이 흘러가서 멀어만 가니 수명이 점점 갈수록 쇠하여 가누나. 마음이 근심에 차서 번거로우니, 아! 마음이 편치 않고 희망이 없구나. 진실로 세상이 바르지 않아서 법도는 사라지고 잘못되었으니, 준마를 버리고 타지 않으며 노새를 채찍질하여 길을 떠나누나. 이 세상에 어찌 준마가 없으리요마는 진실로 왕량같이 말 잘 다루는 사람이 없음이로다. 고삐 잡은 자들을 보니 그같은 자들이 아니거늘 좋은 망아지들이 달아나 멀리 갔도다. 구멍을 재보지 아니하고 자루를 맞추지 않으면서 규격이 다르다고 염려하고, 세상을 따져서 고결하게 행동하지 아니하면서 품행이 고르지 않다고 걱정하는도다. 활이 느슨하여 풀어지니, 누가 과녁이 가깝다고 말하겠는가? 위험한 환난이 없으니 어진 선비 죽는 것을 어찌 알겠는가? 속세는 간악을 추구하여 부귀만을 따르니 품행이 뛰어나도 드러나지 못하고, 현량한 이들이 가리워져 어울리지 못하나 소인배들 짝을 이루어 명예를 세우도다. 사악한 말은 꾸미어져 사실을 왜곡하며 바른 법도는 어그러져 공평히 다루어지지 않도다. 곧은 선비는 숨어서 세상을 피하고 참소배들이 명당에 오르며 팽함과 같은 결백에서의 기쁨을 버리고 곧게 펴서 재는 먹줄을 끊는도다. 곤로향풀을 삼줄기의 횃불에 섞어 넣으며 쑥대화살을 쏘아서 과녁을 맞추려 하고, 절룩이는 노새를 타고 채찍도 없으니 또 어느 길에 다다를 수 있으리요? 곧은 바늘로 낚시를 삼으니 또 무슨 고기를 잡을 수 있으리요? 백아가 거문고줄을 끊음은 종자기같이 소리를 들어 줄 이 없었음이요, 변화가 박옥을 안고 피눈물을 흘렸나니 어떻게 해야 좋은 장인을 만나 다듬을 수 있으리요? 같은 소리를 내면 서로 어울리고, 같은 종류이면 서로 비슷해야 하며, 나는 새는 그 무리를 부르고 노루가 울면서 그 벗을 찾는 것이러라. 따라서 궁성을 내면 궁성이 응대하고 각성을 타면 각성이 어울려나야 하나니, 호랑이가 휘파람 불면 골짜기의 바람이 일고 용이 날아오르면 빛 어린 구름이 따라 걷듯 나노라. 소리는 서로 어울리고 있고 사물들은 서로가 느끼고 있노라. 네모진 것과 둥근 것은 모양이 다르거늘 서로 맞추어 놓을 수 없도다. 열자는 숨어서 은거하였으니 세상에 그 뜻을 기탁할 데가 없었다네. 뭇새들이 모두 줄지어 가는데 봉황만이 외로이 날아서 머물 곳이 없도다. 탁한 세상 살면서 참뜻을 얻지 못했으니 바위굴에 몸을 기대어 의지하고자 하노라. 입을 다물고 말이 없지만 예전에 임금의 두터운 은덕을 입었노라. 홀로 깨끗함을 지니고 한을 품고 지내려니 답답한 근심의 마음 언제나 다하려나! 삼 년이나 쌓인 이 근심을 한번 뵙고 다 아뢰고 싶구나. 임께 내가 급히 아뢰지 않으려니 세상에 누가 이 마음을 밝혀 줄 수 있으리오? 몸은 병들어 날로 근심스러우며 마음은 억눌리어 펴지 못하겠네. 뭇 소인배와 도리를 논할 수 없으니 마음의 근심을 전달하지 못함을 슬퍼하노라.

原文 怨靈修之浩蕩兮여, 夫何執操之不固[1]로다. 悲太山之爲隉[2]兮여, 孰江河之可涸이라. 願承閒而效志兮여, 恐犯忌而干諱로다. 卒撫情以寂寞兮여, 然怊悵而自悲로다. 玉與石其同匱[3]兮여, 貫魚眼與珠璣로다. 駑駿雜而不分兮여, 服罷牛而驂驥로다. 年滔滔而自遠[4]兮여, 壽冉冉而愈衰로다. 心悇憛[5]而煩冤兮여, 蹇超搖而無冀[6]로다. 固時俗之工巧兮여, 滅規榘而改錯로다. 却騏驥而不乘兮여, 策駑駘而取路로다. 當世豈無騏驥兮여, 誠無王良[7]之善馭로다. 見執轡者非其人兮여, 故駒跳[8]而遠去로다. 不量鑿而正枘兮여, 恐榘矱之不同이라. 不論世而高擧兮여, 恐操行之不調[9]로다. 弧弓弛而不張兮여, 孰云知其所至로다. 無傾危之患難兮여, 焉知賢士之所死로다. 俗推佞而進富[10]兮여, 節行張而不著로다. 賢良蔽而不羣兮여, 朋曹比而黨譽로다. 邪說飾而多曲兮여, 正法弧[11]而不公이라. 直士隱而避匿兮여, 讒諛登乎明堂[12]이라. 棄彭咸之娛樂兮여, 滅巧倕之繩墨이라. 菎蕗雜於黀蒸[13]兮여, 機蓬矢以射革[14]이라. 駕蹇驢而無策兮여, 又何路之能極인가? 以直鍼

^{이위조혜} ^{우하어지능득} ^{백아지절현혜} ^{무종자기이}
而爲釣兮여, 又何魚之能得인가? 伯牙之絶弦兮여, 無鍾子期而
^{청지} ^{화포박이읍혈혜} ^{안득량공이부 지} ^{동음자}
聽之15)로다. 和抱璞而泣血兮여, 安得良工而剖16)之인가. 同音者
^{상화혜} ^{동류자상사} ^{비조호기군혜} ^{녹명구기우}
相和兮여, 同類者相似17)하고, 飛鳥號其羣兮여, 鹿鳴求其友로다.
^{고고궁이궁응혜} ^{탄각이각동} ^{호소이곡풍지혜} ^{용거}
故叩宮而宮應兮여, 彈角而角動18)이라. 虎嘯而谷風至兮여, 龍擧
^{이경운왕} ^{음성지상호혜} ^{언물류지상감야} ^{부방환}
而景雲往이라. 音聲之相呼兮여, 言物類之相感也로다. 夫方圓
^{지이형혜} ^{세불가이상착} ^{열자은신이궁처 혜} ^{세막가}
之異形兮여, 勢不可以相錯이라. 列子隱身而窮處19)兮여, 世莫可
^{이기탁} ^{중조개유행렬혜} ^{봉독상상이무소박} ^{경탁세}
以寄託이라. 衆鳥皆有行列兮여, 鳳獨翔翔而無所薄이라. 經濁世
^{이부득지혜} ^{원측신암혈이자탁} ^{욕합구이무언혜} ^{상피}
而不得志兮여, 願側身巖穴而自託이라. 欲闔口而無言兮여, 嘗被
^{군지후덕} ^{독편견이회독 혜} ^{수울울지언극} ^{염삼}
君之厚德이라. 獨便悁而懷毒20)兮여, 愁鬱鬱之焉極인가! 念三
^{년지적사혜} ^{원일견이진사} ^{불급군이빙설혜} ^{세숙가위}
年之積思兮여, 願壹見而陳辭로다. 不及君而騁說兮여, 世孰可爲
^{명지} ^{신침질이일수혜} ^{정침억이불양} ^{중인막가여론}
明之리오. 身寢疾而日愁兮여, 情沈抑而不揚이라. 衆人莫可與論
^{도혜} ^{비정신지불통}
道兮여, 悲精神之不通이라.

註 1) 조(操): 뜻. 고(固): 굳다. 2) 황(隍): 물이 없는 연못. 3) 궤(匱): 상자.
4) 도도(滔滔): 흘러가는 모양. 5) 여담(悇憛): 근심 어린 모양. 6) 건(蹇): 아!
탄사. 초요(超搖): 불안. 기(冀): 바라다. 7) 왕량(王良): 진대부(晋大夫) 어량.
죽어서 왕량성(王良星)이 되었다 함. 8) 구조(駒跳): 구변(九辯)에 나옴. 9) 조
(調): 조화. 10) 추(推): 추천하다. 11) 호(弧): 어긋나다. 12) 명당(明堂): 포정
지궁(布政之宮). 정치하는 궁궐. 13) 곤로(菎蕗): 향풀. 추(臘): 삼줄기. 14) 기
(機): 발(發). 15) 곧은 바늘로 낚시 만들다. 16) 부(剖): 형벌. 17) 사(似): 짝하
다. 18) 궁·각(宮·角): 모두 오음의 하나. 궁성은 궁성끼리, 각성은 각성끼리 어
울림. 19) 열자(列子): 현사. 이름은 어구(禦寇). 20) 편견(便悁): 아름다운 모
양.

난 왈(亂日)

크고 작은 봉황이 갈수록 멀어져 가고 오리와 거위나 기르며

닭과 들오리가 집과 단대에 가득하고, 개구리만 아름다운 연못에서 놀고 있도다. 준마는 도망가고 오히려 낙타를 올라타는도다. 아연칼을 드리고 태아칼을 멀리 버리고 검은 지초를 뽑아내고 토란과 연꽃을 줄지어 심네. 귤과 유자나무 시들어 마르고 쓴 오얏이 무성하며, 기와가 명당에 오르고 주의 솥이 깊은 연못에 잠기네. 예부터 진실로 이러하였나니 내 또한 지금 사람들에게 무엇을 원망하리요?

原文 鸞皇孔鳳日以遠兮여, 畜鳧駕鵝¹⁾하고, 雞鶩滿堂壇²⁾兮여, 黽蠅游乎華池³⁾로다. 要褭⁴⁾奔亡兮여, 騰駕橐駝러라. 鉛刀進御兮여, 遙棄太阿⁵⁾로다. 拔搴玄芝⁶⁾兮여, 列樹芋荷로다. 橘柚萎枯兮여, 苦李旖旎⁷⁾로다. 甌甊⁸⁾登於明堂兮여, 周鼎⁹⁾潛乎深淵이라. 自古而固然兮여, 吾又何怨乎今之人이요.

註 1) 축부가아(畜鳧駕鵝) : 오리와 거위를 키우다. 2) 계목(雞鶩) : 닭과 오리. 3) 와민(黽蠅) : 개구리. 4) 요뇨(要褭) : 옛날의 준마. 붉은 부리와 검은 몸으로 하루에 5천리를 간다 함. 5) 탁타(橐駝) : 혹이 있는 낙타. 태아(太阿) : 명검 이름. 6) 현지(玄芝) : 신초(神草)의 이름. 7) 의니(旖旎) : 무성한 모양. 8) 변구(甌甊) : 자배기. 9) 주정(周鼎) : 우임금이 만든 제기솥.

評析 유국은(游國恩)은 이 작품의 단점으로 용전(用典)이 너무 많으며, 표절과 모방한 곳이 심하고 중복된 내용이 많다는 점을 지적하고 있는데(초사개론), 동방삭(東方朔)의 작품으로서는 나름대로 가치를 부여할 수 있다.

애시명(哀時命)

엄기(嚴忌)의 작이다. 그는 굴원의 애절한 신세를 슬퍼하여 한탄하면서 제(題)를 붙였다. 굴원의 신세를 자서(子胥)와 같이 비교하며 실의(失意)의 염(念)을 강하게 부각시킨다.

♠

　슬프도다, 시대와 운명이 옛 성인들에게 미치지 못하니, 나는 어이하여 이 불우할 때 태어났느뇨. 지나간 일은 당겨 낼 수 없고, 다가올 일은 기약할 수 없도다. 마음 언짢고 한스러워도 풀길이 없으니, 속마음 펼쳐 시를 쓸 수밖에 없는 일이로다. 어둡던 밤이 훤해지도록 잠은 오지 않고, 남모르는 걱정 품으며 여기까지 온 것이로다. 마음은 답답해도 알릴 데 없거늘, 뭇사람이라 하여 뉘와 깊이 이야기 나눠 보랴. 시름으로 초췌하고 나태해져만 갔는데 늙음마저 어김없이 찾아왔도다. 거처는 시름으로 곤궁해져만 갔고 뜻은 침울하고 억눌려져 펼 수 없게 되었도다. 길은 막혀서 통하지 않고 강하는 넓건만 다리조차 없도다. 내 곤륜산(崑崙山)의 신선이 사는 현포(懸圃)에 가고 싶고, 종산(鍾山)의 옥꽃을 따고 싶도다. 옥나무의 가지를 걸어 잡고 낭풍산(閬風山) 위쪽에 있는 판동산(板桐山)을 바라보고 있노라. 약수(弱水)는 물이 세차 건너기 어렵고 길은 중간에서 끊겨 통하지 않는도다. 내 힘으로는 저 물결 넘어 곧장 건널 수 없고, 또 높이 날아갈 날개도 없도다. 그러나 나는 은신하고 연민해도 내 뜻을 펼 수 없을 것이니, 나 홀로 배회하고 방황하는 것이로다. 내 슬퍼하고 당황하며 길이 생각해도, 마음은 얽히고 설켜 아픔만 더해가도다. 내 한참 동안 머뭇거리며 여기에 머물려 하나, 굶는 날이 잦아지고 양식도 떨어져 가고 있도다. 나 홀로 그림자 안고 있노라니, 이 내 마음은 초연히 저 고향이 그리워지는도다. 나는 영락하여 친구가 없거늘, 누가 와서 나와 함께 여기에 서린 방초를 감상해 주랴. 태양은 뉘엿뉘엿 저물어 가니, 내 수명 길지 않음을 슬퍼하노라. 수레는 이미 부서졌고 말은 이미 지쳐 버려 방황만 할 뿐, 앞으로 나아갈 수 없도다.

몸을 혼탁한 세상에 맡길 수 없으니, 나아가야 할지 물러서야 할지 모를 일이로다. 머리에 쓴 관(冠)은 우뚝하여 구름에 닿을 듯하고, 허리에 찬 칼은 길어 종횡으로 칠 기세로다. 옷은 길어서 펼 수가 없고, 왼쪽 소매는 신령스런 나무에 걸려 있도다. 오른쪽 옷고름은 부주산(不周山)을 스치며 지나가도, 천지 사방을 활보할 수 없게 할 것이로다. 위로는 복희(伏羲)를 도와 제도와 도량을 똑같게 하고, 아래로는 요순임금을 도와 요나라와 순나라를 다스릴 수 있게 할 것 같도다. 절개를 존중하고 고고함을 법 삼고자 했던지라, 마음으로는 우(禹)임금과 탕(湯)임금을 경시하고 있도다. 비록 곤궁에 빠진 줄 알면서도 지조를 바꾸지 않았고, 끝까지 사악한 것으로 바른 것을 해치지 않았노라. 세상은 모두가 서로를 추천하여 붕당짓기 좋아하고, 하나의 말[斗]로 선악을 헤아리는도다. 뭇사람들은 아부하고 부화뇌동하느라 어깨를 겨루고 있고, 어진 사람들은 멀리 떠나 은둔하고 있노라. 봉황을 위해 메추라기 새장을 만들어 준다면 날개를 접는다 하여도 들어갈 수 없을 것이로다. 임금께서 깨달을 줄 모르시니, 어떻게 말을 베풀고 충성을 해야 하나. 속인들은 저마다 질투하여 어진 이를 가리고 있으니 누가 나의 거동을 알아주랴. 원컨대 뜻을 펴고 울분을 토로해 봤으면, 이 일이 옳은 것인지 그른 것인지 어찌 알 바리요. 옥으로 만든 그릇이 시루의 흙 구멍 위에 섞여 있고, 추녀와 미녀가 한방에 거처하고 있도다. 세상 사람들은 이를 일정한 풍속으로 생각하나니, 나는 수심에 젖고 끝내는 곤궁하게 지내게 될 것이로다. 수심에 사무치고 고독하여 이리저리 뒤척이며 잠 못 이루나니, 번민과 울분이 가슴에 가득 차 있기 때문이로다. 영혼은 아득히 먼 곳으로 달려갔고, 마음은 번거롭고 원통하여 뒤숭숭하도다. 뜻은 언짢고 불안한데, 길마저 어두워 걷기가 몹시 힘들도다. 홀로 이 굽이진 산구석에 머물러 있나니, 마음이 몹시 불안하여 긴 탄식만 하도다. 긴 밤을 걱정하니 뒤숭숭하여 잠 못 이루고, 내뱉는 숨은 물결처럼 비등하는도다. 조각한 날카로운 칼을 쥐고 있으나 쓸 데가 없고, 원 그리는 기구며 곡척을 쥐고 있다만 베풀 데가 없도다. 준마를 타고 뜰의 복판만을 달린다면 어찌 저 먼 곳을 갈 수 있으리요. 팔 긴 원숭이와 꼬리 긴 원숭이를 계단 앞 난간에만 둔다면, 어찌 그 행동이 민첩하길 기대할 수 있으리요. 절름대는 자라 타고 산에 오르려는 격이니 절대로 오를 수 없음을 나는 아는도다. 관중(管仲)과 안영(晏嬰) 같은 현인을 버리고서 책임을 노예나 포로에게 떠맡긴다면 어찌 법도가 온당하다 할 수 있으리요. 곤(筦)과 노(簬)와 같은 향초를 삼대로 지핀 횃불 가운데 둔다면, 쑥대로 만든 화살로 외뿔소 가죽을 쏘는 거와 같은 격이로다. 짐을 지고 열 자 사방의 장소로 가서는 허리를 펴고 싶어도 될 수 없는 일이로다. 밖으로는 쇠뇌를 가까이하려 하여도 오발할까 두렵고, 위로는 주살을 끌고다니려 하여도 해를 당할까 두렵도다. 어깨 기울인들 들어갈 수 없고, 배 움츠린들 쉴 수 없을 것이로다. 옛날 청백리이던 무광(務光)이 깊은 못에 투신한 것은 속세의 더러움을 입지 않기 위해서로다. 뉘 뛰어난 인물이라 하여도 참소받아 좌절되면 오래도록 버텨 나갈 수 있으랴. 이 몸 물러나 빈궁하게 살고 싶도다. 산 기둥을 뚫어 집을 짓고 아래에는 옷을 빨고 목욕할 물가가 있도다. 안개 이슬은 아침이면 자욱이 내려오고, 구름은 집 위로 뭉게뭉게 오르는도다. 무지개는 아침이면 하늘에 현란히 깔리고, 저녁이면 비가 주룩주룩 내리는도다. 슬픈 마음 망망하나 돌아갈 곳 없어, 쓸쓸히 이곳 광야를 바라보도다. 아래에서는 계곡에 낚시 드리우고, 위에서는 득도한 선인(仙人)과 사귀고자 하노라. 적송자(赤松子)와 벗하고 왕자교(王子喬)와 짝하고 싶노라. 신선인 효양(梟楊)에게 앞을 인도하게 하고, 백호(白虎)에게 그를 위해 앞뒤로 달려가게 하리라. 두둥실 구름 안개 타며 그윽한 곳에 들고, 하얀 사슴 타며 한적하게 지내리라. 내 혼은 홀로 떠다니며 외로이 지내고, 재빨리 나가더니 돌아오지 않는도다. 선인 따라 고결하게 지내나 태양은 날로 멀어져만 가니, 내 뜻은 막막해져 가슴이 아프도다. 난(鸞)새와 봉(鳳)새는 청운에서 나니, 주살로도 맞힐 수 없도다. 교룡(蛟龍)은 소용돌이치는 연못에 숨어 있으니 그물로도 잡을 수 없도다. 그들은 엿밥 좋아하다 죽게 되리라는 것을 알기에, 저 아래 맑은 물결 속에서 노니는 것이로다. 내 차라리 깊은 곳에 은신하여 화를 멀리한다면 누가 나를 침탈하여 욕되게 할 수 있으리요. 오자서(伍子胥)는 죽었지만 인의를 이루었고 굴원은 먹라수(汨羅水)에 투신자살했도다. 비록 몸은 분해되면서도 절개는 바꾸지 않았으니, 어찌 충성과 신의를 세속화시킬 일이었으리요. 뜻은 진취적이고 속마음은 충직하여 법도를 이행함에 치우침이 없을 것이로다. 사물의 평형을 고집함에 사사로움이 없을 것이고, 경중을 저울질함에 편차가 없을 것이로다. 때 묻은 광란일랑 말끔히 씻어내고, 더럽고 케케묵은 것일랑 제거하여 참된 데로 돌아가리라. 형세는 결백하고 바탕은 소박하며, 속마음도 순결하면서 청렴하도다. 시대는 현상(現狀)에만 실컷 만족하여 인재를 등용치 않으니, 나는 숨어 지내며 몸을 멀리하는 것이로다. 애오라지 단서를 숨기고 자취를 은닉하여, 적막하고 묵묵히 말 소리도 내지 않는 것이로다. 홀로 화가 치밀고 번민에 겨워도, 어디 가서 울분을 쏟아 감정을 펴리요. 때는 어둑어둑 저물어 가니 번민과 한탄뿐이로다, 명예도 세울 길 없게 되니. 백이(伯夷)는 수양산(首陽山)에서 죽었으니, 요절하여 사라졌고, 영달도 누리지 못하게 된 것이로다, 태공(太公)은 문왕(文王) 같은 성왕을 만나지 못하여, 몸이 죽음에 이르도록 뜻을 펼 수 없었도다. 구슬로 된 상아를 품고 아름다운 구슬을 차고 있어, 이를 베풀고자 하나 바르게 보아 줄 이가 없도다. 삶은 하늘과 땅 사이에서 이루어지나 흘러가는 구름과 같으니, 홀연히 흩어져 흔적조차 남지 않게 되는 것이로다. 사악한 기운이 내 몸에 엄습해 오니, 질병마저 침통한 마음 따라 싹트는도다. 원컨대 다시 한 번 따스한 봄날을 맞이해 보았으면 수명을 다 마치지 못하고 죽게 될까 두렵도다.

原文 哀時命之不及古人兮여, 夫何予生之不遘¹⁾時로다. 往者不可扳²⁾援兮여, 俫者不可與期로다. 志憾恨而不逞³⁾兮여, 杼中情而屬詩⁴⁾로다. 夜炯炯⁵⁾而不寐兮여, 懷隱憂而歷茲로다. 心鬱鬱而無告兮여, 衆孰可與深謀로다. 欲愁悴而委惰⁶⁾兮여, 老冉冉而逮之로다. 居處愁以隱約兮여, 志沈抑而不揚이라. 道壅塞而不通兮여, 江河廣而無梁이라. 願至崑崙之縣圃兮여, 采鍾山之玉英⁷⁾이라. 攀瑤木之橝枝⁸⁾兮여, 望閬風之板桐⁹⁾이라. 弱水汨¹⁰⁾其爲難兮여, 路中斷而不通이라. 勢不能淩波以徑度兮여, 又無羽翼而高翔이라. 然隱憫而不達兮여, 獨徙倚¹¹⁾而彷徉이라. 悢悢惘¹²⁾之永思兮여, 心紆軫¹³⁾而增傷이라. 倚躊躇以淹留兮여, 日饑饉而絕糧이라. 廓¹⁴⁾抱景而獨倚兮여, 超永思乎故鄉이라. 廓落寂而無友兮여, 誰可與玩此遺芳이라. 白日晼晚¹⁵⁾其將入兮여, 哀余壽之弗將¹⁶⁾이라. 車旣弊而馬罷兮여, 蹇邅徊¹⁷⁾而不能行이라. 身旣不容於濁世兮여, 不知進退之宜當이라. 冠崔嵬而切雲兮여, 劍淋離¹⁸⁾而從橫이라. 衣攝葉以儲與¹⁹⁾兮여, 左袪挂於榑桑²⁰⁾이라. 右衽拂於不周²¹⁾兮여, 六合²²⁾不足以肆行이라. 上同鑿枘於伏戲兮여, 下合矩矱於虞唐이라. 願尊節而式高兮여, 志猶卑夫禹湯이라. 雖知困其不改操兮여, 終不以邪枉害方이라. 世並擧而好朋兮여, 壹斗斛而相量이라. 衆比周²³⁾以肩迫兮여, 賢者遠而隱藏이라. 爲鳳皇作鶉籠兮여, 雖翕翅其不容이라. 靈皇其不寤知兮여, 焉陳辭而劾忠이라. 俗嫉妒而蔽賢兮여, 孰知余之從容²⁴⁾이리요. 願舒志而抽馮²⁵⁾兮여, 庸詎知其吉凶이리요. 璋珪雜於甑窐²⁶⁾兮여, 隴廉與孟娵²⁷⁾同宮이라. 擧世以爲恆俗兮여, 固將愁苦而終窮이라. 幽獨轉而不寐兮여, 惟煩

瀉而盈次²⁸⁾이라. 魂眇眇而馳騁兮여, 心煩冤之憒憒이라. 志欲憖
而不儋²⁹⁾兮여, 路幽昧而甚難이라. 塊獨守此曲隅兮여, 然欲切而
永歎이라. 愁修夜而宛轉兮여, 氣涫灣³⁰⁾其若波로다. 握劗刖³¹⁾而
不用兮여, 操規榘而無所施로다. 騁騏驥於中庭兮여, 焉能極夫遠
道로다. 置援狖於欞³²⁾檻兮여, 夫何以責其捷巧로다. 駟跛鼈而上
山兮여, 吾固知其不能陞이라. 釋管晏而任臧獲³³⁾兮여, 何權衡之
能稱이리요. 筭簬雜於黀蒸兮여, 機蓬矢以射革이라. 負檐荷以丈
尺³⁴⁾兮여, 欲伸要³⁵⁾而不可得이라. 外迫脅於機臂兮³⁶⁾여, 上牽聯
於矰隿이라. 肩傾側而不容兮여, 固陿³⁷⁾腹而不得息이라. 務光³⁸⁾
自投於深淵兮여, 不獲世之塵垢³⁹⁾로다. 孰魁摧⁴⁰⁾之可久兮여, 願
退身而窮處로다. 鑿山楹⁴¹⁾而爲室兮여, 下被衣於水渚로다. 霧露
濛濛其晨降兮여, 雲依斐⁴²⁾而承宇로다. 虹霓紛其朝霞⁴³⁾兮여, 夕
淫淫而淋雨로다. 怊茫茫而無歸兮여, 悵遠望此曠野로다. 下垂釣
於谿谷兮여, 上要求⁴⁴⁾於僊者하며, 與赤松而結友兮여, 比王僑而
爲耦로다. 使梟楊⁴⁵⁾先導兮여, 白虎爲之前後로다. 浮雲霧而入冥
兮여, 騎白鹿而容與로다. 魂眡眡⁴⁶⁾以寄獨兮여, 汨徂往而不歸로
다. 處卓卓⁴⁷⁾而日遠兮여, 志浩蕩而傷懷로다. 鸞鳳翔於蒼雲兮여,
故矰繳而不能加로다. 蛟龍潛於旋淵兮여, 身不挂於罔⁴⁸⁾羅로다.
知貪餌而近死兮여, 不如下游乎淸波로다. 寧幽隱以遠禍兮여, 孰
侵辱之可爲리요. 子胥死而成義兮여, 屈原沈於汨羅로다. 雖體解
其不變兮여, 豈忠信之可化리요. 志怦怦⁴⁹⁾而內直兮여, 履繩墨而
不頗로다. 執權衡而無私兮여, 稱輕重而不差로다. 概⁵⁰⁾塵垢之枉
攘⁵¹⁾兮여, 除穢累而反眞이라. 形體白而質素兮여, 中皎潔而淑淸

이라. 時獸飫⁵²⁾而不用兮여, 且隱伏而遠身이라. 聊竄端⁵³⁾而匿迹
兮여, 嘆吸默而無聲하고, 獨偋悁而煩毒兮여, 焉發憤而抒情이라.
時曖曖其將罷兮여, 遂悶歎而無名이라. 伯夷死於首陽兮여, 卒夭
隱而不榮이라. 太公不遇文王兮여, 身至死而不得逞이라. 懷瑤象
而佩瓊兮여, 願陳列而無正이라. 生天墜之若過兮여, 忽爛漫⁵⁴⁾而
無成이라. 邪氣襲余之形體兮여, 疾憯怛而萌生이라. 願壹見陽春
之白日兮여, 恐不終乎永年이라.

註 1) 구(遘): 만나다. 2) 반(扳): 이끌다. 구원하다. 3) 감(憾): 한스럽다. 정
(逞): 통하다. 빨리 가다. 4) 속(屬): 잇다. 엮다. 속시(屬詩): 시문을 짓다. 5)
형형(炯炯): 번질번질 광택이 나는 모양. 6) 감(欿): 수심에 잠긴 모양. 위타(委
惰): 게으르고 느슨함. 7) 종산(鍾山): 곤륜산(崑崙山)의 서북방에 위치. 8) 담
(橝): 나무 이름. 9) 판동(板桐): 산이름. 낭풍산(閬風山) 위에 위치. 곤륜에는
낭풍·판동·현포의 세 산이 있다고 함(「박아(博雅)」에 의거). 10) 익수(弱水):
서역의 아득히 먼 곳에 있는 강물. 율(汩): 빠르다. 11) 사의(徙倚): 머리 숙이며
배회하다. 12) 창망(愴罔): 깜짝 놀란 모양. 심신이 불안한 모양. 13) 진(軫): 격
정하다. 14) 확(廓): 비다(空). 허무하다. 15) 완만(晼晩): 해가 지는 모양. 16)
장(將): 오래 가다(長). 이 구는 '내 목숨이 오래 가지 못할 것 같아 슬프도다.'의
뜻. 17) 전회(邅徊): 가기 어려운 모양. 다른 곳으로 돌림. 18) 임리(淋離): 긴 모
양. 19) 섭엽·저여(攝葉·儲與): 펼쳐지지 않는 모양. 20) 거(袪): 소매. 부(榑):
부(扶)와 같음. 부상(榑桑): 동해(東海) 가운데 있다는 큰 신목(神木). 해가 뜨
는 곳. 21) 부주(不周): 산이름. 22) 육합(六合): 천지 사방. 23) 비(比): 친하
다. 가까이하다. 주(周): 합하다. 24) 종용(從容): 도를 지키며 자득하는 모양.
25) 빙(馮): 성난 모양. 26) 장규(璋珪): 옥이름. 증(甑): 시루. 규(窐): 시루
위에 난 구멍. 27) 농렴(隴廉): 추녀. 맹추(孟娵): 미녀. 28) 흉(匈): 가슴. 29)
담(憺): 편안하다. 30) 관(涫): 끓이다. 끓다. 31) 기(劑): 굽은 칼. 궐(劂): 굽
은 끝. 다같이 조각용의 조그만 도구. 기궐(劑劂): 새기다. 파다. 조각하다. 32)
영(楹): 계단 끝의 난간. 33) 장획(臧獲): 노비를 천하게 일컫는 말. 34) 배(背):
짊어지다(負). 담(儋): 어깨에 메다(擔). 35) 요(要): 허리(腰). 36) 기비(機臂):
새 잡이 기구. 37) 협(陿): 좁다(狹). 38) 무광(務光): 옛날의 청백리. 39) 진구
(塵垢): 먼지와 때. 더러운 세상. 40) 괴(魁): 사물이 큰 것을 말함. 최(摧): 꺾
이다. 41) 영(楹): 기둥. 42) 의비(依斐): 구름이 날리는 모양. 43) 하(霞): 의미
가 없음. 이 글자를 복(覆)으로 풀이하기도 함(「예문유취(藝文類聚)」권 2에 의거).
44) 구(求): 맺다. 결(結)로 쓰기도 함. 45) 효양(梟楊): 산신(山神)의 이름. 즉
비비(원숭이의 일종). 46) 정정(玨玨): 홀로 가는 모양. 47) 탁탁(卓卓): 높은

모양. 48) 망(罔) : 그물(網). 49)평평(怦怦) : 마음이 조급한 모양. 50) 개(槪) : 씻어내다(滌). 51) 왕양(枉攘) : 어지러운 모양. 52) 염(猒) : 물리도록 먹다. 실컷 먹다. 요(飫) : 배불리 먹다. 53) 찬단(竄端) : 단서를 숨겨 눈에 띄지 않게 하다. 54) 난만(爛漫) : 어지럽게 흩어짐.

[評析] 예술적 가치로 보아 별로 취할 것이 없으니 전인의 틀을 답습하고 진부한 말과 지나친 부연이 눈에 띈다. 애시명(哀時命)을 왕일의 장구에서는 '기자애생시년명(己自哀生時年命)'이라고 풀이하고 있다.

구　　회(九懷)

　　왕포(王褒)(?~기원전 61)의 작이다. 왕일은 '懷者思也. 言屈原雖見放逐, 猶思君念其君, 憂國傾危, 而不能忘也. 褒讀屈原之文, 嘉其溫雅… 故作九懷. (회란 그리다, 걱정하다의 뜻이다. 굴원은 추방되었어도 임금을 그리워하였다. 그리고 나라의 위난을 걱정하여 잊지를 못하였다. 왕포는 굴원의 글을 읽고 그 온후하고 고아함을 좋게 여겼다. 그리하여 구회를 지었다.)'라고 그 창작 동기를 밝히고 있다. 소제로서 9장으로 나누었는데 그 대의(大意)를 보겠다.

① **광기** : 불운한 신세. 선지(仙志), 애상(哀傷).
② **통로** : 진로(進路)가 막히고 아득한 상심.
③ **위준** : 식간이 불용(不容)되고 원유의 상심.
④ **소세** : 혼탁한 세상 회귀의 의식.
⑤ **존가** : 좋은 계절에 고독한 신세 원망.
⑥ **축영** : 가을의 침잠과 추방된 불우 신세.
⑦ **사충** : 구천(九天)에서의 방황과 상심.
⑧ **도옹** : 세속의 혼탁, 참군주의 부재(不在) 애도.
⑨ **주소** : 세속이 악함과 원유.
⑩ **난왈** : 왕의 악습 제거와 보좌의 뜻.

광　기(匡機)

　악운을 당하고 시세에 영합하지 않아, 길이 이 신세를 참아가며 곤궁히 지내게 되었도다. 내 슬픔 깊어지고 처참하여, 속마음 털고 싶으나 할 도리가 없도다. 일월을 타고 위로 올라, 무왕의 수도이던 호(鄗)와 문왕의 수도이던 풍(鄭)에서 마음을 즐기고 싶도다. 두루 구주(九州)를 유람하고, 난으로 꾸민 궁궐에서 방황하도다. 구리폐로 꾸민 마을 어귀에 있는 문이며, 약초가 가득 찬 방인지라, 움직이고 흔들기만 하여도 뭇 향내가 그윽하도다. 균류(菌類)로 꾸민 누각이며 혜초로 꾸민 누대에 올라 길을 바라보니 종횡으로 뻗어 있도다. 보물과 황금은 산처럼 쌓여 있고, 아름다운 구슬은 대청을 가득 메웠도다. 계수나무 가의 시냇물은 출렁출렁 흐르고, 버드나무 가의 강물은 남실대며 흐르고 있도다. 신령스런 늙은 거북은 힘차게 뛰어오르고, 공작과 학은 하늘을 빙빙 돌며 날고 있도다. 난간을 어루만지며 먼 곳을 바라보매, 임금 그리워 잊을 수가 없도다. 마음이 답답하고 우울해도 펼쳐 낼 길 없으니, 긴 시름에 속마음만 태우는도다.

原文 極運兮不中[1]하여, 來[2]將屈兮困窮이라. 余深愍兮慘怛하여, 願一列[3]兮無從이라. 乘日月兮上征하여, 顧游心兮鄗鄭[4]이라. 彌覽兮九隅[5]하여, 彷徨兮蘭宮이라. 芷閭兮藥房에, 奮搖[6]兮衆芳이라. 菌閣兮蕙樓에, 觀道[7]兮從橫이라. 寶金兮委積하여, 美玉兮盈堂이라. 桂水兮潺湲하여, 揚流[9]兮洋洋[10]이라. 蓍蔡[11]兮踊躍하니, 孔鶴兮回翔이라. 撫檻兮遠望하여, 念君兮不忘이라. 怫鬱

혜 막 진   영 회 혜 내 상
兮莫陳하니, 永懷兮內傷이라.

註 1) 극운(極運) : 악운. 2) 내(來) : 영(永)으로도 표기. 3) 열(列) : 베풀다. 진열하다. 4) 고(顧) : 원(願)으로도 표기. 호(鄗) : 호(鎬)로도 씀. 무왕(武王)이 세운 도읍지. 풍(鄷) : 예(灃)로도 씀. 문왕(文王)이 세운 도읍지. 5) 구우(九隅) : 구주(九州). 중국의 전토(全土). 6) 분(奮) : 움직이다. 7) 관(觀) : 높은 집, 높은 누각. 8) 계수(桂水) : 계수 자란 물가. 계수는 물가에 심겨져, 그 향기가 물에서 나므로 이렇게 말한 것임. 9) **양**(揚) : 양(楊). 10) **양양**(洋洋) : 물이 성대한 모양. 11) 채(蔡) : 큰 거북.

통　로(通路)

　임금이 사는 천문(天門)이며 지호(地戶)라, 누가 현인을 인도하여 들어갈 수 있게 하리요. (세상에는) 바르지 못한 이들이 어지러이 널려 있으니, 덕을 품은 이를 어찌 볼 수 있으리요. 관대를 벗지 않고 누워서 이토록 (나라를) 걱정하나, 내 누구와 이를 상의하고 이야기를 나눌 수 있으리요. 애통하도다, 봉황은 멀리 사라지고 길러 낸 메추라기만이 가까이에 있도다. 고래와 두렁허리는 심연에 숨어 있고, 바더리와 개구리만 작은 물가에 노닐고 있도다. 용의 새끼 타고 구양(九陽)에 오르고, 신령스런 코끼리를 타고 하늘로 가고 있도다. 아침에 총령산(葱嶺山)을 떠나서, 저녁에는 동쪽 끝 단만(丹巒)의 명광(明光)에 도착하였도다. 북쪽에서 내리는 샘물을 마시고, 남쪽에서는 영지의 꽃을 땄도다. 두루 뭇별들을 유람하고, 북극성을 따라 돌아다녔도다. 무지개빛 아롱진 검붉은 윗도리 입고, 비취빛 푸르른 치마를 걸쳤도다. 허리춤에 찬 패옥은 땅에 축축 늘어져 있고, 손에 쥔 보검은 춘추시대에 간장(干將)이 만들어 낸 칼처럼 날카롭도다. 용 닮은 신령스런 뱀은 몸 뒤를 따라오고 날 듯이 재빠른 노새는 수레 옆을 달렸도다. 곤륜산의 현포를 바라보고, 북두의 일곱째 별인 요광(瑤光)을 살펴보았도다. 문갑을 열고 산가지를 찾아 점을 치면서 운명이 이렇게 된 것을 슬퍼하였도다. 혜초를 차고 영원히 결별하여, 내 그리운 이에게로 떠나가리라. 뜬구름은 두둥실, 날 어디로 인도해 줄까? 먼 곳을 바라보니 아직도 어둡건만 우뢰 소리까지 둥둥거리는도다. 속마음 우울하고 슬픔에 잠긴 채 쓸쓸히 스스로를 가엾게 여기는도다.

原文 天門兮墜戶에, 孰由兮賢者리요. 無正兮溷厠[1]하니, 懷德兮何覩로다. 假寐[2]兮愍斯하니, 誰可與兮寤語[3]로다. 痛鳳兮遠逝하니, 畜鴳[4]兮近處로다. 鯨鱣[5]兮幽潛하고, 從蝦[6]兮游陼로다. 乘虯兮登陽하여, 載象[7]兮上行이라. 朝發兮葱嶺[8]하고, 夕至兮明光[9]이라. 北飮兮飛泉[10]하고, 南采兮芝英이라. 宣游兮列宿[11]하니, 順極[12]兮彷徉이라. 紅采兮騂[13]衣에, 翠縹[14]兮爲裳이라. 舒佩兮練纚[15]하여, 竦余劍兮干將[16]이라. 騰蛇兮後從[17]하여, 飛駏[18]兮步旁이라. 微[19]觀兮玄圃하고, 覽察兮瑤光[20]이라. 啓匱兮探筴[21]하여, 悲命兮相[22]當이라. 紉蕙兮永辭[23]하여, 將離兮所思로다. 浮雲兮容與하여, 道余兮何之리요? 遠望兮仟眠[24]하고, 聞雷兮闐闐[25]이라. 陰憂兮感余하니, 惆悵兮自憐[26]이라.

註 1) 측(厠): 잡되다(雜). 2) 가매(假寐): 관대를 벗지 않고 눕는 것을 말함. 3) 오어(寤語): 서로 마주보고 이야기함. 4) 안(鴳): 메추라기. 5) 선(鱣): 두렁허리. 6) 종(從): 종(蝬)의 오기(誤記). 작은 벌을 말함. 하(蝦): 하마(두꺼비; 개구리의 일종). 7) 상(象): 신령스런 코끼리. 하얀 몸에 붉은 머리를 한 코끼리로서 날개가 있어 날 수 있다고 함. 8) 총령(葱嶺): 산이름. 오늘날 신강성(新疆省) 서남방에 있다고 함. 9) 명광(明光): 동쪽 끝의 단만(丹巒). 10) 비천(飛泉): 곤륜산의 서남방에 위치. 11) 선(宣) : 두루(徧). 열수(列宿) : 여러 별자리. 12) 극(極) : 북극성. 13) 성(騂) : 붉은 소. 붉고 누른 말. 혹은 그 색깔. 14) 표(縹) : 청백색. 담청색. 15) 임사(綝纚) : 의상의 털깃이 아래로 드리워진 모양. 16) 간장(干將) : 춘추시대에 칼을 만들던 인물. 여기서는 좋은 칼을 일컬음. 17) 등(騰) : 여기서는 등(螣)으로 쓰임. 즉 다리가 없고 나는 뱀을 일컬음. 18) 거(駏) : 튀기. 노새와 나귀. 19) 미(微) : 염탐하다. 20) 요광(瑤光) : 북두(北斗)의 일곱째 별. 21) 궤(匱) : 문갑. 협(筴) : 산가지(筮). 22) 상(相) : 소(所)로도 표기. 23) 영사(永辭) : 영결(永訣). 24) 천면(仟眠) : 눈이 어두운 모양. 분명하지 않아 잘 알 수 없는 모양. 25) 전전(闐闐) : 우뢰 소리. 26) 음우(陰憂) : 속마음이 우울하다. 27) 연(怜) : 가련하다(憐).

위 준(危俊)

수풀에는 우는 매미조차 깃들 수 없거늘, 내 어찌 중주(中州)에서 머물러야 하리요. 즐거이 좋은 날에 수레를 몰고, 옥 같은 꽃을 따다 치장하였도다. 꽃이 핀 구리떼를 달아 멀리 떠나고, 임금 곁을 떠나 먼 곳으로 유람하였도다. 태산의 치솟은 대궐 문에 이르렀고 구천의 견우성을 지나갔도다. 애오라지 해를 빌어 노닐었고, 혁혁한 곳에 남아 두루 다녔도다. 천제를 바라보며 오래도록 머물기도 하였고, 내가 쥔 고삐는 감아두어 쉬기도 하였도다. 밝은 태양을 바라보매 부시도록 빛났고, 먼 길을 가려 하매 아득하기만 하였도다. 혜성을 돌아보매 가물거렸고, 검은 구름을 바라보매 어지러이 떠있었도다. 천신인 거보(鉅寶)께서 자리를 옮겨 소리치시니 들꿩들은 저마다 지저귐으로 호응하였도다. 앞길은 광대한데 뜻을 이루어야 하니, 뒤숭숭한 내 마음 아프기만 하도다. 내 말머리를 돌려 신령스런 비주산(飛柱山)으로 가서 짝할 만한 이를 찾아보았도다. 끝내 미소한 먼지조차 만나지 못하여, 내 시름만 더욱 깊어졌도다.

[原文] 林不容兮鳴蜩하니, 余何留兮中州리요? 陶嘉月兮総駕[1]하니, 寧玉英兮自脩[2]로다. 結榮茝兮逐逝[3]하니, 將去氶[4]兮遠游로다. 徑岱土兮魏闕[5]하니, 歷九曲兮牽牛[6]로다. 聊假日兮相伴하니, 遺光燿[7]兮周流로다. 望太一兮淹息[8]하니, 紆[9]余轡兮自休로다. 晞[10] 白日兮皎皎하니, 彌遠路兮悠悠로다. 顧列孛兮縹縹[11]하니, 觀幽雲兮陳浮로다. 鉅寶遷兮砏磤[12]하니, 雊咸雛兮相求[13]로다. 泱莽兮究志[14]하니, 懼吾心兮儔儔[15]로다. 步余馬兮飛柱[16]하며, 覽可與兮匹儔[17]로다. 卒莫有兮纖介[18]하니, 永余思兮怞怞[19]로다.

[註] 1) 도(陶): 기쁘다. 가월(嘉月): 좋은 시절. 2) 수(脩): 수식하다. 3) 위(逐): 원(遠)으로도 표기. 4) 증(氶): 임금. 5) 대토(岱土): 태산(泰山). 위(魏): 외(巍)와 통함. 위궐(魏闕): 높고 큰 궐문. 6) 구곡(九曲): 구천(九天). 견우(牽牛): 견우성. 7) 광요(光燿): 혁혁한 공로. 8) 태일(太一): 천지 창조의 혼돈한 기운. 천체. 엄(淹): 오래 머물다. 9) 우(紆): 얽히다. 얽다. 10) 희(晞): 바라보다(望). 11) 열패(列孛): 혜성. 표표(縹縹): 섬광이 일정치 않은 모양. 12) 거보(鉅寶): 천보(天寶)·진보(陳寶)로서 신명(神名)임. 판은(砏磤): 천보신(天寶神)이 내는 소리. 13) 구(求): 장끼 울음. 상구(相求): 서로 응하다. 14) 앙망(泱莽): 광대한 모양. 15) 주주(儔儔): 근심하는 모양. 16) 비주(飛柱): 신산(神山)의 이름. 17) 주(儔): 짝. 무리. 18) 섬개(纖介): 미세한 먼지. 19) 유유(怞怞): 근심하는 모양.

소 세 (昭世)

　세상 혼탁하고 어두우니, 임금 곁을 떠나 참된 데로 돌아가리라. 규룡을 타고 성대히 날아, 높이높이 날개 저으며 하늘에 이르렀도다. 몸에 걸친 고운 옷은 선명하고 산뜻했으며, 몸에 걸친 화려한 치마에서는 향내가 났도다. 회오리바람에 오르자 폭풍은 위로 몰아쳐 은하로 떠와서 기쁨을 누리고자 하였도다. 신명(神明)의 온화한 보살핌을 받아 득도한 사람들과 사귀고자 하였도다. 유성이 떨어져 비를 이루듯하였고, 언덕 위에 떨어지면 현란한 광채를 냈도다. 고국 쪽을 바라보매 구름만이 자욱하니 내 어찌 이곳에 오래 머물 수 있으리요. 내 뜻과 포부는 이미 사라져 마음이 아프니, 내 쥔 고삐 묶어둔 채 머뭇거리기만 하였도다. 신녀(神女)의 경쾌한 노랫소리에 귀를 기울였고, 복비(伏妃)의 생황 부는 소리를 들었도다. 혼백이 슬프고 비애로우니, 간장이 구불구불 뒤틀리는 것 같았도다. 성대하게 늘어진 패옥을 어루만지고, 소리내어 긴 탄식하며 스스로를 불쌍히 여겼도다. 불의 신을 시켜 앞서 가도록 하였고, 염신(炎神)을 시켜 문을 열게 하였도다. 여섯 마리 교룡을 달려 하늘로 향했고, 내 수레를 타고 어두운 세계로 들어갔도다. 구주를 지나며 짝 찾으려 하나, 누가 나와 함께 지내다가 생을 마칠 수 있으리요. 홀연히 서쪽 동산을 되돌아보다 구릉의 경사진 곳을 보게 되었도다. 눈물은 종횡으로 주룩주룩 떨어지니, 내 임금이 상도를 잃어 슬프기 때문이도다.

原文 世溷兮冥昏하니, 違君兮歸眞[1]이라. 乘龍兮偃蹇[2]하여, 高回翔兮上臻이라. 襲英衣兮緹繻[3]하여, 披華裳兮芳芬이라. 登羊角兮扶輿[4]하고, 浮雲漠[5]兮自娛로다. 握神精兮雍容[6]하고, 與神人兮相胥[7]로다. 流星墜兮成雨하고, 進瞵盼兮上丘墟[8]로다. 覽舊邦兮滃鬱[9]하니, 余安能兮久居리요. 志懷逝兮心慄慄[10]하니, 紆余轡兮躊躇로다. 聞素女兮微歌[11]하고, 聽王后[12]兮吹竽로다. 魂悽愴兮感哀하니, 腸回回兮盤紆로다. 撫余佩兮繽紛[13]하니, 高太息兮自憐이라. 使祝融兮先行하고, 令昭明兮開門이라. 馳六蛟

兮上征하여, 柬余駕兮入冥이라. 歷九州兮索合하니, 誰可與兮終
生인가. 忽反顧兮西囿하고, 覩轸丘兮崎傾¹⁴⁾이라. 橫垂涕兮泫
流¹⁵⁾하니, 悲余后兮失靈¹⁶⁾이라.

註 1) 위(違): 떠나다(去). 귀진(歸眞): 참된 데로 돌아가다. 2) 언건(偃蹇): 용이 꾸불꾸불하게 가는 모양. 3) 제습(緹䋺): 색채가 선명한 모양. 4) 양각(羊角): 바람이 양 뿔처럼 굽어서 부는 것을 말함. 즉 회오리바람. 5) 막(漠): 한(漢)의 오기(誤記). 즉 은하. 6) 신정(神精): 신명(神明). 옹용(雍容): 용의가 온화한 모양. 7) 신인(神人): 진리를 닦아 도를 터득한 사람. 서(胥): 기다리다. 8) 진(進): 집(集)으로 표기됨. 9) 옹울(滃鬱): 구름이나 안개가 피어오르는 모양. 10) 유률(劉慄): 근심하는 모양. 11) 소녀(素女): 고대 신녀(神女)의 이름. 미가(微歌): 경쾌한 노래. 12) 왕후(王后): 복비(伏妃). 13) 빈분(繽紛): 성대한 모양. 14) 기경(崎傾): 기구하다. 경사지다. 15) 현(泫): 눈물이 마구 쏟아지는 모양. 16) 후(后): 임금.

존 가(尊嘉)

 늦봄이라 온화하고 청명하니 온갖 풀들 줄지어 나는도다. 내 난초가 진 것을 슬퍼하니, 진 난초는 여기저기 쌓여 있고 흩어져 있도다. 향초인 강리(江離)는 버림받고 백목련은 제거되었도다. 옛날의 성현을 생각하노니 그들도 이와같이 재앙을 당한 것이로다. 오자서는 강물에 투신하였고 굴원은 상수(湘水) 아래 빠져 죽었도다. 운세가 순탄치 못한 나인지라 이 일들을 생각하노니 마음속이 아프도다. 회수(淮水)를 바라보매 남실대며 흐르니 물결 따라 어디론가 사라지고 싶도다. 노 저어 순류 타고 내려가니, 동으로 흘러가는 강물에서 돌 부딪치는 소리가 나는도다. 교룡은 앞길을 인도하고 문어는 여울물을 건너게 해 주는도다. 부들풀 뽑아 펴서 자리를 하고 연잎을 따서 수레 덮개를 만들었도다. 물결은 내 깃발 흔들고, 가느다란 수초를 띄워 보내는도다. 구름 장식의 채색 깃발은 번개마냥 펄럭이고, 홀연히 물결 따라 출렁이도다. 하백(河伯)은 대문을 활짝 열어 반가이 나를 영접해 주도다. 고개를 돌려 초나라의 옛 서울을 그리다가 통한에 젖어 몹시 괴롭도다. 비애로운 것은 부평초 같은 신세, 뿌리가 없어 이리저리 떠다니는도다.

原文 季春兮陽陽[1]하니, 列草兮成行하고, 余悲兮蘭生[2]하여, 委積兮從橫이라. 江離兮遺捐하고, 辛夷兮擠臧[3]이라. 伊[4]思兮往古하니, 亦多兮遭殃이라. 伍胥兮浮江하고, 屈子兮沈湘이라. 運余兮念玆[5]하니, 心內兮懷傷이라. 望淮兮沛沛[6]하고, 濱流兮則逝[7]로다. 榜舫[8]兮下流하고, 東注兮磕磕[9]로다. 蛟龍兮導引하고, 文魚兮上瀨로다. 抽蒲兮陳坐[10]하고, 援芙藻兮爲蓋로다. 水躍兮余旌하여, 繼以兮微蔡[11]로다. 雲旗兮電鶩하니, 儵忽兮容裔[12]로다. 河伯兮開門하여, 迎余兮歡欣이라. 顧念兮舊都하니, 懷恨兮艱難이라. 竊哀兮浮萍하니, 汎淫[13]兮無根이라.

註 1) 계춘(季春): 늦봄. 음력 3월. 양양(陽陽): 온화하고 청명한 모양. 2) 생(生): 쉐(萃)로 풀이. 즉 떨어지다. 3) 제(擠): 배제하다. 장(臧): 숨기다. 4) 이(伊): 구두(句頭)의 어기사. 5) 여(余) 아래에 '사(思)'가 탈락된 듯싶다. 6) 패패(沛沛): 물 흐름이 성대한 모양. 7) 빈(濱): 물가. 8) 방(舫): 배를 저어 가다. 9) 개개(磕磕): 흐르는 물에 돌이 부딪치는 소리. 10) 추(抽): 뽑다. 발(拔). 11) 채(蔡): 튜품. 12) 용예(容裔): 물결이 위아래로 이는 모양. 13) 범음(汎淫): 물 위에 떠 노닐다.

축　영 (蓄英)

　　가을 바람 소소히 불어 꽃 향기 퍼뜨리고 나뭇가지 떨구도다. 가는 서리 내려 희끄무레하고 지저귀던 매미는 병들어 사라져 가는도다. 제비는 작별하고 돌아가려는 듯, 신산(神山)을 배회하며 나는도다. 계곡을 바라보매 구름 안개 자욱하고, 곰과 큰 곰은 우렁차게 우짖는도다. 요순의 태평시대 아니러니, 무슨 이유로 여기에 오래 머무르랴. 심연에 임하노니 물결이 출렁대고, 숲을 바라보니 어느새 황폐해졌도다. 내 수놓은 옷을 걸친 후 무지개 타고 남방으로 가리라. 구름 타며 빙빙 돌고 부지런히 힘쓰리라. 난초 자란 언덕에서 쉬려니, 뜻을 잃어 답답하도다. 수심 사무치니 얼굴에 기미가 끼고, 임금 그리느라 잠 못 이루고 있도다. 몸은 그곳을 떠났지만 뜻은 거기에 있으니, 한스럽고 쓸쓸하도다.

原文　秋風兮蕭蕭하니, 舒[1]芳兮振條로다. 微霜兮眇眇[2]하니, 病殀兮鳴蜩로다. 玄鳥兮辭歸하여, 飛翔兮靈丘[3]로다. 望谿谷兮滃鬱하니, 熊羆兮呴嗥[4]로다. 唐虞兮不存하니, 何故兮久留리요? 臨淵兮汪洋하고, 顧林兮忽荒이라. 修余兮袿衣[5]하여, 騎霓兮南上이라. 乘雲兮回回[6]하고, 䎡䎡兮自[7]强이라. 將息兮蘭皐하니, 失志兮悠悠[8]로다. 菸蘊兮黴黧[9]하니, 思君兮無聊로다. 身去兮意存하니, 愴恨兮懷愁로다.

238

註 1) 서(舒) : 베풀다. 2) 묘묘(眇眇) : 작은 모양. 희미한 모양. 3) 영구(靈丘) : 신령스런 산. 4) 호(嘑) : 목구멍에서 나는 소리. 부르짖다. 5) 규의(袿衣) : 긴 저고리. 6) 회회(回回) : 소용돌이치는 모양. 7) 미미(亹亹) : 열심히 노력하는 모양. 물이 흘러가는 모양. 8) 유유(悠悠) : 걱정하는 모양. 9) 분온(菵蘊) : 쌓아 두다. 미리(黴黧) : 때가 묻어서 검게 됨. 그을음으로 더러워짐.

사 충(思忠)

　구천에 올라 마음 기쁘게 하려 하니, 신녀(神女)가 노랠 불러 아침을 찬미하는 듯하도다. 슬프도다! 아름답던 산에 칡나무가 가득 쌓이고, 넝쿨 무성한 줄기들이 얽히고 설켜 있으니. 곧던 가지는 억눌려 말라 버렸고 그릇된 수레는 상서로운 구름 위로 올랐도다. 내 뜻 감상하니 참담하고 마음 쓸쓸하니 절로 불쌍해지도다. 검은 이무기 타고 북방으로 가니 내 향하는 길은 총령산(葱嶺山)이로다. 다섯 좌 별을 엮어 쇠꼬리 기 만들고, 구름 안개 날려 새깃으로 꾸민 기를 만들었도다. 광대한 사막 지나 힘차게 달렸고, 중국을 바라보매 까마득하였도다. 현무(玄武)는 수신(水神)을 전송하고, 나와는 남방 꽃 피는 곳에서 기약하였도다. 북두칠성에 올라 태양을 타고, 애오라지 소요하며 빛살을 퍼뜨렸도다. 고루성(庫婁星)을 뽑아 단술을 따르고 포과성(咆瓜星)을 끌어당겨 양곡을 담았도다. 휴식을 끝내고 멀리 떠나려 옥수레 내어 서방으로 떠났도다. 시대의 풍속은 정직한 것을 질시하니, 이곳에 오래 머물 수 없는 일이로다. 내 깨어나니 가슴 두근거려 깊이 생각에 젖었다만, 마음 답답하고 애간장 끓는도다.

原文 登九靈¹⁾兮游神하니, 靜安²⁾歌兮微晨하고, 悲皇丘兮積葛³⁾하여, 衆體錯兮交紛이라. 貞枝抑兮枯槁⁴⁾하니, 枉車登兮慶雲⁵⁾이

　　　　감여지혜참률　　　심창창혜자련　　　가현리혜북정
라. 感余志兮慘慄하고, 心愴愴兮自憐이라. 駕玄螭兮北征하니,
　향　오로혜총령　　연오수　혜건모　　　양분기　혜위정
曏[6]吾路兮葱嶺이라. 連五宿[7]兮建旄하고, 揚氛氣[8]兮爲旌이라.
　역광막혜치무　　남중국혜명명　　　현무보혜수모　　　　여
歷廣漠兮馳騖하고, 覽中國兮冥冥이라. 玄武步兮水母[9]하여, 與
오기혜남영　　등화개혜승양　　　요소요혜파광　　　　　추
吾期兮南榮[10]이라. 登華蓋兮乘陽[11]하여, 聊逍遙兮播光이라. 抽
　고루　혜작례　　원포과　혜접량　　　필휴식혜원서　　　　발
庫婁[12]兮酌醴하고, 援咆瓜[13]兮接糧이라. 畢休息兮遠逝하여, 發
　옥인혜서행　　　유시속혜질정　　　불가구혜차방　　　　오벽
玉靷兮西行이라. 惟時俗兮疾正하니, 弗可久兮此方이라. 痞辟
　표　혜영사　　　심불울혜내상
摽[14]兮永思하니, 心怫鬱兮內傷이라.

註 1) 구령(九靈): 구천(九天). 2) 정녀(靜女): 신녀(神女). 3) 황(皇): 아름답다(美). 4) 정(貞): 곧다. 바르다. 5) 왕거(枉車): 굽은 수레. 참언과 아첨을 일삼는 무리들을 비유. 경운(慶雲): 상서로운 구름. 6) 향(曏): 향하다(向). 7) 수(宿): 별자리. 8) 분기(氛氣): 구름, 노을, 안개 따위. 9) 현무(玄武): 거북. 수모(水母): 수신. 10) 남영(南榮): 남방은 겨울이 따뜻하기 때문에 항상 초목이 꽃 피어 있는 것을 가리킴. 11) 화개(華蓋): 북두칠성. 양(陽): 해. 12) 고루(庫婁): 별이름. 13) 포과(咆瓜): 별이름. 14) 벽(辟): 가슴을 어루만지다. 표(摽): 치다. 가슴을 어루만지는 모양.

도 옹(陶雍)

　바라보매 아득하고 혼탁한 세상이니, 내 슬피 어디로 돌아가야 할꼬. 시대의 풍속이 혼란한 것을 슬퍼하며 장차 날개를 펼쳐 높이 날아가리라. 여덟 마리의 용을 부려 높이 날고 무지개 깃발을 세워 펄럭이며 갔도다. 천하의 광대한 모습을 굽어보며 힘차게 대기를 헤치며 하늘로 올라갔도다. 익수(溺水) 위로 떠가며 신기로운 빛살을 펼치고, 높이 솟은 물가에 한동안 머물며 배회하였도다. 내 수레를 세워 짝을 찾고 천제를 알현하여 진리를 자문하였도다. 도리야말로 참된 데로 돌아가는 것보다

귀한 게 없다고 하시면서 내 도예(道藝)를 선망하며 흐뭇해 하셨도다. 내 이에 멀리 남방의 구의산(九疑山)으로 가서, 으슥한 길을 지나 순임금의 묘지를 찾았도다. 더위와 불이 이글거리는 만리 사막을 넘고, 우뚝 솟아 가파른 일만 봉의 해중 산을 지났도다. 강과 바다를 건너 속세의 몸을 벗고, 북쪽의 나루터를 건너 길이 속세와 작별했도다. 뜬구름은 자욱하여 한낮인데도 어둡고, 바람은 흙을 날려 더러운 먼지가 있었도다. 광활하던 양성(陽城)에서 휴식하며, 안색이 초췌하고 마음이 태만한 것을 슬퍼하였도다. 뜻이 통달되고 각성되어, 내 여기에 수레를 세워 두었도다. 요임금과 순임금이 대를 물려주고 이어받은 것을 흠모하고, 우(禹)나라의 성인이던 고요(咎繇)를 만나 도리를 나눠 봤으면 하였도다. 슬프도다, 지금 천하에는 성왕이 없으니 수레 앞 가로막이 나무를 어루만지며 한탄스레 이 시를 짓노라.

原文 覽杳杳兮世惟[1]하니, 余惆悵兮何歸리요? 傷時俗兮溷亂하니, 將奮翼兮高飛로다. 駕八龍兮連蜷하고, 建虹旌兮威夷[2]로다. 觀中宇兮浩浩[3]하여, 紛翼翼兮上躋[4]로다. 浮溺水兮舒光하니, 淹低個兮京洓[5]로다. 屯余車兮索友하니, 覯皇公兮問師[6]로다. 道莫貴兮歸眞하니, 羨余術兮可夷[7]로다. 吾乃逝兮南娭[8]하니, 道幽路[9]兮九疑로다. 越炎火兮萬里하며, 過萬首兮嶷嶷[10]로다. 濟江海兮蟬蛻[11]하고, 絕北梁[12]兮永辭로다. 浮雲鬱兮晝昏하고, 曀土忽兮塺塺[13]하며, 息陽城兮廣夏[14]하니, 衰色罔兮中怠[15]로다. 意曉陽兮燎㾕[16]로다. 乃自詠兮在茲[17]하여, 思堯舜兮襲[18]興이라. 幸咎繇兮獲謀하니, 悲九州兮靡君하여, 撫軾歎兮作詩로다.

註 1) 묘묘(杳杳) : 어두운 모양. 아득한 모양. 유(惟) : 생각하다. 모의하다. 2) 위이(威夷) : 의젓하고 천연스러운 모양. 두려워하며 걷는 모양. 길이 굴곡진 모양. 3) 호호(浩浩) : 광대한 모양. 4) 익익(翼翼) : 나는 모양. 제(躋) : 오르다(登). 5) 경(京) : 높다(高). 시(沵) : 작은 물가. 6) 황공(皇公) : 천제. 7) 이(夷) : 기뻐하다(喜). 8) 남애(南娭) : 구의산(九疑山). 9) 유로(幽路) : 심산의 으슥한 길. 10) 만수(萬首) : 봉우리가 만 개에 이르는 해중(海中)의 산. 혹은 해중의 산이름. 의의(嶷嶷) : 산이 높은 모양. 11) 선태(蟬蛻) : 허물을 벗다. 12) 양(梁) : 나루터. 13) 매토(霾土) : 큰 바람이 먼지를 일으켜 위에서 아래로 떨어짐. 매매(霾霾) : 티끌로 흐린 모양. 14) 양성(陽城) : 불볕 같은 들판. 광하(廣廈) : 큰 집. 15) 색(色) : 안색. 망(㣃) : 창(悵)과 통함. 우울하다는 뜻. 16) 양(陽) : 창(暢)의 뜻으로 통달하다의 의미임. 17) 자진(自誃) : 식진(息軫)으로 표기해야 함. 즉 수레를 멈춘다는 뜻. 18) 습(襲) : 잇다. 계승하다.

주 소(株昭)

슬프도다, 한탄스럽도다! 간장이 끊어지는 것 같도다. 관동초(款冬草)가 자라니 저 나무의 잎과 가지는 시들었도다. 기와와 자갈을 보물로 진상하고, 보배로운 수후(隨侯)의 주옥과 변화의 벽옥은 버렸도다. 무딘 칼은 예리하게 여겨 쓰여지길 바라면서, 보검인 태아(太阿)는 날카롭지 않다 하여 버렸도다. 천리마는 양쪽 귀를 늘어뜨렸고, 언덕 위에 올랐다가 실족하여 넘어졌도다. 절름거리는 노새에 수레를 매고, 아무 짝에도 쓸모 없는 것들이 날로 불어났도다. 청결하게 닦아 그윽한 곳에 처하고, 귀함과 총애를 씻어 냈도다. 봉황이 다시 날아오지 않으니, 메추라기 떼들만이 드높이 날았도다. 수무지개 타고 암무지개 부려서, 구름에 올라 속세의 몸을 바꾸었도다. 봉새가 길을 트고, 뒤에서는 업구렁이가 호위하였도다. 계수나무숲으로 달려가고 굽어 있는 산 모롱이를 지났도다. 구릉은 나는 것 같았고 계곡은 슬피 노래부르는 것 같았도다. 신령께서는 하도(河圖)와 낙도(洛圖)를 내시니, 그 악곡은 서로 화음을 이루었도다. 내 몰래 이를 즐기노니, 누가 와서 더욱 즐겁게 해주리오. 세속을 돌아보매 파괴와 부패가 도처에 깔려 있도다. 패옥을 거두어 장차 떠나려 하니, 눈물이 하염없이 쏟아져 내리도다.

原文 悲哉于嗟¹⁾兮여, 心內切磋²⁾로다. 款冬³⁾而生兮여, 凋彼葉柯로다. 瓦礫進寶兮여, 捐棄隨和⁴⁾로다. 鉛刀厲御⁵⁾兮여, 頓棄太阿⁶⁾로다. 驥垂兩耳兮여, 中坂蹉跎⁷⁾로다. 蹇驢服駕兮여, 無用⁸⁾日多로다. 修潔處幽兮여, 貴寵沙劘⁹⁾로다. 鳳皇不翔兮여, 鶉鴳飛揚이라. 乘虹驂蜺兮여, 載雲變化로다. 鷦鵬¹⁰⁾開路兮여, 後屬靑蛇로다. 步驟桂林¹¹⁾兮여, 超驤卷阿¹²⁾로다. 丘陵翶儛兮여, 谿谷悲歌로다. 神章靈篇¹³⁾兮여, 赴曲相和¹⁴⁾로다. 余私娛茲兮여, 孰哉復加리요. 還顧世俗兮여, 壞敗罔羅¹⁵⁾로다. 卷佩¹⁶⁾將逝兮여, 涕流滂沱¹⁷⁾로다.

註 1) 우차(于嗟) : 감탄사. 아아! 2) 절차(切磋) : 감정이 격렬하고 몹시 아픔. 3) 관(款) : 두드리다(叩). 관동(款冬) : 꽃이름이라고도 함. 4) 수화(隨和) : 수후(隨侯)의 구슬과 화씨(和氏)의 벽옥(璧玉). 5) 여(厲) : 갈아서 날카롭게 함. 어(御) : 쓰다(用). 6) 돈(頓) : 무디다. 돈기(頓棄) : 무디다 하여 버리다. 태아(太阿) : 보검(寶劍) 이름. 7) 판(坂) : 언덕. 중판(中坂) : 언덕 한가운데. 차타(蹉跎) : 발을 헛디뎌 넘어짐. 8) 무용(無用) : 어리석어 쓸모 없는 사람을 가리킴. 9) 사마(沙劘) : 갈아서 삭제하다. 10) 초명(鷦鵬) : 봉(鳳) 새. 11) 취(驟) : 말이 빨리 다니다. 12) 양(驤) : 말이 머리를 쳐들고 빨리 걷다. 권(卷) : 굽다(曲). 아(阿) : 산모퉁이. 산 구석. 13) 장(章) : 빛나다. 영편(靈篇) : 신령스런 글이라는 뜻으로 여기서는 하도(河圖)와 낙서(洛書)를 가리킴. 14) 부(赴) : 이르다(至). 부곡(赴曲) : 궁(宮)·상(商) 등의 곡조가 한데 모임. 15) 망라(罔羅) : 여기서는 아첨을 비유. 16) 권(卷) : 거두다(收斂), 17) 방타(滂沱) : 큰비가 내리는 모양. 눈물이 많이 나는 모양.

난 왈(亂曰)

　대궐문이 활짝 열려야 아래 땅을 비출 수 있고, 그루터기 잡초가 제거되어야 난초·지초를 볼 수 있을 것이로다. 네 명의 간사한 무리들이 추방되어서야 우(禹)임금 얻어 치수를 하였고, 성왕 순임금은 집정하여 요임금의 유업을 빛냈도다. 뉘라도 그만한 성왕들을 닮아 보필이나 해볼 수 있었으면.

原文 皇門開兮照下土하고, 株穢[1]除兮蘭芷覩하여, 四侫放兮後得禹[2]하고, 聖舜攝兮昭堯緒[3]하니, 孰能若[4]兮願爲輔리요.

註 1) 예(穢) : 썩은 풀. 2) 사녕(四侫) : 요나라 때 아첨을 일삼던 네 인물들로서 공공(共工)·환두(驩兜)·삼묘(三苗)·곤(鮌)을 일컬음. 3) 서(緖) : 사업(事業). 4) 약(若) : 있다(在).

評析 9개 장이 공식(公式) 같은 투로 전개되어 있다. 세속의 선악 혼동과 참소당한 신세, 원유의 초월적 의식, 사군(思君)과 낙심 등의 삼 단계의 내용 서술이 그 주된 형식이다.

구   탄(九歎)

　유향(劉向)의 작이다. 탄(歎)은 상(傷 ; 마음 아프다)의 뜻이다. 굴원이 산야에서 유랑하며 임금을 그리는 상심을 노래하였다. 매 장마다 '탄왈(歎曰)'이 있어서 작자의 뜻을 함축하고 있다. 그 내용을 개관하겠다.
　① **봉분** : 굴원의 조상, 참소, 우국심.
　② **영회** : 임금의 부지(不知), 추방과 수심(愁心).
　③ **이세** : 슬픈 신세의 고난과 투신의 의지.
　④ **원사** : 우울한 의지 신명께 기원.
　⑤ **원서** : 강직한 성품과 원유.
　⑥ **석현** : 이소를 읽고 현인의 불우를 서술.
　⑦ **우고** : 추방 9년의 불우.
　⑧ **민명** : 현실의 암울, 자신의 불우.
　⑨ **사고** : 깊은 음지에 처하여 현충이 불용(不容)됨을 개탄.

봉 분(逢紛)

저 백용(伯庸)의 후예러니, 실로 충직했던 굴원이로다. 그는 말하길, '내 시조는 고양(高陽)이요, 초나라 회왕과는 동족이로다'라고 하였도다. 굴원은 태어나면서부터 정절을 지녔고, 그의 행동은 대도에 부합하여 명망이 있었도다. 이름과 자(字)는 천지와 대등했고, 그의 몸가짐은 별처럼 빛났도다. 정수(精粹)를 들이마시고 혼탁한 것을 토해 냈으며, 사악이 횡행하던 세상에 끼어들지 않았도다. 행동은 참되고 편사롭지 않았다만 배척받고 참언을 당하였도다. 임금은 허황된 것을 믿고 진실을 내쳤으니, 이치를 깨닫지 못하고 사악한 마음을 따른 것이로다. 애간장은 울분으로 끓어 노기를 품게 되었고, 뜻은 순탄치 못하여 기울어 갔도다. 마음으로 한스러웠던 것은 임금이 자신과 이야기 한마디 없이 몸소 내박쳐 자신을 가까이해 주지 않은 데 있었도다. 끝내는 임금 곁을 떠나 뜻을 잃은 채 못둑을 거닐며 노래를 불렀도다. 초계(椒桂)와 같은 현인들은 모두가 화를 당하여 쓰러졌지만, 그는 신의를 다하며 참된 데로 돌아갔도다. 참언을 일삼던 무리들이 남을 모함하여 자신을 드러내는 것을 보고, 어찌 임금께서는 내 마음을 펴주시지 않나 하고 생각하였도다. 당초 묘당에서 단언했던 일, 참언을 믿고 중도에서 어긴 것이로다. 전초, 혜초와 두형, 구리폐를 품었다만 멀리 들 밖으로 쫓겨 향내가 흩어졌도다. 소리내어 애원하며 고구(高丘)를 그렸고, 마음으로 수심하며 고국을 생각하였도다. 임금께서 한가한 틈에 충성을 나타내고자 하였다만 길은 어둡고 막혀 있었도다. 얼굴은 기미가 껴 초췌해졌고 정신은 분열되고 기력마저 쇠해졌도다. 치마는 펄럭펄럭 바람에 나부꼈고 윗도리는 눅눅히 이슬에 젖었도다. 강물 상수(湘水)의 급류를 타고 물결 따라 아래로 내려갔도다. 서서히 산굽이를 거닐며 배회할 제, 회오리바람 윙윙거리며 몰아쳤도다. 내 수레를 달려 현석산(玄石山)에 올랐고, 내 말을 몰아 동정호(洞庭湖)에 갔도다. 이른 아침에 창오(蒼梧)를 출발하여 저녁에는 석성산(石城山)에서 묵었도다. 수레 덮개는 부용으로 꾸미고 수레 몸체는 마름꽃으로 꾸몄으며, 문은 자줏빛 조개로 꾸미고 대청은 구슬로 꾸몄도다. 잠자리는 줄사철나무로 화려하게 꾸몄고, 윗도리는 고기 비늘 무늬로, 치마는 하얀 무지개 빛깔로 꾸몄도다. 봉룡산(逢龍山)에 올랐다가 아래로 추락하여, 고향에서 아득히 떨어지게 되었도다. 남쪽 영(郢) 땅의 옛 풍속을 그리워했다가 애간장이 하룻밤에도 아홉 번이나 뒤틀렸도다. 높이 치솟는 물결은 깊고도 넓었으며, 흐르는 강물은 넘실넘실 동으로 돌아갔도다. 마음은 쓸쓸한 채 근심 끊이지 않았고, 뜻은 혼미한 채 날로 쇠진해 갔도다. 하얀 이슬은 어지러이 짙게 내렸고, 가을 바람은 세차게 불어닥쳤도다. 몸은 물결 따라 길이 표류하느라 돌아가지 못했고, 혼은 길이 떠났지만 항상 수심에 젖어 있었도다. 탄식하여 말하노라. 굴원의 정절은 저 흘러가는 강물에 비유할 수 있으니, 그 강물은 끊임없이 돌을 굴려 소리를 내고 있도다. 홀연히 광풍을 만나면 물결은 세차게 남실대게 되는도다. 들끓고, 바람 따라 출렁이고, 세차게 쏟아지며, 날카로운 바위를 치는도다. 빙빙 돌며 구부러지고, 뒤얽히고 구불구불하고, 구부러지며 흐르는도다. 분란을 만나고 순탄치 못한 운세를 당하여 재앙을 치렀도다. 그가 남긴 전아한 문장과 아름다운 문체는, 후세의 어진 임금들에게 전해져 그의 뜻이 알려지게 되리라.

原文 伊伯庸之末冑[1]兮여, 諒皇直[2]之屈原이라. 云余肇祖于高陽兮여, 惟楚懷之嬋連[3]이라. 原生受命于貞節兮여, 鴻永路[4]有嘉名이라. 齊名字於天地[5]兮여, 並光明於列星이라. 吸精粹而吐氛濁兮여, 橫邪世而不取容이라. 行叩誠[6]而不阿兮여, 遂見排而逢讒

이라. 后聽虛而黜實兮여, 不吾理而順情[7]이라. 腸憤悁[8]而含怒兮여, 志遷蹇而左傾[9]이라. 心懭慌[10]其不我與兮여, 躬速速[11]其不吾親이라. 辭靈修而隕[12]志兮여, 吟澤畔之江濱이라. 椒桂羅以顛覆[13]兮여, 有竭信而歸誠[14]이라. 讒夫譪譪而漫著[15]兮여, 曷[16]其不舒予情인가? 始結言於廟堂[17]兮여, 信[18]中塗而叛之로다. 懷蘭蕙與衡芷兮여, 行中壄而散之로다. 聲哀哀而懷高丘兮여, 心愁愁而思舊邦이라. 願承閒而自恃兮여, 徑淫曀而道壅[19]이라. 顏黴黧以沮敗兮여, 精越裂[20]而衰耄로다. 裳襜襜[21]而含風兮여, 衣納納[22]而掩路로다. 赴江湘之湍流兮여, 順波湊[23]而下降이라. 徐徘徊於山阿兮여, 飄風來之洶洶[24]이라. 馳余車兮玄石[25]하여, 步余馬兮洞庭이라. 平明發兮蒼梧하고, 夕投宿兮石城[26]이라. 芙蓉蓋而菱華[27]車兮여, 紫貝闕而玉堂이라. 薜荔飾而陸離薦[28]兮여, 魚鱗衣而白霓裳이라. 登逢龍[29]而下隕兮여, 違故鄉之漫漫[30]이라. 思南郢之舊俗兮여, 腸一夕而九運[31]이라. 揚流波之潢潢[32]兮여, 體溶溶[33]而東回로다. 心怊悵以永思兮여, 意晻晻[34]而日頹로다. 白露紛以塗塗[35]兮여, 秋風瀏[36]以蕭蕭로다. 身永流而不還兮여, 魂長逝而常愁로다. 歎曰 譬彼流水紛揚磕[37]兮여, 波逢洶涌濆旊沛[38]兮여, 揄揚滌蕩流隕往觸崟石[39]兮여, 龍卬將圈繚戾宛轉阻相薄[40]兮여, 遭紛逢凶蹇[41]離尤兮여, 垂文揚采遺將來兮여.

註 1) 말주(末胄): 후대(後代). 2) 황(皇): 아름답다(美). 3) 선련(嬋連): 연결되다. 4) 홍(鴻): 크다(大). 5) 이 구는 굴원의 이름이 평(平)이고, 자(字)가 원(原)이라는 사실을 두고 말한 것임. 6) 고(叩): 치다(擊). 7) 불오리(不吾理): 내 말을 이해하지 못하다. 순정(順情): 사악하고 그릇된 마음을 따르다. 8) 연(悁): 분하다. 성나다. 9) 건(蹇) : 순탄하지 못하다. 불순(不順). 좌경(左傾) : 옆으로 기울다. 10) 창황(懺慌) : 생각이 없는 모양. 실심한 모양. 11) 속속(速速) : 가까이 하거나 아부하지 않는 모양. 12) 운(隕) : 떨어지다. 13) 초계(椒桂) : 향초로서 현사(賢士)를 비유. 나(羅) : 이(罹)와 같은 의미로 재앙을 만난 것을 뜻함. 14) 유(有) : 또한(又). 귀성(歸誠) : 정성과 신의로 사람을 대함. 15) 애애(藹藹) : 성대한 모양. 만저(漫著) : 더러운 것으로 자신을 빛냄. 16) 갈(曷) : 어찌(何). 17) 묘(廟) : 종묘. 선조가 계신 곳. 당(堂) : 명당. 의사를 집행하는 곳. 18) 신(信) : 신의. 19) 음에(淫曀) : 어둡고 음산하다. 옹(壅) : 막히다(塞). 20) 열(裂) : 쪼개지다(分). 21) 첨첨(襜襜) : 휘장이나 치맛자락이 너울대는 모양. 22) 납납(納納) : 축축이 젖어드는 모양. 23) 주(湊) : 물이 모이다. 24) 흉흉(洶洶) : 파도가 어지럽게 일어나서 세찬 모양. 여기서는 그렇게 나는 바람 소리를 가리킴. 25) 현석(玄石) : 산이름. 26) 석성(石城) : 산이름. 27) 능(淩) : 마름. 꽃은 황백색을 드러냄. 28) 육리(陸離) : 아름다운 구슬. 천(薦) : 눕는 자리(臥席). 29) 봉룡(逢龍) : 산이름. 30) 만만(漫漫) : 아득히 먼 모양. 31) 운(運) : 돌다(轉). 32) 황황(潢潢) : 물이 깊고 넓은 모양. 33) 용용(溶溶) : 큰물이 흐르는 모양. 34) 암암(晻晻) : 어두워 분명치 않은 모양. 35) 도도(塗塗) : 두터운 모양. 농후한 모양. 36) 유(瀏) : 바람이 빠른 모양. 37) 개(磕) : 돌이 부딪치는 소리. 38) 분(濆) : 물이 솟다. 방패(滂沛) : 물이 많은 모양. 물 흐름이 넓고 먼 모양. 39) 유양척탕·표류·운왕(揄揚滌盪·漂流·隕往) : 모두가 물살이 요동치는 모양을 형용. 음석(崟石) : 예리한 암석. 높이 솟은 암석. 40) 용앙·연권·요려·완전(龍卬·胯圈·繚戾·宛轉) : 모두가 물살이 굽이치는 모양을 형용. 41) 건(蹇) : 순탄치 않은 모양.

영 회(靈懷)

회왕(懷王), 그는 내 충성을 알지 못했고, 회왕, 그는 내 충언을 듣지 않았도다. 내 회왕의 선조한테 찾아가고 회왕의 귀신에게 하소연하리라. 회왕은 일찍이 나를 알아주지 않았고, 간신배들의 아첨하는 말만을 들었도다. 내가 한 말은 위로는 하늘에, 아래로는 땅에 합치하고, 옆으로는 네 계절의 신에게 신표로 삼을 수 있는 것이로다. 일월을 가리키며 내 뜻을 길이 비추게 하였고, 북두를 어루만지며 내 정직을 참고하여 조사토록 하였도다. 진(晋)나라 때 성인이던 사광(師曠)을 세워 내 언사가 바름을 판단하게 하였고, 고요를 시켜 함께 듣도록 하였도다. 거북점 쳐 내 이름을 정칙(正則)이라 하였고, 팔괘(八卦) 점을

처 내 자(字)를 영균(靈均)이라 불렀도다. 내 어려서부터 이런 위대한 절개를 지녔는데, 성장할수록 더욱 견고하고 순수해졌도다. 속인의 사악함을 따르지 않았고, 몸가짐을 정직히 하고 뜻을 신실하게 하였도다. 법도를 어겨 왜곡된 것을 추구하지 않았고, 본성의 소박함을 굽혀 일을 하지 않았도다. 단정한 나의 행실은 구슬과 같아서 선왕께서 지나신 수레의 자취를 조술하였도다. 뭇사람들은 아첨을 뻔뻔스럽게 하며 광명을 가려 임금의 수레가 암울한 데로 뒤집어졌도다. 수레가 중도까지 갔다 돌려지니, 끌던 말들이 놀라 어지러이 달아났도다. 고삐 잡은 자가 제지하지 못했으니, 멍에가 부러지고 멍에채가 꺾일 수밖에 없는 일이었도다. 재갈을 끊어 거세게 달렸고, 밤에 숙사를 가서도 이를 제지할 이 없었도다. 길은 평탄한데 도와줄 이 없어 이를 막지 못한 채 천리를 뛰게 하였도다. 몸은 마구 지치고 물에 빠져, 말을 잡아 다시 오를 수 없게 되었도다. 내 자신의 비천함을 돌보지 않았으나, 임금의 수레가 다시 달릴 수 없게 되어 애석하였도다. 나랏문을 나선 후에도 마음을 바로하고 정직을 이행하면서, 임금께서 깨달아 돌아오게 해주길 희망했도다. 수레잡이가 느끼는 한과 원망을 안타까이 여기나니, 누차 근심을 겪고 환난을 당하였도다. 구 년이 되도록 내 돌아가지 못하니, 물 속에 뛰어들어 팽함(彭咸)과 노닐게 되었도다. 은(殷)나라 주왕(紂王)의 신하이던 사연(師延)이 물가에 떠서 멱라의 유장한 강물을 따라간 것이 애타도다. 꾸불텅한 강 굽이를 따라가다 바위 언덕에 부딪쳐 횡파를 일으키며 흘러갔도다. 물결은 쏴아 하며 세차게 흘러 긴 여울의 탁류를 따라갔도다. 강을 건너 아래편으로 가서도, 다시 강물을 돌려 돌아오고자 하였도다. 물은 수레마냥 힘차게 달렸다가 한곳에 모였고, 내 몸은 여기에 실려 날로 멀리 떠나왔도다. 노 저어 배 타며 물결을 가로질렀고, 상수(湘水)를 건너서 남방 극지에 이르렀도다. 강가에 서서 길게 읊조렸으며, 수심으로 애태워 탄식만 거듭하였도다. 마음은 당황하여 돌아갈 일 잊었고, 정신은 표류

한 채 저 먼 곳으로 떠났도다. 마음은 걱정하며 지난일을 생각했고, 혼은 두리번거리며 홀로 떠났도다. 탄식하여 말하노라. 내 조국이 그리워 마음 안절부절하였도다. 해가 지던 황혼녘에 흐느끼며 슬퍼하였도다. 영(郢) 땅을 떠나 동쪽으로 옮겨왔으니, 누가 나를 그리워하리요. 참언 일삼던 뭇사람들이여, 내 쫓겨 온 것은 그대들 때문이었도다. 강물은 출렁출렁, 내 진정 바라는 바였도다. 뒤돌아 영(郢)으로 향하는 길 바라보았으나, 끝내 돌아갈 수가 없었도다.

原文 靈懷[1]其不吾知兮여, 靈懷其不吾聞이라. 就靈懷之皇祖[2]兮여, 愬靈懷之鬼神이라. 靈懷曾不吾與兮여, 卽聽夫[3]人之諛辭로다. 余辭上參於天墜兮여, 旁引之於四時[4]로다. 指日月使延照[5]兮여, 撫招搖[6]以質正이라. 立師曠俾端辭[7]兮여, 命咎繇使並聽이라. 兆出名曰正則兮[8]여, 卦發字曰靈均이라. 余幼旣有此鴻節兮여, 長愈固而彌純이라. 不從容而訛[9]行兮여, 直躬指[10]而信志로다. 不枉繩以追曲兮여, 屈情素以從事로다. 端余行其如玉兮여, 述皇輿之踵跡이라. 羣阿容以晦光[11]兮여, 皇輿覆以幽辟[12]이라. 輿中塗以回畔兮여, 馳馬驚而橫犇[13]이라. 執組者[14]不能制兮여, 必折軛而摧轅[15]이라. 斷鑣銜[16]目馳騖兮여, 暮去次而敢止[17]로다. 路蕩蕩[18]其無人兮여, 遂不禦[19]乎千里로다. 身衡陷[20]而下沈兮여, 不可獲而復登이라. 不顧身之卑賤兮여, 惜皇輿之不興이라. 出國門而端指[21]兮여, 冀壹寤而錫[22]還이라. 哀僕夫之坎毒[23]兮여, 屢離憂而逢患이라. 九年之中不吾反兮여, 思彭咸之水游로다. 惜師延之浮渚兮[24]여, 赴汨羅之長流로다. 遵江曲之逶移[25]兮여, 觸石

碕而衡游²⁶⁾로다. 波澧澧而揚澆²⁷⁾兮여, 順長瀨之濁流로다. 淩黃
沱²⁸⁾而下低兮여, 思還流而復反이라. 玄²⁹⁾輿馳而並集兮여, 身容
與而日遠이라. 櫂舟杭以橫濿³⁰⁾兮여, 澨³¹⁾湘流而南極이라. 立江
界而長吟兮여, 愁哀哀而累息이라. 情慌忽以忘歸兮여, 神浮游以
高厲로다. 心蛩蛩³²⁾而懷顧兮여, 魂眷眷³³⁾而獨逝로다. 歎曰 余
思舊邦心依違³⁴⁾兮여, 日暮黃昏羌幽悲兮여, 去郢東遷余誰慕兮여,
讒夫黨旅³⁵⁾其以玆故兮여, 河水淫淫³⁶⁾情所願兮여, 顧瞻郢路終不
返兮로다.

註 1) 영회(靈懷) : 영수(靈修)와 회왕을 같이 칭함. 〈이소〉에서는 회왕을 영수라 일컫고 있다. 2) 황(皇) : 아름답다(美). 조(祖) : 조상. 3) 즉(卽) : 나아가다(就). 4) 이 구는 네 계절의 신을 끌어들여 자기가 한 말을 징험하게 한다는 뜻. 5) 조(照) : 알다(知). 6) 초요(招搖) : 북두(北斗). 7) 사광(師曠) : 진(晉)나라 평공(平公) 때의 성인으로서 자(字)는 자야(子野). 선천적으로 눈이 없었으나 듣기를 잘 하였음. 8) 조(兆) : 거북 껍질을 태웠을 때 생기는 균열. 9) 피(詖) : 치우치다. 기울다. 10) 궁(躳) : 몸소. 11) 회(晦) : 어둡다(冥). 광(光) : 밝다(明). 12) 유벽(幽辟) : 어둡다. 13) 분(犇) : 분(奔)과 같음. 14) 조(組) : 인끈의 일종. 15) 액(軛) : 멍에. 원(轅) : 멍에채. 16) 표(鑣) : 말재갈. 함(銜) : 재갈. 17) 차(次) : 집(舍). 지(止) : 억제하다. 18) 탕탕(蕩蕩) : 평평한 모양. 19) 어(禦) : 막다. 금하다. 20) 형(衡) : 가로(橫). 21) 단지(端指) : 마음을 바로하고 정직을 이행하다. 22) 석(錫) : 주다(賜). 23) 감(坎) : 고생하다. 한스러워하다. 독(毒) : 성내다. 24) 사연(師延) : 은(殷)나라 주왕(紂王)의 신하. 주왕을 위해 신성(新聲), 북리(北里)의 음악을 지음. 주왕이 천하를 잃자 그는 자기 악기를 안고 복수(濮水)에 투신하여 죽음. 25) 위이(逶移) : 긴 모양. 26) 기(碕) : 굽은 언덕. 형(衡) : 횡(橫)과 같음. 27) 예례(澧澧) : 물결 소리. 요(澆) : 여울. 28) 황타(黃沱) : 강의 별명. 29) 현(玄) : 물(水). 30) 여(濿) : 건너다(渡). 31) 제(澨) : 건너다. 32) 공공(蛩蛩) : 근심이 있는 모양. 33) 권권(眷眷) : 돌아보는 모양. 34) 의위(依違) : 머뭇거리며 아직 결정하지 못한 모양. 35) 여(旅) : 많다(衆). 36) 음음(淫淫) : 흐르는 모양.

이　세 (離世)

　답답하게 우수가 사무쳤고, 뜻은 불우했지만 충성을 어기지는 않았도다. 몸은 초췌한 채 잠 못 이뤘고, 해지는 황혼녘이면 긴 비탄에 젖었도다. 빈 방의 고아를 불쌍히 여겼고, 마른 버드나무의 억울한 새 새끼를 애처로이 여겼도다. 짝 잃은 암새는 높은 담 위에서 울었고, 주둥이 나불대던 비둘기는 뽕나무와 느릅나무에 깃들어 있었도다. 검은 원숭이는 깊은 숲속에서 길을 잃은 채 홀로 버려지고 멀리 쫓겨났도다. 나그네는 한길에서 지쳤거늘, 아내는 번민하며 한참 바라보았도다. 정성과 신의를 거듭해 가면서 본성을 잃지 않았고, 마음은 묶은 비단처럼 순결했도다. 총명함은 일월과 같았고, 문장은 옥석처럼 빛났도다. 슬픔이 억눌려서 발설할 수가 없었고, 생각이 침울해져 발양할 수가 없었도다. 방초(芳草)처럼 향기로웠어도 끝내는 버림받았고, 이름은 산산이 소멸되어 빛을 내지 못하였도다. 대궐문을 등지고 말을 달리다가 허물과 수치를 당하였도다. 이 일은 용봉(龍逢)이 참수를 당한 것과 같았고, 왕자교(王子喬)·비간(比干)이 젓담겨져 죽은 것과 같았도다. 사직의 위기를 염려하였다가 도리어 적대를 받아 원망을 당하였도다. 국가의 난리와 붕괴를 걱정하였다가 몸소 허물을 입어 환난을 당하게 되었도다. 간신배들은 쉬파리처럼 본질을 위장하였고, 진(晋)나라 여희(驪姬)처럼 일상의 마음을 뒤엎었도다. 임금 계신 데로 오르려 해도 위기를 당할까 두려웠던지라, 먼 뜰로 물러나 엎드려 있었도다. 간악한 신하들이 소리치며 즐거워했던지라, 조정은 황폐하여 다스릴 수가 없게 되었도다. 임금의 안색을 상하게 하고 마음을 거슬려서 간언했다가 도리어 허물을 입고 의혹을 당하였도다. 궁궁이 싹과 균초(菌草)·두약을 더러운 도랑에 쌓았고, 고본(藁本)을 더러운 도랑에 담갔도다. 향기로운 구리메를 썩은 우물물에 담갔고, 문채나는 박씨를 대광주리 속에 버렸도다. 날카로운 칼 당계(棠谿)를 쥐어 쑥대를 잘랐고, 날카로운 칼 간장(干將)을 잡아 고기를 베었도다. 악초 택사(澤瀉)를 표범 가죽 주머니에 담았고, 아름다운 구슬 화씨(和氏)의 벽옥을 깨어 절굿공이로 계속 찧었도다. 시대는 혼탁한 채 맑아질 줄 몰랐고, 세상은 소란하여 똑똑히 살필 수가 없었도다. 마음을 침착히 하여 때를 기다리고자 하였고, 그러면서 나이가 들어감을 두려워하였도다. 절개를 굽혀 시류를 따를까도 하였지만, 마음이 얽매인 듯 불안하기만 하였도다. 차라리 원수(沅水)에 몸을 띄워 달리고, 상수(湘水)를 따라 구불구불 떠내려가는 편이 나았도다. 탄식하여 말하기를, 산속에서 덜컹거리는 수레 소리 들려오니, 내 마음이 아프도다. 나그네는 당황하나 그 누가 의지하게 해주나. 들판을 지나도 까마득할 뿐이로다. 천리마를 타고 내 마음 펼쳐 보리라. 죽어서 고향에 돌아간다 하여도 누구에게도 말하지 못할 것이로다. 길이 작별하여 멀리 떠나려, 상수(湘水)의 물결을 타고 가도다.

原文 惟鬱鬱之憂毒兮여, 志坎壈[1)]而不違로다. 身憔悴而考旦[2)]兮여, 日黃昏而長悲로다. 閔空宇[3)]之孤子兮여, 哀枯楊之寃鶵[4)]로다. 孤雌吟於高墉[5)]兮여, 鳴鳩棲於桑楡[6)]로다. 玄蝯[7)]失於潛林兮여, 獨偏棄而遠放이라. 征夫勞於周行[8)]兮여, 處婦憤而長望이라. 申誠信而罔違[9)]兮여, 情素潔於紐阜[10)]로다. 光明齊於日月兮여, 文采燿於玉石이라. 傷壓次[11)]而不發兮여, 思沈抑而不揚이라. 芳懿懿[12)]而終敗兮여, 名靡散而不彰이라. 背玉門[13)]以犇騖兮여, 塞離尤而干詬[14)]로다. 若龍逢[15)]之沈首[16)]兮여, 王子[17)]比干之逢醢로

다. 念社稷之幾危兮여, 反爲讐而見怨이라. 思國家之離沮¹⁸⁾兮여,
躬獲愆而結難¹⁹⁾이라. 若青蠅之僞質²⁰⁾兮여, 晋驪姬之反情²¹⁾이라.
恐登階之逢殆兮여, 故退伏於末²²⁾庭이라. 孼臣之號咷²³⁾兮여, 本
朝蕪而不治로다. 犯顏色而觸諫²⁴⁾兮여, 反蒙辜而被疑로다. 菀²⁵⁾
蘼蕪與菌若兮여, 漸藁本於洿瀆²⁶⁾이라. 淹芳芷於腐井²⁷⁾兮여, 棄
雞駭於筐簏²⁸⁾이라. 執棠谿以刜蓬兮²⁹⁾여, 秉干將³⁰⁾以割肉이라.
筐澤瀉以豹鞹³¹⁾兮여, 破荊和以繼築³²⁾이라. 時溷濁猶未清兮여,
世殽亂猶未察³³⁾이라. 欲容與以俟時兮여, 懼年歲之旣晏이라.
顧³⁴⁾屈節以從流兮여, 心鞏鞏而不夷³⁵⁾로다. 寧浮沉而馳騁兮여,
下江湘以邅迴³⁶⁾로다. 歎曰 山中檻檻³⁷⁾余傷懷兮여, 征夫皇皇³⁸⁾
其孰依兮여, 經營原野杳冥冥兮여, 乘騏騁驥舒吾情兮여, 歸骸舊
邦莫誰語兮여, 長辭遠逝乘湘去兮로다.

註 1) 감람(坎壈): 때를 만나지 못함. 뜻을 이루지 못함. 2) 고(考): 다하다(終). 고단(考旦): 밤이 다하고 아침이 오다. 3) 민(閔): 민(憫)과 같음. 공우(空宇): 텅 빈 방. 4) 추(鶵): 병아리. 새 새끼. 5) 용(墉): 담(牆). 6) 상유(桑楡): 저녁 해의 그늘이 뽕나무나 느릅나무에 걸려 있다는 뜻. 여기서는 가지와 잎이 무성한 나무를 가리킴. 7) 원(猨): 원숭이(猿). 8) 행(行): 길(道). 주행(周行): 큰 길. 9) 신(申): 거듭. 재차(重). 망(罔): 무(無). 10) 뉴(紐): 졸라매다. 11) 압(壓): 진압하다. 차(次): 묵다. 머물다. 12) 의의(懿懿): 향기나는 모양. 13) 옥문(玉門): 대궐문(宮門). 14) 간(干): 구하다(求). 구(詬): 모욕, 모욕하다. 15) 용봉(龍逢): 하(夏)나라 때 현인이던 관룡봉(關龍逢)으로서 걸(桀)왕에게 간하였다가 죽임을 당함. 16) 심수(沈首): 참수(斬首)를 당함. 17) 왕자(王子): 왕자교(王子喬). 주(周)나라 영왕(靈王)의 태자로서 이름은 진(晋), 직간(直諫)하였다가 서인(庶人)으로 폐위됨. 18) 이저(離沮): 떨어져 나가고 무너지다. 19) 결난(結難): 환난으로 맺히다. 이 구는 자신이 허물을 당하여 환난과 결속하게 되었다는 뜻. 20) 청승(青蠅): 쉬파리. 참언군을 비유. 21) 이 구는 여희가 진(晋)의 헌공(獻公)의 폐비(嬖妃)가 되어 해제(奚齊), 탁자(卓子)를 낳자 태자 신생(申生)을 모살하고 자기 소생을 왕위에 앉힌 사실을 일컬음. 22) 말(末): 멀다(遠). 23) 얼신(孼臣): 요물 같은 신하. 24) 촉간(觸諫): 금하는 일을 저촉해 가면서 간언(諫言)을 함. 25) 완(菀):

무성한 모양. 쌓이다. 26) 점(漸) : 스미다(浸). 고본(藁本) : 초명(草名)으로서 줄기, 잎, 뿌리의 맛은 궁궁이와 약간 다른데, 그 뿌리 위에 돋아난 싹이 볏짚과 유사하다 하여 이렇게 불리워짐. 오독(汚瀆) : 작은 도랑. 27) 엄(淹) : 담그다. 적시다. 28) 계해(雞駭) : 문채 나는 박씨(文犀). 광록(筐簏) : 대광주리. 29) 당계(棠谿) : 날카로운 칼이름. 불(刜) : 쪼개다. 적다. 30) 간장(干將) : 날카로운 칼이름. 31) 광(筐) : 채우다(滿). 택사(澤瀉) : 악초(惡草). 곽(鞹) : 털 벗긴 가죽. 32) 형화(荊和) : 화씨(和氏)의 벽옥. 축(築) : 공이. 33) 효(殽) : 섞이다. 잡되다. 34) 고(顧) : 원(願)으로 표기됨. 35) 공공(鞏鞏) : 어떤 일에 마음이 얽매여 있는 모양. 이(夷) : 기쁘다(悅). 36) 전회(邅迴) : 가기 어려운 모양. 다른 곳으로 돌림. 37) 함함(檻檻) : 수레가 갈 때 나는 소리. 38) 황황(皇皇) : 당황하고 두려워하는 모양.

원 사(怨思)

마음은 근심하여 답답하고 수심하며 홀로 슬퍼하여 원한이 맺혔도다. 애간장은 어지러이 뒤엉키고 눈에서는 가루 같은 눈물이 주룩주룩 흘렀도다. 마음속으로 개탄하며 오랫동안 품어왔던 감정임에, 천제께 알려서 정직함을 밝혔도다. 오악(五嶽)과 팔방의 신령들을 만났고, 북두의 구성(九星)과 육종(六宗)의 신들에게 물었도다. 별들을 가리키며 감정을 고백하였고, 오방(五方)의 제왕들에게 알려 언사를 들려주었도다. 북두에게는 나를 위해 중도를 바르게 해달라 하였고, 천제께는 나를 위해 선악을 들려 달라 하였도다. 그들은 모두가 이르기를, '나는 음양의 바른 도리를 잡아 토지신을 거느린다'고 하였도다. 꿈틀거리는 푸른 용을 장식하고 길게 뻗은 큰 무지개를 맺도다. 빛나는 혜성을 끌며 다니고, 주작(朱爵)과 준의(鵕鸃) 같은 신령스러운 새를 어루만지고 있노라. 맑고 서늘한 안개 위에서 노닐고 길게 늘어진 구름옷을 입었도다. 손에는 옥 지팡이와 붉은 기를 집고, 가슴에는 명월 같은 검은 구슬을 늘어뜨렸도다. 무지개 깃발 높이 들어 해를 가렸고 적황색 오색기를 세웠도다. 몸은 순수하고 허물이 없이, 선조의 오묘한 법도를 계승하였도다. 지난 일이

임금에게 투합되지 못한 것을 애석히 여기며 멱라수를 가로질러 내려가 투신하였도다. 큰 물결을 타고 남으로 건너가서, 상수(湘水)의 순류를 따라갔도다. 양후(陽侯)의 큰 물결에 오르고, 돌여울 쪽으로 내려가서 물가에 올랐도다. 산 언덕은 우뚝 솟아 시야를 가렸고, 구름은 짙게 깔려 앞을 어둡게 하였도다. 산은 드높고도 끝이 없어 첩첩이 내 몸에 다그쳐 오는 것 같았도다. 눈은 펄펄 내리며 나무에 쌓였고, 구름은 뭉게거리다 내려와 한곳에 모여 있었도다. 언덕은 막히고 좁아 위험이 도사렸고, 산석은 울쑥불쑥 하여 햇빛이 희미했도다. 슬피 고향을 그리다가 화가 치미니, 내 고향을 떠나 온 지도 꽤 오래 되었도다. 영(郢) 땅의 동문을 등져 강가로 들고, 큰 무덤에 올라 하수(夏水)의 어귀를 바라보았도다. 가로질러 배를 잡아타고 상수(湘水)를 건너니, 귀가 울리고 마음이 울적하였도다. 물결은 출렁출렁 널리 흘렀고 큰물은 넘실거리며 도도히 흘렀도다. 길은 길고 아득하여 끝이 없었고 너른 물은 차 넘쳐 알길이 없었도다. 해와 달을 끌어들이고 북극성을 지표로 삼아서야 잠시나마 시름을 풀 수 있었도다. 물결은 먼 곳으로 흘러 아득하였는데, 그것이 동으로 흐르는지 서로 흐르는지 분간할 수 없었도다. 풍파를 따라서 남북쪽으로 가니 안개가 밤처럼 어둡게 어지러이 깔려 있었도다. 해는 어둑어둑 서산으로 지려는데 갈길은 멀고 마음은 조급하였도다. 단술을 따라 시름을 달래려 하였다만, 마음의 우수는 풀릴 줄 몰랐도다. 탄식하여 이르노라. 회오리바람 세차게 부니 흙먼지 바람에 나부끼도다. 초목이 흔들려 떨어지니 시들고 병드는 때로다. 위기를 당하고 화를 만나 구제될 수 없는 지경에 이르렀도다. 길게 읊조리고 길게 탄식하니 눈물이 쉬임없이 쏟아지도다. 마음을 펴고 시에 호소하여 화를 면할 수 있길 바라도다. 그러나 몸이 쇠해지도록 시간은 어느새 흘러만 갔고 쫓겨난 지도 오래 되었도다.

原文 志隱隱¹⁾而鬱怫兮여, 愁獨哀而冤結이라. 腸紛紜以繚轉兮여, 涕漸漸其若屑²⁾이로다. 情慨慨³⁾而長懷兮여, 信上皇⁴⁾而質正이라. 合五嶽與八靈兮⁵⁾여, 訊九魁與六神⁶⁾이라. 指列宿以白情兮여, 訴五帝⁷⁾以置辭로다. 北斗爲我折中兮여, 太一爲余聽之로다. 云服陰陽之正道兮여, 御后土之中和로다. 佩蒼龍之蚴虯⁸⁾兮여, 帶隱⁹⁾虹之逶蛇로다. 曳彗星之晧旰¹⁰⁾兮여, 撫朱爵與鵁鶄¹¹⁾로다. 游淸靈之颯戾¹²⁾兮여, 服雲衣之披披¹³⁾하고, 杖玉華¹⁴⁾與朱旗兮여, 垂明月之玄珠로다. 擧霓旌之墠翳¹⁵⁾兮여, 建黃纁之總旄¹⁶⁾로다. 躬純粹而罔愆兮여, 承皇考之妙儀¹⁷⁾로다. 惜往事之不合兮여, 橫汨羅而下氵歷로다. 乘隆波而南渡兮여, 逐江湘之順流하고, 赴陽侯之潢洋¹⁸⁾兮여, 下石瀨而登洲로다. 陵魁堆¹⁹⁾以蔽視兮여, 雲冥冥而闇前하고, 山峻高以無垠兮여, 遂曾閎²⁰⁾而迫身이라. 雪雰雰²¹⁾而薄木兮여, 雲霏霏而隕集²²⁾이라. 阜隘狹而幽險兮여, 石嵾嵯以翳日이라. 悲故鄕而發忿兮여, 去余邦之彌久로다. 背龍門而入河兮여, 登大墳而望夏首로다. 橫舟航而湮湘兮여, 耳聊啾而僩慌²³⁾이라. 波淫淫而周流兮여, 鴻溶溢而滔蕩²⁴⁾이라. 路曼曼其無端兮여, 周容容而無識하고, 引日月以指極²⁵⁾兮여, 少須臾而釋²⁶⁾思로다. 水波遠以冥冥兮여, 眇不睹其東西로다. 順風波以南北兮여, 霧宵²⁷⁾晦以紛紛이라. 日杳杳以西頹兮여, 路長遠而窘迫이라. 欲酌醴以娛憂兮여, 蹇騷騷²⁸⁾而不釋이라. 歎曰 飄風蓬龍埃坲坲²⁹⁾兮여, 艸木搖落時槁悴兮여, 遭傾遇禍不可救兮여, 長吟永欷涕究究³⁰⁾兮여, 舒情訴詩冀以自免兮여, 頹流下隕身日遠兮로다.

258

註 1) 은은(隱隱) : 격정하다. 2) 점점(漸漸) : 눈물이 흐르는 모양. 설(屑) : 가루. 3) 개개(慨慨) : 탄식하는 모양. 4) 신(信) : 펴다(申). 상황(上皇) : 상제(上帝). 5) 오악(五嶽) : 중앙을 포함한 오방(五方)의 산. 즉 동의 태산(泰山), 서의 화산(華山), 남의 형산(衡山), 북의 항산(恒山), 중앙의 숭산(嵩山) 등 다섯 개 산을 말함. 팔령(八靈) : 팔방의 신. 6) 구기(九軝) : 북두의 구성(九星). 7) 오제(五帝) : 오방(五方)의 제왕. 8) 유규(蚴虯) : 용이 꿈틀거리는 모양. 9) 은(隱) : 크다. 10) 예(曳) : 끌다(引). 호간(晧旰) : 광채 나는 모양. 11) 주작·준의(朱爵·鵔鸃) : 모두가 신령스럽고 준걸한 새들임. 12) 삽려(颯戾) : 맑고 서늘한 모양. 13) 피피(披披) : 긴 모양. 14) 화(華) : 책(策)의 오자로 봄. 15) 체예(㥄翳) : 으스름함. 16) 황훈(黃纁) : 적황색. 17) 의(儀) : 법도(法). 18) 황양(潢洋) : 물이 깊은 모양. 19) 능(陵) : 큰 언덕. 기퇴(蚚堆) : 높은 모양. 20) 증(曾) : 거듭되다(重). 굉(閎) : 크다(大). 21) 분분(雰雰) : 눈이 내리는 모양. 22) 운(隕) : 떨어지다. 23) 요추(聊啾) : 귀가 윙윙 울리다(耳鳴). 창황(懺慌) : 우수. 24) 홍(鴻) : 큰물. 도탕(滔蕩) : 물이 광대한 모양. 25) 극(極) : 북극성. 26) 석(釋) : 풀다. 풀리다. 27) 소(宵) : 밤(夜). 28) 소소(騷騷) : 우울한 모양. 29) 봉룡(蓬龍) : 쑥대가 바람에 뒹굴어 가는 모양. 불불(坲坲) : 티끌이 일어나는 모양. 30) 구구(究究) : 그치지 않는 모양.

원 서(遠逝)

내 본성 고칠 수 없어 슬프나 누차 징계를 당하여도 바꾸지 않으리라. 몸에 걸친 옷은 깨끗하여 속세와 다르고, 용모는 훤칠하여 뭇사람과 다르도다. 내 기상은 왕자교(王子僑)가 구름 타고 다닌 것에 비유할 수 있으니, 붉은 구름에 몸을 실어 하늘에 오르고 있도다. 천지와 수명을 같이 하고 싶고, 일월과 영화를 겨루고 싶도다. 곤륜산(崑崙山)에 올라 북쪽을 향하여 뭇 신들이 모두 와서 알현토록 하였도다. 북방에서 귀신을 선발하고 천문(天門)에 올라 검은 대궐로 들어갔도다. 내 수레를 돌려 서쪽으로 인도했고, 수레의 무지개 깃발을 뽑아 옥문산(玉門山)에 올랐도다. 여섯 마리의 용을 달려 삼위산(三危山)을 지났고, 사방의 신령들을 불러 아홉 굽이진 물가로 오게 하였도다. 내 수레 뒤턱 나무를 돌려 서산으로 향했고, 해 다니는 길을 가로질러 남쪽으로 갔도다. 도광(都廣)의 벌판을 횡단하여 직진했고, 남해(南海)의 신을 지나 주명(朱冥)의 벌판에 이르렀도다. 옥 수레를 잘못 몰아 불꽃 속으로 왔다가 뜻을 굽혀 다시 함지(咸池)에 묵었도다. 큰물을 뚫고 동으로 갔다가 여섯 마리의 용에 수레를 매어 부상(扶桑)에 왔도다. 사방의 바다를 두루 떠돌며 유람하니, 마음은 오르락내리락거리며 높은 곳으로 치닫고 있도다. 구천의 신을 북극성에 불러내고, 아롱진 무지개 깃발 세워 사방을 가리키게 하고 있도다. 난봉(鸞鳳)을 타고 하늘에서 노닐며, 검은 학과 재빠른 초명(鷦明)새를 뒤쫓아 가고 있도다. 공조(孔鳥)는 날며 나를 맞고 전송하며, 나는 학떼를 타고 북두에 올랐도다. 천제의 궁문을 밀어서 하늘의 동산에 들어가고 현포(縣圃)에 오르니, 눈이 아찔해지고 정신이 없었도다. 옥나무 가지를 매어 패옥을 엇섞어 달고 장경(長庚)의 별을 세워 햇빛을 잇게 하였도다. 놀라운 우뢰를 넘나들고 두려운 번개를 뛰어넘으면서, 온갖 귀신들을 북극성에 매어 두었도다. 바람신을 채찍하여 앞서 달리게 하였고, 어둠의 신을 해 드는 곳에 가두었도다. 높은 바람 부는 곳으로 거슬러 올라가 배회하였고, 북방을 두루 떠돌며 유람했도다. 전욱(顓頊)에게 다가가 원통한 말 하소연하였고, 공상산(空桑山)에서는 현명(玄冥)의 신에게 그 이유를 물었도다. 수레를 돌려 숭산(崇山)으로 가, 창오(蒼梧)에 머문 순임금께 이 사실을 아뢰었도다. 버드나무 배 저어 회계산(會稽山)으로 가, 오호(五湖)에 머문 신포서(申包胥)를 찾아갔도다. 남방 영(郢) 땅에 유행하는 풍속을 보며, 내 몸 원수(沅水)와 상수(湘水)에 빠뜨리리라. 고국을 바라보매 어둡거늘, 시속(時俗)의 혼탁마저 아직 그치지 않았도다. 내 구리떼 난초의 향기를 품었다가 질시받아 버림받고 좌절되었도다. 붉은 휘장 곱디곱게 펼쳐 바람이 살랑여도 막을 수 있게 해야 했을 것이로다. 해는 뉘엿뉘엿 서산으로 졌건마는, 햇빛은 이글거리며 되비치고 있도다. 애오라지 잠시나마 햇빛 빌고 싶건마는, 어찌 시름에 겨운 이 내 마음은 여전하기만 한가, 탄식하여 이르도다. 저 교룡처럼 구름 타고 떠다니는도다. 두둥실 흘러가는 저 물결, 어지럽기 안개와 같도다. 좔좔좔 거침없이 흐르는 물결, 우뢰가 치고 번개가 번뜩인 듯하고, 세차게 고개를 쳐든 듯하도다. 텅 빈 곳에 올라 어두운 곳을 넘고, 더러운 곳을 버리고, 맑은 곳에 떠서 천제의 궁으로 드는도다. 날갯죽지를 흔들며 힘차게 날개를 펴고, 바람을 몰고 비를 타며, 끝없이 너른 곳에서 한껏 노닐고 있도다.

[原文] 悲余性之不可改兮여, 屢懲艾而不迻[1]로다. 服覺皓[2]以殊俗兮여, 貌揭揭以巍巍[3]로다. 譬若王僑之乘雲兮여, 載赤霄而淩太淸[4]이라. 欲與天地參壽兮여, 與日月而比榮이라. 登崑崙而北首[5]兮여, 悉靈圉[6]而來謁이라. 選鬼神於太陰[7]兮여, 登閶闔於玄闕이라. 回朕車俾西引兮여, 褰虹旗於玉門[8]이라. 馳六龍於三危兮여, 朝西靈於九濱[9]이라. 結[10]余軫於西山兮여, 橫飛谷[11]以南征이라. 絶都廣[12]以直指兮여, 歷祝融於朱冥[13]이라. 枉[14]玉衡於炎火兮여, 委兩館于咸唐[15]이라. 貫澒濛以東塓[16]兮여, 維六龍於扶桑이라. 周流覽於四海兮여, 志升降以高馳로다. 徵九神於回極[17]兮여, 建虹采以招指[18]로다. 駕鸞鳳以上游兮여, 從玄鶴與鷦明[19]이라. 孔鳥飛而送迎兮여, 騰羣鶴於瑤光[20]이라. 排帝宮與羅囿[21]兮여, 升縣圃以眩滅[22]이라. 結瓊枝以雜佩兮여, 立長庚以繼日[23]이라. 淩驚靁以軼駭電兮여, 綴鬼谷於北辰[24]이라. 鞭風伯使先驅兮여, 囚靈玄於虞淵[25]이라. 遡[26]高風以低個兮여, 覽周流於朔方[27]이라. 就顓頊而歘辭兮여, 考玄冥於空桑[28]이라. 旋車逝於崇山[29]兮여, 奏虞舜於蒼梧로다. 泛楊舟於會稽[30]兮여, 就申胥[31]於五湖로다. 見南郢之流風兮여, 殞余躬於沅湘이라. 望舊邦之黭黮[32]兮여, 時

$$\overset{\text{혼탁기유미앙}}{\text{涊濁其猶未央}}\text{이라.}\ \overset{\text{채회란지분방혜}}{\text{菜懷蘭之芬芳兮여,}}\ \overset{\text{투피리이철지}}{\text{妬被離而折之}}\text{로다.}\ \overset{\text{장강}}{\text{張絳}}$$

$$\overset{\text{유이첨첨 혜}}{\text{帷以襜襜}^{33)}\text{兮여,}}\ \overset{\text{풍읍읍 이폐지}}{\text{風邑邑}^{34)}\text{而蔽之}}\text{로다.}\ \overset{\text{일돈돈}}{\text{日暾暾}^{35)}}\ \overset{\text{기서사혜}}{\text{其西舍兮여,}}\ \overset{\text{양}}{\text{陽}}$$

$$\overset{\text{염염}}{\text{焱焱}^{36)}}\overset{\text{이부고}}{\text{而復顧}}\text{로다.}\ \overset{\text{요가일이수유혜}}{\text{聊假日以須臾兮여,}}\ \overset{\text{하소소이자고}}{\text{何騷騷而自故}^{37)}}\text{로다.}\ \overset{\text{탄}}{\text{歎}}$$

$$\overset{\text{왈}}{\text{曰}}\ \overset{\text{비피교룡승운부혜}}{\text{譬彼蛟龍乘雲浮兮여,}}\ \overset{\text{범음홍용분약무혜}}{\text{汎淫溽溶紛若霧兮여,}}\ \overset{\text{잔원교갈뢰동전}}{\text{潺湲轇轕雷動電}}$$

$$\overset{\text{발삽}}{\text{發駁}^{38)}}\overset{\text{고거혜}}{\text{高擧兮여,}}\ \overset{\text{승허릉명패}}{\text{升虛淩冥沛}^{39)}}\overset{\text{탁부청입제궁혜}}{\text{濁浮清入帝宮兮여,}}\ \overset{\text{요교분우치풍}}{\text{搖翹奮羽馳風}}$$

$$\overset{\text{빙우유무궁혜}}{\text{騁雨游無窮兮}}\text{로다.}$$

註 1) 징애(懲艾):징계를 당하다. 이(迻):이(移)와 같음. 2) 호(晧):밝다. 3) 게게(揭揭):높은 모양. 외외(巍巍):큰 모양. 4) 적소(赤霄):적색 구름이 뜬 하늘. 태청(太淸):하늘. 5) 수(首):향하다. 6) 실(悉):다하다. 영어(靈圉):뭇 신. 혹은 신선의 이름이라고도 함. 7) 태음(太陰):북방. 8) 건(褰):옷을 걷다. 옥문(玉門):산이름. 9) 조(朝):부르다(召). 서(西):사(四)의 오자로 보기도 함. 구빈(九濱):큰 바다 아홉 굽이의 물가. 10) 결(結):돌다. 11) 비곡(飛谷):해가 운행하는 길. 12) 도광(都廣):들판 이름. 13) 역(歷):지나다. 주명(朱冥):붉고 어두운 들. 축융(祝融):남해의 신. 14) 왕(枉):굽다(曲). 15) 함당(咸唐):함지(咸池). 16) 홍몽(澒濛):기운. 혹은 큰물이라고도 함. 걸(揭):가다(去). 17) 징(徵):부르다(召). 구신(九神):구천의 신. 극(極):가운데(中). 18) 홍채(虹采):'채홍(采虹)'의 오기(誤記)로도 봄. 초지(招指):휘날려 사방을 가리키다. 19) 초명(鷦明):뛰어난 새. 20) 요광(瑤光):북두. 21) 나유(羅囿):하늘의 정원. 22) 현(眩):눈이 아찔하다. 23) 장경(長庚):별이름. 24) 귀곡(鬼谷):'백귀(百鬼)'로도 봄. 북진(北辰):북극성. 25) 영현(靈玄):'현령(玄靈)'의 오기로 봄. 우연(虞淵):해가 들어가는 곳. 26) 소(遡):물을 거슬러 올라감. 27) 삭방(朔方):북방. 28) 고(考):따져 물음. 현명(玄冥):태음(太陰)의 신. 형살(刑殺)을 주관한다고 함. 공상(空桑):산이름. 29) 숭산(崇山):요나라의 사악(四惡)의 한 사람인 환두(驩兜)가 쫓겨난 산. 30) 양주(楊舟):버드나무로 만든 배. 회계(會稽):산이름. 31) 신서(申胥):신포서(申包胥), 또는 오자서(伍子胥)라고도 함. 32) 암담(黯黮):어두운 모양. 33) 첨첨(襜襜):옷이 아름다운 모양. 선명한 모양. 34) 읍읍(邑邑):미약한 모양. 35) 돈돈(暾暾):해가 서쪽으로 지는 모양. 36) 염염(焱焱):불꽃이 성대한 모양. 37) 고(故):고(苦)의 오자로 봄. 소소(騷騷):시름하는 모양. 38) 삽(駁):말이 빨리 달리다. 39) 패(沛):기(棄)의 오자로 봄.

석   현(惜賢)

　굴원의 〈이소〉를 보면서 마음 슬퍼지고 우울하였도다. 소리쳐 불러도 아무도 없었고, 수레잡이를 돌아보고 안색이 초췌해졌도다. 아첨을 다스리고 사악을 바로잡으며 혼탁한 시류와 풍속을 평미레하고자 하였도다. 더러운 간악을 척결하고 무례한 혼탁을 제거하고자 하였도다. 향초의 향기를 품고 혜초(蕙草)를 끼고 다녔으며, 더부룩한 강리(江離)를 차고 다녔도다. 신초(申椒)와 두약(杜若)을 쥐고 있고 구름에 닿을 듯 쫑긋이 솟은 관을 썼도다. 높고 큰 구릉에 올라 사방을 바라보며, 구리떼가 즐비하게 있던 향초밭을 보았도다. 난초 자란 산과 혜초 자란 숲에서 노닐며, 구슬과 돌이 한데 섞여 일정치 않은 것을 보았도다. 정화로운 꽃은 현란하게 광채를 드러냈고, 그 향기는 넘치면서 순수하고 아름다웠도다. 무성한 계수나무를 걸쳤고 전초(荃草), 혜초(蕙草)와 백목련을 꿰고 다녔도다. 향기롭기가 이와 같았거늘, 쓰이지 않은 채 숲속에 버려져 퇴적되어 죽었도다. 달리던 왕자교(王子僑)는 말을 달려 달아났고, 신도적(申徒狄)은 심연에 다다랐도다. 허유(許由)와 백이(伯夷)는 순수하고도 아름다웠고, 개자추(介子推)는 심산에 은거하였도다. 진(晋)나라 신생(申生)은 재앙을 만났고, 초나라 화씨(和氏)는 피눈물을 흘렸도다. 오나라 신포서(申包胥)는 두 눈이 도려내졌고, 왕자(王子)와 비간(比干)은 횡사하였도다. 몸을 낮추고 사지를 굽히려 하니 마음이 측은해져 본성을 버릴 수가 없었도다. 모난 것과 둥근 것은 서로가 달라 합치될 수 없고, 갈고리와 먹줄은 그 쓰임이 다르도다. 잠시나마 때를 기다리려 하니, 해는 뉘엿뉘엿 땅거미 지려 하였도다. 시절은 쉬임없이 날로 흘러갔고, 나이는 홀연히 날로 늘어갔도다. 망령되이 얼굴을 친근히 하여 속세에 들어갈까 생각하니, 마음이 이를 막아 열어 주지 않았도다. 시대와 풍속이 청명해지길 기다리니, 안개 같은 기운이 흙먼지처럼 자욱이 끼었었도다. 수비둘기가 지닌 조그마한 절개나마 올리려 하였다만, 참언을 일삼는 무리들이 이를 막아 가리고 있었도다. 묵묵히 풍속을 따라 부침해 나갈까를 생각하였다만, 마음이 머뭇거려져 나갈 수가 없었도다. 마음은 실의로 원한 맺혔고 감정은 어그러져 우수만 더해갔도다. 산과 들에서 줄사철나무를 캐고 물가 한가운데서 향초 연지(撚支)를 뜯었도다. 높은 언덕 바라보며 탄식의 눈물 흘렸고, 슬픔에 겨워하며 오랫동안 상념에 잠겼었도다. 누가 나라를 걱정하여 동량지계(棟樑之計)를 맡겨 주리요마는, 해는 뉘엿뉘엿 서산에 지려 하였도다. 탄식하여 이르도다. 상수(湘水)는 유유하고 저 멀리 흘러가는도다. 물결은 세차게 일어 신속히 흐르는도다. 근심으로 지척거리고 우수로 답답하도다. 맺힌 원한 풀리질 않고, 분함만 길이 사무치는도다. 태어나서부터 재앙을 당했으니 어찌 할 일이요. 마음 애태우며 시름에 잠기니, 눈물만 하염없이 쏟아지도다.

原文 覽屈氏之離騷兮여, 心哀哀而怫鬱이라. 聲嗷嗷以寂寥兮[1]여, 顧僕夫之憔悴로다. 撥詔諛而匡邪[2]兮여, 切洈涊[3]之流俗이라. 盪渨湋之姦谷[4]兮여, 夷蠢蠢[5]之溷濁이라. 懷芬香而挾蕙兮여, 佩江離之斐斐[6]로다. 握申椒與杜若兮여, 冠浮雲之峨峨[7]로다. 登長陵而四望兮여, 覽芒圃之蟲蟲[8]로다. 游蘭皐與蕙林兮여, 睆玉石之嶙嵯[9]로다. 楊精華以眩燿[10]兮여, 芳鬱渥[11]而純美로다. 結桂樹之旖旎[12]兮여, 紉荃蕙與辛夷로다. 芳若茲而不御兮여, 捐林薄而菀死[13]로다. 驥子僑[14]之犇走兮여, 申徒狄之赴淵[15]이라. 若由夷[16]之純美兮여, 介子推之隱山이라. 晉申生之離殃兮여, 荊和氏

之泣血이라. 吳申胥之抉眼兮여, 王子比干之橫廢로다. 欲卑身而
下體兮여, 心隱惻而不置로다. 方圓殊而不合兮여, 鉤繩用而異態
로다. 欲俟時於須臾兮여, 日陰曀其將暮로다. 時遲遲[17]其日進兮
여, 年忽忽[18]而日度로다. 妄周容而入世兮여, 內距閉[19]而不開로
다. 俟時風之淸激[20]兮여, 愈氛霧其如塵[21]로다. 進雄鳩之耿耿[22]
兮여, 讒介介[23]而蔽之로다. 默順風以偃仰兮여, 尙由由[24]而進之
로다. 心懭悢[25]以冤結兮여, 情舛錯以曼憂로다. 搴薜荔於山野兮
여, 采撚支[26]於中洲로다. 望高丘而歎涕兮여, 悲吸吸[27]而長懷로
다. 孰契契而委棟[28]兮여, 日晻晻[29]而下頹로다. 歎曰 江湘油
油[30]長流汩兮여, 挑揄揚汰[31]盪迅疾兮여, 憂心展轉[32]愁怫鬱兮여,
冤結未舒長隱忿兮여, 丁時逢殃可奈何兮여, 勞心悁悁[33]涕滂沱兮
로다.

註 1) **오오**(嗸嗸): 시끄럽게 부르는 소리. **적료**(寂寥): 텅 비고 사람 없는 모양.
2) **발**(撥): 다스리다. **광**(匡): 바르게 하다(正). 3) **절**(切): 평미레질하다(槪).
전녑(洟涊): 때꼽재기. 4) **외위**(渨湀): 더러운 것. **간고**(姦佋): 간사하고 사악한
것. 5) **이**(夷): 없애다. **준준**(蠢蠢): 예의가 없는 모양. 6) **비비**(斐斐): 어지럽게
뒤섞인 모양. 꽃다운 모양. 7) **아아**(峨峨): 산이 높고 험악한 모양. 8) **이리**(蠡
蠡): 줄 지어 있는 모양. 9) **예**(睨): 흘겨 보다. **참치**(嵾嵯): 산이 울멍줄멍한 모
양. 10) **현요**(眩燿): 빛이 나는 모양. 11) **악**(渥): 적시다. 물들이다. 윤택하다.
12) **의니**(旖旎): 깃발이 나부끼는 모양. 성한 모양. 13) **완**(菀): 쌓다. 14) **자교**
(子僑): 왕자교(王子僑). 15) **신도적**(申徒狄): 현자로서 세상을 피해 벼슬하지 않
다가 강물에 투신하여 자살함. 16) **유**(由): 허유(許由). **이**(夷): 백이(伯夷). 17)
지지(遲遲): 걸어가는 모양. 18) **홀홀**(忽忽): 빨리 가는 모양. 19) **거폐**(距閉):
막아서 닫음. 20) **청격**(淸激): 청명. 21) **매**(塵): 티끌. 22) **경경**(耿耿): 마음이
편하지 않은 모양. 염려되는 일이 있어 마음에 잊혀지지 않는 것. 23) **개개**(介
介): 나누어지고 벌어진 모양. 24) **유유**(由由): 주저하는 모양. 25) **광량**(懭悢):
뜻을 잃은 모양. 26) **연지**(撚支): 향초. 27) **흡흡**(吸吸): 슬퍼하는 모양. 28) **계
계**(契契): 근심스럽고 괴로운 모양. 29) **암암**(晻晻): 빛이 없는 모양. 어두워지는
모양. 30) **유유**(油油): 흐르는 모양. 31) **태**(汰): 물결. 32) **전전**(展轉): 잠 못
이루는 모양. 33) **견견**(悁悁): 화가 나고 걱정이 됨.

우 고(憂苦)

　내 마음 답답하며 슬프고, 고국에서 재앙 만나 애닯도다. 떠나 온 지 구 년이 되도록 돌아가지 못하고 외로이 남방을 떠도는도다. 내 속세에서 유행하는 풍속을 생각하면 마음 더욱 착잡해지고 받아들여지지 않았도다. 들풀을 밟으며 바람을 쐬었고, 산모퉁이에서 산보하며 조용히 지냈도다. 큰 언덕 평평한 곳이며 굽이진 연못을 순행하니 공허하여 적막이 어려 있었도다. 바위에 기대어 눈물을 흘렸고 근심으로 초췌하여 즐거움이 없었도다. 높은 산에 올라 먼 곳을 관망하였고, 남쪽 영(郢) 땅으로 눈을 돌려 갸웃이 엿보았도다. 산은 고원하여 아득하였고, 길은 죽죽 뻗쳐 그칠 겨를이 없었도다. 검은 학이 새벽녘에 우짖는 소리가 들려 오니, 저 우뚝 솟은 산에서였도다. 홀로 울분 쌓이며 희비가 번갈아 솟구칠 때면 강가로 나가 편안히 노래를 불렀도다. 세 마리의 새가 남쪽에서 날아오매 그 뜻을 살피니, 북쪽으로 날아가려는 것 같았도다. 내 말을 세 마리의 새에 부치고자 하였다만 표연히 날아가 따를 수가 없었도다. 뜻을 바꾸고 지조를 고치고 싶었다만 마음이 심란해져 본성을 버릴 수가 없었도다. 겉으로는 방황하고 유람하였다만 속으로는 측은하고 비애로웠었도다. 애오라지 잠시나마 시름을 잊으려 하였다만 마음은 점점 더 번거롭고 착잡해졌도다. 생황을 빌어 근심을 풀고자 하였다만 뜻은 뒤얽혀 풀기가 어려웠도다. 탄식하며 〈이소〉를 불러 뜻을 드러내려 하였다만 〈구장〉까지 불러도 시름이 끊이질 않았도다. 길게 한숨쉬며 흐느끼니, 눈물은 마구 모여 빗줄기를 이루었도다. 슬프게도 빛나는 구슬은 진흙 속에 버려졌고, 어안(魚眼) 같은 위조품은 진주처럼 깊숙이 간직하였도다. 노둔한 말과 준마를 동일시하고 좋은 말과 나쁜 말을 한데 섞어 두었도다. 칡덩굴은 계수나무에 붙어 있고, 올빼미는 목란 위에 모여 있도다. 우매한 자들은 정사를 보는 곳에서 담론하고 있고, 큰 법도에 밝은 현인들은 산으로 쫓겨나 있도다. 순임금이 만드신 소소(簫韶)의 풍류는 꺼리고, 속세에 남겨진 초나라의 격렬한 음악만을 좋아하고 있도다. 주나라의 솥은 회수(淮水)에 가라앉히고, 흙으로 빚은 큰 솥은 집 처마에 두어 밥을 짓고 있도다. 하물며 인심은 옛것을 고집하는 법이러니, 이런 것들은 오래 갈 수 없을 것이로다. 발걸음 옮겨 저 남쪽 길을 향하고 나그네 되어 밤새도록 걸었도다. 영(郢) 땅으로 가는 길을 그리며 고개를 돌려 바라보았도다. 눈물이 교차하여 모이더니 펑펑 쏟아졌도다. 탄식하여 이르도다. 산에 올라 먼 곳을 바라보니 속마음이 슬프도다. 무성히 저 푸르디푸른 곳을 바라보니 눈물이 비 오듯이 쏟아지도다. 생각을 가다듬어 북쪽을 돌아보니 눈물이 하염없이 쏟아지도다. 예민함을 꺾고 긍지를 억눌러서 더럽고 과도한 곳에 머물랴. 생각하매 내 외롭고 의지할 곳 없으니, 내 혼은 누구를 찾아가야하리요. 수레잡이는 도망하여 수심 어리니, 흐르는 물처럼 흩어지고 싶도다.

原文 悲余心之悁悁兮여, 哀故邦之逢殃이라. 辭九年而不復兮여, 獨煢煢而南行이라. 思余俗之流風兮여, 心紛錯[1]而不受로다. 遵壄莽[2]以呼風兮여, 步從容於山廋[3]로다. 巡陸夷之曲衍[4]兮여, 幽空虛以寂寞이라. 倚石巖以流涕兮여, 憂憔悴而無樂이라. 登巑岏以長企[5]兮여, 望南郢而闚[6]之로다. 山修遠其遼遼兮여, 塗漫漫其無時로다. 聽玄鶴之晨鳴兮여, 于高岡之峨峨로다. 獨憤積而哀娛兮여, 翔江洲而安歌로다. 三鳥[7]飛以自南兮여, 覽其志而欲北이라. 願寄言於三鳥兮여, 去飄疾而不可得이라. 欲遷志而改操兮여,

心紛結其未離로다. 外彷徨而游覽兮여, 內惻隱而含哀로다. 聊須
臾以時忘兮여, 心漸漸其煩錯이라. 願假簧⁸⁾以舒憂兮여, 志紆鬱
其難釋이라. 歎離騷以揚意兮여, 猶未殫⁹⁾於九章이라. 長噓吸以
於悒¹⁰⁾兮여, 涕橫集而成行이라. 傷明珠之赴泥兮여, 魚眼璣之堅
藏¹¹⁾이라. 同駑贏與乘駔¹²⁾兮여, 雜班駮與闒茸¹³⁾이라. 葛藟虆於
桂樹¹⁴⁾兮여, 鴟鴞¹⁵⁾集於木蘭이라. 偓促¹⁶⁾談於廊廟兮여, 律魁¹⁷⁾
放乎山間이라. 惡虞氏之簫韶兮여, 好遺風之激楚로다. 潛周鼎於
江淮兮여, 爨土鬵¹⁸⁾於中宇로다. 且人心之持舊兮여, 而不可保長
이라. 遭彼南道兮여, 征夫宵行이라. 思念郢路兮여, 還顧睠睠이
라. 涕流交集兮여, 泣下漣漣¹⁹⁾이라. 歎曰 登山長望中心悲兮여,
菀²⁰⁾彼靑靑²¹⁾泣如頹兮여, 留思北顧涕漸漸兮여, 折銳摧矜凝氾濫
兮²²⁾여, 念我筑筑魂誰求兮여, 僕夫慌²³⁾悴散若流兮로다.

註 1) 분착(紛錯): 마음이 어지러운 모양. 2) 망(莽): 잡초. 3) 수(陲): 산모퉁이. 4) 육(陸): 큰 언덕. 이(夷): 평평하다. 연(衍): 못(澤). 5) 찬완(巑岏): 산 높은 모양. 기(企): 바라보다. 6) 규(闚): 엿보다. 7) 삼조(三鳥): 세 마리의 새. 서왕모(西王母)가 무제(武帝)를 알현할때 세 마리의 푸른 새가 있었는데, 그 크기가 까마귀만 하였고, 서왕모와 벗하여 서왕모의 사자가 되었다고 함(「박물지(博物志)」에 의거). 8) 황(簧): 생황. 9) 탄(殫): 다하다(盡). 10) 허흡・오읍(噓吸・於悒): 모두가 흐느껴 우는 모양을 나타내는 말임. 11) 기(璣): 둥글지 않은 구슬. 12) 노라(駑贏): 노둔한 잠종 말. 장(駔): 준마. 13) 반박(班駮): 얼룩진 준마. 탑용(闒茸): 용렬하고 둔함. 또는 그러한 말. 14) 유(葛): 칡덩굴. 등덩굴. 유(虆): 가두다. 갇히다. 매다. 15) 치효(鴟鴞): 올빼미. 흉악한 사람을 비유. 16) 악촉(偓促): 융통성이 없고 어리석은 모양. 17) 괴(魁): 크다(大). 18) 잠(鬵): 큰 가마솥. 19) 연련(漣漣): 눈물 흘리는 모양. 20) 완(菀): 무성한 모양. 21) 청(靑): 청(菁)과 같음. 즉 초목이 무성한 모양. 22) 최(摧): 꺾이다. 응(凝): 그치다. 범람(氾濫): 부침. 23) 황(慌): 도망하다(亡).

민　명(愍命)

　　옛날 선조께서는 훌륭한 뜻을 지니시어 능력 있는 자를 등용하고 어진 자를 올려주길 좋아하셨도다. 마음이 순결하여 흠이 없었고, 자태와 성품이 성대하시어 허물이 없었도다. 교활한 사람과 아첨꾼을 내쫓으시고, 참언꾼과 간사한 사람은 배척하셨도다. 충성스럽고 정직한 사람과 온후하고 성실한 사람을 가까이 하셨고, 곧고 선량한 사람과 현명하고 지혜로운 사람을 초치하셨도다. 마음이 넓으시어 헤아릴 수 없었고, 정감이 담박하시어 심연과도 같았도다. 사악하고 음탕한 사람은 내쳐 들어오지 못하게 하셨고, 진실된 마음은 간직하고자 하셨을 뿐 바꾸는 일이 없었도다. 첩어(妾御)를 후당으로 내쫓고, 복비(宓妃)를 낙수(洛水)의 물가에서 맞이하셨도다. 참언을 일삼던 도적들을 궁정에서 척결했고, 여상(呂尙)·관중(管仲)을 개암나무 숲에서 선발하셨도다. 그리하여 숲속에는 원한을 품은 선비가 없게 되었고, 강과 하천 가에는 은거하는 자가 없게 되었도다. 삼묘(三苗) 같은 간신배들이 축출되었고, 이윤(伊尹)과 고요(皐陶) 같은 현신들이 궁중에 가득 차게 되었도다. 그러나 오늘날에는 겉을 뒤집어 속으로 생각하고, 치마를 뒤집어 윗도리로 생각하고 있도다. 송만(宋萬) 같은 무례한을 존자(尊者)의 거처에 두어 가까이하고 있고, 주공단(周公旦)·소공석(邵公奭) 같은 현인들은 먼 오랑캐 땅으로 버리고 있도다. 천리마는 물리쳐 무거운 물건을 싣게 하고, 노새는 부려서 달리게 하고 있도다. 채녀(蔡女)처럼 지혜로운 여인은 내쫓아 규방을 나서게 하고, 융부(戎婦)처럼 추악한 여자는 들여서 수놓은 비단옷을 걸치게 하고 있도다. 경기(慶忌)처럼 용감한 자는 깊은 함정 속에 유폐시키고, 진부점(陳不占)과 같은 겁쟁이는 참전시켜 진지가 함

락되게 하였도다. 백아(伯牙)의 호종(號鍾)과 같은 거문고는 파괴하고, 평범한 사람들이 갖고 있는 작은 거문고는 끼고 다니며 줄을 타고 있도다. 돌과 같은 민석(瑉石)은 금궤에 간직해 두고, 아름다운 적근(赤瑾)은 뜰안에 버리고 있도다. 한신(韓信) 같은 명장은 갑옷과 투구를 걸치고 있으면서, 겁 많은 병사를 장군시켜 성을 치게 하고 있도다. 구리때뿌리와 궁궁이 같은 향초는 연못과 물가에 버려지고, 박과 표주박은 모난 광주리와 둥근 광주리에서 좀슬도록 방치되어 있도다. 기린은 연못가 깊은 곳으로 달아나고, 곰과 큰 곰은 동산에서 날뛰고 있도다. 향초 가지와 옥 같은 꽃은 꺾어 내고, 탱자나무·대추나무와 뗄나무를 심었도다. 전초(荃草)·혜초(蕙草)와 야간(射干)은 파헤치고, 명아주·콩과 양하(蘘荷)를 김매고 있도다. 안타깝도다, 지금 세상은 어찌 예와 다를꼬. 생각의 멀고 가까움이 전혀 다르도다. 혹 침몰되어 있어 드러낼 도리가 없고, 혹 청결과 현명에 힘써도 통달시킬 도리가 없도다. 애닯도다, 내 생애 부당하여 홀로 고초를 겪고 허물을 당하였도다. 비록 직언하여 뜻을 알리고 싶다만, 임금의 마음은 어긋나 있어 이를 내칠 것이로다. 실로 애석하도다, 향기롭던 향초는 도리어 이렇게 썩어 버릴 수가. 초료(椒聊)의 향기를 품고 있다가 난세 만나 재앙을 당하였도다. 탄식하여 이르도다. 훌륭한 임금께서는 돌아가시더니 끝내 돌아오시지를 않는도다. 산속은 어둡고 험한데 영(郢)으로 가는 길은 멀도다. 참언꾼들 속삭이며 아첨하는데 누구에게 하소연할 수 있으리요. 나그네 시름 하염없어도 누구에게 말할 수 있으리요. 걸으며 읊조려도 탄식만 쌓여 쉬쉬 한숨소리 내도다. 시름 품고 슬픔 머금으며 어찌 실의에 차게 되었으리요.

原文 昔皇考之嘉志兮여, 喜登能而亮賢이라. 情純潔而罔藏[1])兮여, 姿盛質[2])而無愆이라. 放佞人與諂諛兮여, 斥讒夫與便嬖[3])러라. 親

忠正之悃⁴⁾誠兮여, 招貞良與明智로다. 心溶溶⁵⁾其不可量兮여, 情澹澹⁶⁾其若淵이라. 回邪辟而不能入兮여, 誠願藏而不可遷이라. 逐下袟⁷⁾於後堂兮여, 迎虙妃於伊雒이라. 刜讒賊於中廇⁸⁾兮여, 選呂管⁹⁾於榛薄이라. 叢林之下無怨士兮여, 江河之畔無隱夫로다. 三苗¹⁰⁾之徒以放逐兮여, 伊臯¹¹⁾之倫以充廬로다. 今反表以爲裏兮여, 顚裳以爲衣로다. 戚宋萬於兩楹¹²⁾兮여, 廢周邵於遐夷¹³⁾로다. 卸騏驥以轉運¹⁴⁾兮여, 騰驢驘以馳逐이라. 蔡女¹⁵⁾黜而出帷兮여, 戎婦¹⁶⁾入而綵繡服이라. 慶忌囚於阱室¹⁷⁾兮여, 陳不占戰而赴圍¹⁸⁾로다. 破伯牙之號鍾¹⁹⁾兮여, 挾人箏而彈緯²⁰⁾로다. 藏瑉石²¹⁾於金匱兮여, 捐赤瑾²²⁾於中庭이라. 韓信蒙於介冑²³⁾兮여, 行夫²⁴⁾將而攻城이라. 莞芎²⁵⁾棄於澤洲兮여, 瓟䥯²⁶⁾蠹於筐簏이라. 麒麟奔於九皐²⁷⁾兮여, 熊羆羣而逸²⁸⁾囷로다. 折芳枝與瓊華兮여, 樹枳棘與薪柴²⁹⁾로다. 掘荃蕙與射干³⁰⁾兮여, 耘藜藿與蘘荷³¹⁾로다. 惜今世其何殊兮여, 遠近思而不同이라. 或沈淪其無所達兮여, 或淸激其無所通이라. 哀余生之不當兮여, 獨蒙毒而逢尤로다. 雖謇謇以申志兮여, 君乖差而屛之로다. 誠惜芳之菲菲兮여, 反以茲爲腐也로다. 懷椒聊之蔎蔎³²⁾兮여, 乃逢紛以罹訽也로다. 歎曰 嘉皇³³⁾旣歿終不返兮여, 山中幽險郢路遠兮여, 讒人譤譤³⁴⁾孰可愬兮여, 征夫罔極誰可語兮여, 行唫累欷聲喟喟³⁵⁾兮여, 懷憂含戚何侘傺兮로다.

註 1) 예(薉) : 더럽다. 2) 자성질(姿盛質) : 이 말의 어순을 '자질성(姿質盛)'으로 보기도 한다. 즉 '자질이 성대하고 아름답다'는 뜻. 3) 편폐(便嬖) : 임금의 좌우에서 총애를 받는 소신(小臣). 4) 곤(悃) : 정성스럽다. 돈후하다. 5) 용용(溶溶) : 광대한 모양. 6) 담담(澹澹) : 움직이지 않는 모양. 7) 하질(下袟) : 첩어(妾御).

8) 불(艴) : 제거하다. 중류(中霤) : 가운데 뜰. 뜰 한복판. 9) 여(呂) : 여상(呂尙). 관(管) : 관중(管仲). 10) 삼묘(三苗) : 요나라 때 아첨하던 신하. 11) 이(伊) : 이윤(伊尹). 고(皐) : 고요(皐陶). 12) 척(戚) : 가깝다. 가까이하다(親). 송만(宋萬) : 송(宋) 민공(閔公)의 신하. 양영지간 · 호유지전(兩楹之間 · 戶牖之前) : 모두가 존자의 거처를 가리킴. 13) 주(周) : 주공단(周公旦). 소(邵) : 소공석(邵公奭). 14) 전운(轉運) : 무거운 물건을 옮기다. 15) 채녀(蔡女) : 채(蔡)나라의 현녀(賢女). 16) 융부(戎婦) : 오랑캐 나라의 아내. 17) 경기(慶忌) : 춘추 시대 오왕(吳王) 요(僚)의 아들. 용맹을 날림. 18) 진부점(陳不占) : 제(齊)나라 신하. 의리는 있으나 겁이 많았음. 19) 호종(號鍾) : 거문고 이름. 20) 쟁(箏) : 작은 거문고. 위(緯) : 줄을 느슨히 하다. 줄을 놓다. 21) 민석(珉石) : 옥 비슷한 돌. 22) 적근(赤瑾) : 아름다운 옥. 23) 한신(韓信) : 한나라 때 명장. 개(介) : 갑옷. 주(胄) : 투구. 24) 행부(行夫) : 군대에서의 걸쟁이. 25) 관(莞) : 큰 고랭이. 구리떼. 궁(芎) : 궁궁이. 26) 포(匏) : 바가지. 여(臚) : 표주박. 27) 고(皐) : 연못(澤). 구고(九皐) : 연못의 깊은 곳. 28) 일(逸) : 일(溢)로 보기도 함. 29) 극(棘) : 가시나무. 대추의 한가지(小棗). 30) 야간(射干) : 향초. 31) 여괵(藜藿) : 명아주의 잎과 콩잎. 양하(蘘荷) : 생강과에 속하는 숙근초(宿根草). 32) 초료(椒聊) : 향초. 설설(蔎蔎) : 향기나는 모양. 33) 가(嘉) : 아름답다. 황(皇) : 임금. 34) 전전(譾譾) : 교묘하게 헐뜯는 모양, 또는 아첨하는 모양. 35) 위위(喟喟) : 탄식하는 소리.

사 고(思古)

어둑한 깊은 숲에는 수목들이 빽빽이 자라고 있도다. 산에는 울퉁불퉁 큰 바위들이 널려 있고, 언덕은 어둑어둑 해를 가리고 있도다. 내 마음 답답하여 슬프거늘, 눈마저 흐릿하게 눈물을 뿌리는도다. 바람은 쉭쉭 하며 나무를 흔들고, 구름은 뭉게뭉게 말리고 있도다. 내 생애에 기쁨이 없어 슬프고, 산과 들에서 고생만 하여 애닯도다. 아침에는 긴 언덕에서 배회하고, 저녁에는 방황하다 홀로 묵고 있도다. 머리는 헝클어져 어지럽고, 몸은 지쳐 병들고 파리해졌도다. 혼은 당황하여 남쪽으로 달아났고, 눈물은 옷고름에 떨어지며 옷소매를 적셨도다. 마음은 걸리고 아파도 알릴 데 없고, 입은 굳게 닫혀 말이 나오지 않는도다. 영도(郢都)의 옛 마을을 떠나서, 상수(湘水) · 원수(沅水)를 지나 멀리까지 쫓겨왔도다. 내 나라가 걷잡을 수 없는 위기에 빠진 것을 생각하니, 종족(宗族)의 귀신들은 차례를 잃어 제사를 받을 수 없게 되었도다. 선조께서 대대로 물려주신 것이 중도에서 끊겼으니, 마음이 당혹스럽고 절로 슬퍼지도다. 애오라지 산 옆을 떠돌며 노닐고, 강둑을 거닐며 두루 돌아다니고 있도다. 깊은 물가에 임하여 긴 휘파람 불고, 또 배회하며 두루 구경하고 있도다. 〈이소〉의 미묘한 글월을 지어서 임금께서 깨달아 주길 바라고 있도다. 내 수레를 남쪽 영(郢) 땅으로 돌려 애초에 냈던 수레바퀴 자국을 다시 밟고 싶도다. 길은 길고 멀어 발걸음 옮기기 어려우니, 애태우는 이 내 마음 끊이질 않는도다. 삼황오제의 형법을 등지고 「서경(書經)」의 〈홍범(洪範)〉편에 나타난 기율을 두절시켰도다. 원 그리는 도구와 곡척을 버려 법도를 위반하고, 저울과 저울추를 방치하여 마음내키는 대로 굴고 있도다. 먹줄과 먹을 함부로 다루다 내팽개쳐 버리고, 몸은 얼굴 꾸며 아첨하는 무리들에게 기울어 옆에서 받들도록 하였도다. 아가위는 무성한 풀 속에서 시들고, 납가새풀과 가시나무는 뜰 복판에 심겨져 있도다. 서시(西施) 같은 미녀는 후궁으로 쫓겨났고, 비추(仳倠) 같은 추녀는 존자(尊者)의 거처에 머물러 있도다. 오획(烏獲) 같은 역사(力士)는 가까이하여 수레에 동승하게 하고, 연공(燕公) 같은 현인은 마구간에서 말을 조련하게 하고 있도다. 괴외(蒯聵) 같은 불효자는 깨끗한 영전(靈殿)에 올라 있고, 고요(咎繇) 같은 성인은 버려져 들에 있도다. 이런 일을 보고 길게 탄식하며 임금 계신 곳에 올라 충성을 다하고 싶어도 그렇게 될지 의문이로다. 백수(白水)를 타고 높이 오르매, 벼슬길에서 물러나 길이 작별하게 된 것이로다. 탄식하여 이르도다. 상양산(倘佯山)의 산비탈은 검노랗고 소택의 물은 깊도다. 한수(漢水)의 물가에서 놀려 하니, 눈물이 하염없이 쏟아지도다. 종자기(鍾子期)와 백아(伯牙)가 이미 죽었으니, 뉘 다시 거문고 타며 그 소리를 알아들을 수 있으리요. 섬아(纖阿)가 수레를 끌지 않으니 어떤 말이 충정을 펴리요. 애처롭고 처량해지니 마음이 찢어질 것 같도다. 초나라의 높은 언덕을 돌아보니 눈물이 비 오듯 쏟아지도다.

原文 冥冥深林兮여, 樹木鬱鬱이라. 山參差以嶄巖[1]兮여, 阜杳杳以蔽日이라. 悲余心之悁悁兮여, 目眇眇而遺泣이라. 風騷屑[2]以搖木兮여, 雲吸吸以湫戾[3]로다. 悲余生之無歡兮여, 愁倥傯[4]於山陸이라. 且徘徊於長阪兮여, 夕彷徨而獨宿이라. 髮披披以鬤鬤[5]兮여, 躬劬勞而瘏悴[6]로다. 魂佺佺[7]而南行兮여, 泣霑襟而濡袂로다. 心嬋媛而無告兮여, 口噤閉[8]而不言이라. 違郢都之舊閭兮여, 回[9]湘沅而遠遷이라. 念余邦之橫陷兮여, 宗鬼神之無次[10]로다. 閔先嗣之中絕兮여, 心惶惑而自悲로다. 聊浮游於山陿[11]兮여, 步周流於江畔이라. 臨深水而長嘯兮여, 且倘佯而氾[12]觀이라. 興離騷之微文兮여, 冀靈修之壹悟로다. 還余車於南郢兮여, 復往軌[13]於初古로다. 道修遠其難遷兮여, 傷余心之不能已로다. 背三五之典刑[14]兮여, 絕洪範之辟紀[15]로다. 播[16]規榘以背度兮여, 錯[17]權衡而任意로다. 操繩墨而放棄兮여, 傾[18]容幸而侍側이라. 甘棠[19]枯於豐草兮여, 藜棘樹於中庭이라. 西施斥於北宮兮여, 仳倠倚於彌楹[20]이라. 烏獲戚而驂乘兮[21]여, 燕公操於馬圉[22]로다. 蒯聵登於淸府[23]兮여, 咎繇棄而在壄로다. 蓋見茲以永歎兮여, 欲登階而狐疑로다. 乘白水而高騖兮여, 因徙弛[24]而長辭로다. 歎曰 倘佯壚阪沼水深[25]兮여, 容與漢渚涕淫淫[26]兮여, 鍾牙已死誰爲聲兮여, 纖阿[27]不御焉舒情兮여, 曾哀悽欷心離離[28]兮여, 還顧高丘泣如灑兮로다.

註 1) 참(嶄) : 산 높고 험한 모양. 2) 소설(騷屑) : 바람이 시원하게 부는 모양. 살랑살랑 부는 바람 소리. 3) 흡흡(吸吸) : 구름이 움직이는 모양. 추려(湫戾) : 구름 따위가 말리는 모양. 4) 공총(倥傯) : 이것저것 일이 많아 바쁨, 혹은 피곤하고 고달픔. 5) **피피·양양**(披披·鬢鬢): 모두가 헝클어져 어지러운 모양을 나타냄. 6) **도**(瘏): 병들다. 7) **광광**(俇俇): 허둥지둥 하는 모양. 8) **금**(噤): 입 다물다. 9) **회**(回): 과(過)로 보기도 함. 10) **종**(宗): 동성(同姓). 11) **협**(陿): 산 옆. 12) **범**(氾): 넓다(博). 13) **궤**(軌): 수레바퀴 자국. 14) **삼오**(三五): 삼황 오제. 전형(典刑): 형법. 15) **홍범**(洪範): 상서(尙書)의 편명. 기자(箕子)가 지은 것으로 무왕(武王)을 위해 오행(五行)의 도를 진술. 벽기(辟紀): 법, 기강. 16) **파**(播): 버리다. 17) **착**(錯): 두다. 18) **경**(傾): 머리를 기울이다(傾頭). 19) **감당**(甘棠): 팥배나 팥배나무의 총칭. 20) **비추**(仳倠): 추녀. **미**(彌): 채우다. **영**(楹): 기둥. **어**(於): 이(而)로도 봄. 21) **오획**(烏獲): 진(秦)나라 무왕(武王)의 역사(力士). 22) **연공**(燕公): 소공(邵公). 소공이 연나라에 봉해졌으므로 연공이라 불리워졌음. 23) **괴외**(蒯聵): 위(衛)나라 영공(靈公)의 태자. 자기 어버이에게 순종하지 않고 자기 계모를 해치려고 하였음. **청부**(淸府): 깨끗한 영전. 24) **사이**(徙弛): 뒤로 물러나는 모양. 25) **상양**(傄佯): 산이름. **노**(壚): 검노랗게 생긴 흙. 26) **한**(漢): 물이름. 27) **섬아**(纖阿): 옛날에 수레를 잘 끌던 사람. 28) **이리**(離離): 긁히고 찢겨진 모양.

[評析] 각 장마다 비통한 심회를 토로하고 있는데, 그 묘사상의 흥취를 쌍성과 첩운, 중언(重言)을 써서 효과적으로 표현하였다.

구 사(九思)

　왕일(王逸) 자신의 작이다. 굴원의 뜻을 애도하면서 쓴 작품으로서 구회(九懷)나 구탄(九歎)의 방식(方式)을 모의하고 있다. 그 대의(大意)를 보면 다음과 같다.
　① 봉우 : 참소당함과 불우.
　② 원상 : 초나라의 혼탁과 자비(自悲).
　③ 질세 : 명주(明主)를 찾는 방황과 불여의한 한탄.
　④ 민상 : 세상의 혼탁과 고난.
　⑤ 조액 : 굴원조난의 애도, 초국의 혼란.
　⑥ 도란 : 세속 혼란의 비탄, 고독한 신세.
　⑦ 상시 : 양춘시에 불우한 신세와 원유.
　⑧ 애세 : 세모의 애상과 자신의 우울.
　⑨ 수지 : 실의와 자기 연민.

봉 우(逢尤)

　슬프고 근심스러우며, 애달프고 걱정스럽도다. 하늘은 나를 낳으시매 어두운 때를 맞게 하여 참언을 입고 공연히 허물을 당하였도다. 마음 번거롭고 뜻은 무료하니 행장 꾸려 말 타고 나와 유람하리라. 두루 팔방을 다니고 구주(九州)를 지나며 황제(黃帝)와 순임금을 찾아보리라. 과거의 성세(聖世)는 까마득히 사라져, 허리춤에 찬 미옥을 어루만지며 중도에서 머뭇거리고 있도다. 고요가 법규를 세우던 일이 부럽고, 풍후(風后)가 하늘로부터 받은 상서(祥瑞)를 찬미하도다. 애처롭게 내 운명은 천지 사방으로 쫓겨난 신세가 되었으니, 옥 같은 몸이 진흙 속에 버려진 셈이로다. 황급히 절룩이며 숲가의 못으로 달려가고, 걸음을 지척이며 언덕 위로 달려 왔도다. 멍에채는 끊어지고 말마저 파리해져, 멍하니 슬피 서 있으니 눈물이 펑펑 쏟아지도다. 무정(武丁)과 문왕(文王)의 성명(聖明)함과 지혜로움을 그리워하고, 초 평왕(平王)과 부차(夫差)의 미혹함과 우매함을 슬퍼하도다. 여상(呂尙)과 부열(傅說)이 천거되어 은나라와 주나라가 흥성했고, 비무기(費無忌)와 재비(宰嚭)가 전횡(專橫)을 부려 초나라와 오나라가 쇠망하였도다. 우러러 긴 탄식해도 숨이 답답하니 울분을 끊으려 휴식하니 다시 기운이 소생했도다. 호랑이와 외뿔소는 조정에서 다투고, 승냥이와 이리는 내 옆에서 겨루고 있도다. 구름과 안개가 모여 해를 어둑하게 하고, 회오리바람 일어 티끌을 날리고 있도다. 참소를 당해 동분서주하고 잠복해 있으려 해도 어디로 간단 말인가. 회왕(懷王)의 궁문이 굳게 닫혀 으슥한 것을 생각하니 절개를 다하려 해도 막혀 들어갈 수 없도다. 고국을 바라보매 길이 아득하니, 마음이 참담하고 뜻은 고달프기만 하도다. 혼은 고독에 겨워 잠 못 이루고 눈은 멀뚱멀뚱 아침이 다 가도록 감지 못했도다.

原文 悲兮愁하고, 哀兮憂하니, 天生我兮當闇時로다. 被訴譖兮虛獲尤[1]로다. 心煩憒兮意無聊[2]로다. 嚴載駕兮出戲游[3]로다. 周八極兮歷九州로다. 求軒轅兮索重華로다. 世旣卓[4]兮遠眇眇하여, 握佩玖[5]兮中路躇로다. 羨咎繇兮建典謨[6]하니, 懿風后兮受瑞圖[7]로다. 愍余命兮遭六極[8]하니, 委玉質兮於泥塗로다. 遽偉遑[9]兮驅林澤하여, 步屛營[10]兮行丘阿로다. 車軏折兮馬虺頹[11]하니, 䠞[12]恨立兮涕滂沱로다. 思丁文[13]兮聖明哲하니, 哀平差兮迷謬愚[14]로다. 呂傅[15]擧兮殷周興하니, 忌嚚專兮郢吳虛[16]로다. 仰長歎兮氣簡結[17]하니, 悒殟絶兮咶復蘇[18]로다. 虎兕爭兮於廷中하고, 豺狼鬭兮我之隅[19]로다. 雲霧會兮日冥晦하여, 飄風起兮揚塵埃로다. 走鬯罔兮乍東西[20]하여, 欲竄伏兮其焉如로다. 念靈閨[21]兮隩重深하여, 願竭節兮隔無由로다. 望舊邦兮路逶隨[22]하여, 憂心悄兮志勤劬[23]로다. 魂榮榮兮不遑寐하여, 目眽眽[24]兮寤終朝로다.

註 1) 탁(諑):헐뜯다. 비방하다. 우(尤):허물. 2) 궤(憒):심란하다. 요(聊):즐겁다(樂). 3) 엄(嚴):장(裝)의 의미로 풀이. 4) 탁(卓):멀다(遠). 5) 패구(佩玖):허리에 찬 띠에 장식한 미옥(美玉). 6) 상서(尙書)에는 〈고요모(皐陶謨)〉편이 있는데, 여기에는 고요(皐陶) 등이 모의한 말들이 기술되어 있음. 여기서는 그 내용을 말함. 7) 의(懿):아름답다(美). 풍후(風后):황제(黃帝)의 스승. 일찍이 하늘의 상서(祥瑞)를 받았다고 함. 8) 육극(六極):육합(六合), 즉 상하 사방을 말함. 9) 장황(偉遑):행동이 바르지 못한 모양. 놀라고 두려워하는 모양. 10) 병영(屛營):방황하는 모양. 놀라서 허둥대는 모양. 11) 월(軏):멍에막이. 회퇴(虺頹):병으로 쇠약함. 12) 준(䠞):잘 보이지 않는 모양. 13) 정(丁):무정(武丁). 문(文):문왕(文王). 14) 평(平):초나라 평왕(平王). 차(差):오왕(吳王) 부차(夫差). 이 구는 평왕이 오사(伍奢)를 죽이고, 부차가 오자서를 등용하지 않은 일을 말함. 15) 여(呂) : 여상(呂尙). 부(傳) : 부열(傳說). 16) 기(忌) : 초나라의 대부이던 비무기(費無忌). 비(嚭) : 오나라의 대부이던 재비(宰嚭). 17) 알(齃) : 맺다. 맺히다(結). 18) 올(榲) : 심란하다. '온'으로 읽을 경우에는 병들다, 다하다. 19) 우(隅) : 옆(傍). 20) 창망(悵罔) : 아첨하며 힐뜯다. 21) 영(靈) : 회왕(懷王). 22) 위수(逶隨) : 길이 굽어 돌아서 아득하게 멂. 23) 구(劬) : 수고하다. 힘들이다. 24) 맥맥(脈脈) : 바라보는 모양.

원　상(怨上)

　정사를 맡는 관리가 남의 이야기를 듣지 않고 망언을 서슴지 않으니, 뭇 관리들은 다투어 참언만을 일삼는도다. 슬프도다, 혼탁한 세상, 윗사람 아랫사람 한데 어울리고 있도다. 콩넝쿨과 칡덩굴은 죽죽 뻗쳐 있고, 향그런 궁궁이는 꺾인 채 시들어 있도다. 붉은색과 자주색은 어지러이 섞여 있어 분명히 구별해 낼 수가 없도다. 여기 바위굴에 의지하여 길이 생각하노니 앞길이 요원하도다. 탄식하도다, 회왕의 현혹됨을, 뜻을 쓰려 해도 빛낼 수가 없다. 장차 옥으로 만든 술 그릇이 없어질 것 같고, 보배로운 그릇이 버려질 것 같도다. 내 마음 지지는 듯 아프니, 이 일로 걱정되기 때문이로다. 나아가서는 구목(仇牧)과 순식(荀息)을 생각하고, 물러나서는 팽함(彭咸)과 무광(務光)을 회상하고 있도다. 이 두 사람의 자취를 본받으려 하나, 어디로 투신했는지 알 수가 없도다. 들 한가운데서 노래를 부르며 읊조리고, 위로는 북두의 선기(璇璣)를 살피고 있도다. 대화성(大火星)은 서쪽으로 흘러가고 섭제성(攝提星)은 아래로 운행하고 있도다. 천둥과 큰 천둥은 우르릉 소리치고, 우박과 싸라기눈은 펄펄 쏟아지고 있도다. 잽싼 번개는 빛을 번뜩이고 싸늘한 바람은 처량히 불어오고 있도다. 새와 짐승은 깜짝 놀라 서로를 쫓으며 둥우리에 깃들고 있도다. 암수의 원앙은 정겹게 지저귀고, 여우와 살쾡이는 서로를 쫓고 있도다. 슬프도다, 외로운 내 신세, 나 홀로 의지할 데 없이 지내고 있도다. 땅강아지는 동에서 울고, 풀뿌리 갉아 먹는 벌레와 작은 매미는 서에서 떠들고 있도다. 쐐기는 내 치마 위로 기어오르고, 나비와 나방의 유충은 내 품에 들어와 있도다. 다리 있는 벌레며, 다리 없는 벌레들이 나를 끼고 있으니, 근심스러워 절로 슬퍼지도다. 우두커니 서서 슬픔에 잠기니, 마음 답답하여 미어질 것 같도다.

原文 令尹兮警警[1]하여, 羣司兮譨譨[2]로다. 哀哉兮淢淢[3]하고, 上下兮同流로다. 菽藟兮蔓衍[4]하고, 芳蠸兮挫枯[5]로다. 朱紫兮雜亂하니, 曾莫兮別諸로다. 倚此兮巖穴하여, 永思兮窈悠[6]로다. 嗟懷兮眩惑하여, 用志兮不昭로다. 將喪兮玉斗[7]하니, 遺失兮鈕樞[8]로다. 我心兮煎熬하니, 惟是兮用憂로다. 進惡兮九旬[9]하여, 復顧兮彭務[10]로다. 擬[11]斯兮二蹤하니, 未知兮所投로다. 謠吟兮中壄하여, 上察兮璇璣[12]로다. 大火兮西睨하니, 攝提兮運低[13]로다. 雷霆兮硠磕[14]하고, 電霰兮霏霏[15]로다. 奔電兮光晃하니, 涼風兮愴悽로다. 鳥獸兮驚駭하여, 相從兮宿棲로다. 鴛鴦兮噰噰[16]하고, 狐狸兮徵徵[17]로다. 哀吾兮介特[18]하니, 獨處兮罔依로다. 螻蛄[19]兮鳴東하고, 蚯蠦[20]兮號西로다. 蚑[21]緣兮我裳하고, 蠋[22]入兮我懷로다. 蟲豸[23]兮夾余하니, 惆悵兮自悲로다. 佇立兮忉怛[24]하니, 心結絹[25]兮折摧로다.

註 1) 영윤(令尹): 초나라의 관직 이름. 정사를 돌보았음. 오오(警警): 참의 말을 듣지 않고 농담만 하는 모양. 2) 군사(羣司): 뭇 관료들. 노노(譨譨): 다투어 막말

구 사 281

을 하다. 3) 골골(汨汨) : 심란한 모양. 4) 숙류(菽蓸) : 작은 풀. 5) 효(薡) : 향초 이름. 좌고(挫枯) : 버려지고 쓰이지 않다. 6) 요유(窈悠) : 길이 아득히 멀다. 7) 옥두(玉斗) : 구슬로 만든 술구기. 8) 유추(鈕樞) : 보배로운 그릇. 9) 이 구는 '進思兮仇荀'로 표기해야 옳다고 함. 여기에서 구순은 구목(仇牧)과 순식(荀息)을 가리킴. 10) 부(復) : 퇴(退)의 오자로 봄. 팽(彭) : 팽함(彭咸). 무(務) : 무광(務光). 11) 의(擬) : 본받다(則). 12) 선기(璇璣) : 북두에서 으뜸가는 네 개의 별. 13) 대화(大火) : 방(房)과 심(心)의 두 별자리의 끝 별을 가리킴. 여기의 두 구는 한밤중을 가리킴. 14) 양개(硍礚) : 우뢰치는 소리. 15) 비비(霏霏) : 눈과 비가 펄펄 날리는 모양. 16) 옹옹(嗈嗈) : 정겹게 우는 모양. 17) 미미(徵徵) : 서로 따르는 모양. 18) 개특(介特) : 홀로(獨). 19) 누고(螻蛄) : 땅강아지. 20) 모(蝥) : 풀 뿌리를 갉아먹는 벌레. 절(蠿) : 작은 매미. 21) 자(蚱) : 모충. 22) 촉(蠋) : 나비와 나방의 애벌레. 23) 충(蟲) : 발 있는 벌레. 치(豸) : 발 없는 벌레. 24) 도달(忉怛) : 근심하고 슬퍼함. 25) 골(絹) : 맺다(終).

질 세(疾世)

두루 한수(漢水)의 물가를 배회하며 물 속의 신녀(神女)를 찾고 있도다. 아아, 이 나라에는 착한 여자가 없으니, 중매하는 여자가 나서서 말 더듬으며 멋대로 지껄이고 있도다. 메추라기와 참새는 줄지어 왁자지껄 떠들고, 구욕새는 시끄러이 조잘대고 있도다. 아름다운 소화(昭華) 구슬과 보배로운 규장(珪璋) 구슬을 품어 팔려 하여도 사가는 사람이 없도다. 걸어 멀리 북쪽으로 가서 내 벗을 불러 짝하고 싶도다. 해는 어둑하여 빛이 없고, 시계(視界)는 침침하여 보이는 것이 없도다. 어지러이 수레를 타고 높은 곳으로 달려, 복희씨(伏羲氏)에게 내 갈 곳을 자문해 보리라. 강가의 언덕을 따라 두루 떠다니니 길은 바뀌고 시절은 변해 있도다. 넓고 푸르른 바다를 건너 동에서 노닐고 하늘의 연못에서 목욕하고 있도다. 동방의 청제(靑帝)를 찾아가 천도의 주된 일을 물으니, 인의보다 귀할 것이 없다고 말하는 도다. 내 마음 기쁘고 즐거운 채 발걸음을 돌려, 주나라 문왕(文王)이 계셨던 빈기(邠岐) 땅으로 갔도다. 옥꽂을 잡으며 맹세를 하였건만, 날은 저물려 하여 마음이 슬프도다. 하늘의 복만은 한번 가면 다시 오지 않으니, 내 신의를 등지고 본성을 배반하려는가 보도다. 농퇴산(隴推山)을 넘어 사막을 건너고, 계거산(桂車山)과 합려산(合黎山)을 지나갔도다. 곤륜산(崑崙山)에 다다라서는 준마에 고삐를 매고 신선인 노오(盧敖)를 좇아 쉬고 있도다. 옥 같은 물을 마시며 갈증을 풀고, 지초(芷草) 꽃을 씹으며 주린 배를 채우고 있도다. 거처는 확 트여 있으나 짝할 이 드물고 요원한데다 의지할 데도 없어 길을 잃기 쉽도다. 한수(漢水)의 광대한 물결 바라보니, 마음이 뒤숭숭하고 애닯아지도다. 해는 떠오르며 대지를 밝히는데, 안개는 엉켜 있을 뿐 아직 흩어지지 않았도다. 근심으로 자고 먹을 겨를이 없으니, 거듭되는 한숨 소리 우뢰처럼 거칠도다.

原文 周徘徊兮漢渚하여, 求水神兮靈女로다. 嗟此國兮無良하여, 媒女詘兮讒謨[1]로다. 鴆雀列兮譁譅하고, 鳲鳩鳴兮聒余[2]로다. 抱昭華兮寶璋[3]하여, 欲衒鬻[4]兮莫取하고, 言旋[5]邁兮北徂하여, 叫我友兮配耦로다. 日陰曀兮未光하니, 闃眴窕[6]兮靡睹로다. 紛載驅兮高馳하여, 將諮詢兮皇羲[7]로다. 遵河皐兮周流하고, 路變易兮時乖로다. 濿滄海兮東游하니, 沐盥浴兮天地로다. 訪太昊兮道要[8]하여, 云靡貴兮仁義로다. 志欣樂兮反[9]征하여, 就周文兮邠岐[10]로다. 秉玉英兮結誓하니, 日欲暮兮心悲로다. 惟天祿兮不再하니, 背我信兮自違로다. 踰隴堆兮渡漠[11]하여, 過桂車兮合黎[12]로다. 赴崐山兮罥驂[13]하니, 從卬遨[14]兮棲遲로다. 吮玉液兮止渴하여, 齧芝華兮療飢로다. 居嵺廓兮尠疇[15]하여, 遠梁昌[16]兮幾迷로다. 望江漢兮濩渃[17]하니, 心緊絭[18]兮傷懷로다. 時眣眣[19]兮且

　　　　단　　　진막막혜미희　　　　　　우불가혜침식　　　　　타　　증탄혜
旦하니, 塵莫莫兮未晞²⁰⁾하고, 憂不暇兮寢食하니, 吒²¹⁾, 增歎兮
여뢰
如雷로다.

註 1) 굴(訛): 말을 더듬다(訥). 연루(譾譨): 바르지 못한 모양. 혹은 말이 어지러운 모양. 2) 구욕(鴝鵒): 구욕새. 메추라기 참새 따위. 괄(聒): 떠들썩하다. 요란하다. 3) 소화(昭華): 구슬 이름. 4) 현(衒): 행상. 육(鬻): 팔다. 5) 언(言): 어기사. 선(旋): 서(逝)로도 쓰임. 6) 취(闃): 엿보다. 초요(脽窔): 으슥하고 어두운 곳(幽冥). 7) 황희(皇羲): 희황제. 8) 태호(太昊): 동방의 청제(靑帝). 도요(道要): 천도(天道)의 중요한 업무. 9) 반(反): 반(返). 10) 빈기(邠岐): 주나라 선대(先代)의 땅. 오늘날 섬서성(陝西省)의 빈현과 기산현임. 11) 농퇴(隴堆): 산 이름. 막(漠): 사막. 12) 계거·합려(桂車·合黎): 모두가 서방에 있는 산의 이름. 13) 칩록(縶騄): 걸음이 더딘 모양. 혹은 칩은 말을 잡아 매다, 록은 준마의 뜻. 14) 앙오(卬遨): '盧敖'의 오자로 봄. 즉 고대 방사(方士)의 신선이라고 함. 15) 요확(嵺廓): 텅 비고 사람이 없다. 선(尠): 적다(少). 주(幬): 짝(匹). 16) 양창(梁昌): 근거지를 잃다. 17) 확약(濩渃): 물이 크게 출렁이는 모양. 18) 긴권(緊縈): 마음이 뒤숭숭하고 혼란하다. 19) 불불(咄咄): 새벽빛 흐린 모양. 20) 막막(莫莫): 한데 모여 있는 모양. 희(晞): 마르다. 없어지다. 21) 타(吒): 분노를 토하다.

민　상(憫上)

　슬프도다, 세상 사람들 눈치만 보며 저희들끼리 밀담 나누고 아부를 끊임없이 하는도다. 뭇 사람들 대다수가 아부와 아양을 떨고 얼굴을 곱게 꾸며 풍속을 이루고 있도다. 그릇된 것을 탐하여 작당을 일삼고 있으니, 곧고 양순한 이들은 시름과 고독에 겨워하고 있도다. 고니는 탱자나무 가시 위에 숨어 있는데, 사다새, 때까치는 휘장과 장막 속에 모여 있도다. 꼭두서니는 푸릇푸릇한데 고본(藁本)은 시들어지고 있도다. 이를 보매 곤혹스러워 마음이 막히고 착잡해지도다. 들판의 채소밭이며 연못가를 배회하고, 저 밭두둑을 따라 거닐고 있도다. 내와 언덕은 깊디깊고, 산 언덕은 높이 솟아 있도다. 수목은 무성히 우거져

있고, 그루터기며 잡목들은 빽빽이 들어서 있도다. 서리와 눈이 쌓여 얼리고 얼려 있도다. 동·서·남·북 어디인들 돌아갈 데가 없도다. 마른 나무의 그늘을 받으며 기어서 암석 위로 올랐도다. 홀로 지내며 뜻을 펴지 못하고 구석진 곳에 처박혀 찬 바람을 쐬고 있도다. 나이는 다 들어 죽을 날 임박했건만, 외부의 억압으로 내 곤궁과 치욕을 치르는 신세가 되었도다. 우환을 품어 억지로 늙었고 수심에 겨워 즐겁지 않도다. 수염·머리카락은 어지러이 흩어지고 초췌하며 살쩍마저 어지러이 희끗거려, 신기한 기름으로 반들하게 머리라도 감아 봤으면 하는도다. 난초꽃 품고 경옥(瓊玉)을 쥔 채 하늘이 밝아지길 기다리며 머뭇머뭇 서 있도다. 구름 자욱한 곳에 번개가 섬뜩거리니 외로운 수새는 찍찍거리며 우는도다. 억울한 신세 생각하니 간장이 끊어질 듯하건만, 이 분노와 우울함은 누구에게 하소연해야 하나.

原文 哀世兮睩睩[1]하여, 諓諓兮嗌喔[2]이라. 衆多兮阿媚하여, 靡靡[3]兮成俗이라. 貪枉兮黨比하니, 貞良兮煢獨이라. 鵠窺兮枳棘하고, 鵄集兮帷幄이라. 蕨薇[4]兮靑蔥하니, 蒿本兮萎落이라. 覩斯兮僞惑하니, 心爲兮隔錯이라. 逡巡兮圃藪하여, 率彼兮畛陌이라. 川谷兮淵淵[5]하고, 山皀兮客客[6]이라. 叢林兮嶮嶮[7]하고, 株榛兮岳岳[8]이라. 霜雪兮灌澄[9]하고, 冰凍兮洛澤[10]이라. 東西兮南北에, 罔所兮歸薄이라. 庇廕兮枯樹하고, 匍匐兮巖石이라. 踡跼兮寒局數로다. 獨處兮志不申[11]하며, 年齒盡兮命迫促하니, 魁壘擠摧[12]兮常困辱이라. 含憂强[13]老兮愁不樂이라. 鬚髮藞頟兮顙[14]鬢白하고, 思靈澤[15]兮一膏沐이라. 懷蘭英兮把瓊若하여, 待天明兮立躑躅이라. 雲蒙蒙兮電儵爍[16]하니, 孤雌驚兮鳴呴呴로다. 思

불울혜간절박　　　　분견읍혜숙소고
　　佛鬱兮肝切剝하니, 忿悁悒兮孰訴告로다.

註 1) 녹록(睩睩) : 주시하면서 삼가는 모양. 2) 전전(諓諓) : 교묘하게 헐뜯는 모양. 액악(嗌喔) : 억지로 웃음을 지어 아첨함. 3) 위미(愲靡) : 시들고 느른해짐. 여기서는 얼굴을 부드럽게 하여 환심을 사는 것을 말함. 4) 계녀(蘮蒘) : 풀이름. 미나리와 비슷하고 식용으로 쓰임. 5) 연연(淵淵) : 깊은 모양. 6) 액액(峉峉) : 산이 높고 큰 모양. 7) 음음(崟崟) : 많고 풍요로운 모양. 8) 악악(岳岳) : 많은 나무들이 자라고 있는 모양. 9) 최의(漼澧) : 눈과 서리가 쌓인 모양. 10) 낙택(洛澤) : 얼음이 얼려 있는 모양. 11) 권국(踡跼) : 등을 굽힘. 몸을 굽힘. 등이 굽어 펴지지 않는 모양. 국수(局數) : 좁다. 갑갑하다. 부들부들 떨다. 12) 괴루(魁壘) : 촉박하고 둘둘 맺힘. 제최(擠摧) : 꺾이고 굽히다. 13) 강(强) : 일찍 늙는 것을 말함. 14) 녕(薴) : 어지럽다. 췌(頸) : 초췌하다. 표(顥) : 머리가 헝클어진 모양. 15) 영택(靈澤) : 하늘의 은택. 16) 숙삭(儵爍) : 번쩍하는 빛. 일순간에 번쩍함.

조 액 (遭厄)

　슬프게도 굴원은 액운을 당하여 자기 몸을 상수(湘水)의 멱라(汨羅)에 던졌도다. 무엇이 초나라를 변화하기 어렵게 하길래 지금까지 바뀌지 않느뇨. 선비들마다 소박한 뜻을 지니려 하지 않고 아첨을 다투며 참언을 일삼고 있도다. 정의를 가리켜 왜곡된 것으로 생각하고, 옥벽(玉璧)을 헐뜯어 돌로 생각하고 있도다. 산비둘기는 화려한 지붕 위에서 노닐고, 봉(鳳)새 처럼 생긴 준의(鵕鸃)는 장작더미에 깃들고 있도다. 신속히 날개를 떨구어 달아나서 군소배들을 등지려 하였다가, 치욕과 욕설을 당한 것이로다. 청운을 타고 위로 올라 햇빛이 머문 곳으로 갔도다. 하늘의 길을 밟으며 한참 말 몰고 구양(九陽)을 따라가며 한껏 즐겼도다. 은하를 넘어 남으로 건너와 견우성에서 내 말에게 먹이를 먹였도다. 구름과 무지개는 어지러이 일어 햇빛이 흐릿하였고, 삼성(參星)과 신성(辰星)은 돌고돌아 바꾸어졌도다. 떠돌이 별을 만나 길을 물으니, 나 돌아보며 왼쪽에서 따라오라 지시하였도다. 추자성(娵訾星)을 지나 곧장 달렸다가, 수레잡이가 헤매며 궤도를 잃어 비틀비틀 기로에 들게 되었도다. 일월과는 길이 달라지게 되니, 뜻은 막히고 끊겨 어디로 가야 할지 알 수가 없었도다. 슬프게도 구하는 바 찾지 못하고 하늘의 계단을 오르며 아래를 살피니, 언(鄢)과 영(郢)의 옛 도읍지가 보였도다. 마음으로는 소요하며 돌아가고 싶었다만, 더러운 무리들이 무성히 모여 와자지껄하게 떠들고 있었도다. 그리움에 흐느껴 울어도 퍼지질 않으니, 눈물이 빗물처럼 쏟아졌도다.

原文 悼屈子兮遭厄하고, 沈王躬[1]兮湘汨이라. 何楚國兮難化하여 迄于今兮不易이라. 士莫志兮羔裘[2]하니, 競佞諛兮讒鬩[3]로다. 指正義兮爲曲하고, 訛[4]玉璧兮爲石이라. 鴟鵬[5]遊兮華屋하고, 鶬鷄棲兮柴蔟[6]이라. 起奮迅兮奔走하여, 違壅小兮謑詢[7]로다. 載靑雲兮上昇하여, 適昭明[8]兮所處로다. 躡天衢[9]兮長驅하고, 踵九陽兮戲蕩[10]이라. 越雲漢兮南濟하여, 秣余馬兮河鼓[11]로다. 雲霓紛兮晻翳하고, 參辰[12]回兮顚倒로다. 逢流星兮問路하여, 顧我指兮從左로다. 徑娵訾[13]兮直馳하니, 御者迷兮失軌로다. 遂踢達兮邪造[14]로다. 與日月兮殊道하여, 志闕絕兮安如리요. 哀所求兮不耦하고, 攀天階兮不視하여, 見鄢郢兮舊宇로다. 意逍遙兮欲歸하니, 衆穢盛兮沓沓라. 思哽饐[15]兮詰詘하니, 涕流瀾兮如雨로다.

註 1) 왕궁(王躬) : 여기서는 궁원을 말함. 2) 고구(羔裘) : 대부의 옷. 여기서는 나라를 다스리는 큰 뜻을 말함. 3) 예(闋) : 서로가 듣지 않음. 4) 자(訛) : 비방하다. 5) 골조(鶻鵰) : 산비둘기의 한 가지. 6) 준의(鵕鸃) : 신령스런 새이름. 봉(鳳)새와 유사함. 족(族) : 모으다. 7) 혜구(謑詢) : 욕되게 함. 또는 꾸짖어 욕되게 함. 8) 소명(昭明) : 햇빛. 9) 구(衢) : 네거리. 10) 구양(九陽) : 해. 희탕(戲蕩) : 유희와 방탕. 11) 하고(河鼓) : 견우성의 별명. 12) 삼신(參辰) : 모두가 별이름임. 13) 추자(娵觜) : 별자리의 이름. 14) 척달(踢達) : 행동이 바르지 못한 모양. 15) 경의(哽饐) : 목메어 울음. 흐느낌.

도 란(悼亂)

아아 슬프도다, 혼탁하고 어지러운 현실. 띠풀과 실은 다른데 한결같이 베틀 실로 보고, 볏과 나막신도 다른데 한결같이 신코 장식으로 보고 있도다. 화독(華督)과 송만(宋萬)은 시연(侍宴)을 즐기는데, 주공(周公)과 소공(邵公)은 꼴을 짊어지고 있네. 하얀 용(白龍)은 사살되고, 신령스런 거북은 구속되어 있도다. 공자는 곤궁과 재앙을 만났고, 추연(雛衍)은 유폐를 당하였도다. 내 이를 생각하니 멀리 달아나 은거하고 싶도다. 장차 높은 산에 오르려 하니, 위에는 어느새 원숭이가 자리하고 있도다. 깊은 계곡에 들어가려 하니, 아래에도 어느새 살무사가 웅크리고 있도다. 왼쪽을 보매 때까치가 지저귀고, 오른쪽을 보매 올빼미가 소리치고 있도다. 두렵고 심기가 불편하여 펄쩍펄쩍 뛰고 뛸 것 같도다. 들 한가운데를 배회하며 하늘을 우러러도 탄식만 더해 갔도다. 왕골과 방울고랭이가 무성하고 갈대가 우거져 있도다. 사슴 다니는 길에는 짐승떼 발자국이 나 있고, 오소리와 담비는 서로를 좇고 있도다. 새매는 쉬려 하고, 메추라기는 높이 날고 있도다. 슬프도다, 내 홀로이고 짝할 이 없도다. 마음으로는 느릿하게 읊조려 보려 하니, 해는 어느새 저물어가네. 현학(玄鶴)은 높이 날아서 멀리 하늘 위로 갔도다. 꾀꼬리는 정겹게 지저귀고, 산까치는 서로 응하여 울고 있도다. 큰 기러기와 가마우지는 날갯죽지를 떨고, 돌아갈 기러기는 어느새 날아가고 있도다. 내 마음 깨달으매, 우리 초나라의 서울이 그리워지는도다. 신발을 끌어 일어났다 다시 발을 멈추어 하늘이 크게 밝아지길 기다리고 있도다.

原文 嗟嗟兮悲夫인저, 殽亂兮紛挐로다. 茅絲兮同綜[1]하고, 冠履兮共絇[2]로다. 督萬[3]兮侍宴하고, 周邵兮負芻[4]로다. 白龍[5]兮見射하고, 靈龜[6]兮執拘로다. 仲尼兮困厄하고, 鄒衍[7]兮幽囚로다. 伊余兮念茲[8]하여, 奔遁兮隱居로다. 將升兮高山하니, 上有兮猴猿이라. 欲入兮深谷하니, 下有兮虺蛇로다. 左見兮鳴鵙[9]하고, 右睹兮呼梟로다. 惶悸兮失氣[10]하여, 踊躍兮距跳[11]로다. 便旋[12]兮中原하여, 仰天兮增歎이라. 菅蒯兮墊莽[13]하여, 藿葦兮仟眠[14]이라. 鹿蹊兮躖躖[15]하고, 貓貉兮蟫蟫[16]이라. 鸇鷂兮軒軒[17]하고, 鶉鷚兮甄甄[18]하니, 哀我兮寡獨하여, 靡有兮齊[19]倫이라. 意欲兮沈吟하니, 迫日兮黃昏이라. 玄鶴兮高飛하여, 曾逝兮靑冥[20]이라. 鶬鶊[21]兮喈喈하고, 山鵲兮嚶嚶이라. 鴻鸕[22]兮振翅하여, 歸鴈兮于征이라. 吾志兮覺悟하여, 懷我兮聖京[23]하고, 垂屣兮將起[24]하니, 跓跦兮碩明[25]이라.

註 1) 종(綜)·베틀의 실 2) 구(絇); 신코를 꾸미다, 3) 독(督): 화독(華督). 만(萬): 송만(宋萬). 두 사람은 모두가 송(宋)나라 대부로서 자기 임금을 시해하였음. 4) 주(周): 주공(周公). 소(邵): 소공(邵公). 추(芻): 풀을 베다. 5) 백룡(白龍): 천신(川神). 6) 영귀(靈龜): 신령스런 거북. 하늘의 상서. 7) 추연(鄒衍): 현인인데 아첨꾼에게 참언을 당함. 8) 자(茲): 이것(此). 9) 격(鵙): 때까치. 10) 계(悸): 마음 두근거리다. 11) 거도(距跳): 도약. 12) 편선(便旋): 배회. 13) 관(菅): 띠풀. 괴(蒯): 방울고랭이. 야망(墊莽): 풀이 풍성한 모양. 14) 천면(仟眠):

구 사 289

풀이 성한 모양. 15) 혜(蹊): 지름길. 단단(䜴䜴): 짐승들이 다니는 곳. 16) 단(貒): 수이리. 학(貉): 담비. 담담(蟫蟫): 서로 따르는 모양. 17) 헌헌(軒軒): 장차 그쳐 쉬려는 모양. 18) 견견(甄甄): 작은 새가 나는 모양. 19) 제(齊): 짝(偶). 20) 청명(靑冥): 태청. 하늘을 말함. 21) 창경(鶬鶊): 꾀꼬리. 22) 홍(鴻): 큰 기러기. 노(鸕): 가마우지. 23) 성경(聖京): 초나라 수도 영도(郢都). 24) 수(埀): 삽(揷)과 동일하게 봄. 즉 수사는 신을 신다의 뜻이다. 25) 주(跓): 발을 멈추다. 석(碩): 크다(大). 혹은 석(碩)을 수(須)의 오자로 봄.

상 시 (傷時)

 여름 하늘에 빛의 신령이 번쩍이니 양기가 일고 청명하도다. 바람은 부드럽게 불어와 따스하고, 온갖 풀들 싹트고 꽃들은 만발하도다. 오두(烏頭)와 씀바귀는 무성히 자라 성기던 곳을 덮고, 곰취와 궁궁이는 시들어 말라 버렸도다. 슬프도다, 곧고 선량한 사람은 해를 만나 장차 요절하여 없어질 것 같도다. 시대가 혼탁하니 국으로 밥한 것 같아 이 세상을 슬퍼해도 그 까닭을 아는 이 없도다. 옛날 준걸하고 성인 같던 이를 보아도 역시 치욕을 당하고 억울하게 지냈도다. 관중(管仲)은 차꼬와 수갑으로 속박을 당하였고, 백리해(百里奚)는 행상을 하며 스스로를 팔았도다. 제(齊)나라 환공(桓公)과 진나라 목공(繆公)을 만나서야 비로소 등용되어 덕행이 후세에 베풀어지게 되었도다. 잠시 조용히 지내며 스스로를 위로하고, 거문고와 책을 벗삼아 노닐며 즐겼도다. 중국의 좁은 곳에 갇혀 있으니, 내 구이(九夷) 땅으로 가고 싶도다. 오령(五嶺)을 넘어가려니 가파르게 솟아 있고, 부석산(浮石山)을 바라보매 우뚝 솟아 있도다. 단산(丹山)을 넘고 염야(炎野)를 건너서, 내 수레를 황지국(黃支國)에 주둔시켰도다. 축융(祝融)한테로 가서 의문나는 것을 물으니 내 행위가 인위적인 것이 없다고 칭찬하였도다. 이에 수레를 돌려 썩썩하게 북쪽으로 간 후에 북방의 신을 만나서 연회를 베풀며 즐겁게 놀았도다. 이곳에서 가만히 지내며 즐기려 하니, 마음속에 수심이 스며 와 견딜 수가 없었도다. 내 고삐를 놓아 네 마리의 말을 채찍하여 달리니, 갑자기 바람 타며 달리고 뜬 구름에 몸을 실어 달리는 것 같았도다. 발은 높이 날아 바다를 넘고, 신선 안기생(安期生)을 따라 봉래산(蓬萊山)에 이르렀도다. 하늘의 사다리를 타고 북으로 올라, 천제의 옥대(玉臺)에 올랐도다. 여신 소녀(素女)를 시켜 생황을 부르게 하고, 신선 승익(乘弋)을 시켜 가락에 맞춰 노래부르게 하였도다. 노랫소리는 매끄럽게 청아하며 화락했고, 음악 소리는 음탕하고 춤 동작은 분망했도다. 모두가 즐거이 술마시며 즐기고 있었건만 나만은 고국을 그리며 홀로 슬픔에 잠겨 있었도다. 초나라의 장화대(章華臺)를 돌아보며 긴 탄식하고, 뜻은 초나라를 그리며 아쉬움에 젖어 있었도다.

原文 惟昊天兮昭靈[1]하니, 陽氣發兮淸明이라. 風習習兮和煖하니, 百草萌兮華榮이라. 堇荼[2]茂兮扶疏하고, 薋菉彫兮瑩嫇[3]이라. 愍貞良兮遇害하니, 將夭折兮碎糜[4]로다. 時混混兮澆饡[5]하니, 哀當世兮莫知로다. 覽往昔兮俊彦하니, 亦訕辱兮係纍로다. 管[6]束縛兮桎梏하니, 百貿易兮傳賣[7]로다. 遭桓繆兮識擧하니, 才德用兮列施[8]로다. 且從容兮自慰하니, 玩琴書兮遊戲로다. 迫中國兮迮陿[9]하니, 吾欲之兮九夷로다. 超五嶺兮嵯峨하니, 觀浮石[10]兮崔嵬로다. 陟丹山兮炎野[11]하여, 屯余車兮黃支[12]로다. 就祝融[13]兮稽疑하여, 嘉己行兮無爲로다. 乃回揭兮北逝하여, 遇神嬺兮宴娭[14]로다. 欲靜居兮自娛하니, 心愁慼兮不能이라. 放余轡兮策駟하니, 忽飇騰兮浮雲[15]이라. 躡[16]飛杭兮越海하여, 從安期兮蓬

래   연 천 제 혜 북 상   등 태 일   혜 옥 대   사 소 녀   혜
萊¹⁷⁾로다. 緣天梯兮北上하여, 登太一¹⁸⁾兮玉臺로다. 使素女¹⁹⁾兮
고 황   승 익   화 혜 구 요   성 교 조   혜 청 화   음 안 연 혜
鼓簧하여, 乘弋²⁰⁾和兮謳謠로다. 聲噭誂²¹⁾兮淸和하고, 音晏衍兮
요 음   함 흔 흔 혜 감 락   여 련 련 혜 독 비   고 장 화   혜
要姪²²⁾이라. 咸欣欣兮酣樂하니, 余眷眷兮獨悲로다. 顧章華²³⁾兮
태 식   지 련 련 혜 의 의
太息하니, 志戀戀兮依依로다.

註 1) 호천(昊天):여름 하늘. 2) 근(菫):독초의 이름. 도(荼):씀바귀. 3) 영명(蠑嫇):가을 바람이 소리를 내며 부는 모양. 4) 쇄미(碎糜):부쉬지고 흩어지다. 5) 찬(饡):국에 만 밥. 6) 관(管):관중(管仲). 노(魯)나라에 갇혔다가 제(齊)나라 환공(桓公)이 석방하여 임용했음. 7) 백(百):백리해(百里奚). 무(貿):무(貿)의 속자(俗字). 8) 열(列):열(烈)의 뜻. 즉 공훈을 말함. 9) 책협(迮陿):비좁다. 10) 부석(浮石):산이름. 동해(東海)에 있음. 11) 단산·염야(丹山·炎野):모두 남방에 위치함. 12) 황지(黃支):남쪽 끝에 있는 나라 이름. 13) 축융(祝融):적제(赤帝)의 신(神). 14) 휴(嬀):북방의 신. 15) 부운(浮雲):'운부(雲浮)'가 도치된 것으로 봄. 16) 척(蹠):밟다. 발바닥. 17) 안기생(安期生):신선의 이름. 봉래(蓬萊):바다 가운데에 있다는 산이름. 18) 태일(太一):천제. 천제가 머문 곳. 19) 소녀(素女):여신의 이름. 20) 승익(乘弋):신선. 21) 교조(噭誂):소리가 맑고 유창한 모양. 22) 안연(晏衍):음탕한 음악 소리. 음(姪):어깨를 구부리는 모양. 23) 장화(章華):초나라의 누대 이름.

애 세 (哀歲)

가을 하늘이 맑고 서늘하니 하늘의 기운이 높고 명랑하도다. 북풍이 추위를 몰고 오니 초목들은 시들어 가는도다. 쥐며느리와 강충이는 찌르륵거리며 울고, 귀뚜라미는 구물구물 떼지어 있었도다. 한 해는 어느새 흘러 세모에 이르니, 내 시절을 감상하여 처량해지는도다. 슬프도다, 속세가 혼탁하니 여기에 가려져 빛나지 않는도다. 저 모래나 자갈 같은 것은 보물로 여기고, 이 야광주(夜光珠) 같은 것은 버려 두었도다. 대초(大椒)·옥영(玉瑛)은 더러운 물 고인 곳에 버려져 있는데, 도꼬마리는

방안에 가득 차 있도다. 옷을 끌어올리고 띠를 느슨히 한 채, 내 보검 묵양(墨陽)을 지니고 있도다. 수레에 올라 수레잡이에게 명하여 장차 사방의 변두리로 달려가리라. 대청을 내려오다 전갈을 보았고, 문을 나서다 큰 벌을 만났도다. 골목에는 그리마가 있었고, 읍내에는 범아재비가 우글거리고 있었도다. 내 이 해로운 것들을 보고 마음이 끊어질 듯이 아팠도다. 굽어 오자서(伍子胥)를 생각하고, 우러러 비간(比干)을 연민하였도다. 칼을 던지고 면류관을 벗은 채, 용처럼 몸을 웅크렸다가 다시 꿈틀거리고 있었도다. 산과 못에 숨고 잡목이 우거진 곳으로 기어갔도다. 시냇물 흐르는 산골물 엿보니, 흐르는 물은 성대하였도다. 큰 자라와 자라는 즐거이 지내고, 두렁허리와 메기는 길게 떼지어 가고 있었도다. 무리를 이루어 오르락내리락 하고, 말처럼 나열하여 줄을 이루고 있었도다. 홀로 짝이 없는 것을 한탄하며 외로이 지내고 있었도다. 겨울 밤은 길디긴데, 비와 눈마저 짙게 깔려 있었도다. 신령스런 빛은 번쩍이고 도깨비불은 가물거리고 있었도다. 덕행을 닦으려다 사람 없는 곳에서 곤궁을 당하니 우수는 밀려와 즐겁지 않고, 내 생애마저 재촉하고 있도다. 근심으로 마음이 답답해져만 가거늘, 어디 가서 이 마음을 풀어보랴.

原文 旻天[1]兮淸涼하고, 玄氣[2]兮高朗이라. 北風兮潦冽[3]하고, 草木兮蒼唐[4]이라. 蚜蚨兮嗎嗎[5]하고, 蠍蛆兮穰穰[6]이라. 歲忽忽兮惟暮하니, 余感時兮悽愴이라. 傷俗兮泥濁하여, 矇蔽兮不章이라. 寶彼兮沙礫하니, 捐此兮夜光이라. 椒瑛兮湟汙[7]하여, 葈耳[8]兮充房이라. 攝衣兮緩帶[9]하고, 操我兮墨陽[10]이라. 昇車兮命僕하여, 將馳兮四荒하고, 下堂兮見蠆[11]로다. 出門兮觸蠭하고, 巷有兮蚰蜒[12]하며, 邑多兮螳螂이라. 睹斯兮嫉賊하니, 心爲兮切傷

이라. 俛念兮子胥하고, 仰憐兮比干이라. 投劍兮脫冕하고, 龍屈
兮蜿蟪[13]이라. 潛藏兮山澤하고, 匍匐兮叢攢[14]이라. 窺見兮溪澗
하니, 流水兮沄沄[15]이라. 稺黽兮欣欣[16]하고, 鱧鮎兮延延[17]이라.
羣行兮上下하여, 騈羅兮列陳이라. 自恨兮無友하니, 特處兮煢煢
이라. 冬夜兮陶陶[18]하고, 雨雪兮冥冥하며, 神光兮熲熲[19]하고,
鬼火兮熒熒[20]이라. 修德兮困控[21]하니, 愁不聊兮遑生[22]하며, 憂
紆兮鬱鬱하니, 惡[23]所兮寫情인가.

註 1) 민천(旻天): 가을 하늘. 2) 현기(玄氣): 하늘의 기운. 날씨. 3) 요렬(潦冽):
차가운 기운. 4) 창당(蒼唐): 무너지다. 여기서는 시들다의 뜻임. 5) 이부(蚚蚨):
매미의 일종. 초초(噍噍): 새가 지저귀는 소리. 6) 직저(蝍蛆): 귀뚜라미. 양양(瀼
穰): 곡식이 잘 결실한 모양. 풍족한 모양. 7) 황우(湟汙): 물이 아래로 내려가 고
이는 곳. 8) 시이(菓耳): 악초. 9) 완대(緩帶): 띠를 느슨히 하다. 10) 묵양(墨
陽): 칼이름. 11) 채(蠆): 전갈의 일종. 12) 유연(蚰蜒): 그리마. 노래기. 13) 완
찬(蜿蟪): 여러 용이나 또는 지렁이가 한데 모여 꿈틀거리는 모양. 14) 찬(攢):
모이다. 15) 운운(沄沄): 물이 솟구쳐 흐르는 모양. 넓고 넓은 모양. 16) 흔흔(欣
欣): 기뻐하는 모양. 17) 연연(延延): 길게 가는 모양. 18) 도도(陶陶): 긴 모양.
19) 경경(熲熲): 밝게 빛나는 모양. 20) 형형(熒熒): 작은 불이 반짝거리는 모양.
21) 공(控): 이끌다(引). 22) 황(遑): 겨를. 여가. 23) 오(惡): 어찌(何).

수 지(守志)

곤륜산(崑崙山)에 올라 소요하며 높은 산등성이를 바라보매
우뚝하도다. 계수나무 줄지은 채 잎새와 가지가 어지러이 뻗
쳐 있고, 벙글어진 자줏빛 꽃은 나뭇가지에 달려 있도다. 사실
여기는 공작과 난(鸞)새가 사는 곳이거늘, 이제는 올빼미 떼들
만 모여 있도다. 까막까치가 놀라 지저귀어 내 사방을 돌아보

니 아득하기만 하도다. 저 일월은 가려서 어둡고, 하늘은 요사스런 기운으로 덮여 있도다. 내 임금께서는 총명치 못하니, 어떻게 정성을 펼치고 충성을 다하리요. 날개를 펼쳐 세속을 초월하여 마음에 거리낌없는 곳을 찾아 노닐며 정신을 수양하리라. 여섯 마리의 교룡을 타고 꿈틀거리며 오르고, 달리고 달려서 구름 위로 올랐도다. 혜성의 빛을 날려 깃발로 삼고, 번갯불을 잡아 채찍으로 삼았도다. 아침에 언(鄢)·영(郢)을 출발하여 정오에 은하에 이르렀도다. 구불구불한 언덕에 에워싸인 채 북에서 묵었고, 다시 내 수레를 타고 남쪽에 왔도다. 천제 현황(玄黃)께 예물을 바치니, 충성이 숭고해지고 더욱 굳세어졌도다. 구궁(九宮)을 지나 사방을 두루 살피다, 비밀리에 숨겨진 것과 보배롭고 진기한 것을 보았도다. 용을 타고 가다 신선이 되었다는 전설을 떠올리며, 직녀와 결혼할까를 생각하였도다. 천필성(天畢星)을 높이 올려 사악한 것을 가렸고, 천호성(天弧星)의 활시위를 당겨 간사한 것을 쏘았도다. 신선을 따라 훨훨 날아 천지의 원기를 먹으며 오래 살고자 하였도다. 태미궁(太微宮)을 바라보매 온화했고, 태미궁의 계단 삼계(三階)를 흘겨보매 빛이 나 분명하였도다. 서로가 정사를 돕고 교화를 이루고 있었으며, 혁혁한 업적을 세우고 공훈을 드리우고 있었도다. 해는 뉘엿뉘엿 서산으로 지려 하는데, 길은 멀고 막혀 어려움이 많았도다. 뜻은 억울하여도 풀어 낼 길 없으니, 슬피 풀이 죽은 채 스스로를 연민하였도다. 난사(亂辭)에 이르도다. 하늘이 청명하니 구름과 무지개가 숨고, 해와 달, 별은 반짝이며 만방을 거울처럼 비추고 있도다. 도마뱀은 내치고 거북과 용을 끌어 쓴다면, 계책이며 계획은 신의를 받고 구슬과 옥형(玉衡) 같은 나라의 정무에는 도움이 될 것이로다. 요의 신하이던 직설(稷契)과 짝하여 그가 위대한 요나라를 위해 공을 세웠던 것처럼 나라를 위해 일하고 싶다만, 슬프게도 빼어난 재주 있어도 짝을 이루지 못하고 있도다.

原文 陟玉巒¹⁾兮逍遙하고, 覽高岡兮嶢嶢²⁾로다. 桂樹列兮紛敷³⁾하고, 吐紫華兮布條⁴⁾로다. 實孔鸞兮所居하니, 今其集兮惟鴞⁵⁾로다. 烏鵲驚兮啞啞하니, 余顧兮怊怊⁶⁾하고, 彼日月兮闇昧하니, 障覆天兮浸氛⁷⁾이라. 伊我后⁸⁾兮不聰하니, 焉陳誠兮効忠이리요. 攄⁹⁾羽翮兮超俗하고, 游陶遨¹⁰⁾兮養神이라. 乘六蛟兮蜿蟬¹¹⁾하여, 遂馳騁兮陞雲하며, 揚彗光¹²⁾兮爲旗하고, 秉電策¹³⁾兮爲鞭이라. 朝晨發兮鄢郢하여, 食時至兮增泉¹⁴⁾이라. 繞曲阿兮北次¹⁵⁾하여, 造我車兮南端¹⁶⁾이라. 謁玄黃¹⁷⁾兮納贄하고, 崇忠貞兮彌堅이라. 歷九宮¹⁸⁾兮徧觀하고, 睹秘藏兮寶珍하여, 就傅說兮騎龍이라. 與織女兮合婚하고, 擧天畢¹⁹⁾兮掩邪하며, 觳天弧兮²⁰⁾射姦이라. 隨眞人²¹⁾兮翱翔하고, 食元氣²²⁾兮長存이라. 望太微兮穆穆²³⁾하고, 睨三階兮炳分²⁴⁾이라. 相輔政兮成化하고, 建烈業兮垂勳이라. 目瞥瞥兮西沒²⁵⁾하니, 道遐迴兮阻歎²⁶⁾하고, 志稽積²⁷⁾兮未通하니, 悵敞罔²⁸⁾兮自憐이라.

亂曰 天庭明兮雲霓藏하고, 三光朗²⁹⁾兮鏡³⁰⁾萬方이라. 斥蜥蜴兮進龜龍하여, 策謀從兮翼機衡³¹⁾이라. 配稷契兮恢唐功³²⁾하니, 嗟英俊兮未爲雙이라.

註 1) 만(巒) : 멧부리. 산봉우리. 옥만(玉巒) : 여기서는 곤륜산(崑崙山)을 가리킴. 2) 요요(嶢嶢) : 산이 높은 모양. 3) 분부(紛敷) : 어지러이 섞여 있고 널리 펼쳐 있다. 4) 자화(紫華) : 자주색 꽃. 5) 효(鴞) : 올빼미. 6) 초초(怊怊) : 사방이 아득한 모양. 7) 침(浸) : 요사스러운 기운. 8) 후(后) : 임금. 9) 터(攄) : 펴다. 10) 도오(陶遨) : 마음을 매어 둘 데가 없음. 11) 완선(蜿蟬) : 여러 용들이 꿈틀거리는 모양. 12) 혜광(彗光) : 혜성의 빛살. 13) 전책(電策) : 번갯불. 14) 증천(增泉) : 은하. 15) 차(次) : 집(舍). 묵다. 16) 남단(南端) : 남방. 17) 현황(玄黃) : 중앙의 제왕. 18) 구궁(九宮) : 구천의 궁궐. 19) 필(畢) : 새를 잡는 작은 그물. 천필

(天畢): 별자리 이름. 20) 구(彀): 활을 당기다. 천호(天弧): 별자리 이름. 21) 진인(眞人): 신선. 22) 원기(元氣): 하늘의 기운. 23) 태미(太微): 하늘의 가운데 궁궐. 목목(穆穆): 온화한 모양. 24) 삼계(三階): 태미궁의 계단. 25) 목(目): 일(日)의 오자로 봄. 별별(瞥瞥): 해가 서산에 지려는 모습을 나타냄. 26) 탄(歎): 간(艱)의 오자로 봄. 27) 축적(稸積): 쌓다(蓄積). 28) 창망(敞罔): 실의에 빠진 모양. 29) 삼광(三光): 해·달·별. 30) 경(鏡): 비추다(照). 31) 익(翼): 돕다(輔). 32) 직설(稷契): 요임금을 보좌하던 신하. 회(恢): 크게 하다(大). 당(唐): 요나라.

[評析] 하늘은 밝고 해와 달은 반짝이는데 초나라의 운명은 어둡고 간신이 득세하니, 충간과 정의(正義)는 숨고 걸·주 시대의 공포의 말로가 두려워진다. 왕일은 굴원을 애도하며 당시의 한왕조(漢王朝)의 현실을 직시하였던 것이다.

구 사 297

惠園東洋古典

1 論 語 / 金錫源 譯解

논어는 공자의 언행, 공자와 제자 및 여러 인사와의 문답, 제자들 사이의 대화, 공자의 생각과 비평 등으로 이루어진 책이다. 이것은 유가의 경전이며, 모든 사람의 인격수양을 위한 좌우명이며, 서양의 성서와 같은 동양의 성서이기도 하다. 그리고 전편을 읽어가다 보면 오늘날에도 살아 숨쉬는 참으로 뛰어나고도 인간적인 모습의 한 인물, 즉 공자라는 성인(聖人)과 만나게 된다. 논어의 탁월한 가치는 공자의 그러한 면모와 가르침이 지금 이순간에도 차가운 샘물과도 같은 자극으로 살아 있다는 점이다.

2 孟 子 / 范善均 譯解

저 옛날 호연지기를 통해 광명정대하고 거칠 것이 없는 젊은이의 이상을 제시했던 「맹자」는, 오늘날에도 젊은이들에게 인격수양을 위해 가장 알맞은 책의 하나이다. 실제로 맹자는 명분과 절조를 숭상하며 웅대한 기상이 넘치는 당당하고 큰 인물이었고, 또한 말솜씨가 뛰어난 명연설가였다. 책의 내용도 길고 연속적인 강화로 이루어진 부분이 많고 더불어 매우 감동적이고 뛰어난 구절이 여러 곳에서 보인다. 거듭 숙독하고 배워나간다면 일생을 통해 사람된 기초를 확립할 수 있을 것이다.

3 大學·中庸 / 金時俊 譯解

대학과 중용은 오랜 세기에 걸쳐 논어·맹자와 더불어 유가의 경전으로 존숭되어 왔다. 개인생활의 수양과 일반적 사회질서와의 결합, 곧 윤리와 정치의 결합에 관한 논술이라고 할 대학은 학문에 뜻을 둔 사람이면 '반드시 거쳐야 할 문'이었다.

중용은 그때까지는 실천성만을 앞세우던 유교사상에 비로소 심원한 철학적 근거를 부여한 책이다. 또한 중용은 오늘날 공자철학의 기본적인 개념을 이해하는 데 가장 중요한 고전의 하나로 높이 평가되고 있다.

4 詩 經 / 曺斗鉉 譯解

시경에 들어 있는 시 3백 편은 중국에서 가장 오래되고 가장 아름다운 문학작품으로 모든 인간사의 희로애락이 참으로 다양하고 감동적으로 표현되어 있다. 옛사람들은 시경을 교육의 중요한 교과서로 삼았는데 이 모든 인간사의 자연스런 발로가 인격수양에 큰 영향을 끼친 탓일 것이다. 특히 인생과 문학의 관계에서 절실하고 참된 것을 체득한 인물이라고 할 공자는 시경의 가치를 지극히 높이 평가했다.

5 書 經 / 權德周 譯解

서경은 중국 고대의 역사적 기록인 동시에 가장 오래된 정치 철학서로서 그 가치는 오늘날에도 여전히 빛을 발하고 있다. 이러한 서경의 가장 중요한 가르침의 하나는 백성의 마음을 얻고 받들라는 치도(治道)의 근본에 관한 것이다. 공자의 중용사상이나 맹자의 왕도정치론의 발단도 여기에서 비롯한 것이다. 숙독해 나간다면 영원히 퇴색되지 않는 고전의 가치를 재삼 발견하는 기쁨을 얻을 수 있을 것이다.

6 周 易 / 崔完植 譯解

주역은 중국의 옛사람들이 자연계의 법칙을 거울삼아 슬기롭게 영위해 온 생활의 예지와, 현실주의적 종교관과 낙천적인 운명관을 모두 포함하고 있다. 그리고 그네들이 추구한 상징주의적 사변(思辨)의 특색이 잘 나타나 있다는 점에서 점서라기보다 하나의 절실한 수양서요, 철학서이며 종교서라고 할 수 있다. 주역이 지난날 유가들로부터 존숭되어 온 까닭도 여기에 있다. '내가 앞으로 몇 년 더 나이를 먹어 쉰 살까지 주역을 습독하게 된다면 일생에 큰 잘못은 없으리라.' 주역의 가치를 극명하게 나타낸 공자의 말씀이다.

7 菜根譚 / 黃秉國 譯解

채근담은 철학적 아포리즘인 동시에 대단히 문학적인 고전이다. 어디를 펼쳐도 어구 하나, 문장 하나가 다같이 명징한 문학적 색채를 띠지 않은 것이 없다. 따라서 아름답다. 그리고 저자의 삶에 대한 깊은 천착과 예리한 통찰력에 근거한 철학적 단상들이 마치 백지에 물이 스며들듯 영혼의 골수에 스며들어 더없는 감동을 준다. 옛부터 우리 선조들이 이 책을 수신서의 백미로 여겨 애독했던 까닭을 읽어갈 때마다 깨닫게 되는 책이다.

향기로운 東洋精神의 精髓를 퍼올리는 古典의 샘물

⑧ 明心寶鑑/黃秉國 譯解
사물을 있는 그대로 되비추어 주는 거울 앞에 서면 누구도 적나라한 자신의 모습을 숨길 수가 없다. 특히 마음의 거울 앞에서는 더욱 그러한데, 명심보감은 바로 우리에게 그 마음의 거울이 되어 주는 의미 깊은 명저(名著)이다. 수천 년간 차곡차곡 쌓아온 자연과 인생에 대한 격조높은 생활철학은 어느 것 하나 동양정신의 향기로운 진수를 담고 있지 않은 것이 없다. 마음을 밝히는 보배로운 거울 앞에서 현재의 자신의 모습을 돌아보고 아픈 반성과 자기 성찰을 할 때 우리는 좀더 나은 생(生)을 꿈꿀 수 있을 것이다.

⑨ 故事成語/黃秉國 譯解
오랜 세월을 거치는 동안 어느새 우리의 생활 깊숙이 용해되어 일상어휘들로 자리잡은 말들 중에는 의외로 옛 동양의 여러 고전이나 역사적 일화 등에 그 연원을 둔 고사성어들이 아주 많다. 따라서 그 연원을 거슬러 올라가 고사성어가 지닌 본래적 뜻과 역사적 배경을 이해하는 일은 반드시 필요하다. 그렇게 함으로써 고사성어가 갖는 진정한 의미와 그만의 독특한 멋, 올바른 쓰임새 등을 명확히 알 수 있기 때문이다. 본서는 바로 그러한 면에 역점을 두어 고사성어에 얽힌 흥미있는 이야기들을 유려한 문체로 엮었다.

⑩ 老 子/李民樹 譯解
노자는 중국 고전 중에서도 가장 어려운 것으로 여겨지고 있다. 또한 가장 신비적인 면을 지니고 있기도 하다. 이 노자에 일관되게 흐르는 '무위 자연사상'은 처음부터 끝까지 도 자체에 집약되어 있다. 노자의 이 '무위 자연사상'의 특질은 정치적이거나 윤리적이거나 한 인간의 제반 문제에서 한 걸음 물러나 여유 속에서 인간 본연의 질서를 찾고자 한다는 점이다. 그러나 고전으로서 노자가 지니는 가장 큰 가치는, 인간의 근본적 오류를 가려냄으로써 진정한 진리파악의 길을 제시하는 철학적 면이다.

⑪ 孝 經/黃秉國 譯解
효도하는 마음은 백 가지 행실의 근본이요, 만 가지 가르침의 근원이다. 아무리 뛰어난 인물이라 할지라도 삶의 가장 근원적이고 참된 가치인 효를 실천할 때에야 비로소 그의 인생은 바로 선다고 할 수 있다. 이 효경은 효를 수신제가치국평천하의 기본 덕목으로 보아 위정자가 백성을 위해 할 일은 효의 모범을 보이는 것뿐이라고까지 극언(極言)한 공자의 효사상의 정수가 담겨져 있는 고전이다.

⑫ 千字文/李民樹 譯解
양(梁)나라 주흥사(周興嗣)가 지은 것으로 알려진 천자문은 1천자라는 제한된 틀 속에 우주만물의 온갖 진리와 인간 수양의 광범위한 지침을 망라한 명문·명시집(名詩集)이다. '천자문도 못 읽고 인(印)을 위조한다'라는 속담이 있을 만큼 옛사람들의 필독서였던 천자문은 오늘날에도 여전히 동양 고전의 입문서로서 중요한 위치를 차지하고 있다.

⑬ 古文眞寶/韓武熙 譯解
고문진보는 옛 중국의 아름다운 문학작품을 시와 산문으로 나누어 엮은 책으로서, 그 가치는 다른 어떤 고전에도 못지 않다. 예전에는 학문에 뜻을 둔 사람이라면 논어·맹자를 배운 다음에는 반드시 고문(古文)을 배웠는데, 고문진보는 바로 이를 위해 편찬된 책이다. 본서는 후집(後集)의 완역판으로 고아한 풍모를 느끼게 하는 옛글들이 실려 있다. 따라서 한 장 한 장 숙독해 나가는 동안, 아름다운 문학작품만이 갖는 독특한 매력에 흠뻑 빠지게 될 것이다.

⑭ 楚 辭/柳晟俊 譯解
시경과 더불어 중국 문학의 양대 지주인 초사는 도가적(道家的) 신선사상(神仙思想)과 신화, 전설을 배경으로 한 낭만적이고 환상적인 작품집이다. '중국 최초의 시성'이라 할 굴원의 애국심과 청백한 성정을 바탕으로 울분과 비탄의 묘사가 빼어나며 신선사상과 초나라의 무속 방언을 적절히 구사한 작품들로 초사가 후대의 시·문·소설에 미친 영향은 특기할 만하다.

혜원세계시인선

1 순례자의 아침 노래
괴 테 / 김주연 역주

〈제젠하임의 노래〉에서 마리엔바드의 〈비가〉에 이르는 괴테의 시들은 때로 환호하고, 때로 절망하며, 때로 놀라고, 때로 상징적으로 나타나나 근본은 사랑의 가슴을 바탕에 깔고 있다.

2 이니스프리의 호수섬
예이츠 / 윤삼하 역주

영국계 아일랜드 인이라는 혈통에도 불구, 스스로 아일랜드를 시의 원천으로 삼았던 예이츠. 그의 시세계는 신화, 민담, 민족주의와 독립운동 등 아일랜드의 역사적 배경과 시인의 자전적 면모를 통해 더욱 강인한 치열성을 드러낸다.

3 젊은 운명의 여신
발레리 / 김 현 역주

발레리는 오랫동안 내 사유의 지주였고 내 감각의 안내자였다. 20대 내내 발레리적으로 사유하고 발레리적으로 느끼는 일에 나는 몰두했다. …탁월한 의미에서의 교양인의 한 전형으로 그는 나에게 나타난다.

4 여기에 살기 위하여
엘뤼아르 / 오생근 역주

20세기 프랑스 최대시인의 한 사람인 엘뤼아르는 생의 전반기에는 초현실주의 시인으로, 후반기에는 참여시인으로 민중시를 썼다. 이 시집은 그 두 가지 측면을 관류하는 시인의 일치된 모습을 보여 주고 있다.

5 순수의 노래 경험의 노래
블레이크 / 김영무 역주

영문학에서는 물론이고 서양의 시문학뿐만 아니라 중남미의 주요 문화적 흐름에도 큰 영향을 끼친 《순수의 노래》와 《경험의 노래》를 최초로 완역했다는 것은 이 시집의 자랑이자 긍지이다.

6 아무도 아닌 자의 장미
첼 란 / 고위공 역주

'인물로나 작품으로나 한 세기의 유럽 서정시를 총괄하는 비의적 시인'인 첼란의 시세계는 단어 하나마저도 그 의미가 매우 복합적이고 다양하다. 이 시집은 그의 주요 작품 70편에 각기 아주 세밀한 주해를 달았다.

7 바바리아의 용담꽃
로렌스 / 김정매 역주

로렌스는 생전에 6, 7권의 시집을 냈고, 유고시까지 합하면 무려 1천여 편의 시를 창작했다. 그중에서도 〈피아노〉〈뱀〉〈바바리아의 용담꽃〉〈죽음의 배〉등은 영시문학의 대표적 걸작으로 꼽힌다.

8 술잔 들고 달에게
이 백 / 허세욱 역주

이백은 두보, 소식과 더불어서 중국을 대표하는 3대시인으로서 새삼 논급이 필요치 않을 만큼 우리와 친숙하다. 본 시집은 그 찬연한 이백 문학의 백미들을 창작 연대순으로 묶었다.

9 풀 잎
휘트먼 / 이창배 역주

인간은 본시 존엄하고 생명은 영원하다는 근원적 믿음에서 출발한 휘트먼의 인간예찬의 시편들은 인간에 대한 긍정적이고 낙관적인 휴머니즘의 소산이다.

10 노래의 날개 위에
하이네 / 임종대 역주

하이네는 자신의 정치적 견해를 '자유를 위한 투쟁의 최전초'로 표현했다. 후기 서정시에서는 초기보다 더 분명하게 자신을 이상적인 자유를 위한 고독한 투쟁자로 표현하고 있다.

전 100권 이상 발간 예정으로 기획된 「혜원세계시인선」은 번역시와 함께 원시와 역주해가 한 면에 수록된 본격적인 세계시인선집입니다.

11 여 신
곽말약 / 전인초 역주

중국 현대소설사에서의 노신의 소설집 《눌함》의 비중을 시에서 찾는다면 누구도 주저없이 곽말약의 《여신》을 들 것이다. 평자들에 의해 '화산의 폭발'로 비유된 그 《여신》을 국내 최초로 완역했다.

12 오웬전집
오 웬 / 이상섭 역주

24세에 요절했음에도 영미시사에서 특별한 애정과 존경심으로 다루어지고 있는 전쟁시인 윌프레드 오웬의 전집을 국내 최초로 완역했다. 오웬을 읽고 나면 누구도 다시는 전쟁에 대해 통속적 생각에 머무를 수 없을 것이다.

13 인생찬가
롱펠로 / 이창국 역주

쉽고 분명한 말로 깊고 심오한 사상과 진리를 노래한 시인 롱펠로. 미국문학에서 그는 우리의 김소월이다. 만일 우리에게 김소월이란 시인이 없었다면 얼마나 공허할 것인가? 롱펠로도 마찬가지다.

14 소네트 집
셰익스피어 / 이상섭 역주

찬란했던 16세기 영국의 시문학에서도 셰익스피어의 소네트들은 특히 찬연한 보배이다. 위대한 희곡작가이자 시인인 셰익스피어의 알려지지 않은 여러 면모가 손에 잡힐 듯 보여진다는 점에서도 그의 소네트들은 신비롭다.

15 디오니소스 송가
니 체 / 박환덕 역주

생전에는 거의 돌아보는 사람 하나 없었으나, 20세기에 들어 토마스 만, 지드, 버나드 쇼, 카뮈, 사르트르를 열광시키고 하이데거와 야스퍼스에게 지대한 영향을 끼쳤던 니체. 본 시집은 그의 천재성과 번득이는 광기의 드러냄이다.

16 애너벨리
포 우 / 이호성 역주

포우는 40년의 짧은 일생을 불행과 비참 속에서 마쳤다. 그러나 그의 시는 유례없는 혼연하고 유현한 아름다움을 보여 준다. 본 시집에는 그러한 포우 문학의 극치를 이루는 시작품들이 거의 수록되어 있다.

17 사투르누스의 시
베를렌느 / 윤정선 역주

순진과 파렴치, 자연스러움과 꾸밈, 진지와 방탕…… 우리를 당혹케 하는 이 모든 가역적인 이중성을 지닌 채 방황하고 괴로워하며 때로는 즐겁기도 한 베를렌느의 시들은 결국 스스로를 확인하기 위한 몸부림의 흔적은 아닐는지.

18 수선화
워즈워드 / 윤삼하 역주

워즈워드의 시는 단순히 18세기의 낭만주의 시라는 문학사적인 의의뿐만 아니라 평범한 삶의 도덕적 가치, 개인의 존엄성, 어린이의 순진성, 자연의 치유력 등을 강조한 점에서 충분히 현대적 가치를 지니고 있다.

19 해돋이 무렵의 삶과 죽음
하 디 / 김길중 역주

토마스 하디는 소설가로 더 알려져 있으나 영국문학사에서는 시인으로서도 큰 비중을 차지한다. 본 시집은 페시미즘에 가까운 음울한 미를 그리는 소설에서처럼 독창적인 패턴을 지닌 하디의 여러 시편들을 국내 최초로 소개한다.

20 청춘의 도주
헤 세 / 정규화 역주

한국의 시 독자들에게 헤세만큼 친숙한 시인도 없다. 그처럼 우리가 각별한 친근감을 갖는 까닭은 현대인의 고독·불안·갈등 그리고 자연을 주제로 한 시편들이 어딘지 동양적인 신비와 우수를 담고 있기 때문일 것이다.

전 100권 이상 발간 예정으로 기획된 「혜원세계시인선」은 번역시와 함께 원시와 역주해가 한 면에 수록된 본격적인 세계시인선집입니다.

21 보헤미아의 작은 성들
네르발 / 윤영애 역주

한 편지에서 '아마도 내게 남아 있을지 모를 마지막 광기. 그것은 내가 시인임을 믿는 일일 것입니다'라고 썼던 네르발. '최초의 일별로도 이미 고통스럽고 신비하게 드러나는 걸작'이란 평을 듣는 그의 매혹적인 시작품들을 국내 최초로 한 권의 시집으로 묶었다.

22 중국고대 명시선
도잠 외 / 허세욱 역주

위진 시대에서 청나라에 이르기까지 천오백 년에 걸친 시간대에 23명의 백 편의 시를 가려 뽑았다. 고체시에서 악부시·율시·절구 등을 망라했고, 전원시·산수시에서 영회·영물·사회·애국·응수·기행 등 각종 풍격이 제시되었다.

23 중국현대 명시선·1
류따바이 외 / 허세욱 역주

중국 현대시사의 대표적인 시인 24명의 주요작품 73편을 선정·수록했다. 초기의 예술파·인생파·사회파·사실파와 전통적인 격률계열의 기교와 서구적인 상징·현대의 수법, 자유민주주의를 표방하는 우익계열과 사회노동주의를 제창하는 좌익계열 또한 포괄되었다.

24 중국현대 명시선·2
저우멍떼 외 / 허세욱 역주

중국의 현대시는 70년 역사를 두고 많은 논쟁을 겪어야 했다. 제1집에서 1920~1940년대를 수록 평가한 데 이어 1970년대와 1980년대에는 전통과 현대의 융합 현상이 나타나면서 시와 정치, 시와 사회와의 관계가 늘 쟁론의 초점이 되었다.

25 궁핍한 시대의 노래
휠덜린 / 장영태 역주

휠덜린 문학은 유토피아적인 원형의 냉엄한 현실체험으로부터 형성된다. 낙관주의의 분위기가 넘쳐흐르는 초기의 《튀빙겐 찬가》들과는 달리 현실과의 연관 아래 삶을 뜨겁게 하려는 그의 《송가》와 《찬가》에서는 시인적 고뇌가 두드러져 보인다.

26 즐거운 방랑자
아이헨도르프 / 장상용 역주

'밝고 감미롭고 낙천적인' 시들을 남긴 독일의 대표적인 낭만파 시인 아이헨도르프. 그의 시편들은 문체가 단순하고 기법이 탁월하며 민요적인 음조가 용해되어 있고 개인적인 체험이 누구에게나 타당하리만큼 솔직한 멜로디에 의해 표현되고 있다.

27 라오콘의 고통
바이런 / 이정호 역주

'어느 날 아침 눈을 떠보니 유명해져 있었다'라는 유명한 말을 남긴 영국의 대표적인 낭만파 시인 바이런. 그는 기상천외한 발상과 해학, 아이러니와 풍자를 독특한 창작 기법으로 노래하여 괴테로부터 '금세기의 가장 위대한 천재'라는 찬사를 받았다.

28 세상 위의 세상들
셸리 / 정정호 역주

힘을 가진 자들이 탐욕과 나누어 가짐의 거부를 저주하고, 공감적 상상력을 통한 위대한 사랑의 화합을 꿈꾸었던 시인 셸리. 본 시집에는 그러한 셸리의 시작품이 골고루──연애시, 송가, 소네트, 철학시, 정치시, 극시──수록되어 있다.

29 사랑과 고뇌의 노래
오 든 / 범대순 역주

인간의 고뇌, 20세기에 사는 우리들의 괴로운 자리를 정확히 밝히고 그 고뇌로부터 탈출할 수 있는 밝은 빛을 마련한 1930년대의 시인 오든. 그는 핍박받는 빈민의 비참함과 비정스런 사회에 대한 양심의 가책과 예술가로서의 개인적인 염원과의 조화를 시의 주제로 삼았다.

30 지나가는 사람에게
호프만스탈 / 조두환 역주

전세 실존의 개념이 내세적 문학의 공급원으로 자리잡은 호프만스탈의 실험적 의식은 종교적, 도덕적 휴머니즘에 입각해야 한다는 사상이 짙게 깔려 있다. 피상적으로 머무는 현실에 맞서 내면적 자아발견에 주력했던 그의 문학은 모든 시공을 초월하여 빛을 발하고 있다.

혜원교양신서

1. 산다는 것과 죽는다는 것 — L.세네카
로마의 대시인이요, 스토아 철학의 1인자인 세네카의 《도덕론집》과 《도덕서간》중에서 사상의 정수만을 가려뽑은 것으로, '산다는 것과 죽는다는 것'을 주요 테마로 다루되 궁극적으로는 덕을 강조한 인생론집이다.

2. 아우렐리우스 명상록 — M.아우렐리우스
아우렐리우스 황제에게 위로가 되어 준 것은 철학이었다. '인생은 연기이자 수증기'라고 갈파했던 그는 우주와 인생의 기원과 현상, 그리고 단상들을 이 《명상록》에 모두 기록해 놓고 있다.

3. 잠 못 이루는 밤을 위하여 — C.힐티
'이 책을 잠 못 이루는 밤이나 또는 특별히 괴로운 날에 읽어주기 바란다. 이들 사상은 그러한 때에 가장 적합한 것이기 때문이다'라고 작가 자신이 말했듯이 시공을 뛰어넘어 많은 사람들에게 위로가 되는 세계인의 애독서이다.

4. 짜라투스트라는 이렇게 말했다 — F.니체
이 책은 20세기 사상의 흐름과 그 형성에 큰 영향을 미쳤을 뿐 아니라 '신은 죽었다'로 시작되는 니체의 초인사상, 가장 절대적 삶의 명제였던 영원회귀 사상 등이 그의 비범한 천재성에 힘입어 세계사상사에 빛나는 고전이 되었다.

5. 생활의 발견 — 임어당
임어당은 이 책에서 일반적인 철학서처럼 논리적, 수사학을 쓰고 있지 않다. 쉽고, 부드럽고 재미있게 삶의 근본명제인 왜, 어떻게 살아야 하는지에 관한 해답을, 특히 동서양을 비교하면서 제시하고 있다.

6. 몽테뉴 수상록 — M.몽테뉴
'다른 사람들은 인간을 꿈꾼다. 나는 인간을 이야기 한다'고 했던 몽테뉴는 책 전편을 통해 특별히 인간 존재에 대한 끝없는 성찰과 자아탐구를 보여주고 있다. 진지함 뒤에 비수처럼 숨어 있는 풍자와 해학에서도 몽테뉴는 뛰어나다.

7. 이것이냐 저것이냐 — 키르케고르
이 책은 제1권과 제2권으로 나뉘어진 방대한 분량의 저술인데 그중에서 가장 널리 읽히는 〈디앞살마타〉〈현대의 비극적 모티프에 반영된 고대의 비극적 모티프〉〈그림자 그림〉등 그의 주관적 체험이 바탕이 된 작품을 수록하였다.

8. 자유에서의 도피 — E.프롬
'자유'에 관한 전반적인 긴 논술이라 할 이 책에서 프롬은 인간주의적 사회 건설을 주장하면서 주로 자유의 이면에 도사린 개인의 불안과 고독을 문제삼으며, 적극적 의미에서의 자유는 아직 획득하지 못하고 있다고 말하고 있다.

9. 사랑의 기술／인간의 마음 — E.프롬
현대인에게 진정한 의미에서의 사랑을 통한 올바른 삶의 방법을 제시한 《사랑의 기술》과 인간의 근원적인 선과 악의 문제를 심오하게 분석, 비판한 《인간의 마음》은 오늘날 가장 널리 읽히는 정신분석적 사회사상서의 하나이다.

10. 시와 진실 — J.W. 괴테
《시와 진실》은 천재 괴테의 자서전이며, 문학사에서는 일반적인 자서전의 범주를 벗어난 뛰어난 문학작품으로 평가받고 있다. 이 책은 원래 제4부로 이루어져 있으나 그중에서 특별히 중요한 제1부와 제2부를 완역하였다.

11. 지상의 양식／일기 — A. 지드
아프리카에서의 지드의 재생과 현실세계의 미(美)에 의해 출발된 영혼과 육체의 욕망을 산문시 형식으로 노래한 〈지상의 양식〉과 〈일기〉, 아내와의 관계를 진솔하게 표현한 〈이제 그는 네 안에 살아 있다〉, 이 세 작품을 통해 인간 지드와 만날 수 있다.

12. 제3의 물결 — A.토플러
지나친 과학기술에의 맹종은 자칫하면 인간 본연의 존엄성이나 존재가치를 위협할 수도 있다. 앨빈 토플러는 이 점에 대해 강력한 경고를 하면서 새로운 문명을 만드는 쪽이든 저항하는 쪽이든 우리는 선택해야 하며 이 선택에《제3의 물결》이 도움이 되길 바라고 있다.

13. 에티카 — B.스피노자
기하학적 질서에 따라 제5부로 논증된 《에티카》는 거장의 손에 의해 조심스럽게 정성들여 쌓아 올려진 장대한 개념의 탑(塔)이라 할 수 있다. 인간에게서 흔히 볼 수 있는 여러 가지의 감정을 명쾌히 설명하고 있다.

14. 잠언록 — 쇼펜하우어
이 책은 철학전문가가 아닌 사람들에게 인생에 대한 의의를 격언과 시문을 인용하여, 유머와 풍자를 섞어서 사람이 추구하는 행복은 과연 어디에 있으며 참다운 행복이란 무엇인가를 저자 특유의 세련된 문장으로 해설하였다.